U0783400

"十三五"职业教育国家规划教材

法律文书制作（第二版）

主　编 ◎ 胡晓军

副主编 ◎ 杨树丽

撰稿人 ◎ （以撰写单元先后为序）

胡晓军　李　巍　袁美环

潘　昀　吕建德　苏　琰

杨树丽　高志汇　吴佩君

王学梅

中国政法大学出版社

2022·北京

声　明　1. 版权所有，侵权必究。

　　　　2. 如有缺页、倒装问题，由出版社负责退换。

图书在版编目（ＣＩＰ）数据

法律文书制作/胡晓军主编. —2版. —北京：中国政法大学出版社，2022.1
（2025.7重印）
ISBN 978-7-5764-0222-3

Ⅰ.①法… Ⅱ.①胡… Ⅲ.①法律文书－写作－中国－高等职业教育－教材
Ⅳ.①D926.13

中国版本图书馆CIP数据核字(2021)第262655号

书　　名	法律文书制作 FA LÜ WEN SHU ZHI ZUO	
出 版 者	中国政法大学出版社	
地　　址	北京市海淀区西土城路 25 号	
邮　　箱	fadapress@163.com	
网　　址	http://www.cuplpress.com (网络实名：中国政法大学出版社)	
电　　话	010-58908435(第一编辑部) 58908334(邮购部)	
承　　印	保定市中画美凯印刷有限公司	
开　　本	720mm×960mm　1/16	
印　　张	25.25	
字　　数	467 千字	
版　　次	2022 年 1 月第 2 版	
印　　次	2025 年 7 月第 5 次印刷	
印　　数	31001～34000 册	
定　　价	65.00 元	

出 版 说 明

　　世纪之交，我国高等职业教育进入了一个以内涵发展为主要特征的新的发展时期。1999 年 1 月，随着教育部和国家发展计划委员会《试行按新的管理模式和运行机制举办高等职业技术教育的实施意见》的颁布，各地成人政法院校纷纷开展高等法律职业教育。随后，全国大部分司法警官学校，或单独升格，或与司法学校、政法管理干部学院等院校合并组建法律类高等职业院校以举办高等法律职业教育，一些普通本科院校、非法律类高等职业院校也纷纷开设高等职业教育法律类专业，高等法律职业教育蓬勃兴起。2004 年10 月，教育部颁布《普通高等学校高职高专教育指导性专业目录（试行）》，将法律类专业作为一大独立的专业门类，正式确立了高等法律职业教育在我国高等职业教育中的重要地位。2005 年 12 月，受教育部委托，司法部组建了全国高职高专教育法律类专业教学指导委员会。2012 年 12 月，全国高职高专教育法律类专业教学指导委员会经教育部调整为全国司法职业教育教学指导委员会，积极指导并大力推进高等法律职业教育的发展。

　　为了进一步推动和深化高等法律职业教育教学改革，促进我国高等法律职业教育的质量提升和协调发展，原全国高职高专教育法律类专业教学指导委员会（现全国司法职业教育教学指导委员会，以下简称"行指委"）于2007 年 10 月，启动了高等法律职业教育规划教材编写工作。自教材编写工作启动以来，行指委共组织编写、修订教材近百种，该系列教材积极响应专业人才培养模式改革要求，紧密联系课程教学模式改革需要，以工作过程为导向，对课程教学内容进行了整合，并重新设计相关学习情景、安排相应教学进程，突出培养学生在一线职业岗位所必需的职业能力及相关职业技能，体现高职教育的职业性特点。

　　为深入贯彻党的十九大精神和全国教育大会部署，落实党中央、国务院关于教材建设的决策部署和《国家职业教育改革实施方案》有关要求，深化职业教育"三教"改革，2019 年 10 月，教育部职业教育与成人教育司启动了"十三五"职业教育国家规划教材建设工作。我社积极响应教育部有关职业教育国家规划教材建设的部署，从行指委组织编写的近百种教材中挑选出编写质量高、行业特色鲜明的部分教材参与申报，经过教育部一系列评审、遴选程序，我社有一批高质量的教材入选"十三五"职业教育国家规划教材。

　　我社以"十三五"职业教育国家规划教材建设为契机，对高职系列教材进行了全面修订。此次修订以习近平新时代中国特色社会主义思想为指导，全面推动习近平新时代中国特色社会主义思想进教材进课堂进头脑。突出职业教育的类型特点，统筹推进教师、教材、教法改革，以司法类专业教学标准为基本依据，以更深入地实施司教融合、校局联盟、校监所（企）合作、德技双修、工学结合为根本途径，以国家规划教材建设为引领，加强和改进职业教育教材建设，充分发挥教材建设在提高人才培养质量中的基础性作用，努力培养德智体美劳全面发展的高素质劳动者和技术型人才。

　　经过全体编写人员的共同努力和出版社编辑们的辛勤付出，"十三五"职业教育国家规划教材已陆续出版，欢迎各院校选用，敬请各选用院校和广大师生提出宝贵意见和建议，我们将及时根据教材评价和使用情况反馈对教材进行修订，逐步丰富教材内容，优化教材结构，促进教材质量不断提高。

中国政法大学出版社

2021 年 8 月

第 二 版 说 明

《法律文书制作》是适应我国司法职业教育改革发展需要和高职法律类专业法律文书教学需要而编写的教材。《法律文书制作》（第一版）被全国司法职业院校广泛采用，并入选"十三五"职业教育国家规划教材。

自出版以来，国家制定或者修订了一系列新的法律法规，有的国家机关也发布了新的法律文书样式。为了反映法律文书理论和实践领域的新发展新变化，结合职业教育国家规划教材建设的要求，特就以下几方面进行了修订。

第一，为贯彻落实习近平总书记关于教育的重要论述和教育部关于高等学校课程思政建设的精神，修订各单元学习目标，增加思政元素，将习近平法治思想、社会主义核心价值观和法律岗位职业精神纳入学习目标，寓价值观引导于知识传授和能力培养之中，帮助学生塑造正确的世界观、人生观、价值观。

第二，根据新颁布或修订的《中华人民共和国民法典》、《中华人民共和国社区矫正法》、《公证程序规则》（2020年修正）、《公安机关办理刑事案件程序规定》（2020年修正）等法律法规和规范性文件，以及《人民检察院刑事诉讼法律文书格式样本（2020版）》等法律文书样式的规定，对相应法律文书的格式和内容进行了修正，确保教材的权威性、规范性、时效性。

第三，教材编写团队积极探索开发立体化新形态教材。教材以国家级精品资源共享课为基础，提供丰富的数字化教学资源。在第一版教材国家职业教育教学资源库教学平台二维码的基础上，每一单元新增加教学素材二维码，提供该单元的文书样式、相关法律法规等拓展教学资源，进一步增强教材的立体性、针对性、实用性。

教材各单元撰写人员如下（以撰写单元先后为序）：

胡晓军（浙江警官职业学院）学习单元一、二、四、七；

李 巍（海南政法职业学院）学习单元三；

袁美环（山东司法警官职业学院）学习单元五；

潘 昀（浙江警官职业学院）学习单元六；

吕建德（河南司法警官职业学院）学习单元八；

苏 琰（安徽警官职业学院）学习单元九；

杨树丽（河北司法警官职业学院）学习单元十；

高志汇（山西警官职业学院）学习单元十一；

吴佩君（江西司法警官职业学院）学习单元十二；

王学梅（湖南司法警官职业学院）学习单元十三。

教材由胡晓军负责修订统稿。

由于作者水平有限，书中疏漏之处在所难免，敬请读者在使用过程中批评指正。

编 者

2021 年 9 月

编写说明

　　《法律文书制作》教材是为了适应全国司法职业教育改革的需要，根据高职高专法律类专业的培养目标，针对基层司法行政工作人员、街道和乡镇法律服务工作人员、中小企业法务工作人员等基层法律事务工作岗位的文书制作需求，并适当顾及其他法律职业对法律文书的基础性需求而编写的。在编写理念上充分体现教学目标的针对性、教学内容的模块化、教材体例的创新性、教学要求的层次性。

　　1. 教学目标的针对性。法律文书的种类非常庞杂，但不同岗位涉及的法律文书的侧重点有所不同。为此，教材在文书的选取上，试图突破体系性和全面性的束缚，在分析基层司法行政和基层法律事务工作岗位典型任务的基础上，明确上述岗位在法律文书制作方面的基本要求，继而以此为依据确定各主题学习单元，设计教学内容，构建全新的课程内容体系。

　　2. 教学内容的模块化。教材包含 1 个基础模块和 12 个文书教学模块，即法律文书基础知识、常用诉讼法律文书、人民调解法律文书、社区矫正法律文书、劳动法律文书、中小企业常用法律文书、仲裁文书、公证文书、其他非诉法律文书、公安法律文书、检察法律文书、法院法律文书、监狱法律文书等。在具体教学中，可以根据专业教学要求或实际工作需求，选取相应的模块开展教学。

　　3. 教学体例的创新性。教材在体例设计上与"任务驱动"教学模式相对应，将每一个具体法律文书作为一项实训项目，对应"任务描述、实例示范、基础铺垫、学生实训、任务评估"等实训步骤设计体例结构，力求通过体例创新引导课程教学模式的改革，真正发挥教材在教师教学和学生学习中的重要作用。

4. 教学要求的层次性。教材根据职业岗位需要，突出常用与重要的文书，对学生提出了不同层次的教学要求。学习单元一重点学习法律文书的基础知识和基本制作要求。学习单元二至十三，每个单元又分为基础知识、制作实训和技能拓展三个部分。基础知识部分主要介绍该类文书的基本知识和制作要求，是学习该类文书的基础；制作实训部分以 3~5 个常用、典型文书为内容，具体引导学生学习制作相应文书，该部分涉及的相关法律文书要求学生必须掌握；技能拓展部分涉及的相关法律文书要求学生能够熟识或辨别。

教材的内容体系和编写体例由胡晓军构思完成。教材文本由胡晓军负责统稿，各单元撰写人员如下（以撰写单元先后为序）：

胡晓军（浙江警官职业学院）学习单元一、二、四、七；

李　巍（海南政法职业学院）学习单元三；

袁美环（山东司法警官职业学院）学习单元五；

潘　昀（浙江警官职业学院）学习单元六；

吕建德（河南司法警官职业学院）学习单元八；

苏　琰（安徽警官职业学院）学习单元九；

杨树丽（河北司法警官职业学院）学习单元十；

高志汇（山西警官职业学院）学习单元十一；

吴佩君（江西司法警官职业学院）学习单元十二；

王学梅（湖南司法警官职业学院）学习单元十三。

《法律文书制作》教材是在全国司法职业教育"十二五"规划教材《基层常用法律文书制作（第二版）》的基础上增补修订而成的。原版教材编写人员为教材的编写做出了巨大的贡献，他们是：杭州师范大学白彦、浙江警官职业学院闵敢、山东司法警官职业学院蔡晓姗、福建警官职业学院李道进、安徽警官职业学院陈福龙、浙江警官职业学院肖春竹。浙江方策律师事务所赵启新律师给予了悉心指导，并提供了相关案例和文书实例。在此深表感谢！

本课程网络教学资源被纳入国家职业教育专业教学资源库，教学平台为"智慧职教"网站，网址为 https://www.icve.com.cn。有需要的师生可进入

"智慧职教"网页，注册并登录后，搜索"法律文书制作"课程，即可获取网络教学资源或者进行学习。

由于作者水平有限，书中难免存在疏漏之处乃至谬误，衷心希望各位专家与同仁批评指正。本教材在写作过程中参考或引用了一些著作、教材、网络媒体资讯等资料，借鉴了一些专家学者的研究成果，有的进行了注释或列于书后参考文献中，有的可能疏于呈列，敬请见谅。在此，我们真诚地向诸位专家学者致谢！

编　者
2019 年 6 月

课程网络教学资源地址

国家职业教育专业教学
资源库教学平台
《法律文书制作》课程

目录 CONTENTS

第一编　文书制作基础

第一章　文书工作基础

学习单元一　法律文书基础知识

学习目标
- 了解法律文书的概念、种类、特点和历史发展，初步认识法律文书相关基本理论。
- 熟悉和掌握法律文书的材料、体裁以及语言运用的基本规范，明确法律文书制作的选材要求、表达方式以及语言规范，为学习不同种类法律文书的制作奠定基础。
- 培育爱国情怀，增强文化自信；培育执着专注、严谨审慎的文书制作态度。

重点提示
- 明晰法律文书与其他相关概念的区别。
- 熟悉法律文书的材料、体裁等基础知识。
- 掌握法律文书语言运用的基本规范。

第一节　法律文书概述

一、法律文书的概念

法律文书是对具体案件审理或处理的文字记载及说明，是以文字形式记录案件发生、发展和结果的重要凭证，是保障法律实施的重要工具。法律文书在立法活动、司法审判、行政执法以及公民权益的保护等方面都有着非常重要的意义。

法律文书的概念有广义和狭义之分。广义的法律文书是指有立法权的国家机关和参与法律关系的各类主体，在法律规定的条件下，为实现法律赋予的权力（利）而制作的具有法律效力的规范性和非规范性文件的总称；狭义的法律文书是指司法机关、非诉机关、当事人及其代理人，在进行诉讼或非诉讼活动时，依法制作的具有法律效力或法律意义的各种文书的总称。本教材所讲的法律文书为狭义的法律文书。

与法律文书容易混淆的概念主要有司法文书和诉讼文书。

司法文书是指行使国家司法职能的机关，依法制作或发布的有关处理民事、刑事、行政案件的具有法律效力或法律意义的司法公文，包括人民法院、人民检察院、公安机关（国家安全机关）和监狱等机关在行使国家司法职能时制作的相关法律文书。诉讼文书是指国家司法机关、公安机关（国家安全机关）以及诉讼参与人，根据我国诉讼法的规定，为进行刑事、民事、行政诉讼而制作的各种法律文书。司法文书和诉讼文书均属于法律文书的范畴。详见图 1－1：

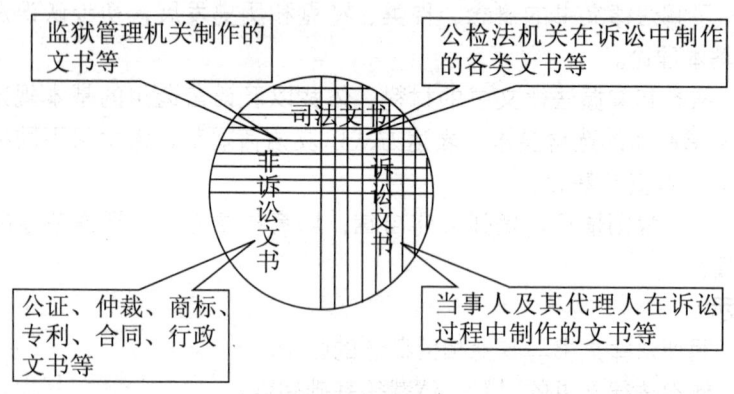

监狱管理机关制作的文书等

公检法机关在诉讼中制作的各类文书等

司法文书

非诉讼文书

诉讼文书

公证、仲裁、商标、专利、合同、行政文书等

当事人及其代理人在诉讼过程中制作的文书等

图 1－1　法律文书

二、法律文书的种类

不同类型的法律文书，在制作依据、制作规范、制作内容等方面有不同的要求。因此，对法律文书进行科学分类，在理论上和实践上都具有重要的意义。

（一）按照制作主体进行分类

按照制作主体划分，法律文书可以分为：人民调解机构法律文书、社区矫正机关法律文书、仲裁机构法律文书、公证机构法律文书、行政机关法律文书、侦查机关法律文书、检察机关法律文书、审判机关法律文书、监狱管理机关法律文书、律师法律文书、公民法人法律文书等。

1. 人民调解机构法律文书。它是指人民调解委员会以国家法律、法规、规章和社会公德规范为依据，主持调解民间纠纷时制作的法律文书。

2. 社区矫正机关法律文书。它是指社区矫正机关在实施社区矫正工作时制作的法律文书。

3. 仲裁机构法律文书。它是指仲裁机构在裁决纠纷过程中制作的法律文书。

4. 公证机构法律文书。它是指公证机构应公民或法人要求对有关事项进行公证时制作的法律文书。

5. 行政机关法律文书。它是指行政机关在依法行使国家行政职权时制作的法律文书。

6. 侦查机关法律文书。它是指公安机关（含国家安全机关）等侦查机关行使法定的侦查职能时制作的法律文书。

7. 检察机关法律文书。它是指国家检察机关依法行使检察职能时制作的法律文书。

8. 审判机关法律文书。它是指人民法院在行使国家司法审判职能时制作的法律文书。

9. 监狱管理机关法律文书。它是指监狱管理机关在行使刑罚执行职能时制作的法律文书。

10. 律师法律文书。它是指律师在代理各类民事、刑事、行政诉讼案件以及非诉讼案件的过程中制作的各类文书。

11. 公民法人法律文书。它是指公民、法人为设立、变更、终止权利义务关系或维护自己的合法权益而制作的法律文书。

（二）按照适用范围进行分类

按照适用范围不同，法律文书可分为诉讼法律文书与非诉法律文书。

1. 诉讼法律文书。如前所述，它是指国家司法机关、公安机关（国家安全机关）以及诉讼参与人，根据我国诉讼法的规定，为进行刑事、民事、行政诉讼而制作的各种法律文书。

2. 非诉法律文书。它是指有关国家机关、公民、法人或者其他组织为记载法律行为、法律事实而制作的具有法律意义并能引起一定法律后果的文书。

（三）按照文书格式进行分类

按照文书格式划分，法律文书可以分为表格类法律文书、填空类法律文书、笔录类法律文书、拟制类法律文书等。

1. 表格类法律文书。它是指以表格形式体现的法律文书，如社区矫正对象基本信息表等。

2. 填空类法律文书。它是指由固定的行文与相应的空格结合形成的法律文书，如社区矫正宣告书、拘留证等。

3. 笔录类法律文书。它是指制作主体在工作过程中，依照法定程序如实地记录活动过程和内容的法律文书，如人民调解笔录、庭审笔录、社区矫正谈话笔录等。

4. 拟制类法律文书。它也被称为叙述类法律文书，是指用文字直接叙述的法律文书，如民事起诉状、刑事判决书等。

三、法律文书的特点

（一）合法性

1. 法律文书的制作主体由法律规定。法律文书只能由法定的制作主体制作，

否则制作的法律文书会因主体不合法而无效。例如，根据《民事诉讼法》[1] 第119条的规定，提起民事诉讼的原告必须是与案件有直接利害关系的公民、法人和其他组织；根据《人民调解法》第28条的规定，人民调解协议书应由人民调解委员会制作。

2. 法律文书的制作应有法律依据。法律文书是法律活动的凭证，什么情况下需要制作法律文书、制作什么样的法律文书都必须有法律法规等的明确规定。

3. 法律文书的制作应正确适用实体法。只有正确适用实体法才能实现制作法律文书的目的。例如，民事起诉状只有具备合法的诉讼请求和合法的理由才有可能达到提起诉讼的目的；民事合同只有不违反法律的强制性规定才能具备法律效力。

4. 法律文书的制作应符合法定程序。某些法律文书的制定与使用必须履行特定的法律手续。例如，《公安机关办理刑事案件程序规定》（2020年修正）第125条规定，拘留犯罪嫌疑人，应当填写呈请拘留报告书，经县级以上公安机关负责人批准，制作拘留证。执行拘留时，必须出示拘留证，并责令被拘留人在拘留证上签名、捺指印，拒绝签名、捺指印的，侦查人员应当注明。《民法典》第1135条规定，代书遗嘱应当有两个以上见证人在场见证，由其中一人代书，并由遗嘱人、代书人和其他见证人签名，注明年、月、日。

（二）规范性

1. 样式格式化。为了体现法律文书的严谨性、权威性和统一性，各有权部门均对相应的法律文书制定了统一适用的文书样式。如公安部《公安机关刑事法律文书式样（2012版）》、最高人民法院《法院刑事诉讼文书样式》、司法部《社区矫正执法文书格式》等。

2. 结构程式化。法律文书大都有固定的结构，包括首部、正文（主体）、尾部三部分。首部一般包括制作机关、文书名称、编号、当事人信息等基本情况；正文（主体）一般包括案件事实、处理（请求）理由、处理（请求）意见等；尾部一般包括签名、日期、用印及附注等。

3. 用语规范化。法律文书的内容表达常常采用固定的用语，在制作文书时，按照该固定用语来表述，不允许有变通。如人民法院的一审民事判决书尾部交代上诉权事项时，必须表述为："如不服本判决，可在判决书送达之日起15日内，向本院递交上诉状，并按对方当事人的人数提出副本，上诉于×××人民法院。"

---

〔1〕 本教材正文中涉及的相关法律名称均省略"中华人民共和国"。在实际文书制作中，引用法律时应写法律的全称。

（三）实效性

法律文书的制作讲求实效性，是为了实现一定的法律效果。有的文书是为了实现国家的司法职能，有的文书是为了实现国家的行政职能，有的文书是为了设立、变更或终止当事人之间的权利义务关系，有的文书是为了证明某些事实或状态，有的文书是为了解决纠纷，等等。法律文书是法律实施的重要手段，因而它的效力受国家强制力的保障。例如，当事人在诉讼时效内向人民法院提交符合法定条件的民事起诉状，就会启动民事诉讼程序；当事人不履行双方签订的合法有效的民事合同，就会承担不利的法律后果。对于一些具有执行意义的文书，这种法定的强制力就表现得更为明显，例如，拘留证和逮捕证一经公安机关出示，即产生剥夺犯罪嫌疑人人身自由的法律效力，任何人不得抗拒，否则公安机关就可以运用法律赋予的权力强制执行。

（四）时效性

法律文书的制作有着严格的时效规定，早于时限或晚于时限的法律文书不能产生相应的法律效力。例如，《民事诉讼法》第164条第1款规定，当事人不服地方人民法院第一审判决的，有权在判决书送达之日起15日内向上一级人民法院提起上诉。当事人如果不能在法定期限内提交民事上诉状将丧失上诉权，第一审判决就生效。又如，《民法典》第1138条规定，遗嘱人在危急情况下，可以立口头遗嘱。口头遗嘱应当有两个以上见证人在场见证。危急情况消除后，遗嘱人能够以书面或者录音录像形式立遗嘱的，所立的口头遗嘱无效。

四、法律文书的历史发展

（一）我国古代的法律文书

1975年我国在陕西岐山考古时出土了一件西周晚期的青铜器——匜。该青铜器上铸有铭文，学者称之为《倗匜铭》。铭文大意是：牧牛（人名）与上司倗（人名）为5个奴隶发生诉讼，法官伯扬父（人名）作出判决，说牧牛犯上，"女（汝）敢以乃师讼"。按照当时的法律规定，牧牛的罪应鞭打一千并施墨刑（刀刺犯人额颊并涂墨）。不过，法官又对牧牛大赦减刑，"今大赦汝，鞭汝五百，罚汝三百锊"。即只打五百鞭，罚三百锊的铜。倗用得到的铜铸了这件匜以为纪念。这篇铭文记载了迄今为止可考证的最早的判决书。

1975年我国在湖北省云梦县睡虎地出土了一批秦简。[1] 该批秦简写于战国晚期及秦始皇时期，主要记载的是秦朝时的法律制度。其中，《封诊式》堪称法

---

〔1〕 睡虎地秦墓竹简，又称睡虎地秦简、云梦秦简。睡虎地秦墓竹简共1155枚，残片80枚，分类整理为十部分内容，包括：《秦律十八种》、《效律》、《秦律杂抄》、《法律答问》、《封诊式》、《编年记》、《语书》、《为吏之道》、甲种《日书》、乙种《日书》。其中《语书》《效律》《封诊式》《日书》为原书标题，其他均为后人整理拟定。

律文书的结集，内含23件法律文书，其中的《贼死》《经死》《穴盗》三例勘查笔录，制作水平已达相当高的程度。下面以《经死》为例：

> 经死　爱书：某里典甲曰："里人士五（伍）丙经死其室，不智（知）故，来告。即令令史某往诊。令史某爱书：与牢隶臣某即甲、丙妻、女诊丙。丙死（尸）县（悬）其室东内中北权，南乡（向），以枲索大如大指，旋通系颈，旋终在项。索上终权，再周结索，馀末衺二尺。头上去权二尺，足不傅地二寸，头北（背）傅廦，舌出齐唇吻，下遗矢弱（溺），污两郄（脚）。解索，其口鼻气出渭（喟）然。索迹（椒）郁，不周项二寸。它度毋（无）兵刃木索迹。权大一围，衺三尺，西去堪二尺，堪上可道终索。地坚，不可智（知）人迹。索衺丈。衣络禅襦帬各一，践□。即令甲、女载丙死（尸）诣廷。……"

汉代法制有了较大发展，产生了大量判例，其中以春秋决狱最具代表性。春秋决狱是指在司法审判实践中，以儒家经义特别是儒家经典著作《春秋》中的原则和精神作为判案依据的裁判做法。董仲舒便是春秋决狱的倡导者，请看他的一则判例：

> 时有疑狱曰：甲无子，拾道旁弃儿乙养之，以为子。及乙长，有罪杀人，以状语甲，甲藏匿乙，甲当何论？仲舒断曰："甲无子，振活养乙，虽非所生，谁与易之？诗云：'螟蛉有子，蜾蠃负之。'《春秋》之义，父为子隐，甲宜匿乙，诏不当坐。"[1]

该判词即以儒家经义为断案的依据，论证充分，叙事简练，足以说明汉代的法律文书制作技巧又上升到了一个新的水平。

魏晋南北朝基本上沿袭汉代春秋决狱的方式制作判词，法律文书并无较大变化。

隋唐以后，判词成为吏部铨选科目之一。判词写得好就有可能为官，这一制度客观上促进了判词写作的发展。唐朝判词分真实办案的实判和科举考试的拟判两类，实判流传很少，拟判流传很多。如王维的《王右丞集》和白居易的《白氏长庆集》就都包含判词。

---

〔1〕　程树德：《九朝律考》，中华书局1963年版，第164页。

（二）近现代法律文书的发展

1. 清末的司法文书。清末，奕劻、沈家本等编纂的《考试法官必要》，对判决书的格式和内容作出了统一规定。其中刑事判决书须包括：罪犯之姓名、籍贯、年龄、住所、职业，犯罪之事实，证明犯罪之理由，援引法律某条，援引法律之理由。民事判决书则须包括：诉讼人之姓名、籍贯、年龄、住所、职业，呈诉事项，证明理由之缘由，判之理由。

2. 民国时期的司法文书。民国时期的司法文书是在承袭清末制定的司法文书统一规定的基础上发展起来的，但又有不少变化。民国时期的司法文书称为司法机关公文，相当完备。其分为五大类：①行政公牍，即一般的行政性公文；②诉讼文书，即各种诉状，包括检察官起诉书；③侦查审理文书，包括侦查笔录、法院审理笔录等；④裁判执行文书，包括判决书、裁定书、执行命令、执行书等；⑤应用文书，包括提票、押票、法院和监狱的各种报表等表格式文书。民国时期的司法体制和中华人民共和国的司法体制不同，因此对司法文书的分类也不同。[1]

在民国时期，革命根据地和解放区政权所使用的司法文书基本上是采取当时的司法文书格式，虽有变化但不大。但文书格式只是形式，其内容的差异才是实质性的变化。

（三）中华人民共和国成立后法律文书的发展

中华人民共和国成立后，通过借鉴苏联、东欧等社会主义国家的文书格式，中央人民政府司法部于1951年制定了一套《诉讼用纸格式》。"文革"期间，法律文书的发展遭到严重破坏。自1979年开始，司法部、最高人民法院、公安部、最高人民检察院相继拟定了本部门适用的文书格式。其中重要的文书格式包括：1980年由司法部普通法院司起草、以司法部名义颁发的《诉讼文书格式》，1982年最高人民法院民庭、经济庭制定的《民事诉讼文书样式》，1983年最高人民检察院制定的《刑事检察文书样式》和《直接受理案件文书格式》，1989年公安部发布的《预审文书格式》，1991年最高人民检察院发布的《刑事检察文书格式（样本）》，1992年最高人民法院印发的《法院诉讼文书样式（试行）》，2001年最高人民检察院印发的《人民检察院法律文书格式（样本）》等。

到目前为止，仍有效适用的主要法律文书样式规范包括：

1. 2001年5月14日，司法部发布《律师刑事诉讼格式文书》。

2. 2010年12月31日，司法部发布《关于印发人民调解文书格式和统计报表的通知》。

---

〔1〕 马宏俊主编：《法律文书写作与训练》，中国人民大学出版社2009年版，第13页。

3. 2012 年 5 月 25 日，司法部发布《社区矫正执法文书格式》。

4. 2012 年 12 月 19 日，公安部发布《公安机关刑事法律文书式样（2012 版）》。

5. 2020 年 1 月 15 日，最高人民检察院印发《人民检察院刑事诉讼法律文书格式样本（2020 版）》。

6. 1999 年 4 月 30 日，最高人民法院印发《法院刑事诉讼文书样式（样本）》。

7. 2003 年 1 月 9 日，最高人民法院印发《〈关于民事诉讼证据的若干规定〉文书样式（试行）》。

8. 2009 年 2 月 12 日，最高人民法院印发《执行文书样式（试行）》。

9. 2015 年 4 月 30 日，最高人民法院行政审判庭印发《行政诉讼文书样式（试行）》。

10. 2016 年 6 月 28 日，最高人民法院印发《人民法院民事裁判文书制作规范》和《民事诉讼文书样式》。

11. 2002 年 7 月 1 日，司法部监狱管理局印发《监狱执法文书格式（试行）》。

 **第二节　法律文书制作基础**

一、法律文书的材料

（一）概念

法律文书的材料是指文书制作者在办理诉讼案件及非诉讼案件时，为了达到某一目的，经过搜集、整理并经分析、归纳写入文书中的一系列事实和用于论证的法学理论内容。

（二）基本要素

法律文书的材料一般包括以下基本要素：

1. 法律关系参与人的基本情况。法律关系参与人的基本情况一般包括姓名、性别、出生年月、民族、籍贯、职业、工作单位、身份证号码、住址和电话等。

2. 案件事实材料。案件事实材料包括案件的发生、发展、结果以及相关的证据材料。证据材料包括：书证、物证、视听资料、证人证言、当事人陈述、鉴定结论、勘验笔录、现场笔录等。

3. 论证材料。论证材料是用于论证观点、主张的法学理论、原则、原理及政策。

4. 法律条款。法律条款是指法律文书中引用的法律、法规、规章、司法解释等条款。

（三）材料的收集

材料的收集是指文书制作者通过各种途径获取制作文书所需材料的过程。材料收集的方法主要包括：①向相关人员调查、核实；②从已有案卷中获取；③查阅法律条文；④收集典型案例。

（四）材料的使用

1. 要客观真实。在法律文书制作过程中，对材料的利用要客观真实。过分夸大其词的内容不能起到积极的效果，反而会带来负面的影响。如有一份起诉状中写道："……打得我头破脸肿，血流如注，面目全非，五脏俱毁。"如此夸张的表述使文书的说服力大大降低。法律文书所叙述的事实，均应有相应的证据来证明其客观性和真实性。

2. 选材要精炼、准确。材料的选择要精炼、准确，不要将各种材料不加选择地简单堆砌，也不能含糊不清，似是而非。如"被告尚欠我数万元借款""又向被害人刺了几刀"。

3. 详略得当。材料的组织要根据文书的制作目的有所取舍。对于能支持自己主张或反驳对方主张的材料，以及双方争执焦点的材料要详细叙述；对于双方无争议的材料或者与文书制作目的没有关系的材料应简要叙述或不加叙述。

二、法律文书的体裁

（一）叙述

叙述是指把人的经历和事物存在、发展、变化的过程表达出来的一种写作方式，是法律文书写作中最基本、最常见的一种表达方式，主要用于对案件事实的表述。下面是选自起诉状中的一段叙述：

2017 年 12 月 8 日 22 时左右，原告陈××在北京市朝阳区××小区的花园遛狗。遛狗过程中，被告孔××的狗（法国斗牛犬）与原告的狗（金毛犬）打斗并纠缠在一起。为防止狗受伤，原告伸手拉拽自家狗，试图将两只狗隔离，但是被告的狗突然扭过头来，撕咬原告左手。被咬后，原告当即前往垂杨柳医院治疗。因伤势严重，原告又立即前往积水潭医院进行急诊手术。经诊断，原告左手食指断裂。截至 2018 年 3 月 20 日，原告为治疗共计花费医疗费 16 004.24 元。原告在北京××科技有限公司工作，月薪 11 000 元，因受伤于 2017 年 12 月 11 日~2018 年 2 月 9 日休息，共计损失收入 16 639.08 元。事发之后，因不知道伤情的严重后果，原告仅要求被告向原告给付 5000 元医疗费，被告于 2017 年 12 月 17 日给付原告 5000 元。

事实上，原告的伤情已经远远超出最初判断，达到伤残程度。因此，原告诉至法院，请求法院依法维护原告的合法权益。

法律文书中的叙述，应注意如下问题：

1. 叙述要素要完备。法律文书叙述应当根据法律规定以及事件本身的特点，进行全面客观的叙述。一般而言，刑事案件的叙述应当包括八项要素：时间、地点、人物、动机、手段、过程、后果、事后态度。民事、行政案件的叙述应包括六项要素：当事人之间的法律关系、纠纷的起因、纠纷发生的时间、纠纷发生的地点、纠纷发生的过程、纠纷的结果。

2. 叙述方法要得当。叙述的方法一般包括：顺叙、倒叙、插叙、分叙、补叙。顺叙，即按照事件或时间先后顺序来写，是最常用的一种叙述方式；倒叙，即将结局或事件中最突出的片断提到前面来叙述；插叙，即叙述过程中，暂时中断插入另一件事的叙述；分叙，即对涉及面宽、当事人多、情节复杂的案件，分别叙述；补叙，即在叙述中对人或事物的必要解释或注释。

3. 叙述事实要真实、具体。事实的叙述，要尽可能做到真实、具体。有一份起诉状写道："被告强行从原告汽车的左侧超车，造成原告车辆右侧受损。"这一叙述会使人产生疑问：左侧超车为什么造成右侧受损？如果所述是真实的，那么右侧是如何受损的？

（二）说理

说理又称议论，是对客观事物直接或间接进行分析、评论，以表明自己的观点、态度、主张和立场，是裁决类、辩护代理类文书的关键部分。下面是一份判决书中的说理部分：

　　本院认为：公民的人身权受法律保护。《侵权责任法》第78条规定：饲养的动物造成他人损害的，动物饲养人或者管理人应当承担侵权责任，但能够证明损害是因被侵权人故意或者重大过失造成的，可以不承担或者减轻责任。本案中，虽然狗咬人发生时间极短，依据现有条件和证据难以明确到底是原告之狗还是被告之狗将原告咬伤，但无论哪只狗咬伤原告，均因原、被告双方未严格管理其所有的动物，致使两只狗在撕咬的过程中，将原告咬伤，故双方均应对此后果承担责任，责任比例原、被告各占50%。文明养犬是每位市民应尽的责任和义务。本案原、被告之所以发生纠纷，即因双方未在合适的时间和地点，采取合理的方式遛狗，致使原告受伤。希望原、被告以后能做到依法、文明、规范养犬，以实际行动做遵规守约的文明市民。

说理由论点、论据、论证三要素构成：

1. 论点，即文书对案件事实所作出的判断和结论。法律文书的论点要正确、合法、鲜明。

2. 论据，即用来说明论点的材料，亦即制作者提出论点的理由和事实依据。可以用作论据的材料包括：案件事实情况、证据、数据（犯罪数额、违法所得等）、法学理论、法律法规。

3. 论证，即运用论据证明论点的过程。法律文书中经常用到的论证方法包括：分析、综合、引证（引用典型事例、法学原理、法律条文）、反驳（运用正确观点，反驳对方论点、论据或论证方法）等。

（三）说明

说明是用简洁的文字对事物作介绍和解说。现场勘查、检查、搜查等笔录几乎都使用说明。

说明的基本写作要求是：简而明、不紊乱。例如：

现场位于××村后山盘山公路下32米处，距东边电线杆60米，距西边堑沟27米。现场是一片松树林，林中有1.5~2米高的灌木丛，林木树叶茂盛。中心现场位于一个约10平方米的缓坡略平的空地，小轿车撞靠在一棵周长0.3米的松树干上，车下灌木柴草被压倒。从盘山公路至轿车停稳的位置之间，有车轮从灌木上压过的痕迹。轿车是"公爵"牌，车牌号为"×A-×××××"，轿车驾驶室左边挡风玻璃被子弹穿破一孔，弹孔四周玻璃有数条裂缝。轿车其他部位未受损坏。尸体被置于后座踏脚处，死者上身穿花格子白底色水洗丝衬衣，系淡蓝色浅花领带，下身穿深灰色水洗丝西裤。上衣口袋有本人工作证和54元人民币。死者叫汪××，男，28岁，××市××汽车出租公司司机。尸体后脑正中弹孔为××平方厘米。子弹从左眼下方穿出。头部血迹模糊，上衣和裤子均沾满血浆，血浆已凝固。尸体抬出后，我们进行了全面检查，未发现有其他伤痕和搏斗过的迹象，死者系遭凶手突然射击后死亡，未有挣扎。现场草木丛中有两种当日留下的脚印，一种是皮鞋印迹，为报案人发现案情时所留；一种是旅游鞋印迹，为犯罪嫌疑人所留。犯罪嫌疑人向山下逃离，并在水库北岸洗过血迹。犯罪嫌疑人顺着水库堤坝逃走，脚印在水库下方的公路边消失。该地方的路边草地上，有0.6吨小货车停留过的痕迹。勘查中拍摄现场照片19张，绘制平面示意图2张，提取了鞋印1枚、指印1枚、掌印1枚、血迹4份、带血白衬衣1件、"五四"手枪子弹壳1枚。

这段文字简明扼要，把现场的位置、布局、有关的痕迹清晰地展现在我们面前；语言精练、准确、有条理。

三、法律文书语言的运用

（一）法言法语的风格

法律文书应具备规范、庄严、质朴的言语风格，我们可以称之为法言法语风格。下面一份刑事判决书就充分体现了这一风格：

> 被告人王某主观上并无剥夺张某生命的故意，故其行为构成故意伤害罪，但其伤害行为的手段残忍，情节恶劣，后果严重，依法应予严惩。公诉机关指控的事实清楚，证据充分，罪名成立，本院予以采纳。对被告人王某及其辩护人提出的辩解和辩护意见，本院均不予采纳。基于以上事实和理由，为严肃国法，打击犯罪，保护公民的人身权利不受侵犯，依照《中华人民共和国刑法》第二百三十四条第二款、第五十七条第一款之规定，判决如下：……

（二）词语的运用

1. 准确使用法律术语。法律文书具有高度专业化的色彩，长期的司法实践中产生了大量法律术语。法律文书制作人员要深刻掌握法律基础知识、充分领会法律术语的本质含义，在文书制作时尽量运用法律术语，确保法律文书的权威性和庄重性。法律术语有明确的内涵和外延，在使用时要区分不同法律术语的差异，准确使用法律术语。在制作法律文书时，容易混淆的法律术语有："被告"与"被告人"，"自然人"与"公民"，"法治"与"法制"，"法定代理人"与"法定代表人"，"受害人"与"被害人"，"询问"与"讯问"，"惯犯"与"累犯"，"从轻"与"减轻"，"订金"与"定金"，等等。

2. 准确用词，表意单一。法律文书是具有法律效力或法律意义的文书，法律文书的内容往往涉及对案件事实的认定、对当事人权利和义务的处分。因此，法律文书词语的使用应力求准确，切忌模棱两可、含混不清。下面的句子就容易产生歧义：

（1）乙方应于 2010 年 5 月 1 日前将货物送至 108 国道旁。

（2）张××应在 3 个月内按原价赔偿李×的损失。

（3）被告人杨××因抢劫两次被判刑。

（4）李×一见到刚刚回来的王××的哥哥，就上前一把抓住，扭打起来。

例句（1）"108 国道旁"这一交货地点的描述是不确定的，无疑会为将来合同的履行留下隐患。例句（2）"原价"是指原来当事人购买的价格，还是原来的市场价格，还是现在的市场价格，不得而知。例句（3）中被告人是因抢劫被判刑两次，还是因两次抢劫被判刑，存在歧义，表述不清。例句（4）中"刚刚回来的"是王××，还是王××的哥哥，表意不准确。

3. 注意词义，褒贬得当。词语有褒义、贬义和中性的区别，法律文书在选择词语时要注意词语的褒贬色彩。一般而言，在描述违法犯罪事实时多采用含贬义色彩的词语，如窝藏、窃取、密谋、寻衅滋事、诱骗、顽抗等；描述合法和正当行为时多采用含褒义色彩的词语。褒贬使用不当会影响表达的效果和文书的严肃性。例如：

（1）我听了这个消息，高兴得得意忘形。
（2）犯罪嫌疑人李××沉着、镇定地驳斥了讯问人员的提问。

（三）数字的运用

1. 汉字数字的运用。

（1）引用的法律条款项序号一般用汉字。如"根据《中华人民共和国民事诉讼法》第一百七十九条第一款第（二）项"。但是，如果法律、法规、司法解释等正式文本中的序号使用阿拉伯数字表示的，引用时应保持一致，如"根据最高人民法院《关于适用〈中华人民共和国民事诉讼法〉若干问题的意见》第204 条"。

（2）判处的刑罚应使用汉字。如"被告人李加林犯聚众斗殴罪，判处有期徒刑三年六个月"。

（3）法律文书尾部落款日期一般用汉字小写数字。如"二○○七年十月二十日"。

2. 阿拉伯数字的运用。

（1）公历年代、年、月、日（除文书尾部时间外）和时刻用阿拉伯数字。如 2010 年 5 月 1 日下午 3 时 20 分。

（2）记数与计量：①文书编号，如（2008）×刑初字第 21 号；②5 位以上的数字，尾数零多的，可以改写为以万、亿元作单位的数（千克、千米、千瓦、兆赫等法定计量单位中的词头不在此列）；③一个用阿拉伯数字书写的多位数不能移行。

3. 倍数的表述。在表达倍数时要区分"增加了"和"增加到"的不同。如"去年办理人民调解案件 100 件，今年办理人民调解案件 400 件"，应该是"增加了 3 倍"或"增加到 4 倍",而不是"增加了 4 倍"。

表示数量的减少不能用倍数来表示,只能用百分比来表示。

（四）句子表述要规范

法律文书的句子要合乎语法、合乎规范。法律文书的句式规范主要体现在以下几方面:

1. 结构要完整。完整的句子才能表达完整的意思。如果句子中缺少了必不可少的成分,就会影响意思的表达。句子的成分主要包括主语、谓语、宾语、定语、状语、补语等。不一定每个句子都要包含上述句子成分,但最起码应包含主语和谓语。在及物动词作谓语的情况下,还必须包含宾语。在制作法律文书的实务中,常见的情形是缺少主语,请看以下例句:

（1）对于那些无视交通规则的人,难道不应该受到责备吗?

（2）在监狱管教人员的帮助下,使我很快有了进步。

（3）王××奸污幼女的丑事一揭发,就更加气愤了,一致要求司法部门严惩这个泯灭人性的流氓。

（4）她的发言,不时地被关×打断,并把她轰出门外。

上述例句（1）中,"那些无视交通规则的人"前面加了"对于"这一介词,从而导致句子缺少主语。因此,应将"对于"删除。例句（2）因多用介词或介宾结构使原来的主语变为状语,从而导致主语残缺。此句应去掉"在"和"下",或去掉"使"。例句（3）是复句,第一个分句是被动句,后面的分句却转用主动句式,又随便省略了主语,结果造成后面的分句主语残缺的毛病。因此,应在第二个分句头上加上主语"大家"。例句（4）情况同例句（3）,后一分句可改为"最后她还是被轰出门外"。

2. 搭配要得当。句子由不同的成分组成,各成分之间的搭配要彼此照应,符合语言习惯,才能准确、完整地表达意思。在法律文书制作中经常出现的搭配不当的情形有:

（1）平日默默无闻的青年许×,最近因勇斗歹徒救人而广为流传。

（2）李×死亡的原因不只是钝器打击所致,而是溺水所致。

（3）有关部门对殴打环卫工人的事件,进行了批评教育和严肃处理。

（4）今年交通治理的成果是近几年最好的一年。

（5）这个文化站已成为挽救和培养失足青年的场所,多次受到上级领导的表彰。

（6）当务之急是要采取各种办法培养和提高全体干警的业务水平。

例句（1）主语"许×"和谓语"广为流传"搭配不当。例句（2）关联词搭配不当，"不只是"应改为"不是"。例句（3）并列短语"批评教育和严肃处理"作宾语，只有"严肃处理"与中心词"事件"搭配，"批评教育"不能与之搭配。例句（4）主语"成果"与宾语"一年"搭配不当。例句（5）中"培养"和"失足青年"搭配不当。应把"和培养"删掉。例句（6）中"培养和提高"与"业务水平"在语义搭配上有问题。"提高业务水平"是可以的，"培养业务水平"就不妥。宜将"培养和"三字删去。

3. 逻辑要合理。正确表述和论证思想还必须遵守思维表达的形式逻辑。法律文书语言的表达只有概念明确、判断恰当、合乎逻辑，才能做到论点明确、条理清楚、结构严谨、论证有力。下面句子的逻辑性就存在一定的问题：

（1）出席这次会议的有青年工人、老工人和妇女。
（2）被告老实厚道，村里人没有一个不说他不好的。
（3）我们要加强对这一区域的监控，以防万无一失。
（4）村子里的灯都熄了，只有李×家还亮着灯光。

例句（1）"青年工人"与"妇女"分类标准不同，存在着交叉。例句（2）"没有一个人不说他不好"判断有误，结果意思正好相反，成了"村里人都说他不好"了。例句（3）"以防万无一失"也是判断错误，应改为"确保万无一失"。例句（4）存在明显的逻辑错误，既然李×家还亮着灯，就不存在灯都熄了的情况。

（五）正确使用标点符号

标点符号简称标点，是辅助文字记录语言的符号，对汉语书写规范有重要的辅助作用。标点符号的使用应符合国家质量监督检验检疫总局（现国家市场监督管理总局）、中国国家标准化管理委员会 2011 年 12 月 30 日发布的《标点符号用法》（国家标准 GB/T 15834—2011）。在法律文书制作中，需要特别注意的标点符号有以下几种：

1. 逗号。逗号一般适用于两种情况：①单句内部，成分与成分之间需要停顿时，用逗号；②复句内各分句之间的停顿，除了有时要用分号外，都要用逗号。在法律文书制作中，介绍当事人的身份事项等基本情况时，各项之间一般用逗号隔开。例如：

被告人孙××，男，生于 1980 年 8 月 4 日，汉族，中专文化程度，青海省平安县×××乡××村人，暂住平安县平安镇互助路隆安综合粮油加工厂，中国安邦保险公司平安营销服务部营销员。

2. 分号。复句内部并列分句之间的停顿，用分号。非并列关系（如转折关系、因果关系等）的多重复句，第一层的前后两部分之间，也用分号。例如：

> 我国年满 18 周岁的公民，不分民族、种族、性别、职业、家庭出身、宗教信仰、教育程度、财产状况、居住年限，都有选举权和被选举权；但是依照法律被剥夺政治权利的人除外。

分行列举的各项之间，也可以用分号。例如：

> 违反治安管理有下列情形之一的，减轻处罚或者不予处罚：
> （一）情节特别轻微的；
> （二）主动消除或者减轻违法后果，并取得被侵害人谅解的；
> （三）出于他人胁迫或者诱骗的；
> （四）主动投案，向公安机关如实陈述自己的违法行为的；
> （五）有立功表现的。

3. 括号。法律文书中常用的括号形式包括：圆括号"（）"、方括号"［］"、六角括号"〔〕"和方头括号"【】"。行文中注释性的文字，用括号标明。注释句子里某种词语的，括注紧贴在被注释词语之后；注释整个句子的，括注放在句末标点之后。"一""二""三"等汉字序号以及阿拉伯数字，用括号括起来表示序次。带括号的序次后面不能再用顿号或逗号。法律文书编号中的年份，用括号标示。人民法院文书编号采用圆括号"（）"；人民检察院、公安机关以及其他行政公文的编号一般采用六角括号"〔〕"。例如：

> （1）人民法院民事判决书的编号：（2019）苏 0114 民初 315 号。
> （2）人民检察院起诉书的编号：长检刑诉〔2008〕2 号。
> （3）公安机关拘留证的编号：杭公刑拘字〔2010〕11 号。

4. 书名号。书名号的形式为双书名号"《》"和单书名号"〈〉"。书名、篇名、报纸名、刊物名等，用书名号标示。法律、法规、规章、规定、合同等规范性文件的标题，也用书名号标示。书名号里边还要用书名号时，外面一层用双书名号，里边一层用单书名号。例如，"最高人民法院印发《〈关于民事诉讼证据的若干规定〉文书样式（试行）》的通知"。在引用法律、法规、规章、规定等规范性文件时，要引用全称，不能省略，也不能用引号代替书名号。下列写法都是不规范的，甚至是错误的：

（1）根据《民法》的有关规定，特提起诉讼。

（2）根据《民法典》第26条规定，父母对未成年子女负有抚养、教育和保护的义务。

（3）根据"中华人民共和国企业国有资产法"，国有资产受法律保护，任何单位和个人不得侵害。

例句（1）中的《民法》是不存在的，民法是法学上的称谓，我国没有以民法命名的法律。例句（2）中引用的法律没有写全称，不规范，规范的写法是《中华人民共和国民法典》。例句（3）中用引号代替了书名号，也是不正确的。

 **第三节　单元训练**

训练一：说明训练

请同学们用说明的方法介绍自己学校的布局。

要求：（1）简而明、不紊乱。

（2）字数不超过500字。

【提示】

1. 对自己学校的所在位置、总体布局、校园特点进行客观、清晰地阐述，切忌夸张、比喻。

2. 文字要精练、准确、有条理。

训练二：文书语言训练

分析下面句子中存在的问题，并根据不同情况进行修改。

通过调查和多方面取证，真相终于被揭开了，那是"斧头帮"干的事，出面组织和收买凶手的是斧头帮的一个头面人物的亲弟弟谢天赐及其死党马一刀、张彪、唐德义以及一个叫"小刀会"的组织，也都参加了这起暗杀事件。

【提示】

1. 注意使用法言法语。
2. 注意词义的准确性。

《标点符号用法》
(GB/T 15834－2011)

西周青铜器𠑇匜
[最早的裁判文书]

云梦秦简
[秦朝的法律文书]

第二编　基层常用法津文书

学习单元二 常用诉讼法律文书

学习目标

● 掌握常用诉讼法律文书的主要内容和基本格式等文书制作知识，进一步熟识相关实体法和程序法等法律知识。

● 熟悉民事诉讼流程，熟练掌握常用诉讼法律文书的制作方法和制作要求，能够根据案件事实，运用相关法律知识和文书制作知识独立制作民事起诉状、答辩状、代理词、上诉状等常用诉讼文书。

● 通过文书制作实训，使学生能够得到较充分的法律思维训练和文书制作技能训练，提高学生办理民事诉讼案件的法律实务能力。

● 培育社会主义法治意识、依法维权意识、程序意识；培育严谨审慎的文书制作态度。

重点提示

● 掌握民事起诉状、民事答辩状、民事案件代理词、民事上诉状、辩护词等常用诉讼文书的制作。

● 熟识授权委托书、财产保全申请书、强制执行申请书、民事再审申请书等诉讼文书。

 第一节　基础知识

一、常用诉讼法律文书的概念和分类

（一）常用诉讼法律文书的概念

诉讼法律文书是指在诉讼程序中，由有关国家机关和个人制作的具有法律效力或法律意义的文书，包括由国家司法机关以及公安、国家安全机关等在诉讼活动中制作和使用的文书，也包括诉讼参与人参与诉讼活动而制作的文书。

常用诉讼法律文书并非一个特定概念。在民事、刑事或行政诉讼中，当事人（自然人、法人和其他组织）及其代理人、辩护人基于执行一定的诉讼职能，完成诉讼目的和任务时，需要根据相关规定制作或者识别繁杂多样的法律文书，其中有部分文书不仅经常用到，而且在诉讼进程中起着重要作用。因此，常用

诉讼法律文书在此主要指当事人（自然人、法人和其他组织）及其代理人、辩护人，在参与民事、刑事或行政诉讼活动中经常涉及的法律文书，如民事起诉状、答辩状、代理词、民事上诉状、再审申请书、辩护词、提请抗诉申请书等。

（二）常用诉讼法律文书的分类

常用诉讼法律文书可以根据不同的标准进行分类。

根据诉讼的性质，可以将常用诉讼法律文书分为：刑事诉讼类常用文书、民事诉讼类常用文书和行政诉讼类常用文书。例如，刑事自诉状、刑事上诉状、辩护词等属于刑事诉讼类常用文书；民事起诉状、民事答辩状、民事上诉状等属于民事诉讼类常用文书；行政起诉状、行政答辩状、行政上诉状等属于行政诉讼类常用文书。

根据文书的性质和用途，可以将常用诉讼法律文书分为：诉状类常用文书和申请类常用文书等。例如，刑事自诉状、刑事上诉状、民事起诉状、民事答辩状、民事上诉状、行政起诉状等均属于诉状类常用文书；诉讼保全申请书、先予执行申请书、管辖异议申请书、回避申请书等属于申请类常用文书。

（三）常用诉讼法律文书的意义

诉讼与法律文书制作紧密相连。可以说，法律文书既是诉讼活动运作的工具，又是诉讼活动的文字载体或结论，其中有的是启动诉讼程序的手段，有的是解决法律问题的文字凭证，有的是法庭活动的实录。就常用诉讼法律文书而言，其对于诉讼的意义主要在于：诉讼程序的发生必须以提交相应的法律文书作为前提，当事人诉讼权利的行使和合法权益的维护也离不开法律文书的制作。

1. 启动刑事、民事和行政诉讼程序，当事人须向人民法院递交相应的法律文书。刑事案件中，告诉才处理的案件、被害人有证据证明的轻微刑事案件以及被害人有证据证明对被告人侵犯自己人身、财产权利的行为应当依法追究刑事责任，而公安机关或者人民检察院不予追究被告人刑事责任的案件,[1] 被害人可以向人民法院提交刑事自诉状，启动刑事诉讼程序。在民事、行政案件中，与案件有直接利害关系的公民、法人和其他组织认为被告侵犯了自己的合法权

---

〔1〕 根据我国《刑事诉讼法》第210条的规定和有关司法解释，告诉才处理的刑事案件具体包括：侮辱、诽谤案（严重危害社会秩序和国家利益的除外），暴力干涉婚姻自由案，虐待案（被害人没有能力告诉或者因受到强制、威吓无法告诉的除外），侵占案。被害人有证据证明的轻微刑事案件具体包括：故意伤害案（通常被称为轻伤案），非法侵入住宅案，侵犯通信自由案，重婚案，遗弃案，生产、销售伪劣商品案（严重危害社会秩序和国家利益的除外），侵犯知识产权案（严重危害社会秩序和国家利益除外），属于刑法分则第四章、第五章规定的、对被告人可能判处3年有期徒刑以下刑罚的案件。被害人有证据证明对被告人侵犯自己人身、财产权利的行为应当依法追究刑事责任，而公安机关或者人民检察院不予追究被告人刑事责任的案件，是指公安机关或人民检察院已作出不予追究的书面决定的案件，即公安机关、人民检察院已经作出不立案、撤销案件、不起诉等书面决定。

益，可以制作民事起诉状和行政起诉状，向有管辖权的人民法院提起诉讼，启动民事或行政诉讼程序。

2. 诉讼过程中，当事人须通过制作相应的法律文书行使诉讼权利，有效维护自己的合法权益。例如，民事诉讼中，在人民法院作出民事判决以前，当事人为保证判决生效后能顺利执行，可以制作财产保全申请书，请求对相关财产或者争执的标的物采取一定的强制措施；在涉及给付之诉的案件中，为解决权利人生产和生活的需要，原告可以制作先予执行申请书，请求人民法院裁定义务人在判决确定之前，先行给付一定数量的财物；当事人不服第一审人民法院裁判的，可以制作民事上诉状，向上一级人民法院提起上诉；在执行阶段，如果对方当事人拒不履行生效民事判决、裁定和调解书规定的义务，享有权利的一方当事人可以制作强制执行申请书，向有管辖权的人民法院申请对义务人采取强制执行；等等。刑事诉讼中，被告人诉讼权利的行使也需要通过制作相应的法律文书实现，例如，辩护权在被告人各项诉讼权利中居于核心地位。一般情况下，辩护人只有通过发表辩护词，才能实现其辩护职能，达到维护被告人合法权益的目的。

二、常用诉讼法律文书制作基本要求

（一）遵守国家法律和政策

文书的内容必须符合法律和政策，才能得到法院的支持，进而有力地保护当事人的合法权益。没有法律法规或政策依据的诉讼法律文书，不仅不能受到法律的保护，而且还可能适得其反乃至受到法律的制裁。因此，常用诉讼法律文书的制作主体必须了解和熟悉相关的法律法规和政策，才能顺利完成文书制作任务。

（二）必须客观真实

事实是分清是非、处理案件的基础。诉讼法律文书中对事实的描述必须客观、真实。文书的制作主体必须尊重客观事实、充分利用证据的证明效力说明事实真相，不能主观臆造、随意夸大。

（三）目的明确、用语准确

每一份法律文书的制作均是为了实现制作者的特定目的，因此在制作时要紧紧围绕这一目的来选择材料、组织语言，正确引用法律法规，做到观点鲜明、说理充分。法律文书的语言应尽可能体现法言法语的风格，必须高度准确、通顺得体，避免产生歧义。

（四）样式符合要求

基层常用的诉讼法律文书样式体现了规范性和任意性的统一。有些法律文书由相关部门制定了统一的规范样式，在制作时必须严格遵守相应的格式规范。而有些法律文书的样式却是约定俗成的，制作者可以按照习惯书写或是按照相对人的要求书写，只要不违背意思自治原则，合法、公平且内容要素齐全即可。

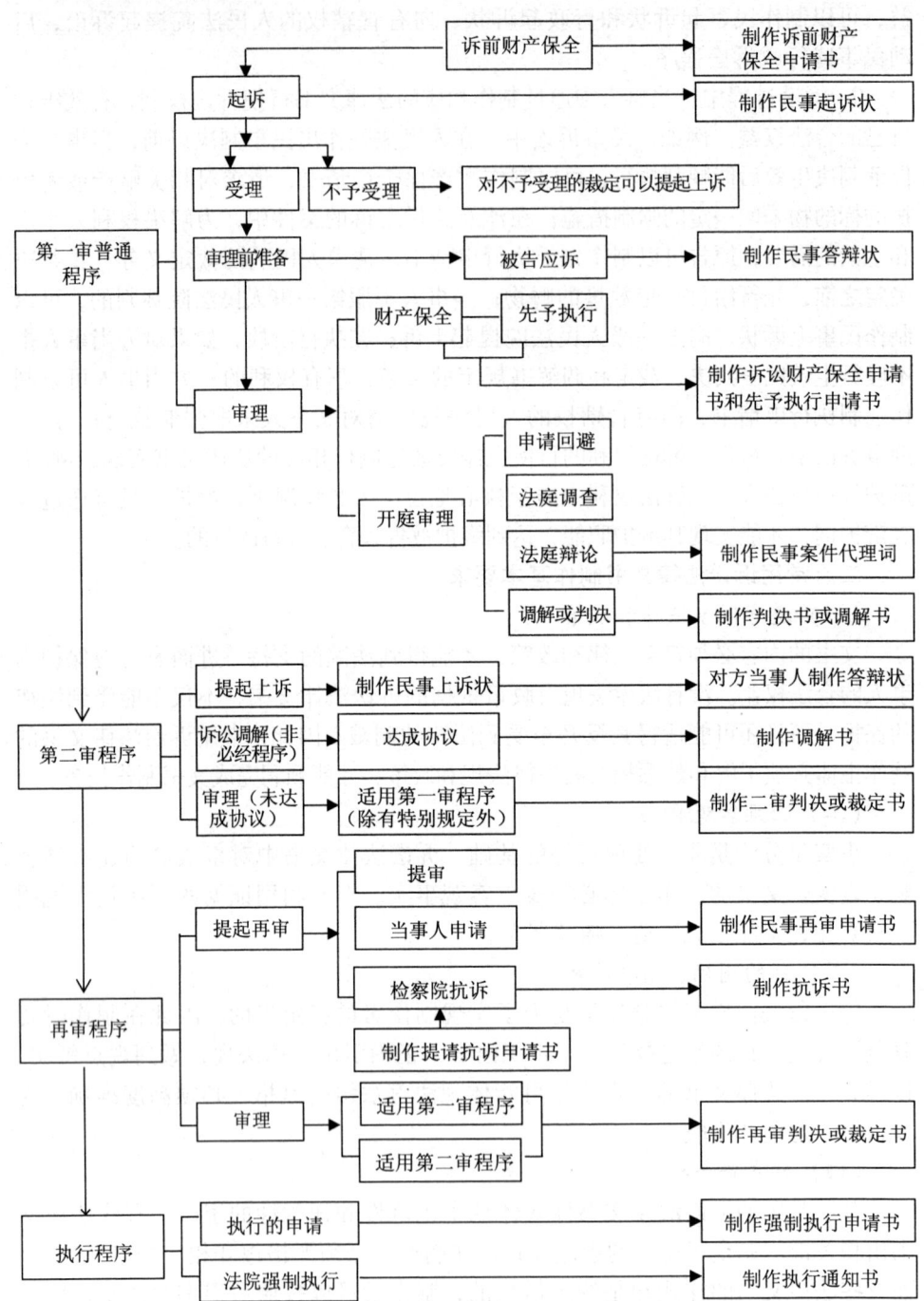

图2-1 民事诉讼流程与常用诉讼法律文书关联图

第二节 制作实训

实训一：制作《民事起诉状》

一、任务描述

民事起诉状是指公民、法人或其他组织，在认为自己的合法权益受到侵害或者与他人发生争议时，向人民法院提交的请求人民法院依法裁判的法律文书。

从法律性质上讲，起诉是公民、法人或者其他组织行使诉权的具体体现。民事诉讼中的起诉，是指公民、法人或其他组织，认为自己的民事权益受到侵害或者与他人发生争议，以自己的名义请求人民法院通过审判给予司法保护的诉讼行为。民事起诉状即原告向受诉人民法院提出诉讼请求的书面依据，是最常用的民事法律文书之一。

通过学习，学生应明确民事起诉状制作的法律依据，掌握民事起诉状的格式和内容要求，并能够根据发生的案件事实制作相应的民事起诉状。

二、实例示范

下面是一份分家析产纠纷的民事起诉状：[1]

民事起诉状

原告：葛×，女，1953年11月19日出生，汉族，杭州市西湖区袁浦镇兰溪口村村民，住该村××号。

被告：陈×，男，1949年7月9日出生，汉族，杭州市西湖区袁浦镇兰溪口村村民，住该村××号。

被告：陈××，男，1973年8月31日出生，汉族，杭州市西湖区袁浦镇兰溪口村村民，住该村××号。

案由：分家析产纠纷

诉讼请求：

1. 请求判令位于杭州市西湖区袁浦镇兰溪口村××号的住房（现价值约六十万元人民币）原被告各享有1/3的产权。

2. 请求由两被告承担本案的诉讼费用。

---

〔1〕 本教材"实例示范"中采用的文书大多为法律实务中制作的文书，部分文书格式和内容可能存在不规范、不合理的情形，为保持原始性、真实性，编者并未进行全面的修正，因此在教学中应注意区别借鉴。

事实和理由：

原告与被告陈×于 1971 年 10 月 8 日登记结婚，婚后生有一子即被告陈××。原告与被告陈×于 1986 年经原杭州市土地管理部门批准，以原告与两被告共同名义建有住房三间（共三层），位于杭州市西湖区袁浦镇兰溪口村××号。2007 年 7 月 16 日，原告与被告陈×经杭州市西湖区人民法院判决离婚，但离婚时只处理了债务，对夫妻共有财产及家庭共有财产未作处理。后原告与两被告多次协商上述房产分割问题，一直无法达成一致意见，故原告于 2008 年 7 月 22 日向贵院起诉要求分家析产，但由于经济困难，在增加诉讼请求时未能交纳诉讼费而被贵院作撤诉处理。现再次向贵院起诉，请求将上述房产按原被告各享有 1/3 产权进行分割，请贵院依法裁决，以实现诉讼请求。

此致

杭州市西湖区人民法院

附：

1. 本诉状副本 2 份。
2. 房产证 1 份。

起诉人（签名）：葛×

二〇〇九年九月十五日

三、基础铺垫

（一）民事起诉状制作的法律依据

由于起诉是当事人行使诉权的一项严肃而重要的诉讼行为，因此应符合法定条件，以一定的方式进行。我国《民事诉讼法》第 119 条规定："起诉必须符合下列条件：①原告是与本案有直接利害关系的公民、法人和其他组织；②有明确的被告；③有具体的诉讼请求和事实、理由；④属于人民法院受理民事诉讼的范围和受诉人民法院管辖。"人民法院对符合上述规定的起诉必须受理，对于不符合规定的起诉不予受理。

同时，《民事诉讼法》第 120 条规定："起诉应当向人民法院递交起诉状，并按照被告人数提出副本。书写起诉状确有困难的，可以口头起诉，由人民法院记入笔录，并告知对方当事人。"可见，民事起诉状是人民法院受理民事诉讼案件的依据。

（二）民事起诉状的结构及其内容

民事起诉状一般由首部、正文和尾部三个部分组成。根据我国《民事诉讼法》第 121 条的规定，民事起诉状的内容包括：

1. 首部。

（1）标题。居中写明"民事起诉状"。

（2）当事人的基本情况。分别写明原告、被告和第三人（按原告、被告、第三人的顺序书写）的姓名、性别、出生年月日、民族、职业、工作单位和职务、住址、联系方式等。如果原告或被告系无诉讼行为能力人，应在其项后写明法定代理人的姓名、性别、职业、工作单位和住址及其与原告或被告的关系。如果原告或被告是法人或其他组织的，应写明其名称和住所以及其法定代表人（或主要负责人）的姓名和职务，除此之外，原告还要写明企业性质、工商登记核准号、经营范围和方式、开户银行和账号。如果原告委托律师代理诉讼，应在其项后或其法定代理人项后写明代理律师姓名及代理律师所在的律师事务所名称。

（3）案由。案由要符合最高人民法院发布的《民事案件案由规定》。

（4）诉讼请求。简要写明原告向人民法院提起诉讼的目的和具体请求事项。如有多项请求，应分项列出。诉讼请求要明确、具体，不要含糊、笼统；要合理合法，不要提无理要求；要相对固定，不要任意变换。[1]

第一，离婚诉讼。一般应写明以下几项：请人民法院准许原告与被告×××离婚；子/女×××归×××抚养，×××承担生活费××元/月；已购房屋归×××所有；其余财产×××分配（详见财产清单）。

第二，继承纠纷。应写明争讼的遗产种类、数额和处所，原告请求人民法院支持的份额。

第三，合同纠纷。一般根据案情考虑以下几项：继续履行×××合同；采取修理、更换、重作、退货、减少价款或者报酬等补救措施；支付违约金××元；双倍返还定金××元；赔偿损失××元。

第四，侵权案件。一般根据案情可考虑以下请求：请人民法院责令被告停止侵害、恢复名誉、消除影响、赔礼道歉；赔偿经济损失××元；支付精神损害抚慰金××元。

第五，劳动争议案件。一般根据案情可考虑以下请求：撤销×××决定，恢复原职，继续履行劳动合同；补发工资/加班费，并支付经济补偿金××元；按照最低工资标准支付劳动报酬，补发差额，并支付经济补偿金××元；补缴社会保险费××元；支付解除劳动合同经济补偿金××元。

2. 正文。

（1）事实部分。应写明原告、被告民事法律关系存在的事实，以及双方发

---

〔1〕 参见刘明辉编著：《法律文书范例及应试技巧》，人民法院出版社 2010 年版，第 30~31 页。

生民事权益争议的时间、地点、原因、经过、情节和后果。一般以时间顺序叙述，要详述与争议事实有直接关系的事实，概述与案件事实关系不大，但又必须交代清楚的事实。描述过程尽量概括，力避拖沓、空泛。

（2）理由部分。要根据案情和有关法律法规、政策阐明原告对本案的性质、被告的责任以及如何解决纠纷的看法。

（3）证据。要尽可能列举足以证明案件事实的证据名称、件数或证据线索，并写明证据来源。有证人的，应写明证人的姓名和住址。

3. 尾部。

（1）致送人民法院的名称。

（2）附项。写明随起诉状附上的本诉状副本份数以及有关证据及证明材料。诉状副本份数应按被告的人数提交。

（3）原告签名或盖章。如果是法人或其他组织，应写明法人或其他组织的全称，由法定代表人或主要负责人签名，加盖公章。如果仅委托律师为原告代书起诉状，可在诉状的最后写上代书律师的姓名及代书律师所在的律师事务所名称。

（4）起诉时间。

（三）民事起诉状样式

样式一（公民提起民事诉讼用）：

民事起诉状

原告：_____

法定代理人：_____

委托代理人：_____

被告：_____

法定代理人：_____

案由：_____

诉讼请求：

_____

_____

事实和理由：

_____

证人姓名和住址，其他证据名称、来源：
(在实践中该部分由证据清单替代，可不写)

　　此致

_____人民法院

　　附：

1. 本诉状副本×份。
2. 证据清单。

起诉人：_____

_____年___月___日

样式二（法人或其他组织提起民事诉讼用）：

民事起诉状

原告名称：_____

所在地址：_____

法定代表人（或主要负责人）姓名：_____职务：_____电话：_____

企业性质：_____工商登记核准号：_____

经营范围和方式：_____

开户银行：_____账号：_____

被告名称：_____

所在地址：_____

法定代表人（或主要负责人）姓名：_____职务：____电话：_____

案由：_____

诉讼请求：

_____

_____

事实和理由：

_____

_____

证人姓名和住址，其他证据名称、来源：
（在实践中该部分由证据清单替代，可不写）＿＿＿＿＿＿＿＿＿

＿＿＿＿＿＿＿＿＿＿＿＿＿＿＿＿＿＿＿＿＿＿＿＿＿＿＿＿＿＿＿

此致
＿＿＿＿＿＿人民法院

附：
1. 本诉状副本×份。
2. 证据清单。

起诉人：＿＿＿＿＿

＿＿＿＿年＿＿月＿＿日

民事诉讼证据清单

（　　）　字第　　号

编　号	证据清单	份　数	页　数	原件或复印件	证明对象

提交人签名：　　　　　　　　　签收人签名：

提交日期：　　　　　　　　　　签收日期：

四、学生实训

根据以下案情，请你代理王×制作一份民事起诉状。

【案情】

20××年9月24日23时10分，山西××运输有限公司司机李×（男，1976年5月19日生，汉族，住太原市万柏林区开城巷×号职工宿舍）驾驶该公司"晋×××"号解放141大货车带挂车，在瓦流路由北向南行驶至18路公交车瓦流站附近时，将相向骑自行车行驶的王×（男，20××年1月10日生，汉族，太原××大学学生，住太原××大学学生宿舍×号楼302室）碰撞致伤，造成事故。王×被送往铁十二局医院，后转至山西大学第一附属医院治疗。

王×经医院诊断为：复合外伤，失血性休克。①左下肢（大腿上段）骨挫伤，截肢术后，伤口感染；②开放性骨盆骨折，伴肛门管破裂，结肠造瘘术后；③尿道膜部断裂，行膀胱造瘘术，尿道会师术后；④左股动静脉血管高位大段碾挫缺损伤。

经太原市公安局交警支队事故科河西组现场勘查，于10月9日向双方下达了第21号《道路交通事故责任认定书》，该责任书认定：李×驾驶车辆驶入左侧是造成事故的直接原因，其违反了《道路交通管理条例》第7条第1款"车辆、行人必须各行其道"之规定，应负事故全部责任，王×不负事故责任。

事发后，李×及山西××运输有限公司不积极协助治疗，不履行其应尽的义务，甚至连王×的医疗费都不积极支付，使王×的治疗得不到保障，甚至常常面临生命危险。因此，王×决定向人民法院提起诉讼。

【提示】

（一）制作民事起诉状的相关准备工作

1. 了解案件事实。向当事人了解双方发生民事权益争议的时间、地点、原因、经过、情节和后果。

2. 收集相关证据。根据对案件事实的了解，收集能够证明事实的相关证据。

3. 查阅有关法律、法规、政策、司法解释等。

（二）制作民事起诉状的一般注意事项

1. 不要将"民事起诉状"写为"民事起诉书"。起诉书是人民检察院对公安机关侦查终结移送审查起诉的案件，或对直接受理侦查终结的案件，经过审查后认为被告人的犯罪事实已经查清，证据确实、充分，依法应当追究刑事责任而代表国家向人民法院提起公诉时所制作的文书。"起诉书"是刑事案件提起公诉时使用的文书，不适用于民事案件。

2. 接到案件后，应首先审查、确认当事人是否适格。书写当事人基本情况时要注意以下几点：

（1）个体工商户，以业主为当事人，而不是字号。

（2）个人合伙，有字号的，以字号为当事人；没有字号的，全体合伙人为当事人。

（3）对于未成年人或其他限制行为能力人与无行为能力人，应当写明法定代理人。

（4）对于单位应区分法人与非法人。属于有限责任的法人，要注明法定代表人；对于其他无法定代表人的组织，应写明主要负责人。

（5）对于有多个原告或多个被告的，应分别列明。

（6）对于自然人当事人，要区分自然人的民族。要特别注意少数民族的婚姻家庭案件，如因民族涉及特殊的法规及风俗习惯，会影响案件的定性问题，非常重要。

3. 正文中对当事人的称呼，一般用"原告""被告""第三人"陈述，如涉及多个原告或被告的，在"原告"或"被告"后应列明原告的全称或经注释的简称。杜绝当事人前后称呼不一致的情况，如原告，前面用"我"，后面用"本人"，又用"原告"的情况不应出现。

4. 对于案由，应参照最高人民法院关于案由的规定及适用规则，不得随意变更、杜撰。

5. 诉讼请求的提出首先应考虑诉讼时效问题。诉讼请求的列明应明确具体，不应产生歧义。对于有多个诉讼请求的，每个请求应分项列明；请求中有财产的，应分项列明财产金额；对于有多个原告的案件，诉讼请求应注意区分诉讼请求的项目是全体原告共同的还是分项的，如果是分项的，每个原告应当有自己单独的诉讼请求。

6. 对于事实和理由部分，应根据材料的基本要素，做到时间、地点、经过、结果明确。事实和理由的内容不要过于具体，在内容上力求精要。过于详尽的阐述会过早向对方当事人暴露自己的事实根据和法律依据，从而使对方当事人在法庭上作出有针对性的抗辩策略，使自己处于被动的地位。事实和理由要慎引法律条文，使用法言法语。

7. 对于管辖问题，要注意按《民事诉讼法》及相关司法解释的规定，重点区分地域管辖的适用；对于案件金额较大的案件，要注意根据不同地域选择级别管辖的法院，因为不同地域级别管辖的法院，财产起点金额是不一致的。

8. 按照最高人民法院的文书样式，民事起诉状样式中包含"证人姓名和住址，其他证据名称、来源"的内容，现因最高人民法院出台了证据规则，相应的内容由证据清单替代，故在制作时可不写该部分内容，而应附上相应的证据清单。

五、任务评估

评估要点:

1. 格式要规范。列明当事人基本情况时是否注意自然人和法人的区别,诉状格式是否规范。

2. 诉讼请求。提出的诉讼请求是否合情、合理、合法。

3. 注意各部分内容之间的联系。诉状内容是否体现"以事实为根据,以法律为准绳";是否注重各部分之间的内在联系,做到"证据能够证明案件事实,事实能够支持说理论证,理由能够服务诉讼请求"。

4. 法院名称要准确。是否注意区分最高人民法院、高级人民法院、中级人民法院、基层人民法院的管辖范围,选择正确的人民法院起诉;法院的名称写得是否完整、准确。

实训二:制作《民事答辩状》

一、任务描述

(一) 答辩状

答辩状是指民事、行政案件的被告或被上诉人以及刑事附带民事案件的被告人或被上诉人,针对民事起诉状、行政起诉状、上诉状以及刑事附带民事自诉状、刑事附带民事起诉状及其上诉状,在法定期限内作出答复、辩驳的法律文书。被告或被上诉人在法定期限内提出答辩状,有助于案件双方当事人在开庭前即了解对方主张的前提下有准备地进行庭审活动,并在充分行使诉讼权利的基础上维护自身合法权益。对人民法院而言,则有助于借此了解、掌握双方当事人的争议焦点,提高庭审效率,保证庭审质量。

根据案件的性质,答辩状一般分为民事答辩状、行政答辩状和刑事附带民事答辩状。上述答辩状格式基本相同,在此仅详细阐述民事答辩状。

(二) 民事答辩状

民事答辩状是指民事案件的被告或被上诉人,针对原告或上诉人的起诉状或上诉状,在法定期限内予以答复和辩驳,阐述自己认定的事实和理由的法律文书。

民事答辩状也是最常用的民事法律文书之一。通过学习,学生不仅应明确民事答辩状制作的法律依据,掌握民事答辩状的格式和内容要求,而且要能够根据发生的案件事实,针对起诉状或上诉状制作相应的民事答辩状。

二、实例示范

下面是一份针对人身损害赔偿纠纷案的答辩状:

民事答辩状

答辩人：蔡×，女，1960 年 4 月 1 日出生，汉族，现住杭州市西湖区蒋村乡蒋村村三组。

答辩人因原告赵×诉蔡×人身损害赔偿纠纷一案，提出答辩如下：

1. 本案起诉状并非原告赵×及其法定代理人所签，该起诉状答辩人不予认可。

关于原告赵×诉我人身损害赔偿纠纷事宜，在贵院已有多次诉讼。在前两次起诉中，原告本人及其法定代理人并没有出庭，而且目前原告的身体状况如何也不得而知。对比原告前几次起诉的诉状，答辩人发现本次诉讼中原告在民事起诉状中的签名与此前的签名并非同一人所写，原告的代理人周×现为原告的未婚夫，与原告并非正式的夫妻关系。所以，答辩人要求原告能够正式出庭接受法官的询问，并解决诉状的真实性问题。对于该诉状，答辩人认为是代理人代签的，否则此前的几份民事起诉状就是代理人签的。希望法庭对此问题能够重视。

2. 关于本案中原告提供的证据，答辩人持有部分异议。

（1）交通费发票与实际的治疗次数不符，而且从就医情况看，原告在杭州就医的时间非常密集，可见原告现就在杭州，而非在河南老家，故请其出庭。

（2）对 2008 年 8 月份之后所配药品是否用于原告本人持有异议。尽管原告起诉的是 2008 年 3 月 3 日至 2008 年 12 月份的医疗费，但从证据上显示，药费的发票主要集中在 2008 年 8 月份之后，即 8 月份之后的药费发票相当密集，基本上半个月左右就去一次医院，并且医院配给的是同样的药品，有几个月（如 2008 年 9 月、11 月）出现了一个月去三次的情况。到底该药品每天需要多少用量答辩人不明确，故请求法庭要求原告提供病历和医院的证明，来确认每天的用药量，证明所配药品是用于原告本人。

（3）对于 2008 年 8 月之前的只有清单没有发票的医药费用，答辩人认为不符合要求，不能认定。

综上所述，答辩人对起诉状的真实性不予认可，原告诉讼请求的事实依据也不足，现请求法院驳回原告的起诉，或待原告提供相关证明后再予审理。

此致
杭州市西湖区人民法院

附：本答辩状副本 1 份。

答辩人（签名）：蔡×

二〇〇九年二月十三日

三、基础铺垫

（一）民事答辩状制作的法律依据

提出答辩状是被告或被上诉人的一项诉讼权利。我国《民事诉讼法》第125条规定："人民法院应当在立案之日起5日内将起诉状副本发送被告，被告应当在收到之日起15日内提出答辩状。答辩状应当记明被告的姓名、性别、年龄、民族、职业、工作单位、住所、联系方式；法人或者其他组织的名称、住所和法定代表人或者主要负责人的姓名、职务、联系方式。人民法院应当在收到答辩状之日起5日内将答辩状副本发送原告。被告不提出答辩状的，不影响人民法院审理。"第167条第1款规定："原审人民法院收到上诉状，应当在5日内将上诉状副本送达对方当事人，对方当事人在收到之日起15日内提出答辩状。人民法院应当在收到答辩状之日起5日内将副本送达上诉人。对方当事人不提出答辩状的，不影响人民法院审理。"

需要指出的是，提出答辩状只是被告或被上诉人的诉讼权利。受诉人民法院应向被告或被上诉人预先告知：如果提出答辩状，即应在法定期限内完成这一行为，这是出于防止诉讼滞延的客观需要。限期提出答辩，并不意味着答辩是被告或被上诉人必须履行的法定义务，被告或被上诉人逾期不提出答辩，也不影响人民法院对案件的审理。

（二）民事答辩状的结构及其内容

民事答辩状可分为三部分：首部、正文和尾部。

1. 首部。

（1）标题。居中写明"民事答辩状"。

（2）答辩人的基本情况。写明答辩人的姓名、性别、出生年月日、民族、职业、工作单位和职务、住址、联系方式等。如答辩人系无诉讼行为能力人，应在其项后写明法定代理人的姓名、性别、出生年月日、民族、职业、工作单位和职务、住址及其与答辩人的关系。答辩人是法人或其他组织的，应写明其名称和所在地址、法定代表人（或主要负责人）的姓名和职务。如答辩人委托律师代理诉讼，应在其项后写明代理律师的姓名及代理律师所在的律师事务所名称。

（3）答辩案由。写明"对××××人民法院（××××）……号……（写明当事人和案由）一案的起诉（或上诉），答辩如下："。

2. 正文。

（1）答辩理由。应针对原告或上诉人的诉讼请求及其所依据的事实与理由进行反驳与辩解。被上诉人的答辩主要从实体方面针对上诉人提出的事实、理由、证据和请求事项进行答辩，全部否定或部分否定其所依据的事实和证据，从而否定其理由和诉讼请求；一审被告的答辩除实体方面外，还可以从程序方面进行答辩，例如，提出原告不是正当的原告，或原告起诉的案件不属于受诉法院管辖，或原告起诉不符合法定的起诉条件等，说明原告无权起诉或起诉不合法，从而否定案件。无论一审被告还是二审被上诉人，提出答辩理由时要实事求是，要有证据。

（2）答辩请求。答辩请求是答辩人在阐明答辩理由的基础上针对原告或上诉人的诉讼请求向人民法院提出的请求。答辩人应根据有关法律规定，请求人民法院保护其合法权益。答辩状的请求具有法定性，一审民事答辩状中的答辩请求主要有：①要求人民法院驳回起诉，不予受理；②要求人民法院否定原告请求事项的全部或一部分；③提出新的主张和要求，如追加第三人；④提出反诉请求；⑤要求与原告和解。如果民事答辩状中的请求事项为两项以上的，在写请求事项时应逐项写明。针对上诉状的答辩状，答辩请求一般为请求法院支持原判决或原裁定，驳回上诉人的要求。

（3）证据。答辩中有关举证事项，应写明证据的名称、件数、来源或证据线索。有证人的，应写明证人的姓名、住址。

3. 尾部。

（1）致送人民法院的名称。

（2）附项。包括本答辩状副本份数（副本份数应按原告或上诉人的人数提交）；其他有关证据及证明材料。

（3）答辩人签名。答辩人是法人或其他组织的，应写明全称，加盖单位公章。

（4）答辩时间。写明年、月、日。

（三）民事答辩状的样式

民事答辩状

答辩人：（姓名、性别、出生年月日、民族、职业、工作单位和职务、住址、联系方式）

对×××人民法院（××××）……号（写明当事人和案由）一案的起诉（或上诉），答辩如下：

_____

_____

_____

_____

此致
_____人民法院

　　附：
　　1. 本答辩状副本×份。
　　2. 证据清单。

　　　　　　　　　　　　　　　　　　答辩人：_____
　　　　　　　　　　　　　　　　_____年___月___日

（四）行政、刑事附带民事答辩状制作注意事项

　　行政答辩状、刑事附带民事答辩状与民事答辩状格式基本相同，但因案件性质不同，制作时需要注意以下几点：

　　1. 行政诉讼中的被告在提交答辩状的同时还应当向人民法院提交作出行政行为的证据和所依据的规范性文件。

　　2. 行政答辩状不得提出和解和反诉的请求。

　　3. 刑事附带民事答辩状要针对自诉人的指控进行辩解，可从以下几方面着手：①找出自诉状中事实和证据的不实之处，进而提出相反的事实和证据；②根据案情指出答辩人的行为合法，或虽然违法但不构成犯罪；③指出自诉人起诉程序不合法，或举证不合法，或不属于自诉案件范围；等等。[1]

四、学生实训

　　根据以下案情，请代理王×夫妇制作一份民事起诉状；代理吴×制作一份民事答辩状（请分组进行实训，针对民事起诉状书写答辩状）。

【案情】

　　王×家住××省××市××小区。2005年6月4日中午，为了让刚怀孕两个月的妻子可以好好地养身体，他和爱人吃过午饭后走进卧室准备午睡，就在两人躺在床上闲聊的时候，王×忽然发现暖气罩后面有亮光，他觉得非常奇怪，下去一看，竟赫然发现那里放着一个监视器的探头，还有一个微型话筒。凭直觉，王×断定卧室里被人安上了监视器。

　　卧室里竟然被人安上了监视器，而且摄像机的探头竟然正对着床上，王×夫妇在惊讶气愤的同时，急忙绕到后院查看监视器是从何处接过来的。他们找到了原本埋在墙里的线和镜头，顺着线路，跳过墙，他们进到了邻居家。他们怎么也想不到仅有一墙之隔的邻居竟是偷窥事件的"肇事者"。

---

　　〔1〕　参见刘明辉编著：《法律文书范例及应试技巧》，人民法院出版社2010年版，第36页。

　　看着那些用于监视的装备，王×夫妇惊讶得不知如何是好。想不到平时只在电影里发生的场景竟会发生在自己的身上。最后他们决定向 110 报警，让警察来看个究竟。

　　××市公安局××派出所接到报案后立即派民警到王×家进行调查。当时邻居家里没有人，民警守候到晚上 11 时左右，终于等到有人回来。经询问得知，邻居家的男主人叫吴×，33 岁，毕业于北京×学院，至今没有固定职业，半年前和妻子租房住到该小区，与王×家互为邻居。半年来，两家并无往来，也无过节，不知吴×为何会煞费苦心地用监视器去窥视邻居的卧室。派出所民警介绍说，吴×本人说是出于一种好奇，认为前一段时间王×夫妇好像是吵架了，"说话声音总是很高"，他好奇他们两个人会发生些什么事，出于这种心理他安了一个监视器，"想观察观察他们到底干啥了"。

　　××派出所对吴×的审查结束后，由于没有发现吴×对偷窥的画面有复制、传播的行为，因而认定吴×不构成犯罪。可是吴×安装的镜头正对着王×夫妇的床，在这样的屋子里生活，王×夫妇的确是毫无隐私可言。在《治安管理处罚条例》（现已废止）中对吴×的行为也没有明确的处罚规定，因而对吴×如何处罚令派出所民警颇费了些脑筋。由于案情少见，他们通过请示分局法制科的领导和分局局长以后，依照《治安管理处罚条例》第 22 条第 5 项，以干扰他人正常生活为由决定对吴×处以行政拘留 7 天。

　　吴×仅受拘留 7 天的处罚结果让王×夫妇无论如何不能接受，他们觉得以前认为最安全的家竟然被人用监视器每天监视着，安全和隐私受到了极大的侵犯和破坏。尤其是王×怀孕几个月的妻子自从出事后心理上形成巨大的压力，"我平常不敢一个人在家待着，总觉得有个眼睛老盯着我"，所以他们非常担心这次的事件会影响到胎儿的正常发育。于是，王×夫妇提起诉讼，要求得到赔偿。

【提示】

（一）民事起诉状的制作要求和注意事项（见本单元"实训一"）

（二）制作民事答辩状的相关准备工作

1. 阅读和分析民事起诉状或上诉状副本。民事答辩状是针对原告或上诉人的起诉状或上诉状进行反驳与辩解的法律文书。起诉状或上诉状属于立论，而答辩状属于驳论，因此，制作答辩状之前须仔细阅读和分析民事起诉状或上诉状的副本，抓住双方争议的焦点，在关键问题上下功夫，切中要害，针对起诉状或上诉状存在的问题进行反驳。

2. 有针对性地了解案件事实，收集相关证据。要针对双方争议的焦点，向当事人了解民事权益争议的时间、地点、原因、经过、情节和后果，收集能够证明事实的相关证据。

3. 查阅和收集所需资料。根据案件事实以及起诉状或上诉状的诉讼请求及其依据的事实与理由，查阅有关法律、法规、司法解释和政策，收集所需的相关资料。

（三）制作民事答辩状的一般注意事项

1. 答辩并非被告或被上诉人的法定义务，但如提出答辩，答辩状要在法定期间内提交。民事答辩状应当在收到起诉状或上诉状之日起 15 日内提交。

2. 民事答辩状与民事起诉状的区别之一在于答辩状是一方当事人作出的，即被告或被上诉人，而起诉状有原告、被告或第三人。故答辩状首部的当事人基本情况中没有"被答辩人"。

3. 民事答辩状中要强调对事实的陈述与反驳，适当情况下可以引用法律条文予以辅助论述。

4. 民事答辩状正文部分的行文应与起诉状或上诉状的内容一一对应，便于审判人员比对，以充分了解被告或被上诉人的意思表示。除此之外，答辩人可以对主体、身份一并提出答辩意见，但对于管辖异议的提出，应另行制作管辖异议申请书并在答辩期内向人民法院提交。答辩状正文的结尾应注意有总结性表述，如"综上所述，……因此，请求人民法院驳回原告的诉讼请求"或"请人民法院驳回原告诉讼请求的第几项"等。

五、任务评估

评估要点：

1. 格式要规范。答辩人基本情况的列明是否齐全，案由表述是否规范。

2. 答辩理由是否根据案情、针对民事起诉状的诉讼请求和争议的焦点进行反驳；特别是是否抓住起诉状中关于事实和理由或者程序方面的问题进行反驳，做到有的放矢。

3. 正文的结尾是否有总结性表述，提出的答辩意见是否合理、合法。

4. 是否按原告人数提交副本。

实训三：制作《民事案件代理词》

一、任务描述

（一）代理词

代理词是指民事、行政案件的当事人，刑事案件的自诉人、被害人，以及刑事附带民事案件的原告人、被告人所委托的诉讼代理人，在法律规定或当事人授权范围内，在法庭辩论阶段或人民法院依法进行书面审理时，为维护委托人的合法权益，就案件事实和法律适用等问题发表综合性代理意见而制作的法律文书。

根据案件的性质不同，代理词可分为民事案件代理词、行政案件代理词和刑事案件代理词。其中，刑事自诉案件自诉人、公诉案件被害人委托诉讼代理人发表的代理词，和辩护词是对立的，履行的是控诉职能；在民事诉讼、行政诉讼和刑事附带民事诉讼中，双方当事人都可以委托诉讼代理人发表代理词，以维护自身的合法权益。在此仅详细阐述民事案件代理词。

（二）民事案件代理词

民事案件代理词是指民事诉讼代理人接受民事案件当事人的委托，依照《民事诉讼法》的规定，为维护委托人的合法权益，在法庭辩论阶段针对法庭调查、举证、质证情况，依据事实和法律所发表的综合性代理意见。按照委托人的不同，民事案件代理词可分为原告方代理词、被告方代理词和第三人代理词；按照审级的不同，民事案件代理词又可分为一审代理词、二审代理词、再审代理词以及执行阶段的执行代理意见。

从上述概念可以看出，民事案件代理词是诉讼代理人在民事诉讼中，依据事实和法律，向法庭提交的关于本案的材料和处理意见以及要求的系统阐述，其作用在于充分体现并维护当事人的合法权益，协助人民法院对案件作出公正处理。在诉讼实践中，很多当事人缺乏专业法律知识和诉讼能力，仅凭借自己的诉讼行为往往难以最大限度地获得诉讼利益。为维护自身的合法权益，有必要委托诉讼代理人，因此，民事案件代理词是司法实践中比较常用的法律文书。

通过学习，学生应明确民事案件代理词制作的法律依据，掌握民事案件代理词的格式、内容和论证方法，并能够根据民事案件事实和相关法律，制作相应的代理词。

二、实例示范

实例一：离婚纠纷案件原告代理词。[1]

代理词

审判长、审判员：

根据《中华人民共和国民事诉讼法》第58条的规定，受本案原告李某的委托和×××律师事务所的指派，我担任李某的诉讼代理人，参与本案的诉讼活动。

开庭前，我听取了被代理人的陈述，查阅了本案案卷材料，进行了调查取

---

〔1〕 参见"原告与被告离婚案代理词"，载http://www.eduzhai.net/falv/903/967/falv_320341.html，2010年5月20日访问。

证工作，刚才又听了法庭调查。现就本案的事实和法律提出如下代理意见，供法庭参考：

一、本案原被告双方感情确已破裂，法庭应依法解除其婚姻关系

本案原被告双方自结婚以后，并未建立起真正的夫妻感情，时常为生活琐事发生争执，彼此性格不合，互不信任，沟通困难。为解除名存实亡的婚姻关系，原告曾于 2000 年和 2001 年两次提出离婚请求，第一次法院判决不准离婚，第二次原告撤诉，但之后夫妻关系并未见丝毫好转。

自 1996 年 10 月始，原被告双方开始分居，至今已达 9 年之久，原告一直住在单位的集体宿舍内。根据我国《婚姻法》的规定，夫妻双方分居满两年的，应准予离婚。

二、被告所谓外欠债务，不能构成夫妻共同债务

1. 原被告双方长达 9 年没有共同生活，因此，在此期间形成的所谓债务不能被视为夫妻共同债务。所谓夫妻共同债务，是指为夫妻共同生活所负的债务。我国《婚姻法》第 41 条规定：离婚时，原为夫妻共同生活所负的债务，应当共同偿还。从以上规定可以看出，认定夫妻共同债务的一个基本前提是夫妻双方必须共同生活。在本案中，原被告双方早于 1996 年 10 月即开始分居单过，原告现在对家里的印象和记忆还停留在 1996 年 10 月他离家单过时的情况。从 1996 年 10 月开始至今，单位新分给自己的楼房是什么样子、家里又添置了什么生活用品等，原告一概不知，其原因很简单：从开始分居至今的 9 年时间中，原告再没有进过一次自己的家门。虽然从形式上说原被告之间的夫妻关系没有解除，但实质上原被告双方早已没有共同生活了，这一点不仅为双方所认同，而且在客观上也是不争的事实。从被告向法庭所提交的外欠债务的证据来看，其所谓债务均是在 1996 年 10 月（也就是原被告双方开始分居）之后形成的。既然双方已经长达 9 年没有共同生活，在此期间形成的所谓债务当然不能被视为夫妻双方的共同债务。

2. 被告所谓外欠债务不属于夫妻共同债务的范围，因而不能要求原告偿还。所谓夫妻共同债务的范围，包括：因购置生活用品、修建或购置住房所负的债务；因履行扶养、抚养教育、赡养义务、治疗疾病所负的债务；因从事双方同意的文化教育、文娱体育活动所负的债务以及其他发生在日常生活中的应由双方共同负担的债务。从本案被告向法庭提交的证据来看，其所谓外欠债务都是以孩子出国上学需要钱的名义对外借款而形成的。我们姑且不说这些借条的效力如何，单从其是否属于夫妻共同债务的范围便可以知道，这些债务不属于夫妻共同债务。

第一，关于原被告女儿出国所欠债务问题，代理人认为，原被告的女儿生

于 1978 年 11 月，2002 年年底她出国时已经年满 24 岁。按照我国法律的有关规定，此时她已属于成年人，而且不属于"不能独立生活的"情形。从法律上讲，她的父母，也就是本案的原被告已经没有对其履行抚养和教育的义务了。被告没有征得原告的同意，单方面同意资助女儿出国的行为，应当视为被告的个人行为。由此而形成的债务当然应当由被告或其女儿偿还。

第二，关于原被告儿子出国学习所欠费用问题，代理人认为，从 2000 年 11 月 6 日原被告的儿子所写的全部同意原告提出的六项条件的声明和 2001 年 3 月 12 日被告与原告所签的协议中可以得出如下结论：一是原告不负担儿子出国的任何费用；二是原告单位出具的其年收入为 10 万元的证明仅仅是供儿子办签证使用，并不代表原告的真实收入水平；三是被告承担儿子因出国学习、办理签证等所欠下的债务。由此可见，原被告双方实际上在 2001 年 3 月 12 日，也就是在其儿子出国前已经就儿子出国可能发生的债务承担问题做出了约定，即由被告个人承担。因为很明显，儿子出国学习势必要花费巨资，而儿子本人是没有能力来承担的，只能由其父母，即原告和被告来承担，而原告提出的六项条件，其实质是不同意儿子出国学习，更不同意承担由此而欠下的债务，只是被告单方同意。也就是说，被告不但同意儿子出国，而且也同意了原告的六项条件，进而同意原告不负担为儿子办理签证等所欠下的任何费用。换句话说，被告同意了由其个人承担儿子因出国学习所欠下的任何费用（债务）。

关于原告与被告在 2001 年 3 月 12 日签订的协议是否有效的问题，按照被告的说法，这份协议由于原告排除了自己对儿子的教育义务而应被认定为无效。代理人认为，认定行为人的行为是否有效不能仅仅从字面上来理解，而应当从行为人的主观和客观两方面来分析。从本案来看，在儿子是否应当出国学习的问题上，依照原告的本意，还是希望儿子能在国内学完高中的课程。原告认为，国内的高中教育完全能够满足儿子的学习要求，没有必要花费巨资到国外学习，更何况当时他们在经济上也确实没有这个能力，如果非要这么做，只有一条路，那就是向外借款。这种认识完全符合国人在这个问题上的一般性认识，是符合常理的。然而，被告和儿子出于一种虚荣心的需要，完全不顾自身在经济等方面的承受能力，执意要出国，为此，原告与被告发生了激烈的矛盾。事实上，早在此之前，原告与被告就已分居多年，而且原告已经提起过两次离婚诉讼，作为被告完全清楚此时儿子要出国的话，在经济上对她和原告来说意味着什么，她也完全清楚原告是不同意儿子出国的，而原告也不会同意为此欠下债务。也正是在这个问题上，被告与原告根本无法沟通。正是在这样一种背景下，才有了原告的六项条件，才有了原告与被告的协议。综观这一协议，我们可以清楚地看到，原告不同意儿子出国，原告不承担因儿子出国而产生的债务，被告对此是认可的。因此，代理人认为，这份协议在实质上是被告与原告对因儿子出国而发生的债务承担问题作出约定，是双方真实的意思表示，且并不违反法律的规定，是合法有效的。

3. 被告所谓用于自身学习深造所支出的费用、装修住房所花费用以及在日常生活中支出的费用，因其没有证据证明由此而形成了债务，因而不能算作是债务。同时，这些花费的形成既没有经过原告的同意，也不是在夫妻共同生活期间形成的，故不应由原告偿还。

三、原告对家庭、对子女尽到了自己应尽的责任

从本案的基本事实看，虽然自 1996 年 10 月起原告就与被告分居单过，夫妻感情确已破裂，但是，原告并没有放弃自己对家庭、对子女的责任。他不但将自己的工资卡一直放在被告手中（这种情况一直持续到 1999 年 10 月原告挂失时为止），而且始终没有忘记自己的两个孩子。女儿虽然早已成年，但在这几年中，原告每月都单独给女儿 500 元生活费，这种情况一直持续到 2002 年年底；在儿子的学习问题上，原告更是倾尽其所有。儿子中途几次转学，每次转学都要花费巨资，这些钱都是由原告负担的。在儿子出国学习时，原告虽然提出了六项条件，但他并没有按照自己提的条件做，儿子出国后，原告不但每月付给儿子生活费 500 元和零用钱 300 元，而且承担了儿子的机票费、签证费、学杂费等共计人民币××元、美元××元。因此，代理人认为，原告对家庭、对孩子尽到了自己应尽的责任。

综上所述，代理人认为，本案原被告夫妻感情确已破裂，人民法院应依法解除其婚姻关系。原告对家庭、对子女尽到了自己应尽的责任，被告所欠外债，不属于夫妻共同债务，原告对此不应承担责任。

以上代理意见望法庭予以采纳。

代理人：×××律师事务所律师××

××××年××月×日

实例二：个人合伙纠纷案件被告代理词。

代理词

审判长、审判员：

根据《中华人民共和国民事诉讼法》第 58 条的规定，受本案被告郑某的委托，浙江××××律师事务所和浙江××律师事务所分别指派孙某、赵某律师作为诉讼代理人，参与本案的诉讼活动。

接受委托后，我们查阅了相关材料，进行了调查取证工作。通过几次庭审，

现就本案的事实和法律提出如下代理意见，供法庭参考。

1. 本案不应支持原告变更诉讼请求。本案两原告起诉时的诉讼请求是返还占有，而变更后的诉讼请求却是按比例分配合伙财产，故诉讼请求的种类已经发生了变更，不符合诉讼请求变更的原则。从另外一个角度看，在第二次法庭庭审结束前，审判长已明确释明原告是否需要变更诉讼请求时，原告明确表示不要求变更，至第三次庭审时，原告却再次提出变更诉讼请求，因此，应当视为原告已放弃变更，其主张不应得到法庭的支持。

2. 本案四位合伙人没有指定合伙负责人，也未指定合伙的共同账号，且未进行合伙清算，因此，原告的诉讼请求缺乏相应的前提，应予以驳回。

根据我国《民法通则》及相关司法解释，个人合伙可以指定负责人，并由该负责人负责经营活动。而本案四位合伙人的合伙协议当中，一未指定合伙负责人，二未指定合伙的共同账号，两原告以返还占有财产为诉求也好，请求按照合伙比例分配也好，均不存在前提。如果是涉及合伙财产的分配问题，四方应先有一个清算程序。但从现有原告方的证据材料来看，其没有提供第一船和第二船水泥出口发生的相关费用凭证，即第一船和第二船水泥出口的账目还没有核对清楚，如果清算，这是又一个前提的缺失。另外，根据我国合伙的相关法律规定，由于本案中合伙事务（第一船水泥出口与郑某有关，第二船水泥出口郑某不知，应与郑某无关）并非郑某负责，因而产生的一系列不应发生的滞港费用，应当由实际操作人承担相应的责任，这是清算中应当考虑的又一个重要问题。代理人认为，在上述问题没有解决之前，原告的诉讼请求缺乏事实依据和法律依据，应予驳回。

3. 郑某没有合伙参加第二船水泥出口的贸易，第二船水泥的相关收益与损失与其无关。

第一，关于第二船出口水泥的贸易并无其他人通知郑某，原告方也未能向法庭提供郑某参与了第二船水泥出口的相关证据。这一点庭审中已明确。

第二，从原告提供的 2008 年 6 月 19 日四方签订的《合伙协议书》来看，该协议书的第 1 条非常明确地确定了郑某只参与了第一船水泥出口的贸易。协议书中描述："本协议四方，经协商一致，就 2007 年 11 月间从事的水泥对外贸易业务所产生的权利义务事项，达成如下补充协议条款……"上述内容非常明确地表明，协议针对的是"2007 年 11 月间"，而不是指 2007 年 11 月之前或是之后。而本案原告诉请的第二船水泥出口发生的时间是 2008 年年初，根本没有在"2007 年 11 月间"，故郑某参加的合伙出口贸易仅此一次，并无第二次。

第三，原告提供的 2008 年 6 月 19 日四方签订的《合伙协议书》在签订时，第二船出口贸易早已发生，如果郑某参与了此次出口贸易，第二船水泥出口贸易不可能不在此合伙协议书中体现。因此，原告关于郑某参与第二船贸易的说法是与生活常理、逻辑相违背的。

第四，从资金量来看，当初准备合伙时，只有沈某、叶某和郑某三人。后因为沈某、叶某资金不够，向丁某融资，才产生了四个合伙人。即便如此，当初的资金也只够进行第一船的出口贸易，并无资金可供第二船的贸易。如果第一船结束时，其他人需要郑某参加合伙的，应当要求追加资金，但郑某对此一无所知，也无合伙人要求郑某出资。在叶某、沈某连第一船资金都不到位的情况下，不可能为郑某垫资，而郑某当初与丁某无一面之交，根本不认识，丁某也不可能为郑某垫资。故两原告及被告叶某认为郑某参与了第二船的合伙，从资金的角度分析也是与生活常理、逻辑相违背的。

第五，从四个合伙人的身份来看，两原告与被告叶某均是杭州三泽进出口有限公司的股东，而郑某不是。所以，从逻辑上讲，其他三个人有合伙的基础，他们没有通知郑某参加合伙也是符合情理的。而从船运公司的角度出发，我们也可以看到，所有的参与人均是其他三个人，并无郑某出现，郑某未授权给他们当事的任何一个人，也未授权给杭州三泽进出口有限公司。故从主体来看，郑某与第二船水泥出口贸易也是无关的。

4. 2008 年 9 月 26 日的会议纪要对郑某没有法律效力，其内容无法确认，也与郑某无关联。因此，据此要求郑某返还或承担第二船的相应费用没有事实依据。

根据我国《民法通则》及相关司法解释的规定，并无有关个人合伙的会议程序，而在没有合伙负责人的情况下，法律规定合伙事务需要全体合伙人的一致同意方能进行，该规定当然包括合伙人会议的召开程序。本案两原告与被告叶某均是杭州三泽贸易进出口有限公司的股东，三个人为维护自己的不当利益，擅自编制会议召开程序并依此召开合伙人会议，形成会议纪要，于理于法不允。之前郑某没有被通知已发生第二船水泥出口业务，也没有必要参加所谓的第二期货款的合伙会议，三合伙人无权将郑某强拉为第二船水泥出口贸易的合伙人。而且从会议纪要来看，与之前要求郑某参加会议的会议通知大有出入，即会议通知与会议决议的内容有较大出入，故即便会议程序不违法，在通知内容与决议内容有较大出入且影响到郑某切身利益的情况下，会议纪要决定的内容于郑某也是无关联、无效的。鉴于此，会议纪要中形成的要求郑某返还款项的内容也是无效的。因此，要求郑某返还或承担第二船的相应费用是没有事实依据和法律依据的。

5. 两原告及被告叶某恶意串通，欺骗郑某且擅用合伙名义损害郑某的合法权益，应负赔偿责任。

两原告与被告叶某在合伙之前就成立了杭州三泽贸易进出口有限公司，这一点郑某于 2009 年 6 月 12 日第一次庭审后才知情。实际事后各合伙人签订合伙协议，是为了占用郑某的资金，且对于具体的经营，郑某也并不知情，特别是两原告陈述的所谓第二船水泥出口的事实，之前郑某也是一无所知。在第二船水泥款回款出现问题时，各合伙人才告知郑某有第二船水泥之说。另外，第二船是如何操作的、负责人是谁，通过今天的庭审也不得而知。无论如何，操作人对合伙资金擅自动用，财务不清，且明显已对郑某造成损害，该部分损失应由两原告及被告叶某负责赔偿。

综上所述，代理人认为，原告的起诉缺乏事实依据和法律依据，请求法庭驳回对郑某的全部诉讼请求。

以上代理意见望法庭予以采纳。

代理人：浙江××律师事务所律师孙×

浙江××律师事务所律师赵×

二〇一〇年一月四日

三、基础铺垫

（一）民事案件代理词制作的法律依据

我国《民事诉讼法》第 58 条规定："当事人、法定代理人可以委托 1 至 2 人作为诉讼代理人。下列人员可以被委托为诉讼代理人：①律师、基层法律服务工作者；②当事人的近亲属或者工作人员；③当事人所在社区、单位以及有关社会团体推荐的公民。"第 141 条第 1 款规定："法庭辩论按照下列顺序进行：①原告及其诉讼代理人发言；②被告及其诉讼代理人答辩；③第三人及其诉讼代理人发言或者答辩；④互相辩论。"第 174 条规定："第二审人民法院审理上诉案件，除依照本章规定外，适用第一审普通程序。"上述规定中，无论是诉讼代理人的"发言"还是"答辩"，都属于代理词。

（二）民事案件代理词的结构及其内容

代理词无法定格式，司法实践中提倡写个性化的代理词，在法庭辩论阶段也需要根据庭审情况的变化将事先准备好的代理词作相应修改。一般而言，代理词作为一种法庭演说词，分为首部、引言、正文和尾部四个部分。

1. 首部。

（1）正中书写标题"代理词"。

（2）称呼语："审判长、审判员/人民陪审员"。

2. 引言。

（1）说明代理人出庭的法律依据及当事人的授权与委托。

（2）简述开庭前的准备情况。

（3）承启下文：一般表述为"现就本案的……提出如下代理意见，供法庭参考"。

3. 正文。

（1）正文的基本结构。正文一般包括说理和结论两部分：

第一，说理部分。说理部分即代理理由。一般而言，先提出基本观点，然后加以分析论证，可以从事实和法律适用等角度发表代理意见。事实分析包括分析实体事实和纠纷事实，前者是指法律关系产生、发展、变更的事实；后者是指纠纷的发现、发生、协商等事实。法律适用意见包括实体法和程序法的适用意见。[1]

第二，结论部分。结论部分主要是代理人在上述发言的基础上，对发言作系统的概括，提出对本案的处理要求和建议，起到总结和首尾相呼应的效果。一般可表述为："综上所述，代理人认为……请求法庭……以上代理意见望法庭予以采纳。"

（2）正文内容的针对性。代理人应根据委托人和审级的不同，依据事实和法律，有针对性地详细、完整论述具体的代理意见。

第一，一审原告代理词的内容要求：围绕原告起诉所依据的基本事实和证据加以论述；强调原告诉讼请求内容的合法性；针对被告答辩发表代理意见。

第二，一审被告代理词的内容要求：通常针对原告起诉状中的事实、理由和诉讼请求进行反驳和辩解，同时表明被告对双方争议焦点问题的态度、观点。

第三，二审上诉人代理词的内容要求：围绕一审判决认定事实的证据存在的问题，以及一审判决在适用法律上存在的问题发表代理意见。

第四，二审被上诉人代理词的内容要求：若上诉人未提出新的证据，被上诉人代理词应强调原审判决认定事实和适用法律的正确性；若上诉人提出了新的证据，代理人应给予充分重视，将此作为重点。

4. 尾部。在代理词全文的右下方署代理人姓名，下一行注明年、月、日；如代理人是律师，一般要注明律师事务所名称和承办律师的姓名。

（三）民事案件代理词的主要论证方法

1. 据实论证。事实是案件的基础，一般情况下，只要把事实如实地说清楚，就能把是非曲直分辨清楚，特别是一些是非界限明确的事实。因此，代表符合

---

〔1〕　参见马宏俊：《法律文书制作》，北京大学出版社2008年版，第167页。

事理一方的代理词，常常运用的说理方法就是据实论证的方法，也就是通常所说的"摆事实，讲道理"的方法。这种方法既容易发挥其折服对方的作用，也容易为法庭所接受。如下面这份代理词就有这个特点：

> 上诉人李×学、刘×娃之子李×星在平顶山市区有经常居住地，且主要收入来源地为平顶山市区的事实清楚、证据确凿，对其的赔偿应当按照城镇居民的标准计算。上诉人之子李×星从 2002 年到事故发生时一直在平顶山市区居住，其在 2005 年 11 月 18 日办理了个体工商户营业执照，经营一家超市是客观事实。上诉事实有李×星的暂住证、暂住证明、个体工商户营业执照等予以印证。其在 2006 年 11 月 25 日发生事故时所雇车辆上毁损的价值 12 012 元的酒也是为了自己的经营而购买。这些事实足以认定上诉人之子李×星的经常居住地在城镇并且其主要收入来源地也在城镇。所以依据《最高人民法院民一庭关于经常居住地在城镇的农村居民因交通事故伤亡如何计算赔偿费用的复函》及河南省高院《关于加强涉及农民工权益案件审理工作切实保护农民工合法权益的意见》第 15 条之规定，李×星之损害赔偿应当根据城镇居民的相关标准计算。

2. 据法论证。事实是案件的基础，但法律是衡量是非的准绳。特别是比较复杂的纠纷事实，倘若不用法律加以衡量和分析论证，是不易辨清其具体的是非界限和双方的法律责任的。例如下面这份代理词就是依法论理的：

> 我国《宪法》第 38 条明确规定："中华人民共和国公民的人格尊严不受侵犯。禁止用任何方法对公民进行侮辱、诽谤和诬告陷害。"我国《民法通则》第 101 条也规定："公民、法人享有名誉权，公民的人格尊严受法律保护，禁止用侮辱、诽谤等方式损害公民、法人的名誉。"现被告竟然用"流氓""破鞋""野鸡""婊子"这类侮辱性语言，谩骂原告，而且通过文字形式加以宣扬，属于明显的侮辱人格尊严的行为，构成了对原告名誉权的侵害。

3. 据情说理。一般说来，法律与情理是相一致的（但有时也有一定的差距）。在相一致的情况下，有时代理词除应加强法律论证外，还需在情理上作进一步的申说以取得更好的论辩说理效果。例如下面这份人身伤害赔偿代理词中的表述就充分体现了这一特点：

> 爆炸事件发生距今已经 2 年了，2 年的治疗，原告的伤口虽然愈合，但

创伤留下的疤痕却永远刻在她那稚嫩、白皙的脸庞上，弯曲的手指活动不便、时时作痛。更使原告痛苦的是，2年前的3月12日，也就是受伤后的第4天，原本已取得初赛第2名的她将要参加中澳英语竞赛，她失去了这一竞争的机会、失去了显示她外语实力的机会；同年7月躺在病床上的原告眼睁睁地看着高中毕业班的同学们考上了大学，这位被保送上重点中学的优秀学生又痛失了一次升学的机会。这些美好的理想、美好的生活就毁于这套有质量问题的卡式炉具和燃气罐上。燃烧在原告身上的火被扑灭了，流着血水、绽开皮肉的伤口已经愈合了，但面对升学、面对就业、面对未来家庭生活的原告，心灵上的痛苦和创伤能够即时愈合吗？各位被告仅仅希望从对法律条文的片面理解上，否认精神损失的存在，进而免除承担精神赔偿的责任，这不仅有悖于法律的基本精神，也与善良的人们所推崇的人道主义大相径庭。

（四）民事案件代理词样式

样式一（律师用）：

代理词

审判长、审判员/人民陪审员：

　　根据《中华人民共和国_____诉讼法》第_____条的规定，受本案_____的委托和_____律师事务所的指派，我担任_____的诉讼代理人，参与本案的诉讼活动。

　　开庭前，我听取了被代理人的陈述，查阅了本案案卷材料，进行了调查取证工作，刚才又听了法庭调查。现就本案的_____提出如下代理意见，供法庭参考。

　　_____

　　_____

　　_____

　　综上所述，代理人认为_____，请求法庭_____。

以上代理意见望法庭予以采纳。

　　　　　　　　　　　　代理人：_____律师事务所律师_____

　　　　　　　　　　　　　　　_____年_____月_____日

样式二（非律师用）：

代理词

审判长、审判员/人民陪审员：

    根据《中华人民共和国_____诉讼法》第_____条的规定，受本案_____的委托，我担任_____的诉讼代理人，参与本案的诉讼活动。

    开庭前，我听取了被代理人的陈述，查阅了本案案卷材料，进行了调查取证工作，刚才又听了法庭调查。现就本案的_____提出如下代理意见，供法庭参考。

_____

_____

    综上所述，代理人认为_____，请求法庭_____。

    以上代理意见望法庭予以采纳。

                    委托代理人：_____

                _____年_____月_____日

四、学生实训

根据以下案情，请以律师身份分别作为甲公司和乙厂的代理人制作代理词。

【案情】

甲贸易公司与乙厂签订了一项购买 1000 台电风扇的购销合同。合同规定乙厂应于 6 月底以前交货，但乙厂至 8 月底才电报通知甲公司准备发货，甲公司未作答复。甲公司收到货后，立即发往门市部销售，但由于销售旺季已过，电风扇滞销。甲公司遂以乙厂逾期交货未经公司同意为由，拒付货款，并要求退货。于是双方发生争议，乙厂遂向法院起诉甲公司。

【提示】

（一）制作民事案件代理词的相关准备工作

民事案件代理词根据委托人的不同而有所区别。如一审原告和二审上诉人的代理人，其代理词主要是阐述起诉或上诉的理由；一审被告和二审被上诉人的代理人，其代理词主要是针对原告的起诉和上诉人的上诉意见进行反驳。但总体而言，制作民事案件代理词应做好如下准备工作：

1. 了解案件事实，调查收集证据。我国《民事诉讼法》第 61 条规定："代理诉讼的律师和其他诉讼代理人有权调查收集证据，可以查阅本案有关材料。

查阅本案有关材料的范围和办法由最高人民法院规定。"因此，代理人应向当事人了解民事权益争议发生的时间、地点、原因、经过、情节和后果，及时查阅本案有关材料，调查收集相关证据。

2. 根据案件事实查阅有关法律、法规、司法解释，了解相关政策，收集所需的相关资料。

（二）制作民事案件代理词的一般注意事项

1. 总体注意事项。

（1）代理词作为法庭上使用的演说词，虽然没有统一的标准格式和表达要求，但应遵循约定俗成的格式。

（2）代理词的制作主体一般为律师或法律工作者，所以，在表达上要尽量使用文明用语，表现出法律工作者应有的态度。

（3）代理词与答辩状相比，答辩状注重对原告或上诉人起诉或上诉内容的反驳，而代理词在反驳的同时，更多的内容应侧重于反驳的理由及相关论述。

（4）代理词尽管与答辩状相比在侧重面上不一致，但二者有一点是一致的，即尾部一定要有总结性表述，以表明律师及当事人对案件的根本态度。

（5）尽管法律文书写作的基本要求是语言庄重朴实，但代理词作为一种即兴演说词，在表达时可以适当修饰，在法庭辩论中根据庭审所需的气氛随机应变。

2. 制作一审原告代理词的注意事项。

（1）要根据法庭上变动的最新情况，随时修改代理词。

（2）案件争议焦点问题在代理词中应着重论述。

3. 制作一审被告代理词的注意事项。

（1）应当首先对程序中存在的问题发表意见。

（2）要对原告提供证据的充分性、合法性进行质证反驳。

4. 制作二审上诉人代理词的注意事项。

（1）抓住重点，切忌"眉毛胡子一把抓"。如果在一审期间，代理人的观点、证据已被一审判决接受并采纳，在二审中原则上可以不写。

（2）把握二审程序的特点，应围绕一审判决认定事实和适用法律来论述。

5. 制作二审被上诉人代理词的注意事项。

（1）不应过于依赖一审代理意见。

（2）不应回避上诉人提出的新证据。

五、任务评估

评估要点：

1. 引言。是否注意说明代理人出庭的法律依据及当事人的授权与委托；简述开庭前的准备情况。

2. 正文的说理部分。叙述事实是否清楚，引用法律法规是否正确。陈述纠纷事实时是否注意说明甲公司拒付货款并要求退货是不符合法律规定的，或乙厂逾期交货违反了合同约定。

3. 正文的结论部分。是否提出对本案的处理要求和建议，即甲公司付货款并承担逾期付款的利息，或乙厂承担逾期交货违约责任。

实训四：制作《民事上诉状》

一、任务描述

民事上诉状是民事案件当事人及其法定代理人不服第一审人民法院的民事判决、裁定，在法定期限内向上一级人民法院提出上诉，请求撤销、变更原审裁判或重新审判而制作的法律文书。

根据我国《民事诉讼法》的规定，上诉权是第一审案件当事人依法享有的诉讼权利。无论是一审原告、被告，还是人民法院判决承担民事责任的第三人，均有权提起上诉。上诉状是民事案件当事人特别是败诉一方当事人为维护其合法权益，行使上诉权而提交的法律文书，也是上一级人民法院启动二审程序的依据。因此，民事上诉状也是司法实践中较为常见的法律文书之一。

通过学习，学生应明确民事上诉状制作的法律依据，掌握民事上诉状的格式和内容要求，并能够根据相关案件事实制作相应的民事上诉状。

二、实例示范

下面是一份合伙协议纠纷案件的民事上诉状。[1]

民事上诉状

上诉人（原审原告）：于×，男，1965 年 10 月 8 日出生，汉族，住上海市××区××新村××号。

被上诉人（原审被告）：魏×，男，1966 年 5 月 12 日出生，汉族，住上海市××区××路××号。

上诉人因合伙协议纠纷一案，于 2008 年 6 月 5 日收到上海市××区人民法院 2008 年 5 月 30 日（2008）×民初字第×号民事判决书，现因不服该判决提出上诉。

上诉请求：

1. 请求撤销上海市××区人民法院作出的（2008）×民初字第×号民事判

---

〔1〕　实例参见 http://www.goodlawyer.cn/fbbs/dispbbs.asp？boardID＝14&ID＝170207&page＝1，2010 年 6 月 5 日访问。

决第二项，依法改判被上诉人向上诉人支付违约金60万元。

2. 一、二审案件诉讼费用由被上诉人承担。

上诉理由：

上诉人认为，一审判决对事实认定存在错误。上诉人已经按照合同履行了自己的约定义务，是被上诉人严重违约导致了双方所签订的合伙协议不能履行。因被上诉人的违约行为导致了上诉人的损失，因此应该对上诉人予以赔偿。理由如下：

一、一审判决认定事实有误，上诉人已经按照合同履行了自己的约定义务

1. 一审法院认定上诉人并未履行《联合生产"发牌机"合同》第2条之约定，造成了自身违约在先，不应获得赔偿。其理由是该合同第2条约定了由上诉人负责此产品"发牌机"的专利技术、电路板和线束，协助甲方检测产品质量和产品的更新换代，而上诉人并没有获得生产"发牌机"的发明专利权证书，所以是上诉人自身违约。但上诉人认为，从一审中上诉人提供的证据材料二、三、五已经可以证明，上诉人虽然没有提供已经被授予专利权的专利技术，但已经向被上诉人提供了可以用于实现该项产品生产、销售的技术方案。而且，被上诉人已经利用其控股的公司生产、销售合同约定的同类产品，但至今都无法提供有效证据证明其有获得生产该类产品的合法的技术来源或者自身的研究、开发过程。这一事实可以进一步证明，被上诉人是利用上诉人提供的专业技术秘密进行投资、生产并获得了利益，故上诉人已经按照合同履行了自己的约定义务。而一审法院对这一重要事实未给予认定。

2. 根据《联合生产"发牌机"合同》第2条的约定，如前所述，上诉人负责此产品"发牌机"的专利技术、电路板和线束，协助甲方检测产品质量和产品的更新换代。一审法院据此认为上诉人没有提供获有专利权证书的专利技术，故构成合同违约。但上诉人认为：该合同并未对约定的专利技术作严格限定，因此，不应该严格要求上诉人必须提供已经取得专利权证书的专利技术，而应该综合合同的本意去看待双方当事人的实际意图。事实上，在签订本合同时，合同甲方已经明确知道合同乙方当事人的专利技术暂时没有取得专利权证书，只掌握设计、制造该产品的技术秘密，从签订该合同的双方当事人本意可以明显看出，双方需要的仅仅是拥有能够生产出该项产品的技术秘密。所以，不能机械地去理解并要求合同乙方必须提供获有专利权证书的专利技术才不构成违约，合同乙方只要提供了符合要求的技术秘密，即使未有专利权证书，也不能构成违约。

3. 在一审庭审中，被上诉人提供的证据材料中有一份关键证据："发牌机2007年5月至10月份采购入库汇总表"，该份证据可以证明上诉人已经向被上

诉人提供了符合要求的生产"发牌机"的核心技术的主板、芯片、光控、线束等，而一审法院对这一重要证据的质证却予以疏漏，有证不认。

二、被上诉人严重违约，应该对上诉人予以赔偿

从合同的可实施性来看，上诉人认为，此合同是有履行先后顺序的，而不是一审法院所认定的应该同时履行。《联合生产"发牌机"合同》第1条明确约定由被上诉人负责投入资金办厂，提供场地、组织人员、工具、管理和销售、注册；第2条明确约定由上诉人负责此产品"发牌机"的专利技术、电路板和线束，协助甲方检测产品质量和产品的更新换代。可见，合同第2条的履行应该是以第1条完全履行为前提条件，也就是说，上诉人履行该合同第2条的约定，必须以被上诉人已经完全履行第1条为前提，否则，上诉人就没有了履行的对象和必要。可见，是被上诉人严重违约在先，导致了双方所签订的合伙协议不能履行。因此，被上诉人应该对上诉人予以赔偿。

综上所述，上诉人认为，一审法院对事实认定存在错误。根据《中华人民共和国民事诉讼法》第147条之规定，现提出上诉，请求二审法院依法改判，支持上诉人的上诉请求。

此致
上海市××中级人民法院

附：本上诉状副本1份。

上诉人：于×
二〇〇八年六月十五日

三、基础铺垫

（一）民事上诉状制作的法律依据

我国《民事诉讼法》第164条规定："当事人不服地方人民法院第一审判决的，有权在判决书送达之日起15日内向上一级人民法院提起上诉。当事人不服地方人民法院第一审裁定的，有权在裁定书送达之日起10日内向上一级人民法院提起上诉。"第165条规定："上诉应当递交上诉状。……"

（二）民事上诉状的结构及其内容

民事上诉状一般由首部、正文、尾部三个部分组成。根据我国《民事诉讼法》第165条之规定，民事上诉状的内容包括：

1. 首部。

（1）标题。居中写明"民事上诉状"。

（2）当事人基本情况。分别写明上诉人、被上诉人的姓名、性别、出生年月日、民族、职业、工作单位和职务、住址等。分别注明上诉人、被上诉人在一审程序中的诉讼地位。如果有第三人，应写明第三人的姓名、性别、出生年月日、民族、职业、工作单位和职务、住址等。如果当事人是法人或其他组织的，应写明其名称、所在地址、法定代表人（或主要负责人）的姓名和职务。如果委托律师代理诉讼，应在上诉人项后或在上诉人的法定代理人项后写明律师姓名及律师所在的律师事务所名称。

（3）案件由来。写明原审人民法院名称、案件的编号和案由。案件由来部分的表述要注明收到原审判决或裁定的时间，以及原审人民法院作出判决或裁定的时间。案由要与原审中的案由保持一致。

（4）上诉请求。写明上诉人请求二审人民法院依法撤销原判，并依法改判或发回重审，提出如何解决本案民事权益争议的具体要求。

2. 正文。正文主要为上诉理由，是民事上诉状的核心。该部分要明确提出原审裁判在认定事实、适用法律或在诉讼程序方面存在的错误或不当之处。可以是其中一个方面也可以是两个、三个方面，但都必须运用充分的事实、证据和有关的法律依据加以论证，以说明自己的上诉请求是合理合法的。

3. 尾部。

（1）致送人民法院的名称。

（2）附项。即本上诉状副本份数等资料信息。上诉状副本份数应按被上诉人的人数提交。

（3）上诉人签名或盖章。如果是法人或其他组织，应写明法人或其他组织全称，由法定代表人或主要负责人签名，加盖公章。

（4）上诉时间。如实填写上诉时间。

（三）民事上诉状样式

样式一（公民提起上诉用）：

民事上诉状

上诉人（原审原/被告）：_____

被上诉人（原审原/被告）：_____

上诉人因_____一案，于_____年_____月_____日收到_____人民法院_____年____月____日（____）_____号民事判决（或裁定）书，现因不服该判决（或裁定）提出上诉。

上诉请求：

_____

_____

上诉理由：

_____

_____

此致
_____人民法院

附：
1. 本上诉状副本_____份。
2. _____。

上诉人：_____
____年____月____日

样式二（法人或其他组织提起上诉用）：

民事上诉状

上诉人名称（原审原/被告）：_____
所在地址：_____
法定代表人（或主要负责人）姓名：_____职务：_____电话：_____
企业性质：_____工商登记核准号：_____
经营范围和方式：_____

_____

开户银行：_____账号：_____
被上诉人名称（原审原/被告）：_____
所在地址：_____

_____

法定代表人（或主要负责人）姓名：_____职务：_____电话：_____
上诉人因_____一案，于_____年_____月_____日收到_____人民法院_____年_____月_____日（___）_____号民事判决（或裁定）书，现因不服该判决（或裁定）提出上诉。

上诉请求：

_____

_____

上诉理由：

_____

_____

此致

_____人民法院

附：

1. 本上诉状副本_____份。

2. _____。

上诉人（签名或盖章）：_____

____年____月____日

四、学生实训

请根据以下非婚生子抚养纠纷案件材料，以被告于×的名义制作一份民事上诉状（可适当补充相关内容）。[1]

【案情】

原告：王×

被告：于×

原告王×诉称：原、被告于 1999 年 5 月相识，在被告花言巧语的诱骗下轻率以身相许，与被告同居生活并在同居期间怀孕。2005 年当原告已怀孕三个多月时，突然得知被告暗自在宁波购房安顿其妻子和女儿，并和另一女子有染而且生下女婴。在被告的哀求和许诺下，为未来出生婴儿的身份和户口，被告以下属李×名义哄骗原告与其办理婚姻登记。2005 年 11 月 29 日，原告在宁波市妇女儿童医院分娩一男婴，临产前，被告冒用李×名字在《患者授权书》《剖宫产手术同意书》《手术情况知情同意书》上签名并留下自己的联系电话，喜得儿子后为其取名为小斌（化名）。对儿子的抚养费及原告哺育儿子期间的生活费，原、被告于 2006 年 10 月 25 日签订协议书一份，约定被告自 2006 年 10 月 10 日起每月支付原告生活费 5000 元至原告结婚时止。但协议签订后，被告只支付了

---

〔1〕 案例选自北大法律信息网：http://www.ChinaLawinfo.com，2010 年 6 月 5 日访问。

一个月生活费就背信毁约。当原告向其索要时，被告反而辱骂、威胁原告。原告现已证明儿子小斌确非李×所生。请求判令：①原、被告非婚生子小斌由原告抚养；②被告按照协议每月支付抚养费5000元至儿子独立生活时止。

被告于×辩称：原告主体资格不适格，小斌具有民事权利能力，王×应以小斌的法定代理人身份参加诉讼；原告诉称与被告同居生活不实、被告哄骗原告与李×结婚不实；原告诉称的亲子鉴定与本案无关联性。请求驳回原告的诉讼请求。

经审理查明：原告王×与案外人李×于2005年5月27日登记结婚。小斌于2005年11月29日出生于宁波市妇女儿童医院，《患者授权书》《剖宫产手术同意书》《手术情况知情书》系以王×、李×名义签署，其中《患者授权书》上所留电话系被告于×使用。2005年12月25日，被告于×怀抱婴儿小斌拍摄合影照片两张。原、被告于2006年10月25日签订协议书一份，内容为："于×付王×每月生活费人民币伍仟元整，从2006年10月10日开始支付到王×结婚为止，此据为证，双方签字生效（王×在此期间内不得无故骚扰于×，如骚扰一次扣人民币壹佰元整），谁违约谁被车撞死。王×嫁人前应得于×同意。嫁人后生活费另议。每月看小斌50次以下。一分钟回短信。"立约人处"于×"系被告于×签名。此后，被告曾向原告支付过3500元。在宁波市妇女儿童医院看病时的病历卡上的"小斌"字样系被告于×书写。2007年8月7日，复旦大学上海医学院法医学鉴定中心出具的亲子关系检验报告一份，排除李×与小斌之间的父子关系。

2007年9月12日，原告王×向本院提交书面申请，要求对被告于×与小斌之间是否存在亲子关系进行鉴定。在案件审理过程中，被告于×以原告不能证明原告与被告之间曾经同居的事实、原告与被告在特定场合认识及原告和其他人也有关系为由，明确表示不同意做亲子鉴定。庭审中，被告于×表示其很多事情是被胁迫的，也承认是由于个人不够检点才出现这样的事情。

一审法院认为，从原告提供的现有证据及被告在庭审中的陈述看，可以判断原、被告在相识后曾发生过性关系，同时可以确认小斌出生时及出生后被告曾前去探望并陪同看病、双方曾通过订立协议书及发送手机短信息等方式就小斌的抚养问题发生争执等事实，由此可以推断原、被告之间存在同居期间受孕并生育小斌的可能；另一方面，亲子检验报告也已经排除了小斌与李×之间存在父子关系，否定了小斌系原告与李×婚生子的可能性。在原告已经完成上述举证的情况下，被告否认其与小斌之间的亲子关系但仍拒绝进行亲子鉴定，属于一方当事人持有证据而无正当理由拒不提供，应当承担相应的不利后果。由于本案诉争焦点涉及非婚生子的抚养问题，原告的主体资格并无不当。非婚生子享有与婚生子女同等的权利，不直接抚养的生父或生母应当负担子女的生活费和教育费。从本案的实际情况看，非婚生子由原告负责抚育、被告负担相应的抚养费更有利于孩子的成长和教育。原、被告双方订立的协议书系对原告生活费的约定，不能据此确定被告应支付的抚养费的具体数额。根据宁波市的实际生活水平及原被告的工作情况，被告每月支付 800 元至孩子独立生活时止并一次性付清较为妥当。依照《中华人民共和国婚姻法》第二十五条、最高人民法院《关于民事诉讼证据的若干规定》第七十五条之规定，判决如下：

1. 非婚生子小斌由原告王×负责抚育。

2. 被告于×自 2008 年 1 月起每月支付抚养费 800 元，至小斌独立生活时止，合计 168 000 元，于本判决生效之日起 10 日内一次性付清。本案受理费 80 元，由被告于×负担。

【提示】

（一）制作民事上诉状的相关准备工作

1. 认真分析第一审人民法院的民事判决或裁定。上诉人要针对原审裁决的错误之处进行反驳，依法提出上诉请求。因此，制作民事上诉状之前须认真分析第一审人民法院的民事判决或裁定，找出一审裁判在认定事实和适用法律方面的错误，或者存在的诉讼程序上的错误，以有针对性地陈述理由，予以反驳。

2. 有针对性地了解案件事实，收集相关证据。要针对一审裁判在事实上的认定错误，如某种事实根本不存在，或有重大出入，或缺乏证据等，向当事人了解案情，收集相关证据，用确凿的证据说明事实真相，以全部或部分地否定一审裁判认定的事实。

3. 查阅和收集所需资料。根据案件事实以及一审裁判所依据的法律，查阅有关法律、法规、司法解释和政策，收集所需的相关资料，以便提出本案应适用的法律并说明原因。

（二）制作民事上诉状的一般注意事项

1. 民事上诉状的制作首先应当注意主体的身份事项，在上诉人和被上诉人后应用括号注明其在原审中的诉讼地位。

2. 在有多个原告或多个被告的上诉案件中，其中一个原告或一个被告上诉的，应当视情况表述上诉人与被上诉人的基本情况。如果原审的其中一个原告上诉的，被上诉人可能为原审的其他原告或被告；原审的其中一个被告上诉的，被上诉人可能为原审的原告或其他被告；如果上诉人认为原审的部分原告或被告与上诉案件没有直接的利害关系，可以不给予被上诉人身份，直接以原审身份列明即可。

3. 原审中的第三人，在民事上诉状中有可能成为上诉人或被上诉人。

4. 民事上诉状的上诉请求，应根据《民事诉讼法》第 170 条规定的第二审案件的处理结果来倒推确定，即撤销原判，并依法改判或发回重审。

5. 针对上诉请求，民事上诉状的上诉理由部分也应根据《民事诉讼法》第 170 条的规定制作。首先，考虑原判决认定事实是否清楚；其次，考虑适用法律是否正确；最后，考虑原判决是否违反法定程序，可能影响案件的正确判决。

6. 民事上诉状的提送法院只能是原审法院的上级人民法院，如果是最高人民法院审理的一审案件，不能上诉，也就不可能制作民事上诉状。

7. 民事上诉状的制作应注意及时性，民事判决的上诉期限为 15 日，而民事裁定的上诉期限为 10 日。

五、任务评估

评估要点：

1. 格式是否规范。列明上诉人和被上诉人基本情况时是否注意用括号注明其在原审中的诉讼地位，上诉状格式要规范。

2. 上诉请求是否明确。是否依法提出上诉请求。

3. 上诉理由是否充分。是否运用充分的证据和有关的法律依据，明确提出原审裁判在认定事实、适用法律或在诉讼程序方面存在的错误或不当之处，说明上诉请求的合理性和合法性。

4. 上诉法院是否准确。

5. 上诉期限是否正确。

实训五：制作《辩护词》

一、任务描述

辩护词是指刑事诉讼中，辩护人接受刑事案件被告人的委托或人民法院的指定，在法庭辩论阶段依据事实和法律，为证明被告人无罪、罪轻或者减轻、免除其刑事责任而发表的法庭演说词。辩护制度是我国法律规定的基本的诉讼制度，它是犯罪嫌疑人、被告人有权获得辩护这一宪法原则在刑事诉讼中的体现和保障，是现代国家法律制度的重要组成部分。

通过学习，学生应明确辩护词制作的法律依据，掌握辩护词的格式和内容，并能够根据案件事实制作相应的辩护词。

二、实例示范

下面是一份辩护词实例[1]。

---

〔1〕 文书选自法律快车网：http://www.lawtime.cn/article/lll301986730249610o242400，2018 年 6 月 20 日访问。

辩　护　词

尊敬的审判长、审判员：

　　河南××律师事务所依法接受被告人陈×的父亲陈××的委托并经其本人同意，指定袁××律师担任被告人陈×的辩护人，参加本案的诉讼活动，依法履行辩护职责。辩护人在开庭前，详细地研究了起诉书和有关证据材料，结合法庭调查情况，现依据相关事实及法律发表如下辩护意见，希望合议庭重视并采纳：

　　第一，被告人陈×的犯罪行为不宜定为"聚众斗殴罪"，而宜定性为"普通的相互斗殴"。

　　1. 从犯罪的主观方面看。

　　首先，被告陈×是不具备聚众斗殴罪所定义的本质特征的。根据刑法理论的相关解释，聚众斗殴罪所侵犯的主要不是特定的个人或者特定的公私财物，而是用聚众斗殴行为向整个社会挑战，从而形成对整个社会秩序的严重威胁。因此，公然蔑视法纪和社会公德，破坏公共秩序，才是聚众斗殴罪的本质特征。而被告陈×在参加被指控的"聚众斗殴"时仅是一个17岁的少年，是一个未脱离父母监护的在校学生（安阳×××学校0×届），无论是从主观上，还是从客观上，根本不具有所谓的"公然蔑视国家的法纪和社会公德，企图通过实施聚众斗殴活动来寻求刺激或者追求某种卑鄙欲念的满足"这种公然蔑视社会公德和国家法纪的心理状态。

　　其次，从国家对"聚众斗殴罪"立法目的来看，该罪名主要是为了打击那些类似黑社会组织为了报复他人，称霸一方或者争夺势力范围等公然蔑视社会公德和国家法纪的严重的犯罪行为。而对本案而言，如果上升到这个高度就有点曲解立法的本意了。

　　2. 从犯罪的客观方面来看。

　　聚众斗殴大多表现为不法集团或团伙之间出于报复、争霸一方成帮结伙地大规模地殴斗，这种斗殴往往人数多，事前有一定准备，乃至带器械，不但破坏公共秩序，而且极易造成人身伤亡，甚至会造成无辜群众的伤亡或财产损失。这种斗殴行为具有明显的手段残忍，规模较大，目标直指斗殴对方且行为不计后果等特点。而在本案中，打斗的双方大都是未成年人、在校学生。陈×在本案中的作用不大，情节相当轻微，整个过程中被告人陈×并没有积极参与策划、纠集，在共同犯罪中没有起多大作用。在现场同伙拿出器械进行殴斗时，被告人陈×也不知道其同伙携带器械并拿出使用，被告人陈×没有持械行凶的共同故意，就不应该对其他人持械的行为承担责任。因此，被告人陈×的行为在客观方面不符合聚众斗殴罪的特征。

从未成年人保护和有利于未成年人健康成长的角度而言，将本案上升为"聚众斗殴罪"，是有悖于《未成年人犯罪保护法》及重教育重挽救的审判原则的。因为对未成年人过重的处罚，并不能达到教育改造的目的，相反会使这些未成年人对国家法律形成一种误解和仇视，形成破罐子破摔的烂泥心理。

第二，被告人具有法定的减轻情节。

被告人陈×在实施犯罪时不足18周岁，属于未成年人，根据《刑法》第17条的规定，已满14周岁不满18周岁的人犯罪，应当从轻或者减轻处罚。根据《最高人民法院关于贯彻宽严相济刑事政策的若干意见》第20条，对于未成年人犯罪，在具体考虑其实施犯罪的动机和目的、犯罪性质、情节和社会危害程度的同时，还要充分考虑其是否属于初犯，归案后是否悔罪，以及个人成长经历和一贯表现等因素，坚持"教育为主、惩罚为辅"的原则和"教育、感化、挽救"的方针进行处理。对于罪行较轻的，可以依法适当多适用缓刑或者判处管制、单处罚金等非监禁刑；依法可免予刑事处罚的，应当免予刑事处罚。

第三，辩护人认为被告人陈×存在以下从轻处罚的酌定情节。

1. 被告人认罪态度一直很好。案发后，被告人陈×在公安机关传唤时，其没有抗拒，没有逃跑，没有串供，能如实地供述案件发生的经过，为查清案件提供了便利。从庭审中也可看出，被告人认罪态度好，现在对自己的犯罪行为深表后悔，有悔罪的意愿，故酌情可以给予其从轻或者减轻处罚。根据《最高人民法院、最高人民检察院、司法部关于适用简易程序审理公诉案件的若干意见》第9条的规定，人民法院对自愿认罪的被告人，酌情予以从轻处罚。为此，对其也应予以从轻处罚。

2. 被告人的监护人对受害人进行了充分的民事赔偿。被告人陈×在会见时多次通过律师向自己的父亲表示，恳求父亲代替自己对受害人进行民事赔偿。现被告人陈×的法定监护人、他的父亲陈××已经在法院的主持下和受害者达成调解协议，被告人陈×已经得到了受害人的谅解，不再追究陈×的刑事责任。

第四，被告人无前科，属于偶犯、初犯，可以酌情减轻或从轻处罚。

被告人陈×在此次事件之前没有其他不良行为，无犯罪前科。《刑法》第72条第1款规定，对于被判处拘役、3年以下有期徒刑的犯罪分子，根据犯罪分子的犯罪情节和悔罪表现，适用缓刑确实不致再危害社会的，可以宣告缓刑。被告人犯罪情节轻微且为初犯，可以宣告缓刑。

综上所述，被告人陈×在实施犯罪过程中主客观方面的表现不符合聚众斗殴罪的特征，对其适用聚众斗殴罪的条款有不当之处。且从《刑法》的立法宗旨来看，惩罚只是一种对犯罪的处罚手段，而其最终目的是让犯罪分子能认识到自己的罪行，能改过自新，重新做人。被告人主观恶性较小，认罪态度好，系初犯、偶犯。为此，本辩护人恳请法庭能给被告人一个悔过从新的机会，对被告人在查清事实的情况下给予改判，并从轻或减轻处罚，恳请法庭予以采纳。

河南××律师事务所　袁××

二○××年×月××日

三、基础铺垫

（一）辩护词制作的法律依据

辩护是我国《宪法》规定的一项原则，是一项重要的刑事诉讼制度。《宪法》第130条规定："人民法院审理案件，除法律规定的特别情况外，一律公开进行。被告人有权获得辩护。"《刑事诉讼法》第33条第1款规定："犯罪嫌疑人、被告人除自己行使辩护权以外，还可以委托1至2人作为辩护人……"第37条规定："辩护人的责任是根据事实和法律，提出犯罪嫌疑人、被告人无罪、罪轻或者减轻、免除其刑事责任的材料和意见，维护犯罪嫌疑人、被告人的诉讼权利和其他合法权益。"

（二）辩护词的结构与内容

辩护词是与公诉词相对存在的。辩护词没有法定的文书格式，在实践中也未形成统一的固定格式，但是作为律师在法庭上演讲或庭下递交给审判机关的意见，它在制作上也有一定的规律。辩护词通常由引言（首部）、正文（事实和理由）和结论三部分构成。

1. 引言。辩护词的首部，亦称为引言。这部分要求措辞简练、明确。首先，写明标题，居中写明"辩护词"或者"×××（姓名）××（案件性质）一案的辩护词"。然后是称谓，即写明该辩护词的听取人，如"审判长、审判员"。其次，写明以下三点内容：①出庭的根据。可表述为："×××律师事务所接受×××的委托，指派我担任×××涉嫌×××罪案件的一审辩护人。"②开庭前的工作概况。一般应写明律师在接受委托后查阅案卷、会见被告人、调查取证的情况等。③对案件的认识和提请法庭注意的事项。

2. 正文。正文是辩护词的核心部分，是辩护人为维护被告人的合法权益所要阐明的主旨。该部分应该从被告人的行为事实出发，对照有关的法律规定，论证被告人无罪、罪轻或应该予以减轻甚至免除其刑事责任的意见和根据。通常是要围绕是否构成犯罪，属于何种罪名，有无从轻的法定条件以及诉讼程序是否合法等问题展开辩论和论述。具体可以从以下几方面着手论述：

（1）从事实及证据入手进行辩护。事实方面的争执主要有三个方面：①指控犯罪事实与客观事实存在较大差异。遇到这类案例时，辩护人一方面要逐一列举出指控不清楚的疑点，另一方面要说明不应该认定或不能认定的原因和理由，并提出需要进一步查证或补充侦察的意见。②指控的事实基本属实，但控辩双方对其定性认识不同。面对此类案件，可以首先谨慎地肯定被告人有起诉书中所指控的行为，继而针对起诉书中所表述的与被告人行为有出入之处，运用大量的事实根据和法律根据，从多角度、多层次阐述被告人应该无罪或应该为轻罪的辩护论点。③指控的犯罪事实根本不存在。此类案件，直接从犯罪构成的要件入手否定起诉书的指控是一种切实可行的辩护方法。

（2）从法律根据入手进行辩护。这类情形主要有：认定事实错误，导致适用法律错误；单纯适用法律错误，导致定性错误；有关量刑幅度的辩护。辩护词中对此问题的辩驳更要以事实和证据为基础，比照相关的法律进行有理有据的反驳。有关量刑幅度的问题可以重点从是否存在"法定从轻、减轻的条件""酌定从轻、减轻的条件"进行考虑。

（3）从办案程序角度进行辩护。如果司法机关在办案过程中严重地违反了法定的程序以致影响了案件的及时、公正、正确处理，从而损害了当事人的合法权益的，辩护人应依据事实和法律，阐明程序的违法性，以维护当事人的合法权益。

（4）从情理角度入手进行辩护。面对起诉书认定事实客观真实，适用法律恰当，但被告人的犯罪动因中存在"情有可原"的情节时，辩护词可以在肯定起诉书指控的罪名成立的前提下，从"情理"上为被告人做"从轻"处罚的辩护。

3. 结论。结论也称尾部，是律师对整个辩护工作意见的总结。要求辩护律师对自己的辩护观点进行归纳、总结，并向法庭提出对被告人的处理建议。最后，辩护人签名并注明日期。

（三）辩护词样式

辩　护　词

审判长、审判员/人民陪审员：

　　根据《中华人民共和国刑事诉讼法》第33条的规定，受被告人×××（或其家属）的委托和×××律师事务所的指派，我担任被告人×××的辩护律师，今天出庭为其辩护。

　　开庭前，我查阅了本案案卷材料，会见了被告人，并进行了调查取证工作，刚才又听了法庭调查。我认为被告人……，现发表如下辩护意见，请法庭予以考虑。

……

……

综上所述，被告人的行为……。请求/建议法庭……

×××律师事务所律师　×××

××××年××月××日

四、学生实训

根据以下案例，请制作一份辩护词。[1]

【案情】

20××年×月，××省××市的粮食储备库（以下简称"储备库"）主任石×亮经人介绍，与××渔具店的刘×虎相识。后石×亮找到刘×虎，希望刘×虎在××市财政局找关系，搞一笔钱维修仓库。20××年×月××日，张×国到刘×虎渔具店买渔具，刘×虎向张×国提及此事，张×国当即表示可以通过关系弄到钱。20××年×月××日，石×亮带着申请仓库维修资金的报告，到刘×虎的渔具店与张×国见面，刘×虎对石×亮说，现在办事不容易，想把事情办好最少要付30万元的活动经费。为了办成此事，石×亮将30万元打入刘×虎提供的银行个人账户。不久，刘×虎以活动经费不够为由，让石×亮将报告中资金的数额由750万元增加到1250万元。为此，石×亮再次将155万元汇入刘×虎提供的个人账户。在年底的财务审计中，事情败露。事发后，张×国一度外逃，后在亲友的劝说下，于20××年×月××日向××市公安局投案自首。自首后，张×国揭发了他人的重大犯罪事实，经公安机关侦查确认属实。

张×国供述刘×虎将钱全部交给自己，此款已用于偿还个人的高利贷。张×国在公安机关的多次讯问中供述基本一致。20××年×月××日，当公安机关再次讯问张×国时，张×国将以前的供述全部推翻，只承认自己拿了一部分钱。20××年×月××日，××省××市人民检察院以被告人张×国涉嫌诈骗罪，向××省××市人民法院提起公诉，指控被告人张×国构成诈骗，诈骗金额为185万元。

辩护律师经过会见被告人和查阅案卷获得如下材料：①证人张×军（系刘

---

〔1〕　案件材料选自全国2014年10月高等教育自学考试《法律文书写作试题》。

×虎表弟）证实：当时商量此事时，刘×虎的女儿刘×说，自己的父亲年纪大且身体有病，让张×国顶罪。张×军也做过张×国的工作让其替刘×虎顶罪。②证人石×平证实：曾经当面问过张×国，张×国说刘×虎只给了自己一部分钱。③案卷记载公安机关询问刘×虎共 6 次，证实骗取的资金均由他一人经手，并全部划入其个人账户。④××银行储蓄所提供的资金往来记录证实：储备库汇出的资金已全部划入刘×虎名下的账户。之后，刘×虎提走了部分现金。⑤证人杨×龙证实：张×国曾于案发后偿还了借款及利息共计 45 万余元。⑥证人王×林证实：张×国向其借款 80 万元至今尚未归还。以上材料证实，储备库支付的 185 万元并非全部由张×国一人占有。

张×国解释翻供的原因是：自己身负沉重高利贷，迄今未还，为了逃避债主追讨，才违心承认他一人把钱全部拿走了，想在判刑后躲进监狱逃债。在看守所通过学习法律，意识到问题的严重性，因此才说出实情。

20××年×月××日，被告人张×国委托××律师事务所律师张×源作为辩护人。

一审法院采纳了辩护人的意见，认定被告人张×国诈骗金额为 65 万元，具有自首和立功情节，依法给予了减轻处罚。

【提示】

制作辩护词要注意以下事项：

1. 要坚持"以事实为根据，以法律为准绳"的原则。认定案件事实应当实事求是，对被告人不利的事实和证据，不能无根据地否认；对被告人有利的事实的认定，要有根有据。要针对控诉方对犯罪事实的指控进行辩护，查找起诉书认定不实或者不当之处，并以确凿的证据反驳公诉人，以证明自己的辩护意见的正确性。

2. 要从法律的适用方面进行辩护，即对起诉书适用法律错误或不当的地方进行反驳。

3. 要论点突出，论据充分，层次分明，符合逻辑。

4. 辩护词的语言要使用法言法语，用语准确、简洁。论证有说服力，要综合法律、政策的有关规定。

五、任务评估

评估要点：

1. 辩护词的格式要规范、内容要完备。首部应当写明辩护的法律依据、开庭前的准备情况等内容，正文部分要有针对性地提出辩护理由，尾部要提出裁判建议，并署名和注明日期。

2. 说理部分要做到观点明确、理由充分。要结合案件实际，从事实与证据、适用法律、程序、情理等角度展开针对性的论述。

3. 语言的表达要采用法言法语，体现专业性。

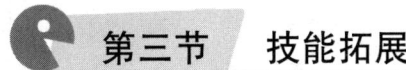

第三节 技能拓展

技能拓展一：熟识《授权委托书》

一、基础知识

（一）概念

授权委托书是自然人、法人或者其他组织委托律师或者其他公民代理诉讼及非诉讼业务时使用的法律文书。

授权委托书是委托代理人参加诉讼的根据。

（二）制作依据

我国《民事诉讼法》第58条规定："当事人、法定代理人可以委托1至2人作为诉讼代理人。下列人员可以被委托为诉讼代理人：①律师、基层法律服务工作者；②当事人的近亲属或者工作人员；③当事人所在社区、单位以及有关社会团体推荐的公民。"但无行为能力人、限制行为能力人或者可能损害被代理人利益的人以及人民法院认为不宜作委托代理人的人除外。

我国《民事诉讼法》第59条第1、2款规定："委托他人代为诉讼，必须向人民法院提交由委托人签名或者盖章的授权委托书。授权委托书必须记明委托事项和权限。诉讼代理人代为承认、放弃、变更诉讼请求，进行和解，提起反诉或者上诉，必须有委托人的特别授权。"

《最高人民法院关于人民法院执行工作若干问题的规定（试行）》第20条第1款规定，申请执行人可以委托代理人代为申请执行。委托代理的，应当向人民法院提交经委托人签字或盖章的授权委托书，写明代理人的姓名或者名称、代理事项、权限和期限。

《最高人民法院关于民事诉讼委托代理人在执行程序中的代理权限问题的批复》中指出：根据《民事诉讼法》的规定，当事人在民事诉讼中有权委托代理人。当事人委托代理人时，应当依法向人民法院提交记明委托事项和代理人具体代理权限的授权委托书。

二、文书样式

授权委托书

委托人姓名：_____

受委托人姓名：_____性别：_____

工作单位：_____

住　　址：_____电话：_____

现委托_____在我与_____的_____一案

中，作为我的_____委托代理人。委托权限如下：

_____

委托人：（签名或盖章）_____

____年____月____日

三、制作要点

1. 委托人。委托人为单位的，写明单位全称，另起一行写单位住所、法定代表人或主要负责人的姓名、职务。

2. 受委托人。受委托人的住址，填写受委托人的户籍所在地。经常居住地与户籍所在地不一致的，填写经常居住地。

3. "在我与_____的_____一案中"，空白处写明双方当事人姓名（名称）以及案由。案由要符合最高人民法院发布的《民事案件案由规定》的规定。

4. "作为我的_____委托代理人"，空白处要根据具体情况写明一审诉讼或者二审诉讼或者参加执行程序等。

5. 委托权限。委托权限也叫代理权限，是授权委托书最重要的部分。在委托权限中，要写明一般委托代理和特别委托代理的内容。

委托代理人在代理权限范围内的行为，视为当事人的诉讼行为，对当事人发生法律效力。根据委托人授予代理人的权限范围不同，可以把委托代理分为一般委托代理和特别委托代理。前者是指代理人只能代理被代理人进行一般的诉讼行为，而不能处分实体权利；后者亦称为实体授权代理，是指代理人不仅可以为被代理人进行一般诉讼行为，还可以根据被代理人的特别授权，代为变更或者放弃诉讼请求，代为撤诉或者接受和解，代为提出反诉或者上诉，代为承认对方的诉讼请求，代为申请执行，以及代为收取执行款等有关处分实体权利的行为。

我国《民事诉讼法》第59条第2款规定："……诉讼代理人代为承认、放弃、变更诉讼请求，进行和解，提起反诉或者上诉，必须有委托人的特别授权。"《最高人民法院关于人民法院执行工作若干问题的规定（试行）》第 20 条第 2 款规定：委托代理人代为放弃、变更民事权利，或代为进行执行和解，或代为收取执行款项的，应当有委托人的特别授权。

《最高人民法院关于民事诉讼委托代理人在执行程序中的代理权限问题的批复》中指出：如果当事人在授权委托书中没有写明代理人在执行程序中有代理权及具体的代理事项，代理人在执行程序中没有代理权，不能代理当事人直接领取或者处分标的物。如果授权委托书仅写"全权代理"而无具体授权的，视为诉讼代理人无实体授权。

6. 签署问题。委托人必须在授权委托书中亲自签名或盖章。此外，我国《民事诉讼法》第 59 条第 3 款规定："侨居在国外的中华人民共和国公民从国外寄交或者托交的授权委托书，必须经中华人民共和国驻该国的使领馆证明；没有使领馆的，由与中华人民共和国有外交关系的第三国驻该国的使领馆证明，再转由中华人民共和国驻该第三国使领馆证明，或者由当地的爱国华侨团体证明。"

技能拓展二：熟识《财产保全申请书》
一、基础知识
（一）概念

财产保全是指人民法院在审理给付之诉的过程中，为了保证将来发生法律效力的判决能够得到全部执行，在案件受理前或诉讼中，对当事人的财产或争议的标的采取的查封、扣押、冻结或法律规定的其他方法进行保护的措施。财产保全分为诉前财产保全和诉讼财产保全。前者是指在特殊情况下，因一方利害关系人的行为或其他原因可能造成对方利害关系人财产的重大损失，以致无法挽回和难以补救，对方利害关系人在起诉前先向人民法院提出申请，由人民法院依法采取的财产保全；后者是指在诉讼过程中，对当事人的财产或争议的标的所依法采取的各种强制性保护措施。

财产保全申请书是当事人申请财产保全时使用的法律文书，包括诉前财产保全申请书和诉讼财产保全申请书。它是当事人请求财产保全意愿的表示，也是人民法院采取财产保全措施的依据。

需要说明的是，行政诉讼中的财产保全仅有诉讼财产保全，而无诉前财产保全。

（二）制作依据

我国《民事诉讼法》第 100 条规定："人民法院对于可能因当事人一方的行为或者其他原因，使判决难以执行或者造成当事人其他损害的案件，根据对方当事人的申请，可以裁定对其财产进行保全、责令其作出一定行为或者禁止其作出一定行为；当事人没有提出申请的，人民法院在必要时也可以裁定采取保

全措施。人民法院采取保全措施，可以责令申请人提供担保，申请人不提供担保的，裁定驳回申请。人民法院接受申请后，对情况紧急的，必须在 48 小时内作出裁定；裁定采取保全措施的，应当立即开始执行。"

我国《民事诉讼法》第 101 条规定："利害关系人因情况紧急，不立即申请保全将会使其合法权益受到难以弥补的损害的，可以在提起诉讼或者申请仲裁前向被保全财产所在地、被申请人住所地或者对案件有管辖权的人民法院申请采取保全措施。申请人应当提供担保，不提供担保的，裁定驳回申请。人民法院接受申请后，必须在 48 小时内作出裁定；裁定采取保全措施的，应当立即开始执行。申请人在人民法院采取保全措施后 30 日内不依法提起诉讼或者申请仲裁的，人民法院应当解除保全。"

根据上述规定，在诉讼过程中，人民法院有权决定采取财产保全措施，但是不得依职权主动进行诉前财产保全。

二、文书样式

样式一（申请诉前财产保全用）：

申请书

申请人：×××，男/女，××××年××月××日出生，×族，……（写明工作单位和职务或者职业），住……。联系方式：……。

被申请人：×××，……。

……

（以上写明当事人和其他诉讼参加人的姓名或者名称等基本信息）

请求事项：

查封/扣押/冻结被申请人×××的……（写明保全财产的名称、性质、数量或数额、所在地等），期限为×年×月×日。

事实和理由：

……（写明诉前申请财产保全的事实和理由）。

申请人提供……（写明担保财产的名称、性质、数量或数额、所在地等）作为担保。

此致

××××人民法院

申请人（签名或盖章）

××××年××月××日

样式二（申请诉讼财产保全用）：

申请书

申请人：×××，男/女，××××年××月××日出生，×族，……（写明工作单位和职务或者职业），住……。联系方式：……。

被申请人：×××，……。

……

（以上写明当事人和其他诉讼参加人的姓名或者名称等基本信息）

请求事项：

查封/扣押/冻结被申请人×××的……（写明保全财产的名称、性质、数量或数额、所在地等），期限为×年×月×日（写明保全的期限）。

事实和理由：

（××××）……号……（写明当事人和案由）一案，……（写明申请诉讼财产保全的事实和理由）。

申请人提供……（写明担保财产的名称、性质、数量或数额、所在地等）作为担保。

此致

××××人民法院

申请人（签名或盖章）

××××年××月××日

三、制作要点

（一）首部

1. 标题。居中写明"申请书"。

2. 申请人和被申请人基本情况。申请人是指就双方争执的标的物或有关财产正在被对方当事人变卖、隐匿、转移、毁损、挥霍或正在遭受自然力的破坏，有可能使将来的判决不能执行或难以执行，而要求人民法院采取相应保全措施的一方当事人；被申请人即对方当事人。申请人和被申请人基本情况应列明的事项具体见样式。

（二）正文

1. 请求事项。写明要求保全的财物情况及财产保全的措施，包括财物名称、数量、质量、形状、花色、品种价格、所在地点和现状等。必须写明要求保全财产的总金额，如无法计算精确，也可以写作"或相应价值的财产"，这一点尤为重要。

2. 事实与理由。主要写明申请人与被申请人因何发生纠纷，需要保全的标的物名称、数量以及遭受侵害情况，采取保全措施的重要性、紧迫性及在判决执行中的意义。写明能够证明申请请求的证据的名称、件数和证据来源。有证人的，应写明证人的姓名和住址。如果证据不在申请人手里，应向人民法院提供证据线索。

（三）尾部

1. 致送人民法院的名称。

2. 申请人签名或盖章。

3. 申请时间。

技能拓展三：熟识《强制执行申请书》

一、基础知识

（一）概念

强制执行申请书是指享有权利的当事人根据人民法院已经发生法律效力的民事判决、裁定、调解书，或者根据仲裁机关已经发生法律效力的裁决书，或者根据公证机关依法赋予强制执行效力的债权文书以及行政机关作出的决定书，在对方当事人不履行或拒绝履行义务时，向有管辖权的人民法院申请强制执行而提交的法律文书。[1]

（二）制作依据

我国《民事诉讼法》在第三编"执行程序"的第十九章和第二十章作了相关规定，明确了强制执行申请书的制作依据。具体如下：

1. 关于执行案件的管辖。我国《民事诉讼法》第 224 条规定："发生法律效力的民事判决、裁定，以及刑事判决、裁定中的财产部分，由第一审人民法院或者与第一审人民法院同级的被执行的财产所在地人民法院执行。法律规定由人民法院执行的其他法律文书，由被执行人住所地或者被执行的财产所在地人民法院执行。"第 226 条规定："人民法院自收到申请执行书之日起超过 6 个月未执行的，申请执行人可以向上一级人民法院申请执行。上一级人民法院经审查，可以责令原人民法院在一定期限内执行，也可以决定由本院执行或者指令其他人民法院执行。"

2. 关于执行的申请。我国《民事诉讼法》第 236 条规定："发生法律效力的民事判决、裁定，当事人必须履行。一方拒绝履行的，对方当事人可以向人

---

〔1〕 参见马宏俊主编：《法律文书写作与训练》，中国人民大学出版社 2009 年版，第 258 页。

民法院申请执行，也可以由审判员移送执行员执行。调解书和其他应当由人民法院执行的法律文书，当事人必须履行。一方拒绝履行的，对方当事人可以向人民法院申请执行。"第237条第1款规定："对依法设立的仲裁机构的裁决，一方当事人不履行的，对方当事人可以向有管辖权的人民法院申请执行。受申请的人民法院应当执行。"第238条规定："对公证机关依法赋予强制执行效力的债权文书，一方当事人不履行的，对方当事人可以向有管辖权的人民法院申请执行，受申请的人民法院应当执行。公证债权文书确有错误的，人民法院裁定不予执行，并将裁定书送达双方当事人和公证机关。"

3. 关于申请执行的期间。我国《民事诉讼法》第239条规定："申请执行的期间为2年。申请执行时效的中止、中断，适用法律有关诉讼时效中止、中断的规定。前款规定的期间，从法律文书规定履行期间的最后一日起计算；法律文书规定分期履行的，从规定的每次履行期间的最后一日起计算；法律文书未规定履行期间的，从法律文书生效之日起计算。"第240条规定："执行员接到申请执行书或者移交执行书，应当向被执行人发出执行通知，并可以立即采取强制执行措施。"

二、文书样式

申请执行书

申请执行人：×××，男/女，××××年××月××日出生，×族，……（写明工作单位和职务或者职业），住……。联系方式：……。

被执行人：×××，……。

……

（以上写明申请执行人、被执行人和其他诉讼参加人的姓名或者名称等基本信息）

申请执行人×××与被执行人×××……（写明案由）一案，××××人民法院（或其他生效法律文书的作出机关）（×××××）号民事判决（或其他生效法律文书）已发生法律效力。被执行人×××未履行/未全部履行生效法律文书确定的给付义务，特向你院申请强制执行。

请求事项

……（写明请求执行的内容）。

此致

××××人民法院

> 附：生效法律文书×份
>
> 　　　　　　　　　　　申请执行人（签名或盖章）
> 　　　　　　　　　　　　×××年××月××日

三、制作要点

（一）首部

1. 标题。居中写明"申请执行书"。

2. 申请执行人和被执行人的基本情况。当事人是法人或其他组织的，写明名称住所。另起一行写明法定代表人、主要负责人及其姓名、职务、联系方式。

（二）正文

1. 案由。写明案由以及申请执行的生效法律文书的制作单位、文书名称、文书编号等。简要说明申请强制执行的理由。

2. 申请事项。写明请求执行的内容。申请执行人向人民法院申请强制执行的内容，必须为生效法律文书确定的给付义务。

（三）尾部

1. 致送人民法院的名称。注意致送的人民法院要有管辖权。

2. 附项。写明所附民事判决、裁定、调解书或仲裁裁决书等生效法律文书复印件的份数。

3. 申请人签名或盖章。

4. 申请日期。

技能拓展四：熟识《民事再审申请书》

一、基础知识

（一）概念

民事再审申请书是民事案件当事人对已经发生法律效力的判决、裁定认为确有错误，或者对已经发生法律效力的调解书，提出证据证明调解违反自愿原则或者调解协议的内容违反法律，向人民法院申请再审而制作的法律文书。在民事诉讼中，再审程序是为了保障法院裁判的公正，使已经发生法律效力但有错误的判决裁定、调解协议得以纠正而设立的一种审理程序。民事再审申请书既是人民法院对民事案件提起再审的依据，也是当事人表示申诉意愿的文书。

（二）制作依据

《民事诉讼法》第 199 条规定："当事人对已经发生法律效力的判决、裁定，认为有错误的，可以向上一级人民法院申请再审；当事人一方人数众多或者当事人双方为公民的案件，也可以向原审人民法院申请再审。当事人申请再审的，不停止判决、裁定的执行。"第203条规定："当事人申请再审的，应当提交再审申请书等材料。人民法院应当自收到再审申请书之日起5日内将再审申请书副本发送对方当事人。对方当事人应当自收到再审申请书副本之日起15日内提交书面意见；不提交书面意见的，不影响人民法院审查。人民法院可以要求申请人和对方当事人补充有关材料，询问有关事项。"第201条规定："当事人对已经发生法律效力的调解书，提出证据证明调解违反自愿原则或者调解协议的内容违反法律的，可以申请再审。经人民法院审查属实的，应当再审。"

二、文书样式

再审申请书

再审申请人（一、二审诉讼地位）：×××，男/女，××××年××月××日出生，×族，……（写明工作单位和职务或者职业），住……。联系方式：……。

法定代理人/指定代理人：×××，……。

委托诉讼代理人：×××，……。

被申请人（一、二审诉讼地位）：×××，……。

……

原审原告/被告/第三人（一审诉讼地位）：×××，……。

……

（以上写明当事人和其他诉讼参加人的姓名或者名称等基本信息）

再审申请人×××因与×××……（写明案由）一案，不服×××人民法院（写明原审人民法院的名称）××××年××月××日作出的（×××
×）……号民事判决/民事裁定/民事调解书，现提出再审申请。

再审请求：

……

事实和理由：

……（写明申请再审的法定情形及事实和理由）。

此致
×××人民法院

附：本民事再审申请书副本×份

再审申请人（签名或者盖章）
××××年××月××日

三、制作要点

民事再审申请书一般由三部分构成，即首部、正文和尾部。

1. 首部。

（1）标题。居中写明"民事再审申请书"。

（2）申请人基本情况。自然人应写明姓名、性别、年龄、民族、住所等；法人或其他组织应写明单位的法定名称、住所地、法定代表人或者主要责任人的姓名、职务及联系方式等。需要说明的是，被申请人基本情况在民事再审申请书中可不列明。

（3）案由。案由部分的表述一般写明作出终审判决或裁定的时间、终审人民法院名称、案件的编号等。

（4）申请事由。主要指出提出的再审申请符合我国《民事诉讼法》规定的"应当再审"的条件。一般要求明确列出具体法律条文及其内容，多项事由应逐项列明。

2. 正文。

（1）请求事项。一般写明申请人要求人民法院撤销终审判决或裁定，进行再审改判。如请求部分改判，应当写明撤销终审判决中的某一项或某几项进行改判，维持终审判决中的某一项或某几项。请求事项较多的，可以分项——列出。

（2）事实与理由。该部分是民事再审申请书的核心，是再审申请能否得到支持的关键。事实与理由部分要围绕我国《民事诉讼法》第 200 条或者第 201 条有关人民法院应当再审的法定事由进行论证与阐述。要运用证据和法律，充分说明终审判决或裁定存在的错误情况，从而论证本申请符合《民事诉讼法》规定的再审条件。

3. 尾部。

（1）致送人民法院的名称。

（2）附项。

（3）申请人签名或盖章。如果是法人或其他组织，应写明法人或其他组织全称，由法定代表人或主要负责人签名，加盖公章。

（4）申请再审的时间。

常用诉讼法律
文书样式

《民事案件案由规定》
（2020 年修正）

《中华人民共和国民事
诉讼法》（2017 年）

《中华人民共和国刑事
诉讼法》（2018 年）

《最高人民法院关于裁判
文书引用法律、法规等
规范性法律文件的规定》

《最高人民法院关于地方
各级人民法院和专门人民
法院印章管理的规定》

学习单元三　人民调解法律文书

学习目标

● 掌握人民调解法律文书的基本格式和内容要求等文书制作知识，进一步熟识人民调解相关法律知识。

● 熟练掌握人民调解工作中常用调解文书的制作方法和制作要求，能够根据调解工作流程，运用调解理论、文书制作知识以及相关法律知识独立制作人民调解法律文书。

● 培育和谐、友善的价值观，增强践行"枫桥经验"的自觉性；培育敬业务实的人民调解职业精神。

重点提示

● 掌握人民调解申请书、人民调解记录、人民调解协议书等文书的制作。

● 熟识人民调解受理登记表、人民调解调查记录、人民调解口头协议登记表、人民调解回访记录、司法确认申请书等文书。

第一节　基础知识

一、人民调解法律文书的概念和种类

（一）人民调解法律文书的概念和特征

人民调解法律文书是指人民调解委员会在调解民间纠纷的过程中，依据有关法律、法规和规章制作的具有法律效力或法律意义的文书。

人民调解法律文书具有以下特征：

1. 主体的特定性。人民调解法律文书的主体，即人民调解法律文书的制作者。人民调解委员会从性质上讲是基层群众性自治组织，而不是国家机关。人民调解委员会的任务是调解发生在公民与公民之间、公民与法人之间或法人与法人之间的民间纠纷，因而人民调解文书的制作主体包括人民调解委员会和纠纷当事人。例如，人民调解申请书的制作者，是纠纷的当事人；人民调解调查记录的制作者，是参与调查的调解员，同时需要被调查人签名；人民调解记录的制作者，是参与调解的调解员，同时需要纠纷当事人签名；人民调解协议书由人民调解委员会制作，需要纠纷当事人和调解员的签名。

2. 内容的真实性。人民调解法律文书是对调解工作的如实记录，其内容必须真实、客观，即所反映的纠纷事实必须存在，调解必须建立在双方当事人自愿并且认可的基础上。例如，人民调解申请书，必须是纠纷当事人愿意通过调解解决其纠纷的真实意思表示；调解记录是调解过程的如实记载；人民调解协议书，必须反映纠纷的客观情况、当事人共同接受调解的意思表示，同时，调解结果必须是当事人自愿达成并一致认可的；人民调解回访记录则是调解的后续工作，是对回访情况的客观记载。

3. 形式的规范性。从调解文书的形式上看，它具有明显的规范性的特点。每种调解文书，根据其性质、内容和所处的调解环节的不同，都有其固定的格式要求。人民调解法律文书形式的规范性，体现的是人民调解工作的规范化、流程化。司法部对人民调解文书的格式有统一规定，各地司法行政机关也非常重视人民调解法律文书的制作，这也是人民调解工作规范操作的重要依据。

4. 制作的合法性。人民调解法律文书是具有法律效力或法律意义的文书，因此它的制作必须合乎相关法律法规的规定，不能任意制作。人民调解法律文书制作不仅要做到依据合法、内容合法，而且要做到程序合法。《人民调解法》第 31 条第 1 款规定："经人民调解委员会调解达成的调解协议，具有法律约束力，当事人应当按照约定履行。"人民调解文书制作的合法性，是人民调解文书有效性的重要保证。

（二）人民调解法律文书的种类

人民调解法律文书可分为简单民间纠纷调解文书和一般民间纠纷调解文书。简单民间纠纷调解文书，适用于案情简单、可当场解决、达成口头调解协议的民间纠纷。对于达成口头调解协议的简单民间纠纷，人民调解委员会仅需要制作人民调解口头协议登记表。一般民间纠纷调解文书适用于非口头调解协议的纠纷，一般民间纠纷调解文书包括人民调解申请书、人民调解笔录、人民调解协议书、人民调解回访记录等文书。2010 年 12 月 31 日颁布的《司法部关于印发人民调解文书格式和统计报表的通知》规定了人民调解申请书、人民调解受理登记表、人民调解调查记录、人民调解记录、人民调解协议书、人民调解口头协议登记表和人民调解回访记录七种人民调解文书。

（三）人民调解法律文书的意义

人民调解法律文书可以证明调解事实的存在，能够督促当事人履行法律义务，有效化解民间纠纷。

1. 中断诉讼时效。依据《最高人民法院关于审理涉及人民调解协议的民事案件的若干规定》第9条第2款的规定："原纠纷的诉讼时效因人民调解委员会调解而中断。"从这一条可以看出，只要当事人申请人民调解委员会调解，除非本人撤回申请，否则不论调解成功与否，都适用诉讼时效中断的规定。但是否被认定为诉讼时效中断，应当有书面证据证明。以一起民间借贷纠纷为例：一方当事人申请调解时已接近诉讼时效，调解委员会受理时未要求递交调解申请书，也未进行登记，在以后的调解过程中，也未制作调解记录和必要的调查记录。调解失败后，当事人向法院起诉，却被告知过了诉讼时效，丧失了胜诉权，从而造成了经济损失。如果当时制作了相应的人民调解法律文书，则可以证明当事人及时行使债权的事实，法庭即会认定诉讼时效中断。

2. 证据保留。证据保留是指在当时看来可能没用的人民调解法律文书在日后却可能作为证据使用。以一起婚姻家庭纠纷为例：丈夫长期对妻子实施家庭暴力或者与第三者发生不正当关系，妻子请求人民调解，调解结果是丈夫向妻子赔礼道歉。但在这起纠纷中因无金钱给付义务内容，当事人也未要求制作书面调解协议。日后丈夫屡教不改，妻子提起离婚诉讼，并向丈夫提出过错赔偿。但因为无法提供证据证明而未获法院支持。由此可见：制作书面的人民调解文书，可以在一定程度上对纠纷事实进行确认，有利于对当事人权益的保护。

另外，在因为调解失败而提起诉讼的情形下，人民调解的卷宗可能作为证据被人民法院调取，而在调诉衔接的框架下，人民调解的卷宗将被全部移送到法院。在以上情况下，调解文书的完整性、规范性、严谨性就具有更加突出的意义了。

二、人民调解法律文书基本要求

（一）人民调解卷宗的基本要求

人民调解委员会调解纠纷，一般应当制作调解卷宗。人民调解文书必须装订于卷宗内。卷宗是将一起纠纷的所有文书立卷归档时所加的封面，卷宗必须"一案一卷"。对于纠纷调解过程简单或者达成口头调解协议的，也可多案一卷，定期集中组卷归档。卷宗分八项，包括卷名、卷号、调解员、调解日期、立卷人、立卷日期、保管期限、备注。

其中，"卷名"栏目填写纠纷当事人姓名＋纠纷类型，如"××与××之间合同纠纷"。纠纷类型同"人民调解员调解案件登记单"中的"纠纷类型"栏。"卷号"按有关规定或者各人民调解委员会自定的办法填写。保管期限分为短期、长期和永久三种，短期卷保管期限为5年，长期卷保管期限为10年。人民调解委员会应根据纠纷类型、协议内容和当事人实际情况等综合确定卷宗保管期限。

卷宗内文书用纸应采用A4纸大小，书写应采用规范汉字，有条件的应采用打印方式。保管档案的设备应具备相当程度的安全性、可靠性，防止档案材料丢失、毁坏、污损。一定期限过后，确需销毁的，应经调解委员会主任审查、签字，并在登记记录后销毁。

（二）人民调解法律文书制作基本要求

1. 格式要统一。人民调解委员会调解所需的各种文书格式，由司法部统一制定。人民调解文书是由司法行政机关统一制定的格式化文书，故在实际工作中制定调解文书时应严格按照规定格式制作，不得随意修改、创造。

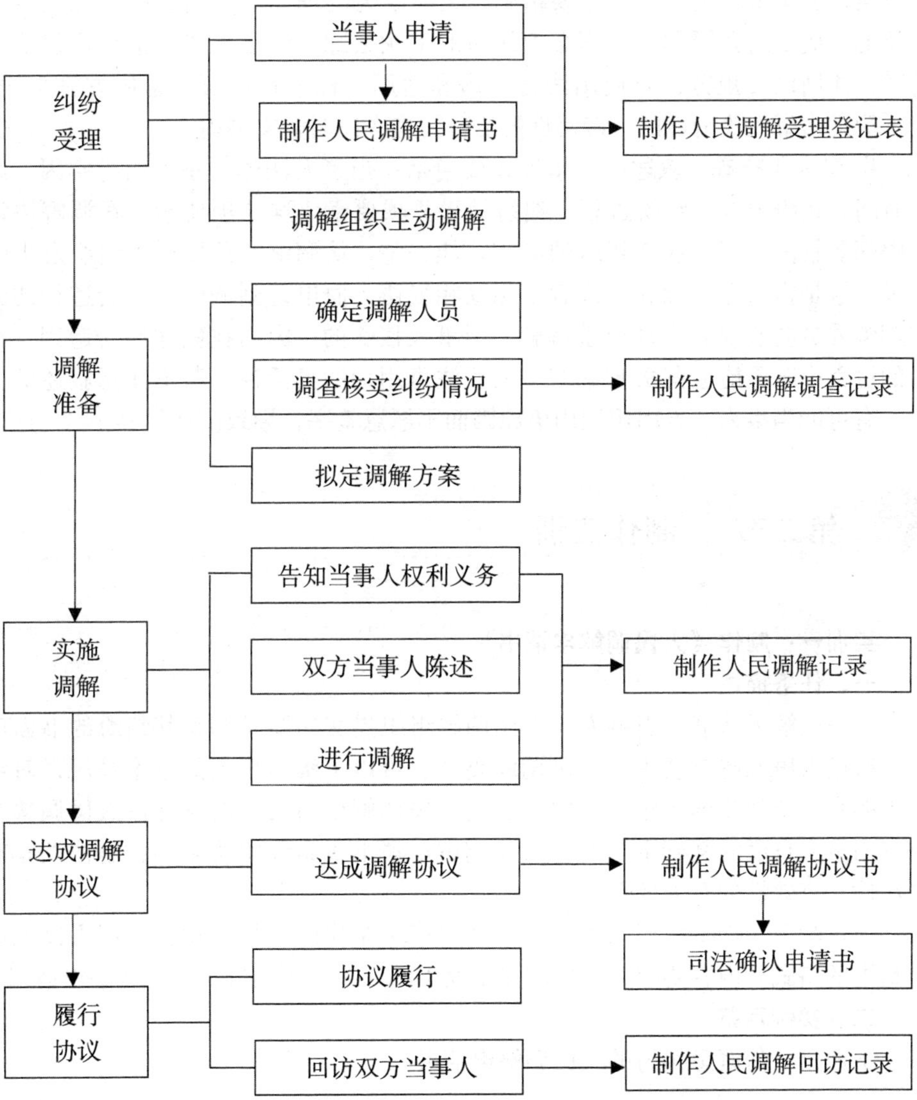

```
┌──────────┐     ┌─────────────────┐
│          │─────│    当事人申请      │───────┐
│          │     └─────────────────┘        │
│  纠纷     │           ↓                    │
│  受理     │─────┌─────────────────┐     ┌──────────────────┐
│          │     │ 制作人民调解申请书   │────│  制作人民调解受理登记表  │
│          │─────└─────────────────┘     └──────────────────┘
│          │     ┌─────────────────┐        │
│          │─────│   调解组织主动调解   │───────┘
└──────────┘     └─────────────────┘
     ↓
┌──────────┐     ┌─────────────────┐
│          │─────│    确定调解人员     │
│  调解     │     └─────────────────┘
│  准备     │     ┌─────────────────┐     ┌──────────────────┐
│          │─────│   调查核实纠纷情况   │────│   制作人民调解调查记录  │
│          │     └─────────────────┘     └──────────────────┘
│          │─────┌─────────────────┐
│          │     │    拟定调解方案     │
└──────────┘     └─────────────────┘
     ↓
┌──────────┐     ┌─────────────────┐
│          │─────│  告知当事人权利义务   │
│  实施     │     └─────────────────┘
│  调解     │     ┌─────────────────┐     ┌──────────────────┐
│          │─────│   双方当事人陈述    │────│    制作人民调解记录    │
│          │     └─────────────────┘     └──────────────────┘
│          │─────┌─────────────────┐
│          │     │     进行调解       │
└──────────┘     └─────────────────┘
     ↓
┌──────────┐     ┌─────────────────┐     ┌──────────────────┐
│  达成     │─────│    达成调解协议     │────│   制作人民调解协议书  │
│  调解     │     └─────────────────┘     └──────────────────┘
│  协议     │                                    │
└──────────┘                              ┌──────────────────┐
     ↓                                    │    司法确认申请书    │
┌──────────┐     ┌─────────────────┐     └──────────────────┘
│          │─────│     协议履行       │
│  履行     │     └─────────────────┘
│  协议     │     ┌─────────────────┐     ┌──────────────────┐
│          │─────│   回访双方当事人    │────│   制作人民调解回访记录  │
└──────────┘     └─────────────────┘     └──────────────────┘
```

图3-1　人民调解工作流程与人民调解法律文书关联图

2. 必须客观真实。事实是分清是非、处理案件的基础。法律文书中对事实的描述必须客观、真实。因而调解文书的制作主体必须尊重客观事实、充分利用证据的证明效力说明事实真相，不能主观臆造、随意夸大。

3. 用语准确规范，措辞恰当。制作人民调解文书，要具体把握：①人民调解文书的用词造句要严谨，每一个词，每一句话，甚至每一个字和措辞，只能有一个解释，不能模棱两可；②人民调解文书表述要适当，不夸大、不缩小、不渲染，要实事求是；③语言要精确，不能事无巨细，对于纠纷的情况只需作简要的、概括的介绍即可，不必把纠纷的来龙去脉、细枝末节等都交代得清清楚楚；④用词要规范，要使用法言法语和通用的标准化语言，忌用方言土语，更不能把当事人攻击性的、谩骂性的语言写进人民调解文书内。

4. 要素要齐备。叙述纠纷事实，要包括：当事人法律关系、纠纷起因、纠纷时间、纠纷地点、纠纷过程、纠纷结果六项要素。这几项要素，在调解协议书中都要具体体现，这样纠纷的事实才能完整。从调解的角度讲，纠纷发生的结果一般是指双方不能和解或者不愿互相妥协，而申请到调解委员会进行调解或调解委员会发现后主动要求调解，当事人接受的。因而在叙述纠纷起因、经过的过程中既不能遗漏关键细节，又要注意用词的灵活性。若不注意叙述的方式，有可能当事人一方因用词用语原因而不愿意签字，导致前功尽弃。

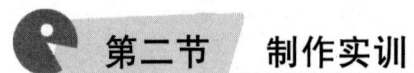 **第二节　制作实训**

实训一：制作《人民调解申请书》
一、任务描述

人民调解申请书是当事人向人民调解组织提交的要求调解其纠纷的书面申请。通过人民调解申请书，人民调解委员会可以了解当事人的基本情况，对纠纷也能有一个初步的了解。同时，通过人民调解申请书，能够确保人民调解在双方当事人自愿的基础上进行。人民调解申请书也是证明将来的调解协议具有合法性、有效性的有力证据。

通过学习，学生应当明确人民调解申请书制作的法律依据，掌握人民调解申请书的格式和内容要求，并能够根据发生的纠纷事实制作相应的调解申请书。

二、实例示范

下面是一份医患纠纷的人民调解申请书。

人民调解申请书

申请人：和平镇卫生院，地址：三山区和平镇凤凰街 280 号。

法定代表人：张×，男，汉族，45 岁，医院院长，联系电话：136×××
×3333。

被申请人：张×泉，男，汉族，36 岁，农民，联系电话：151××××
6677，住三山区和平镇张村 55 号。

纠纷简要情况：2010 年 11 月 6 日上午 9 时，张×泉因腹痛到我院就诊，至
12 时左右输液结束回家。12 时 30 分左右张×泉在家中突感身体不适，家人将其
送至我院，经医务人员全力抢救无效后死亡。事后，经海南省病理、尸体解剖
中心检验结果发现，死者生前患有严重的冠状动脉粥样硬化性心脏病，左右冠
状动脉粥样硬化，管腔显著狭窄，并发左心室及室间隔急性大面积心肌梗死，
从而导致心脏病发作死亡。但死者家属认为，张×泉是在我院就诊后死亡的，
院方应当负全部责任，并要求我院赔偿 38 万元的死亡赔偿金。对此，我院认为
在给病人张×泉就诊期间，是对症下药的，所有医疗程序也是按正常要求操作
的，而且从医疗鉴定结果来看我院并无过错，对于张×泉家属提出的要我院承
担全部责任和赔偿 38 万元的赔偿金，我院不应赔偿。而张×泉家属几次三番到
我院闹事，严重影响我院的日常秩序和声誉。

当事人申请事项：

请求三山区医患纠纷调解委员会进行调解，对于张×泉家属所提出的赔偿
要求，我方不予接受。

人民调解委员会已将申请人民调解的相关规定告知我院，现自愿申请人民
调解委员会进行调解。

申请人：和平镇卫生院

二〇一〇年十一月十二日

三、基础铺垫

（一）人民调解申请书制作的法律依据

《人民调解法》第 17 条规定："当事人可以向人民调解委员会申请调解；人
民调解委员会也可以主动调解。当事人一方明确拒绝调解的，不得调解。"《人
民调解工作若干规定》第 23 条第 1、2 款规定："人民调解委员会根据纠纷当事
人的申请，受理调解纠纷；当事人没有申请的，也可以主动调解，但当事人表
示异议的除外。当事人申请调解纠纷，可以书面申请，也可以口头申请。"人民

调解申请书适用于大多数单独成卷的调解案件。

从以上规定可以看出，人民调解组织受理纠纷的方式主要有两种：一是根据当事人的申请受理调解。当事人申请调解，既可以由纠纷的一方当事人向调解委员会提出申请，也可以由纠纷的双方当事人提出申请。另外，根据《人民调解法》第18条的规定，基层人民法院、公安机关对于适宜通过人民调解方式解决的纠纷，可以在受理前告知当事人向人民调解委员会申请调解。二是调解组织主动调解。另外实践中还有一种方式，即已经到公安机关或法院的纠纷，公安机关或法院认为由人民调解委员会调解解决更为有利的，移交人民调解委员会受理。

（二）人民调解申请书的结构及其内容

申请调解须符合下列条件：有明确的被申请调解人；有具体的调解要求；有提出调解申请的事实依据；申请调解的纠纷属于受理的范围和人民调解委员会的管辖范围。具体反映在人民调解申请书中，就必须包括以下内容：申请人和被申请人的基本情况，纠纷简要情况及申请事项，申请人签名或盖章，申请日期。调解申请书既可以由申请人本人填写，也可由他人代写并由申请人签名后提交人民调解委员会。

人民调解申请书主要包括首部、正文、尾部三部分。

1. 首部。当事人基本情况。包括申请人和被申请人的基本情况，分别列写。申请人或被申请人为自然人的，应当填写当事人的姓名、性别、民族、年龄、职业、单位或住址、联系方式等；当事人为法人或社会组织的，应当填写法定代表人的姓名、性别、民族、年龄、联系方式、职务，"单位或住址"栏填写法人或社会组织的地址。

2. 正文。正文是人民调解申请书的主要部分，包括纠纷简要情况和当事人申请事项。

（1）纠纷简要情况。要把纠纷发生的起因、经过、现状，特别是存在的争议，具体地写清楚。叙述时，必须实事求是，如实反映纠纷事实。叙事要明确，与争议事实有直接关系的事实，要详细叙述明白，与案件事实关系不大但又必须交待清楚的，可以简要概括。

（2）当事人申请事项。调解申请书应载明当事人申请事项。相对于"纠纷事实"是独立的，其内容要简明扼要地写明希望通过人民调解委员会调解解决的具体事项，如请求赔偿、偿还债务、履行合同等。

3. 尾部。由申请人签名，并填写受理调解申请书的当天日期。

（三）人民调解申请书的样式

人民调解申请书

申请人姓名_____性别_____民族_____年龄_____

职业或职务_____联系方式_____

单位或住址_____

被申请人姓名_____性别_____民族_____年龄_____

职业或职务_____联系方式_____

单位或住址_____

纠纷简要情况_____

_____

_____

_____

当事人申请事项

1. _____

2. _____

3. _____

人民调解委员会已将申请人民调解的相关规定告知我，现自愿申请人民调解委员会进行调解。

申请人（签名盖章或按指印）_____

_____年_____月_____日

四、学生实训

根据以下案例材料，假设你是田×，请制作一份人民调解申请书。

【材料】

2011年2月4日上午11时许，刘×抱着儿子从三亚市人民大道4号海景花园综合楼下经过，一条角铁突然从该楼605房落下，将刘×的右眼眉刮破，小孩的头部也受了伤。事故发生后，605房的房主田×立即拨打"110"报警，同时拨打"120"将伤者送到三亚市人民医院救治。经过住院救治，伤情稳定。随后，双方自行就赔偿问题进行协商，伤者刘×认为自身容貌受损，儿子的头部也受了伤，向田×提出医疗费、精神损害赔偿费等在内的共计132 600元的巨额赔偿，而田×表示只愿意承担治疗费、护理费、误工费以及后续治疗等费用共计9200多元，双方终因赔偿数额分歧太大，协商不果。2月16日，双方又在田

×家大吵一架，仍然没有达成共识，再次不欢而散。刘×家人扬言如不按要求赔偿，将以武力解决。田×遂向和平路司法所求助，要求司法所帮助调解。

【提示】

人民调解申请书制作的一般注意事项：

1. 人民调解申请书既可以由申请人本人填写，也可由他人代写，由申请人签名后提交人民调解委员会。乡镇、街道人民调解委员会调解民间纠纷一般应当使用书面的调解申请书。

2. 人民调解申请书由一方当事人签字申请，一方当事人是多人的，可以共同签字递交一份申请书。双方或者各方当事人都申请的，应分别填写申请书。双方或各方当事人对纠纷事实主张或陈述不一的，应当根据各自的主张或阐述，在各自的申请书中写明。

3. 文书格式中有"人民调解委员会已将申请人民调解的相关规定告知我"的表述，实践中人民调解委员会不应忽略这一告知义务。人民调解委员会可以印制统一的人民调解告知书，告知当事人调解中的权利、义务及调解的效力等内容，并由当事人签字确认。

五、任务评估

评估要点：

1. 内容要规范。申请人基本情况列写完整，纠纷情况要如实表述，由于申请人看重自身利益，很可能有意无意选择对自己有利的事实，而忽略、漠视甚至故意歪曲对自己不利的事实。因此，在制作时一定要客观、真实，将事实的关键要素简要扼要叙述完整即可。

2. 申请事项要具体明确。申请事项要具体明确，具有可操作性。特别是请求数额要具体明确、适度合理。如要求赔偿损失，具体要写清楚要求得到的金钱种类、数额、支付方式、期限等。

3. 签名与盖章应真实。申请人应当亲自在人民调解申请书上签名，不得由他人代替。实践中，除签名外，人民调解委员会还要求申请人在签名处按指印。对于申请人是法人或社会组织的，则应由法定代表人或主要负责人签名，并加盖法人或社会组织的印章。

实训二：制作《人民调解记录》

一、任务描述

人民调解记录是人民调解委员会对当事人进行说服教育、疏导规劝，促使当事人达成协议过程的文字记录。人民调解记录是检验人民调解委员会是否坚持公正、依法、自愿调解的重要依据。原则上，每次进行调解活动都应当制作人民调解记录。

通过学习，学生应当掌握人民调解记录的格式和内容要求，能够根据调解的过程制作相应的调解记录。

二、实例示范

下面是一份房屋代管纠纷的人民调解记录。

人民调解记录

时　　间：2009年3月11日15点30分至2009年3月11日18点25分

地　　点：××市××镇××人民调解委员会调解室

当事人：张某、朱某

参加人：王某、孙某

人民调解委员会已将人民调解的相关规定告知各方当事人。

调解记录：

调解员：××人民调解委员会根据你们双方的申请，指定李某、刘某调解员就你们的纠纷进行调解。如果你们认为调解员与你们双方有利害关系，可能作出不公正的调解，你们可以提出回避要求。

调解员：你们是否提出回避要求？

张：不要求。

朱：不要求。

调解员：你们是否已经清楚你们的权利义务？

张：清楚。

朱：清楚。

下面进行调解，由双方各自陈述纠纷的经过及解决纠纷的意见。

调解员：请张某谈谈纠纷发生的过程。

张：房屋坐落在××市××镇××居委会××村，该房屋已领有契证，产权人是朱先生，他现居美国。朱先生与我是邻居，关系一直较好，2001年朱先生移居美国时将房屋钥匙交给我，叫我代管其房屋，无委托书。

调解员：请朱某谈谈纠纷发生的过程。

朱：朱先生出国后，张某一直代管他的房屋，但他在没有征得朱先生同意的情况下，将房屋出租给他人居住。为此，朱先生于2005年1月在中国驻美国大使馆办一份委托书，委托我代他收回房屋代管权。我叫张某交出钥匙，多年来他屡次以朱先生没有亲口对他讲为由，拒不交出钥匙，所以发生纠纷。

调解员：通过我们的了解，你们双方争议的焦点主要是在谁行使房屋代管权的问题，希望你们双方在遵守法律的基础上，本着公平合理的原则，互谅互让。朱先生出国时将房屋交由张某代管，但张某没有履行代管房屋的职责，反而将房屋出租给他人居住，张某的行为违反了《中华人民共和国民法通则》和《××省城镇房屋租赁条例》等有关规定。张某，情况属实吧?

张：属实。

调解员：朱先生在中国驻美国大使馆办理委托朱某代管其房屋手续，符合中国法律规定。现就你们双方的纠纷，根据《中华人民共和国民法通则》中第××条第×款的规定，本调委会提出如下调解意见：张某无条件交出房屋钥匙，由朱某代为行使房屋管理权。

调解员：以上处理意见你们双方有何意见?

张：同意。

朱：同意。

调解员：那就这样，你们看一看，是否和你们所说相符，如无异议，请在上面签字。

调解结果：

1. 调解成功；2. 调解不成；3. 有待继续调解。

当事人（签名盖章或按指印）：张某

当事人（签名盖章或按指印）：朱某

人民调解员（签名）：　　　　李某　　刘某

记录人（签名）：　　　　　　陈某

二〇〇九年三月十一日

三、基础铺垫

（一）人民调解记录制作的法律依据

《人民调解法》第 27 条规定："人民调解员应当记录调解情况。人民调解委员会应当建立调解工作档案，将调解登记、调解工作记录、调解协议书等材料立卷归档。"人民调解记录就是人民调解委员会遵循调解原则，按照调解程序，对当事人进行有针对性的说服劝导，将调解的整个过程记录下来的活动，是整个调解经过的如实反映。无论是调解成功还是调解失败的案件，均应制作人民调解记录。

（二）人民调解记录的结构及其内容

人民调解记录包括首部、正文、尾部三部分。

1. 首部。首部主要包括时间、地点、当事人、参加人等内容。"时间"按

实际情况填写，时间应写明调解的起止时间，并具体到分钟，如"2013 年 8 月 8 日 13 点 10 分至 2013 年 8 月 8 日 16 点 30 分"；"地点"按实际情况写明调解所在的场所，应尽可能具体；"当事人"应列明到场的双方当事人；"参加人"指接受人民调解委员会邀请、参与调解工作的人员，具体指调解时除调解员、当事人和记录人以外的其他在场人员。

2. 正文。正文部分是具体调解过程的记录。开展调解前人民调解委员会应当履行相关告知义务。调解记录可以采取对话或问答形式，如实归纳记录各方发言意见，要清楚地记录调解人员在调解过程中发表的调解意见以及双方当事人对调解意见的态度，记录应客观、真实、整洁、简练。"调解结果"栏可直接选择对应项打"√"。记录形成后应给双方当事人校阅或者向双方当事人宣读。如果被调解人要求对记录进行补正的，要当场进行补正。

3. 尾部。记录经当事人校阅或向当事人宣读后，由到场接受调解的双方当事人、参加调解的人民调解员及记录人签名。

（三）人民调解记录样式

人民调解记录

时　　间：＿＿＿＿＿＿＿＿＿＿＿＿＿＿＿＿＿＿＿＿＿＿＿

地　　点：＿＿＿＿＿＿＿＿＿＿＿＿＿＿＿＿＿＿＿＿＿＿＿

当事人：＿＿＿＿＿＿＿＿＿＿＿＿＿＿＿＿＿＿＿＿＿＿＿

参加人：＿＿＿＿＿＿＿＿＿＿＿＿＿＿＿＿＿＿＿＿＿＿＿

人民调解委员会已将人民调解的相关规定告知各方当事人。

调解记录：

＿＿＿＿＿＿＿＿＿＿＿＿＿＿＿＿＿＿＿＿＿＿＿＿＿＿＿＿

＿＿＿＿＿＿＿＿＿＿＿＿＿＿＿＿＿＿＿＿＿＿＿＿＿＿＿＿

＿＿＿＿＿＿＿＿＿＿＿＿＿＿＿＿＿＿＿＿＿＿＿＿＿＿＿＿

＿＿＿＿＿＿＿＿＿＿＿＿＿＿＿＿＿＿＿＿＿＿＿＿＿＿＿＿

＿＿＿＿＿＿＿＿＿＿＿＿＿＿＿＿＿＿＿＿＿＿＿＿＿＿＿＿

＿＿＿＿＿＿＿＿＿＿＿＿＿＿＿＿＿＿＿＿＿＿＿＿＿＿＿＿

＿＿＿＿＿＿＿＿＿＿＿＿＿＿＿＿＿＿＿＿＿＿＿＿＿＿＿＿

调解结果：

1. 调解成功；2. 调解不成；3. 有待继续调解。

当事人（签名盖章或按指印）：＿＿＿＿＿

当事人（签名盖章或按指印）：＿＿＿＿＿

人民调解员（签名）：＿＿＿＿＿＿＿＿＿

记录人（签名）：＿＿＿＿＿＿＿＿＿＿＿

＿＿＿＿＿年＿＿＿＿＿月＿＿＿＿＿日

四、学生实训

根据以下材料，模拟调解过程，制作调解笔录。

【材料1】

王×于2009年7月到×镇服装公司上班，8月6日晚上大约7点，也就是职工们下班之后，王×与几个同事在宿舍里聊天，此时张×从厂里商店买来口香糖分给这几个同事吃。王×在吃口香糖时不慎将口香糖咽了下去。当时也没在意，大约过了5分钟之后，王×口吐白沫，不省人事。同事们立即将王×送往附近医院抢救，公司领导也闻讯赶到。

医生在抢救王×的过程中，发现王×已经停止了呼吸。随后厂领导及时通知了死者家属，晚上11点钟左右，死者家属也赶到了医院。不明真相的死者家属刚进医院门就大哭大闹，认为儿子死得不明不白。经医生检查，发现死者王×喉咙里有一块口香糖，并且心脏也不好。经了解，王×原来就有心脏病史。最后经医院诊断，王×系因口香糖窒息猝死。

王×的家属情绪很激动，声称如果事情解决不好，就将尸体抬到村委会。经过调查：此事发生在服装公司下班之后，而王×的死亡主要是他自己吃口香糖导致的，且王×有心脏病史。

最终经过调解，双方达成一致意见：服装公司支付王×丧葬费等各项费用7000元。

【材料2】

2010年2月16日，×市小湖镇秦溪村村民陈×夫妇到司法所，反映同村村民全×在陈×家的房屋墙脚栽种了几十棵杉木树苗和几根毛竹，陈×认为全×侵犯了自己的合法权益。

原来陈家的墙外恰好是全家的农田，全×认为他是在自家的田地里栽种树木和毛竹，别人管不着。并说陈家与全家本来关系很好，8年前，陈×在担任村干部期间，陈×长子想娶全×女儿为妻，谁料全×女儿不满意这门亲事，拒绝了陈家。陈家感到没面子，为此事两家结下了恩怨。从那以后陈妻经常指桑骂槐骂全家，而全妻比较老实，每次总是对陈妻避让。全×虽然倔强，但毕竟怕斗不过陈家，所以对陈家一直心存不满。恰好他的责任田分在陈家的墙边，而这块田地又经常干旱，不适宜种植水稻，所以今年就买来杉树苗和毛竹栽种到田里。果然，陈家立即作出反应，要求村里出面制止，但全×不予理睬，陈家又叫来其他人来劝阻，两家大打出手，全×扬言陈家若敢拔他的树苗，他就将陈家橘子树砍光。为此，陈家只好请求司法所予以调解。

【提示】

人民调解记录的填写应客观、真实、整洁。调解是在纠纷双方之间展开，调解记录更是纠纷双方调解过程的记录，往往正式发问开始后，调解员会一边进行解释、调解，一边发问，双方当事人也由于情绪激动常常词不达意或口齿不清，有的当事人文化程度不高，会说一些与问题无关的话，并且逻辑也很混乱。因此在制作调解记录时一定要有较强的归纳能力，明白提问者和答问者要表达的主要意思，迅速地分析出哪些需要记录，哪些不需要记录，哪些需要重点记录，哪些可以一带而过。因此在制作时要注意以下几点：

1. 记录要真实、准确。要抓住双方当事人发言的基本精神和重点内容，使记录符合原意，决不能任意增减或者改变，更不能把自己的想法加在当事人的发言中，特别是一些重要的数据更要记录清楚。

2. 记录要突出重点、详略得当。记录时要在真实、准确的基础上抓住要点。对于一些与双方当事人权利义务有关的内容尽可能地记录原话，对于一些重点情节或者双方争议点要特别记录准确。如果调解涉及的问题比较简单，双方当事人的意见比较一致，可以采取摘要的方法；如果涉及的问题比较复杂，在调解过程中，双方当事人有不同的意见，甚至出现争论，分歧很大，就采取详细记录的方法。还可以根据实际情况同时采取以上两种方法记录。总之，记录时，要详略得当。

3. 记录要注意顺序。要注意发言内容的线索，发言人说了几层意思，前后怎样联系，结论是什么，都要使人一看记录就知道发言的主要内容。

4. 对于调解的结果，应当在调解结束时把记录交给当事人阅读或者向他们宣读，如果有遗漏或者错误，应当予以补充或者改正。

五、任务评估

评估要点：

1. 记录要客观真实。记录必须实事求是，客观如实地反映当事人的陈述，这是人民调解员的基本职业道德和纪律，也是制作调解记录的根本目的。

2. 表述要准确。对当事人提供的一些模糊情况，如：大概、可能、好像等含混不清或前后矛盾的词，在记录时应及时引导、问明记清，在同一份记录中不能前后自相矛盾。

3. 格式要规范。记录一经签字，即为证据，具有法律效力，任何人不得随意改动、损坏或遗失。如确实写错需要改动，在涂改的地方必须有双方当事人的签名或盖章。

实训三：制作《人民调解协议书》

一、任务描述

人民调解协议是在人民调解委员会的主持下，纠纷当事人依照国家法律、法规、规章、政策和社会主义道德在查清事实、分清责任的基础上，通过平等协商、互谅互让，对纠纷的解决自愿达成一致意见的意思表示。因此，人民调解协议书是指发生民事纠纷的当事人在第三方人民调解委员会的主持下，本着平等、自愿的原则，为解决民事纠纷而达成的，具有民事权利义务内容并由双方当事人签字或盖章的书面协议。

通过学习，学生应当掌握人民调解协议书的格式和内容要求，能够根据调解的结果制作相应的人民调解协议书。

二、实例示范

下面是一份离婚纠纷的人民调解协议书。

人民调解协议书

编号：东文调字〔2008〕第 008 号

当事人姓名　邹×× 　性别　男　民族　汉　年龄1975 年 4 月 15 日生
职业或职务　广州××有限责任公司职工　联系方式　138×××8823
单位或住址　广州市中大路××号 12 栋 1 单元 301 号

当事人姓名　李×× 　性别　女　民族　汉　年龄　1977 年 5 月 17 日生
职业或职务　广东××建筑工程有限公司职工　联系方式　133×××1781
单位或住址　现住广州市东方路××号

纠纷主要事实、争议事项：

甲乙双方本系夫妻，因生活情趣不同，无法共同生活而要求离婚。

经调解，自愿达成如下协议：

1. 甲、乙双方自愿离婚。

2. 婚生女邹艳×由甲方抚养，乙方每月支付抚养费 900 元。抚养费以半年为单位支付，支付时间不迟于当年 6 月 30 日、12 月 30 日。

3. 乙方有探视邹艳×的权利，每周末可视情况接女儿回乙方处居住。

4. 双方所欠 40 000 元债务，甲乙双方各承担 20 000 元，甲方应承担的份额交乙方归还债权人。

5. 现住址处电器归甲方所有，甲方自愿补偿乙方 4000 元。

6. 甲、乙双方位于广州市中大路××号 12 栋 1 单元 301 号的房产一处，双方同意由乙方配合甲方在 3 个月之内出售，出售后 10 日内甲方支付给乙方 270 000 元。

履行方式、时限：

本协议第 4 项、第 5 项、第 6 项约定的款项在甲方售房后 10 日内支付给乙方。如甲方到期后未支付，应当按照银行同期贷款利息的四倍承担违约责任。

本协议一式四份，甲乙双方、婚姻登记机关、人民调解委员会各执一份，经婚姻登记机关离婚登记后生效。

当事人（签字、盖章）：邹×× 　　　　人民调解员（签名）：王××

当事人（签字、盖章）：李×× 　　　　记录人（签名）：刘××

（××××人民调解委员会盖章）

二〇〇八年二月十二日

三、基础铺垫

（一）人民调解协议书制作的法律依据

《人民调解法》对人民调解协议的适用情形、协议内容及协议效力作出了明确的规定。其中，《人民调解法》第 28 条规定："经人民调解委员会调解达成调解协议的，可以制作调解协议书。当事人认为无需制作调解协议书的，可以采取口头协议方式，人民调解员应当记录协议内容。"《人民调解法》第 29 条规定："调解协议书可以载明下列事项：①当事人的基本情况；②纠纷的主要事实、争议事项以及各方当事人的责任；③当事人达成调解协议的内容，履行的方式、期限。调解协议书自各方当事人签名、盖章或者按指印，人民调解员签名并加盖人民调解委员会印章之日起生效。调解协议书由当事人各执一份，人民调解委员会留存一份。"《人民调解法》第 31 条第 1 款规定："经人民调解委员会调解达成的调解协议，具有法律约束力，当事人应当按照约定履行。"同时，为了提升人民调解协议的执行效力，《人民调解法》还确立了人民调解协议司法确认制度。该法第 33 条规定，经人民调解委员会调解达成调解协议后，双方当事人认为有必要的，可以自调解协议生效之日起 30 日内共同向人民法院申请司法确认。人民法院依法确认调解协议有效，一方当事人拒绝履行或者未全部履行的，对方当事人可以向人民法院申请强制执行。

（二）人民调解协议书的结构及其内容

人民调解协议书可分为首部、正文和尾部。

1. 首部。

（1）编号。按有关规定或各人民调解委员会自定的办法填写。目前司法部对于人民调解文书的编号没有作统一要求，但在实践中填写方法主要有两种：

第一种填写方法为：调委会简称＋文书性质简称＋制作年份＋序号。填写标准为：①乡镇（街道）调委会制作的协议书。编号内容依次为县（区）简称、乡镇（街道）简称、文书性质简称、制作年份、序号。以定海区城东街道调委会2013年制作的第一份协议书为例，编号为："定城调字〔2013〕第001号"。②村（社区）调委会制作的协议书。编号内容依次为乡镇（街道）简称、村（社区）简称、文书性质简称、制作年份、序号。以定海区城东街道义桥村调委会2013年制作的第15份协议书为例，编号为："城义调字〔2013〕第015号"。③企业调委会制作的协议书。编号内容依次为所有行政区划简称、调委会所在单位简称、文书性质简称、制作年份、序号。以定海区金塘通达机械厂调委会2013年制作的第5份协议书为例，编号为："定金调字〔2013〕第005号"。

第二种填写方法为：制作年份＋调委会简称＋文书性质简称＋序号。表示为"（年度）××调字第××号"，如：（2008）泰新调字第008号。第二种填写方法与第一种填写方法的不同主要表现在编号中各部分排放顺序以及括号类型，具体要素的填写并无差别。

（2）当事人。当事人为自然人的，应当填写当事人的姓名、性别、民族、年龄、职业、单位或住址、联系方式等；当事人为法人或社会组织的，应当填写法定代表人的姓名、性别、民族、年龄、联系方式、职务，"单位或住址"栏填写法人或社会组织的地址。如果纠纷涉及三方以上当事人，另加附页载明其他当事人的基本情况。如双方当事人为多人的按主次填写。

2. 正文。协议内容是协议书的核心部分，要求具有可操作性，真正起到解决纠纷的目的。

（1）"纠纷主要事实、争议事项"应写明纠纷简要事实、争议事项及各方请求，填写内容较多时，可附页。在这里需要说明的是，由于人民调解活动是在双方当事人自愿的基础上进行的，目的在于增进群众之间的团结，消除纷争。因此，在制作人民调解协议书时，应避免使用过于激烈或尖锐的语言，并且使当事人都能够接受。只有这样，才能起到更好的疏导矛盾纠纷、化解纷争的作用。

（2）"达成协议"应载明各当事人的权利义务，填写内容较多时，可附页。这是人民调解协议最关键的部分，也是调解活动获得成功的具体体现。协议内容是当事人在互谅互让、平等协商的基础上，形成解决纠纷的一致意见。因此，在调解协议书中，当事人双方应当享有什么样的权利、承担什么样的义务必须清楚、明确和具体，不能含糊其辞、责权不明，以免在实际履行过程中产生争议，影响和削弱调解效果。协议内容为多项时应分项写明，大致格式为："1.……；2.……；3.……"

（3）明确"履行协议的方式、时限"。履行调解协议的具体方式有许多种，具体适用哪一种或几种方式都要在协议中写明。同时，调解协议的履行地点、具体期限要在调解协议中加以明确，避免因方式、地点、期限不明导致协议无法得到实际履行，当事人的权益无法得到及时保护。

3. 尾部。调解协议制作完成后，必须由纠纷各当事人签名或盖章，表明双方当事人对该协议的认可，该协议内容是双方真实的意思表示。主持调解的人民调解员应在协议上签名，并加盖人民调解委员会印章，表明该调解协议是在人民调解委员会的主持下达成的，并填写达成调解协议的日期。当事人不能到场签字的，可以委托他人签字，但是必须有明确的授权或委托手续。调解协议书制作完成后，由纠纷当事人各执一份，人民调解委员会留存一份。

（三）人民调解协议书样式

人民调解协议书

编号：_____

  当事人姓名_____性别_____民族_____年龄_____

职业或职务_____联系方式_____

单位或住址_____

  当事人姓名_____性别_____民族_____年龄_____

职业或职务_____联系方式_____

单位或住址_____

  纠纷主要事实、争议事项：_____

_____

_____

_____

  经调解，自愿达成如下协议：_____

_____

_____

_____

履行方式、时限＿＿＿＿＿＿＿＿＿＿＿＿＿＿＿＿＿＿＿＿＿＿＿＿＿＿＿＿＿＿

本协议一式＿＿＿＿＿＿份，当事人、人民调解委员会各持一份。

当事人（签名盖章或按指印）＿＿＿＿＿人民调解员（签名）＿＿＿＿＿

当事人（签名盖章或按指印）＿＿＿＿＿记录人（签名）＿＿＿＿＿

（人民调解委员会印章）

＿＿＿＿年＿＿＿＿月＿＿＿＿日

四、学生实训

根据以下材料，制作一份调解协议书。

【材料】

2011 年 6 月 9 日下午，××农业科学院一研究基地发生一起两名幼童溺水死亡的意外事故，该研究基地负责花草管理的临时工薛×的两个男孩（分别为 4 岁和 2 岁），在钻入设有防护栏的水池玩水时不慎溺水死亡。事故发生后，薛×向该研究基地的负责人提出了包括丧葬费、死亡赔偿金、精神抚慰金三项在内共 50 万元的赔偿要求，研究基地的负责人陈×认为过错责任主要是薛×对孩子监护不到位造成的，赔偿金额太高，研究基地方只能给予适当的补偿，双方因赔偿金额协商不下产生纠纷。

6 月 10 日上午，薛×原籍××市海家湾镇 40 多名亲属从海家湾赶到××市，协助薛×讨要赔偿金，当日上午 10 时许，研究基地的领导到××司法所请求派人出面调解，严所长立即带一名司法所工作人员赶赴现场进行调解。严所长初步了解掌握情况后，首先要求研究基地的领导做好薛×亲属的安抚、安置工作，将薛×的 40 多位亲属安排在玉湖宾馆休息，为他们提供饮料、水果及食品，并对这些亲属进行疏导和劝解。在所长的劝解下，薛×的这群亲属，除留下 6 人参与调解外，其余 30 多人当日下午返回海家湾，避免了更大纠纷的发生。

在调解薛×孩子死亡赔偿金的过程中，严所长针对薛×提出的 50 万元的巨额赔偿，把国家法律、法规及该省人身损害赔偿的标准耐心细致地向薛×及其亲属讲解，分析事故发生的原因，讲明这起意外事故双方应承担的责任。与此同时，严所长也做了研究基地负责人的思想工作，要求研究基地领导在赔偿额度上适当放宽幅度（研究基地领导原定赔偿金额不超过 15 万元）。

从 6 月 10 日上午至 6 月 12 日凌晨 2 时，在近 40 个小时的调解过程中，严所长和司法所工作人员对其晓之以理、动之以情，做了大量艰苦细致的工作，经过坚持不懈的努力，终于促使双方达成协议：××农业科学院研究基地同意一次性赔偿给薛×两个小孩死亡丧葬费 2 万元，死亡赔偿金 11 万元，精神抚慰金 5 万元，共计人民币 18 万元。7 日内支付完毕。此结果薛×及其亲属都表示接受。

【提示】

（一）制作人民调解协议书所需相关材料

1. 纠纷的事实。全面了解当事人之间的民事纠纷争议事实及相关证据。

2. 纠纷处理的结果。确认双方当事人对纠纷处理结果达成的一致意见。

3. 解决纠纷的依据。明确解决纠纷所依据的法律、法规、政策、司法解释等。

（二）制作人民调解协议书的一般注意事项

人民调解协议从性质上说是民事合同，调解协议书则是将双方当事人的协议通过文书书面记载的结果。因此它的制作既要符合民事合同的一般要求，又要遵循法律文书的制作要求。即遵循格式，写全事项；主旨鲜明，阐述精炼；叙事清楚，材料真实；依法说理，令人折服；语言精确，朴实庄重。具体在制作时要注意以下几个方面的内容：

1. 协议内容要完整规范。人民调解协议应具备必要的事项，否则人民调解协议的效力或作用将受到影响。人民调解协议必备事项包括：双方当事人基本情况，简要纠纷事实，达成协议的内容，履行协议的方式、地点、期限，当事人、调解员签名或盖章，人民调解委员会印章。

2. 当事人要准确合法。人民调解协议书中的主体是民事纠纷的当事人，这里的当事人必须符合我国民事法律关于民事法律关系主体的规定。对于未成年人、精神病人等无行为能力人或限制行为能力人，应由其法定代理人代为行使民事权利。具体而言，在制作调解协议书时，仍应将涉案的无行为能力人或限制行为能力人列为当事人，同时应将法定代理人信息增列于当事人的下一行。实践中应认真审查当事人，不能出现家庭人员互代现象，如父代子、夫代妻等。

3. 签名盖章要完备。所有当事人、调解员的签名或盖章一个不能少，无印章的签名即可。调解协议书的制作日期、调委会盖章要规范，印章要压在日期上。调解协议书有两页或者两页以上时，应当加盖人民调解委员会印章骑缝确认。

4. 用语要准确规范，避免涂改。人民调解协议书在制作过程中，用语要力求准确，尽量避免涂改。如果确实写错，必须涂改，则应由双方当事人在涂改的地方签名、盖章，其目的在于证明此涂改是得到双方当事人的认可与承认的，以免造成争议或导致协议不成立甚至无效。

五、任务评估

评估要点：

1. 各项要素完备。"当事人"项填写完整，"纠纷主要事实、争议事项"事实叙述清楚、争议事项明晰、双方责任明确正确，"协议"各当事人权利义务明确，"履行协议的方式、地点、期限"确定。

2. 表述规范、详略得当。纠纷事实简明扼要，叙述事实的六要素完整即可，不要将事实阐述过于冗长；双方当事人达成的协议内容及协议履行情况表述要准确、精炼，表意要单一，不能出现含糊或指代不明的情况；履行的方式、时间、地点等要具体，具有可操作性。

第三节 技能拓展

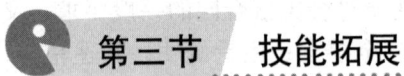

技能拓展一：熟识《人民调解受理登记表》

一、基础知识

（一）概念

人民调解受理登记表是人民调解委员会受理民间纠纷，或者主动调解纠纷的简要记载。该表可以直接反映出纠纷的简要情况以及人民调解委员会受理该纠纷的情况。当事人口头申请的，人民调解委员会应当填写人民调解受理登记表。对于排查中主动发现的、群众反映的或者有关部门移送的民间纠纷，人民调解委员会应当主动进行调解。

（二）制作依据

《人民调解法》第17条规定："当事人可以向人民调解委员会申请调解；人民调解委员会也可以主动调解。当事人一方明确拒绝调解的，不得调解。"

《人民调解工作若干规定》第22条规定："人民调解委员会不得受理调解下列纠纷：①法律、法规规定只能由专门机关管辖处理的，或者法律、法规禁止采用民间调解方式解决的；②人民法院、公安机关或者其他行政机关已经受理或者解决的。"

《人民调解工作若干规定》第23条第3款规定："受理调解纠纷，应当进行登记。"第24条规定："当事人申请调解纠纷，符合条件的，人民调解委员会应当及时受理调解。不符合受理条件的，应当告知当事人按照法律、法规规定提请有关机关处理或者向人民法院起诉；随时有可能激化的，应当在采取必要的缓解疏导措施后，及时提交有关机关处理。"

二、文书样式

人民调解受理登记表

_____年_____月_____日，人民调解委员会依当事人申请（人民调解委员会主动调解），经当事人同意，调解_____、_____之间的纠纷。

纠纷类型：_____

案件来源：①当事人申请；②人民调解委员会主动调解。

纠纷简要情况：_____

_____

_____

_____

_____

_____

当事人（签名）_____

登记人（签名）_____

_____人民调解委员会

_____年_____月_____日

备注：此表由人民调解委员会填写

三、制作要点

人民调解受理登记表应登记当事人姓名、依申请受理或人民调解委员会主动调解的时间、纠纷类型和纠纷简要情况等。

1. "案件来源"栏按实际情况直接选择打"√"，"纠纷类别"应按司法部人民调解案件统计表对调解案件的分类填写。具体包括：婚姻家庭纠纷、邻里纠纷、房屋宅基地纠纷、合同纠纷、生产经营纠纷、损害赔偿纠纷、劳动争议纠纷、村务管理纠纷、山林土地纠纷、征地拆迁纠纷、计划生育纠纷、环境保护纠纷、道路交通事故纠纷、物业纠纷、医疗纠纷、其他纠纷。

2. "纠纷简要情况"填写当事人法律关系、纠纷起因、纠纷时间、纠纷地点、纠纷过程、纠纷结果六项要素。

3. 人民调解受理登记表由各方当事人和登记人签名。

技能拓展二：熟识《人民调解调查记录》

一、基础知识

（一）概念

人民调解调查记录是人民调解委员会向有关人员访问了解纠纷情况时所作的文字记录。人民调解委员会在调解民间纠纷的过程中，经常需要通过走访等途径向一些了解纠纷事实的人员调查纠纷有关情况，在这个过程中，做好文字记录，对于查清纠纷事实、了解事实真相进而及时、正确调解纠纷具有重要意义。人民调查记录是司法行政工作中经常运用的一种证据。记录质量的高低与有效与否直接关系到矛盾纠纷法律性质的界定，关系到人民调解程序的合法性，同时对于今后延伸至法院诉前调解，以至判决都具有重要的作用。

调查是调解前的准备工作，调解员只有在广泛调查的基础上，在了解并综合分析纠纷的性质、争执焦点、产生原因、发展过程及了解目前处于什么情况、当事人对纠纷的态度的前提下，抓住纠纷的主要矛盾和矛盾的主要方面，对症下药，才能有效、顺利地调解纠纷。只有深入进行调查，充分掌握材料，才能弄清纠纷，判明纠纷性质和是非曲直，才有可能圆满调解双方当事人的纠纷、化解矛盾。

（二）制作依据

《人民调解工作若干规定》第 26 条规定："人民调解委员会调解纠纷，应当分别向双方当事人询问纠纷的事实和情节，了解双方的要求及其理由，根据需要向有关方面调查核实，做好调解前的准备工作。"

调查的内容主要有：

1. 纠纷的性质、争执焦点、纠纷产生的原因、发展过程及进展情况。

2. 证据和证据的来源。

3. 当事人的个性特征和当事人对纠纷的态度。

4. 对纠纷当事人起影响或制约作用的各种因素和社会关系等情况。

（三）制作要求

1. 首先要向被调查人自我介绍人民调解员的身份，向被调查人讲明要实事求是地陈述问题，否则要负法律责任，并记录在案。

2. 要按照记录格式将被调查人的基本情况问清记好。如姓名、性别、年龄、文化程度、工作单位、家庭住址、联系方式等，以便以后有什么问题进行联系。然后再进入所调查的内容。

3. 记录完毕，应当场交被调查人校阅或者向其宣读。被调查人如果认为记录有遗漏或有差错，应当补充或更正，补充或更正的地方和内容必须加盖其印章或按手印。调查记录经被调查人校阅或向被调查人宣读后，由被调查人、调查人和记录人签名。

二、文书样式

人民调解调查记录

时　间：＿＿＿＿＿＿＿＿＿＿＿＿＿＿＿＿＿＿＿＿＿＿

地　点：＿＿＿＿＿＿＿＿＿＿＿＿＿＿＿＿＿＿＿＿＿＿

参加人：＿＿＿＿＿＿＿＿＿＿＿＿＿＿＿＿＿＿＿＿＿＿

被调查人：＿＿＿＿＿＿＿＿＿＿＿＿＿＿＿＿＿＿＿＿＿

记　录：＿＿＿＿＿＿＿＿＿＿＿＿＿＿＿＿＿＿＿＿＿＿

＿＿＿＿＿＿＿＿＿＿＿＿＿＿＿＿＿＿＿＿＿＿＿＿＿＿

＿＿＿＿＿＿＿＿＿＿＿＿＿＿＿＿＿＿＿＿＿＿＿＿＿＿

＿＿＿＿＿＿＿＿＿＿＿＿＿＿＿＿＿＿＿＿＿＿＿＿＿＿

＿＿＿＿＿＿＿＿＿＿＿＿＿＿＿＿＿＿＿＿＿＿＿＿＿＿

＿＿＿＿＿＿＿＿＿＿＿＿＿＿＿＿＿＿＿＿＿＿＿＿＿＿

＿＿＿＿＿＿＿＿＿＿＿＿＿＿＿＿＿＿＿＿＿＿＿＿＿＿

＿＿＿＿＿＿＿＿＿＿＿＿＿＿＿＿＿＿＿＿＿＿＿＿＿＿

＿＿＿＿＿＿＿＿＿＿＿＿＿＿＿＿＿＿＿＿＿＿＿＿＿＿

＿＿＿＿＿＿＿＿＿＿＿＿＿＿＿＿＿＿＿＿＿＿＿＿＿＿

调查人（签名）：＿＿＿＿＿＿

被调查人（签名）：＿＿＿＿＿＿

记录人（签名）：＿＿＿＿＿＿

三、制作要点

1. "时间"按实际情况填写，时间应写明调解的起止时间，并具体到分钟，如"2013年8月8日13点10分至2013年8月8日16点30分"；"地点"按实际情况写调查时的所在场所。

2. "参加人"系指调查时除调查人、被调查人和记录人之外的其他在场人员。"被调查人"栏应填写被调查人姓名、性别、年龄、单位或住址。

3. "记录"采用问答式记载。在发言记录的开头一般应记录调查人告知被调查人自己的身份和意图。记载调查人和被调查人的谈话内容，尽量记载原话、原意，记载要求事实清楚。

4. 调查记录经被调查人校阅或向其宣读后，分别由被调查人、调查人、记录人签名。

技能拓展三：熟识《司法确认申请书》

一、基础知识

（一）概念

司法确认申请书是达成人民调解协议的双方当事人向人民法院申请司法确认的法律文书。

（二）制作依据

《人民调解法》第33条规定："经人民调解委员会调解达成调解协议后，双方当事人认为有必要的，可以自调解协议生效之日起30日内共同向人民法院申请司法确认，人民法院应当及时对调解协议进行审查，依法确认调解协议的效力。人民法院依法确认调解协议有效，一方当事人拒绝履行或者未全部履行的，对方当事人可以向人民法院申请强制执行。人民法院依法确认调解协议无效的，当事人可以通过人民调解方式变更原调解协议或者达成新的调解协议，也可以向人民法院提起诉讼。"最高人民法院2011年3月23日公布的《关于人民调解协议司法确认程序的若干规定》第3条规定："当事人申请确认调解协议，应当向人民法院提交司法确认申请书、调解协议和身份证明、资格证明，以及与调解协议相关的财产权利证明等证明材料，并提供双方当事人的送达地址、电话号码等联系方式。委托他人代为申请的，必须向人民法院提交由委托人签名或者盖章的授权委托书。"

二、文书样式

司法确认申请书

申请人：　<u>（申请人的姓名或名称等基本情况）</u>

申请人：　<u>（申请人的姓名或名称等基本情况）</u>

申请人_____因_____纠纷，于_____年_____月_____日经____（调解组织）　主持调解，达成了如下调解协议：

<u>　（写明调解协议内容，或者将调解协议作为附件）　</u>

现请求_____人民法院依法对上述协议予以确认。

申请人出于解决纠纷的目的自愿达成协议，没有恶意串通、规避法律的行为；如果因为该协议内容而给他人造成损害的，愿意承担相应的民事责任和其他法律责任。

此致

_____人民法院

附：……（人民调解协议书及有关证明材料）

申请人：_____（签章）

申请人：_____（签章）

_____年_____月_____日

三、制作要点

1. 纠纷类型应按司法部人民调解案件统计表对调解案件的分类填写。人民法院不受理的司法确认申请包括：①不属于人民法院受理民事案件的范围或者不属于接受申请的人民法院管辖的；②确认身份关系的；③确认收养关系的；④确认婚姻关系的。

2. 致送的人民法院应有管辖权。当事人申请确认调解协议的，由主持调解的人民调解委员会所在地基层人民法院或者它派出的法庭管辖。人民法院在立案前委派人民调解委员会调解并达成调解协议，当事人申请司法确认的，由委派的人民法院管辖。

人民调解法律文书样式

《司法部关于印发人民
调解文书格式及统计
报表的通知》

《中华人民共和国
人民调解法》

《最高人民法院关于人民
调解协议司法确认程序
的若干规定》

学习单元四　社区矫正法律文书

学习目标

● 掌握社区矫正法律文书制作的相关法律知识。

● 熟悉社区矫正工作流程，掌握社区矫正法律文书的制作规范及技巧，能够根据社区矫正工作要求制作社区矫正相关法律文书。

● 培育忠诚、责任、公平正义的执法理念；培育严谨、审慎、负责的文书制作态度。

重点提示

● 掌握社区矫正对象基本信息表、社区矫正对象谈话笔录、社区矫正期满鉴定表等文书的制作。

● 熟识社区矫正责任书、违反社区矫正规定警告决定书、收监执行建议书等文书。

第一节　基础知识

一、社区矫正法律文书的概念和分类

社区矫正法律文书是社区矫正机构在履行社区矫正职责的过程中，依照有关法律、法规或规章制作的具有法律效力的文书。

根据社区矫正文书的内容，可将社区矫正法律文书分为矫正接收类文书、监督管理类文书、教育矫正类文书、考核奖惩类文书、矫正解除类文书等。

（一）矫正接收类文书

矫正接收类文书包括调查评估意见书、接受社区矫正保证书、社区矫正对象基本信息表、社区矫正宣告书等文书。

（二）监督管理类文书

监督管理类文书包括社区矫正对象进入特定区域（场所）审批表、社区矫正对象外出（居住地变更）审批表、违反社区矫正规定警告决定书、社区矫正对象警告审批表、治安管理处罚建议书、收监执行建议书、社区矫正对象脱逃或下落不明情况记录表等文书。

（三）教育矫正类文书

教育矫正类文书包括社区矫正对象矫正方案、社区矫正对象志愿帮教协议书、社区矫正对象日常谈话笔录、社区矫正对象公益劳动记录表、社区矫正对象学习教育记录表、社区矫正对象帮困扶助登记表等文书。

（四）考核奖惩类文书

考核奖惩类文书包括社区矫正对象月度考核评议审批表、社区矫正对象加（扣）分审批表、社区矫正对象奖惩审批表、社区矫正对象奖惩通知书等文书。

（五）矫正解除类文书

矫正解除类文书包括社区矫正期满合议表、社区矫正期满鉴定表、解除社区矫正宣告书、解除社区矫正证明书、解除社区矫正通知书、社区矫正对象死亡通知书等文书。

二、社区矫正法律文书制作基本要求

（一）社区矫正档案的基本要求

社区矫正档案是社区矫正机构对社区矫正对象实施社区矫正过程中形成的接收登记、考核奖惩、监管审批、解除矫正等具有保存价值的法律文书的总称。社区矫正档案分为社区矫正执行档案和社区矫正工作档案。县级社区矫正机构应当为社区矫正对象建立社区矫正执行档案，接受委托对社区矫正对象进行日常管理的司法所应当建立社区矫正工作档案，同时留存社区矫正执行档案副本。

社区矫正执行档案应当包括以下内容：①管制、缓刑人员的起诉书副本、判决书、执行通知书、结案登记表；假释人员的原判法律文书、假释裁定书、假释证明书、罪犯出监鉴定表、执行通知书；暂予监外执行人员的起诉书副本、判决（裁定）书、执行通知书、结案登记表、暂予监外执行审批表、暂予监外执行决定书、具保书。②社区矫正对象基本信息表。③社区矫正告知书、接受社区矫正保证书。④适用社区矫正社区影响调查评估意见书。⑤社区矫正对象进入特定区域（场所）审批表。⑥社区矫正对象外出（居住地变更）审批表。⑦对社区矫正对象给予警告等决定书。⑧对社区矫正对象提出治安管理处罚，提出撤销缓刑、假释、收监执行、减刑等建议书和审核表。⑨解除社区矫正通知书。⑩社区矫正对象死亡的，死亡证明、法医鉴定、社区矫正对象死亡通知书等有关材料。⑪其他应当归档的重要材料。

社区矫正工作档案应当包括以下内容：①社区矫正执行档案副本；②社区矫正对象基本信息表；③社区矫正宣告书；④社区矫正责任书；⑤矫正方案；⑥社区矫正对象日常报告记录；⑦社区矫正学习教育、社区服务记录；⑧社区矫正帮困扶助记录；⑨社区矫正对象进入特定区域（场所）审批申报材料；⑩社区矫正对象外出（居住地变更）审批申报材料；⑪给予警告决定审核材料、审批表；⑫提出治安管理处罚、提出撤销缓刑、假释、收监执行、减刑等审核、审批表；⑬社区矫正对象月、季度、年度考察表；⑭社区矫正期满鉴定及上报材料；⑮解除社区矫正宣告书；⑯与安置帮教衔接记录；⑰其他应当归档的重要材料。

目前，社区矫正档案的管理尚无全国统一的规定，但各省、自治区、直辖市对社区矫正档案管理一般都有相应的标准和要求。一般而言，社区矫正档案管理要求做到以下几点：

1. 社区矫正机构应当按照"一人一档"的要求，在社区矫正对象被决定执行社区矫正之日起建立社区矫正档案。

2. 社区矫正档案材料由社区矫正机构专人负责管理。

3. 社区矫正档案管理，应当遵守档案管理的一般要求，具备保密、防遗失、防火、防潮、防虫、防霉等基本保管条件，严禁在档案库房内外存放易燃、易爆物品及其他杂物。

4. 社区矫正档案原则上不外借。如有特殊情况需外借的，需经县级社区矫正机构主管领导批准。借出时要点交清楚，办理外借手续，并限期归还。未成年社区矫正对象相关犯罪记录应当予以封存，不得向任何单位和个人提供。司法机关为办案需要或者有关单位根据国家规定进行查询的，应严格办理相关手续。依法进行查询的单位，应当对被封存的犯罪记录的情况予以保密。

5. 社区矫正对象执行地变更的，县级社区矫正机构应当自作出决定之日起5日内，将有关法律文书和档案材料移交新执行地县级社区矫正机构。社区矫正对象重新犯罪，撤销缓刑、假释或者收监执行的，矫正档案应移交给侦查机关、监狱或者看守所。档案移交双方应做好交接登记手续。

6. 社区矫正对象档案输入计算机的，计算机不得直接或者间接与国际互联网或者其他网络连接。

7. 社区矫正对象解除矫正、死亡、被收监执行或被判处监禁刑后，县级社区矫正机构或者受委托的司法所应对其档案进行整理，执行档案与工作档案合并，及时将该社区矫正对象档案移交档案部门集中统一保管。

8. 社区矫正对象档案保管期限，从解除社区矫正的当年起算不少于15年。

(二) 社区矫正法律文书制作基本要求

为了保证《社区矫正实施办法》的正确施行，司法部于2012年5月25日制定了《社区矫正执法文书格式》。《社区矫正执法文书格式》规定了20种社区矫正执法文书，内容涵盖适用社区矫正调查评估、交付接收登记、社区矫正宣告、外出与居住地变更审批、警告、撤销缓刑、撤销假释、收监执行、提请减刑、解除社区矫正等各个执法管理节点。根据《社区矫正执法文书格式》，结合法律文书制作的一般性要求，社区矫正法律文书的制作，应符合以下基本要求：

1. 技术要求。

（1）基本概念清楚，使用通用、规范的专业术语。

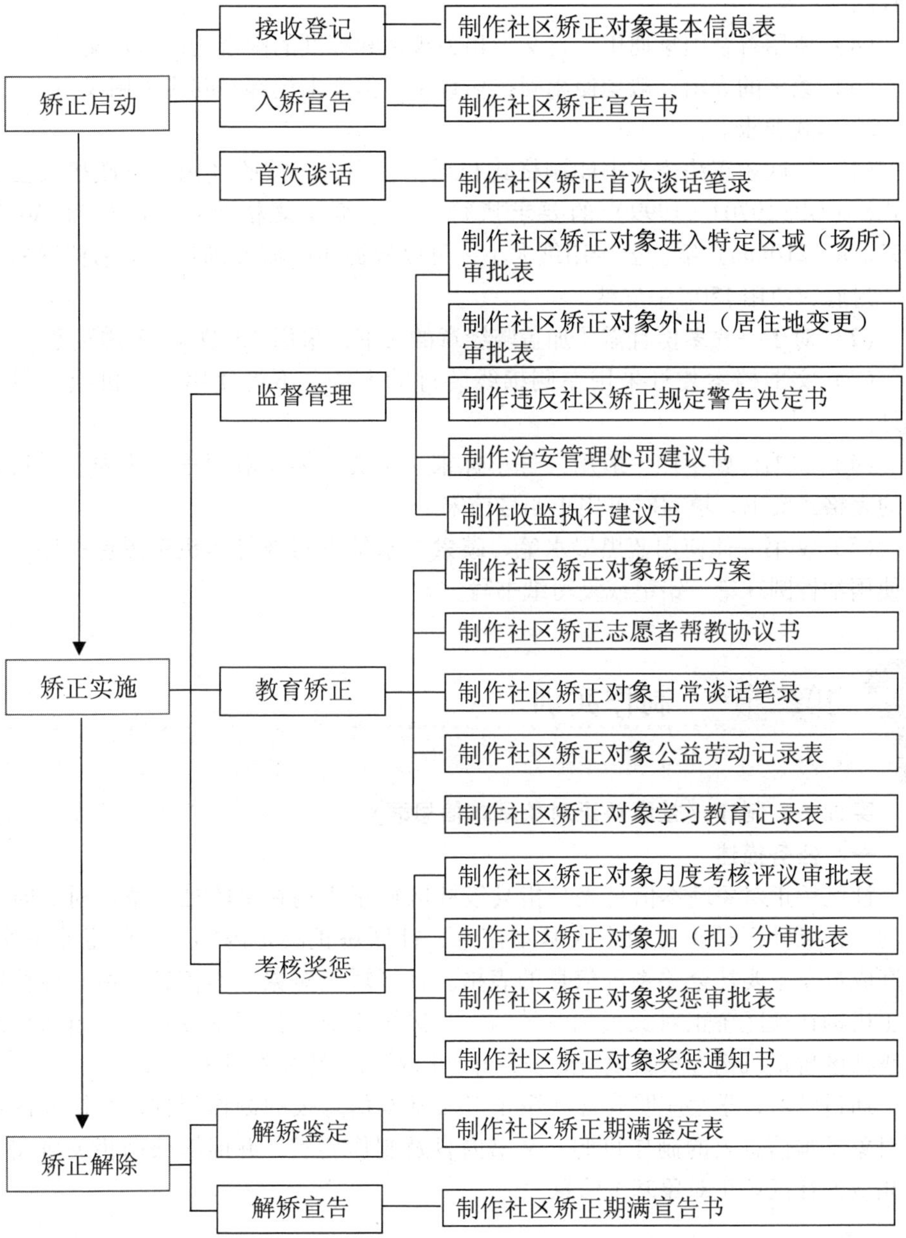

```
矫正启动 ─┬─ 接收登记 ──── 制作社区矫正对象基本信息表
          ├─ 入矫宣告 ──── 制作社区矫正宣告书
          └─ 首次谈话 ──── 制作社区矫正首次谈话笔录

矫正实施 ─┬─ 监督管理 ──── 制作社区矫正对象进入特定区域（场所）审批表
          │              ─ 制作社区矫正对象外出（居住地变更）审批表
          │              ─ 制作违反社区矫正规定警告决定书
          │              ─ 制作治安管理处罚建议书
          │              ─ 制作收监执行建议书
          │
          ├─ 教育矫正 ──── 制作社区矫正对象矫正方案
          │              ─ 制作社区矫正志愿者帮教协议书
          │              ─ 制作社区矫正对象日常谈话笔录
          │              ─ 制作社区矫正对象公益劳动记录表
          │              ─ 制作社区矫正对象学习教育记录表
          │
          └─ 考核奖惩 ──── 制作社区矫正对象月度考核评议审批表
                         ─ 制作社区矫正对象加（扣）分审批表
                         ─ 制作社区矫正对象奖惩审批表
                         ─ 制作社区矫正对象奖惩通知书

矫正解除 ─┬─ 解矫鉴定 ──── 制作社区矫正期满鉴定表
          └─ 解矫宣告 ──── 制作社区矫正期满宣告书
```

图 4-1 社区矫正工作流程与社区矫正法律文书关联图

（2）文字简练，用词准确，语句通顺，描述确切无误，表达清晰明确，不使用有歧义的字、词、句和模糊的语言。

（3）使用国家标准计量单位和符号，同一文书中应保持计量单位和符号的一致。

（4）使用符合国家通用语言文字相关规范和标准的国家通用语言文字。

（5）数字的表示一般均使用阿拉伯数字，但文书尾部时间应采用汉字。

2. 形式要求。

（1）社区矫正法律文书印刷格式和纸张使用，应按照《国家行政机关公文格式》（GB/T9704—1999）的要求执行，文书纸张规格为：国际标准 A4 型（297mm×210mm）纸。公告用纸大小，可以根据实际需要确定。文书档案的封面、封底，使用 150g 牛皮纸。

（2）对于一式多份且需要加盖骑缝章的文书，采用 A3 型或 A3 拼接型。

（3）文书档案装订采用左侧棉线装订的方法，不得使用订书机或金属钉装订。

（4）文书标题字体一般用二号小标宋，正文字体一般用三号仿宋。栏目较多的表格式文书，填写时可用小四号仿宋。

（5）文书一律使用蓝黑墨水笔、碳素墨水笔书写或打印机单黑色打印，不得使用油性圆珠笔、铅笔或复写纸书写。

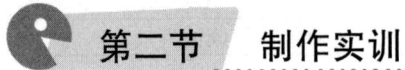

第二节　制作实训

实训一：制作《社区矫正对象基本信息表》

一、任务描述

社区矫正对象基本信息表是指县级社区矫正机构在接收社区矫正对象时制作的，记录社区矫正对象个人基本信息、社区矫正决定内容、主要犯罪事实、家庭成员及主要社会关系等信息的表格。社区矫正对象基本信息表由县级社区矫正机构在社区矫正对象报到时填写。社区矫正对象执行地变更后，新执行地县级社区矫正机构应重新填写此表，并抄送新执行地公安机关。

通过学习，学生应明确社区矫正对象基本信息表的制作依据，掌握社区矫正对象基本信息表的制作目的、文书内容及制作要求，并能够根据相关事实制作相应的社区矫正对象基本信息表。

二、实例示范

社区矫正对象基本信息表

单位：××县司法局　　编号：（2012）×矫信字第 1 号　　填表日期：2012 年 1 月 18 日

姓名	王××	曾用名	无	身份证号码	45262619910503×××	一寸免冠照片	
性别	男	民族	汉	出生年月日	1991 年 5 月 3 日		
文化程度	初中	健康状况	良好	原政治面貌	群众	婚姻状况	否
居住地		广西××县××乡××村63号					
户籍地		广西××县××乡××村63号					
执行地		广西××县					
所在工作单位（学校）		无			联系电话		无
个人联系电话		182×××9591					
罪名	抢劫罪	刑种	有期徒刑	原判刑期		三年三个月	
社区矫正决定机关	东莞市第三人民法院		原羁押场所		广东省佛山监狱		
禁止令内容	无		禁止期限起止日		无		
附加刑判项内容		无					
矫正类别	假释		矫正期限	399 天	起止日	2012 年 1 月 18 日至 2013 年 2 月 19 日	
法律文书收到时间及种类	2012 年 1 月 18 日收到刑事判决书、假释裁定书、假释证明书、罪犯出监鉴定表、执行通知书				接收方式及报到时间	自行报到 2012 年 1 月 18 日	
在规定时限内报到	√	超出规定时限报到	无	未报到且下落不明	无		

主要犯罪事实	2009年11月18日20时许，被告人陈×、王×伙同"阿成""阿古"（后二人另案处理）窜至××市××镇××村里程网吧附近伺机抢劫，后见到被害人童×独自行走。四人遂将童×拉到附近一小巷里，殴打童并在童身上搜得人民币1元和童的身份证，得手后四人逃跑。2009年11月20日14时许，童×向公安报案称在岭头村卫生站附近发现抢劫他的几名男子，公安人员依据该举报抓获陈×、王×，并在陈×身上找回童×的身份证。
本次犯罪前的违法犯罪记录	无

个人简历	起止时间	所在单位	职务
	1998.07～2005.09	广西××县××学校	学生
	2005.09～2007.02	福建省××市××公司	临时工
	2007.02～2009.11	广东省××市××区	无业
	2009.11～2010.06	东莞××看守所	罪犯

家庭成员及主要社会关系	姓名	关系	工作单位或家庭住址	联系电话
	关×兰	母亲	广西××县××乡××村63号	64××××
	王×强	父亲	广西××县××乡××村63号	64××××
	王×红	姐姐	广西××县××乡××村63号	64××××
	王×积	哥哥	广西××县××乡××村63号	64××××
	王×习	哥哥	广西××县××乡××村63号	64××××

备注	

注：办理接收手续（执行地变更）后，此表抄报执行地公安（分）局。

三、基础铺垫

（一）社区矫正对象基本信息表制作的法律依据

社区矫正对象基本信息表是关于社区矫正对象个人信息、犯罪事实、社会关系等基本情况的表格，是社区矫正机关对社区矫正对象进行教育矫正、监督管理的基础材料。根据《社区矫正法》第 22 条、《社区矫正法实施办法》第 17 条的规定，被判处管制、宣告缓刑、裁定假释的社区矫正对象到执行地县级社区矫正机构报到时，社区矫正机构应当核对法律文书、核实身份，办理登记接收手续。

（二）社区矫正对象基本信息表的结构及其内容

社区矫正对象基本信息表是表格式法律文书，主要栏目有以下几项：

1. 矫正单位、编号、填表日期。在文书名称的左下方填写矫正单位名称。根据《社区矫正法》的规定，办理社区矫正对象登记接收手续的主体是执行地县级社区矫正机构。因此，单位应填写执行地县级社区矫正机构的名称。在文书名称的下方填写编号。编号由县级社区矫正机构统一编写，编号内容和方式由各地县级社区矫正机构自行决定，但一般应包含文书制作年份、县级社区矫正机构简称、文书性质简称、顺序号，如海宁市社区矫正机构 2013 年接收的第 8 位矫正对象基本信息表可写为："（2013）海矫信字第 8 号"。在文书名称的右下方填写填表时间。填表时间即制作社区矫正对象基本信息表的时间，应按照实际制作时间填写。

2. 矫正对象个人基本信息及刑罚执行信息。依次填写为：姓名、曾用名、身份证号码、性别、民族、出生年月日、文化程度、健康状况、原政治面貌、婚姻状况、户籍地、居住地、执行地、所在工作单位（学校）、个人联系电话、罪名、刑种、原判刑期、社区矫正决定机关、原羁押场所、禁止令内容、禁止期限起止日、附加刑判项内容、矫正类别、矫正期限及起止日、法律文书收到时间及种类、接收方式及报到时间等。其中，刑种包括管制、拘役、有期徒刑、无期徒刑、死刑五种类型；接收方式包括自行报到、监所押送、当庭交接等方式。

3. 主要犯罪事实。写明矫正对象犯罪的时间、地点、涉及人员、动机、目的、手段、行为过程、后果和矫正对象的事后态度等。

4. 矫正对象个人简历。依次写明矫正对象各个阶段的起止时间、所在单位和身份。个人简历一般从入学时间开始计算直至填表时间，各阶段应连续不间断。所在单位的表述应具体、明确。

5. 矫正对象的家庭成员与主要社会关系。填写内容包括矫正对象家庭成员及主要社会关系的姓名、与矫正对象的关系、工作单位或家庭住址、联系电话等。"家庭主要成员"包括矫正对象的父母、配偶、子女以及和矫正对象长期在一起生活的人。"主要社会关系"包括叔叔、伯伯、姑姑、舅舅、岳父、岳母等与矫正对象关系密切或者对矫正对象影响较大的亲戚、朋友。家庭成员与主要社会关系信息的填写要求准确、详细、方便查找，以便为社区矫正机构确认矫正对象的真实身份、利用社会力量对矫正对象进行教育、监管等工作提供帮助。

（三）社区矫正对象基本信息表样式

社区矫正对象基本信息表

单位：　　　　　　编号：　　　　　　　填表日期：

姓名		曾用名		身份证号码				一寸免冠照片
性别		民族		出生年月日				
文化程度		健康状况		原政治面貌		婚姻状况		
居住地								
户籍地								
执行地								
所在工作单位（学校）						联系电话		
个人联系电话								
罪名			刑种		原判刑期			
社区矫正决定机关				原羁押场所				
禁止令内容				禁止期限起止日				
附加刑判项内容								
矫正类别			矫正期限		起止日			
法律文书收到时间及种类					接收方式及报到时间			

在规定时限内报到		超出规定时限报到		未报到且下落不明	
主要犯罪事实					
本次犯罪前的违法犯罪记录					

个人简历	起止时间	所在单位	职务

家庭成员及主要社会关系	姓名	关系	工作单位或家庭住址	联系电话

备注	

注：办理接收手续（执行地变更）后，此表抄报执行地公安（分）局。

四、学生实训

根据以下材料，填制一份社区矫正对象基本信息表。

【材料】[1]

张×伟，男，1970 年 12 月 10 日生于广西壮族自治区那坡县，汉族，中专文化，职业务农，住那坡县城厢镇弄底屯。2003 年 10 月 30 日被刑事拘留，同年 11 月 26 日被逮捕。

张×伟 1977 年 9 月～1985 年 8 月在那坡县城厢镇弄底屯完小、那坡县二中读书，1985 年 9 月～1987 年 2 月在那坡县中学高中部读书，1987 年 3 月～1987 年 6 月在那坡县师范培训学校读书，1987 年 7 月～2000 年 4 月在云南省景洪市个体企业打工，2000 年 5 月～2003 年 9 月在缅甸果敢开办个体企业。2003 年 10 月～2011 年 7 月在云南省保山监狱服刑。

张×伟与妻子已离婚；父亲张×兵，1941 年 3 月生，农民，住那坡县城厢镇弄底屯；母亲刘×凤，1944 年 5 月生，农民，住那坡县城厢镇弄底屯；弟弟张×军，1973 年 9 月生，农民，住那坡县城厢镇弄底屯；儿子张×来，1993 年 4 月出生，农民，住那坡县城厢镇弄底屯。

2003 年 10 月 30 日，张×伟携带毒品从境外入境，行至边境耿马自治县时，被公安边防干警查获。当场从张×伟裆部查获海洛因一块，计重 110 克。云南省临沧地区中级人民法院经审理，作出（2004）临中刑初字第 84 号判决，判决：张×伟犯走私毒品罪，判处有期徒刑十五年（刑期从 2003 年 10 月 30 日起至 2018 年 10 月 29 日止），并处没收财产人民币 6000 元。

判决后，张×伟被收押于云南省保山监狱服刑。2006 年 3 月、2007 年 6 月、2008 年 8 月、2009 年 10 月经云南省保山市中级人民法院四次裁定共减刑 5 年。

---

〔1〕 资料来源于真实案件，当事人个人信息和相关数据均根据教学需要进行了改编。

2011 年 6 月 30 日，云南省保山市中级人民法院作出（2011）保中刑执假字第 186 号刑事裁定书，裁定对罪犯张×伟准予假释，假释考验期自 2011 年 6 月 30 日起至 2013 年 10 月 29 日止。

那坡县司法局于 2011 年 7 月 15 日收到云南省保山监狱寄送的原判法律文书、假释裁定书、假释证明书、罪犯出监鉴定表、执行通知书。2011 年 7 月 29 日，张×伟到广西那坡县司法局报到，接受社区矫正。司法局确定由那坡县城厢司法所实施社区矫正，矫正期限自 2011 年 6 月 30 日起至 2013 年 10 月 29 日止。

【提示】

（一）制作社区矫正对象基本信息表的相关准备工作

在制作社区矫正对象基本信息表之前，制作者应收集与制作该文书相关的资料，主要包括：

1. 要查阅人民法院、监狱、公安机关移送来的法律文书及相关资料，掌握矫正对象的个人信息、犯罪事实、裁决结果、服刑情况等信息。

2. 了解社区矫正对象家庭及其亲属的基本情况。

3. 掌握社区矫正对象矫正的类型及期限。

（二）制作社区矫正对象基本信息表的一般注意事项

1. 社区矫正对象基本信息表是开展社区矫正工作的基础材料，必须保证其记载内容的准确性、完整性。表格中涉及的时间和地址等信息尽可能详细、具体、准确。表格中的相关栏目应完整填写，对社区矫正对象自己也无法提供的信息要在以后工作中核实补充。

2. 表内栏目内容大部分可以从社区矫正对象的判决书、裁定书、执行通知书等法律文书中查到，社区矫正工作人员应事先查阅相关法律文书，确保填写内容的一致性。

3. 填写"主要犯罪事实"一栏，应以判决书中所认定的事实为依据。案情复杂，内容篇幅较长的，应予以精炼，概括填写。

4. 对于社区矫正对象填写的"家庭成员及主要社会关系"内容，社区矫正工作人员应进行调查核实。如与填写内容有出入，应及时纠正。

5. 为了实现统一监管、节约行政成本，大多数省、市已经建立了社区矫正信息管理系统。如果社区矫正对象基本信息是通过社区矫正综合管理平台录入的，建档时，只需要进入系统打印该表格，并由社区矫正对象在《社区矫正对象基本信息表》备注栏签字确认后，存入社区矫正档案。

五、任务评估

评估要点：

1. 内容要与相关法律文书保持一致。社区矫正对象基本信息表的部分信息在人民法院、监狱、公安机关移交的法律文书中都有体现。因此，制作时要避免仅凭矫正对象的回忆来填写，要注意与原有法律文书进行核对，确保相关信息的准确性。但是，在社区矫正对象的信息（如住址等）发生变更或原有法律文书确实存在错误的情况下，就应以现在的实际情况为准。

2. 表格内容应全面填写。信息的不完整会影响矫正机构对社区矫正对象信息的全面掌握，要尽量避免表格中某些项目填写不完整的情况出现，如没有编号、缺少个人简历、社会关系空缺或不全面等。对于不需要填写的项目，要在空格内画一横线或注明"无"。

3. 信息填写要准确。制作中要避免以下情况出现，如"单位"项目填写"××街道"，混淆了街道、社区矫正机构、司法局的关系；"个人简历"项目中起止时间不具体、不连续，所在单位或家庭地址不明确；"家庭成员及主要社会关系"项目中只填写名字，与社区矫正对象的关系及其他信息不写明；等等。

实训二：制作《社区矫正谈话笔录》

一、任务描述

社区矫正谈话笔录是对社区矫正对象进行个别谈话的客观记录，是社区矫正工作人员对矫正对象进行矫正教育的重要参考资料，是有关部门对社区矫正过程进行监督指导的客观材料。

个别谈话是社区矫正工作中最常用、最重要的一种教育矫正方法。将谈话内容制作成谈话笔录，经谈话人、谈话对象和记录人当场审核签字后，就成为制定矫正方案、确定矫正措施、鉴定矫正效果的重要依据。通过学习，学生应掌握社区矫正谈话笔录的制作依据、制作目的、制作要素及制作要求，能够根据社区矫正工作中的个别谈话情况制作相应的社区矫正谈话笔录。

二、实例示范

社区矫正谈话笔录

时间：2013 年 4 月 8 日 10 时 35 分至 2013 年 4 月 8 日 11 时 05 分

地点：浙江省××市××区××司法所社区矫正谈话室

谈话人：李×兵、张×　　记录人：张×娟

矫正对象姓名：杨×平　　性别：男　　出生日期：1971 年 8 月 19 日

民族：汉　　文化程度：初中

住址：××省××市××区××街道××村 38 号

工作单位：无　　联系方式：138×××××××　　邮编：311200

问：我们是×××工作人员。根据《中华人民共和国社区矫正法》《中华人

民共和国社区矫正法实施办法》的规定，已将你列入社区矫正对象，你是否听明白？

答：听明白了。

问：依据有关法律规定，你必须接受以下监督管理：

（1）定期向司法所报告遵纪守法、接受监督管理、参加教育学习、社区服务和社会活动的情况。

（2）未经批准不得离开所居住的市、县（旗）。

（3）未经批准不得变更居住的县（市、区、旗）。

（4）每月参加教育学习时间不少于8小时。

（5）每月参加社区服务时间不少于8小时。

（6）必须完成法律法规规定的其他事项。

你是否听明白？

答：听明白了。

问：你是否收到《社区矫正须知》？

答：收到了。

问：你收到后应认真学习，严格遵守执行。

答：是。

问：作为一名社区服刑人员，是否明确自己的身份，能否认罪服法，积极改造？

答：本人明白自己是服刑人员身份，愿意认罪服法，积极改造，重新做人。

问：你目前的家庭经济情况和生活来源如何？

答：我父亲已去世，母亲七十多岁了，靠政府补助生活，没有别的生活来源。

问：谈谈你的主要社会关系。

答：我舅舅在张家村务农，其他亲戚很少往来。

问：你在今后接受社区矫正期间有何打算，准备怎么做？

答：我会好好接受政府的教育，遵纪守法的。我想让政府帮助我找份工作。

问：在社区服刑期间有无其他困难？

答：我现在没地方住，希望政府能帮我建个房子或者提供廉租房。

问：你还有什么需要说明的吗？

答：没有。

问：请看一下笔录，是否属实？若属实，请签字。

答：属实。

矫正对象签名：×××　　　　　　　　　　　　谈话人签名：×××
　　　　　　　　　　　　　　　　　　　　　　记录人签名：×××

三、基础铺垫

（一）社区矫正谈话笔录制作的法律依据

根据《社区矫正法》《社区矫正法实施办法》的相关规定，社区矫正机构、司法所应当根据社区矫正对象的心理健康状况，对其开展心理健康教育、实施心理辅导。矫正小组要对社区矫正对象进行走访谈话，了解其思想、工作和生活情况，及时向社区矫正机构或者司法所报告。社区矫正的非监禁性决定了进行个别谈话教育的重要性。社区矫正机构应当采取个别谈话的方式，对社区矫正对象进行经常性的个别教育。社区矫正机构应当每月对社区矫正对象的思想动态进行分析，遇有重大事件，应当随时收集分析，并根据分析的情况，进行有针对性的教育。

（二）社区矫正谈话笔录的结构及其内容

一般而言，谈话笔录包括三个基本要素：①基本情况介绍，包括谈话时间、地点、谈话人、记录人、谈话对象等基本情况；②谈话内容记录，包括谈话双方交谈的主要内容；③笔录内容认定，包括被谈话人审定笔录内容后，在笔录上签署的认定意见和署名。无论谈话对象是谁，谈话时间长短，记录内容多少，笔录的三个要素都要齐全。

根据上述要求，社区矫正谈话笔录一般由首部、正文和尾部三部分组成。

1. 首部。首部内容一般是填空式的，主要包括谈话时间、谈话地点、谈话人、记录人及社区矫正对象的基本情况等。谈话时间应按照实际谈话时间填写，采用24小时制，要具体到分钟，年份不能简写，如不能写成"09年"；谈话地点也要据实填写，可以在司法所也可在社区矫正对象家中等其他场所，地点要具体到房间；谈话人一般应当有两人以上，其中一名谈话人可以作为记录人，也可另外安排记录人；矫正对象的个人基本情况由其本人口述，记录人经必要核对后填入相应空格。

2. 正文。正文部分是对谈话内容的记录。社区矫正个别谈话有两种情况：一种是对社区矫正对象的首次谈话，另外一种是对社区矫正对象的日常谈话。首次谈话在社区矫正对象首次到社区矫正机构接受社区矫正时进行。首次谈话内容包括向社区矫正对象宣告监管制度、宣读社区矫正须知、告知矫正期间和注意事项，同时初步了解社区矫正对象实际情况、社会关系、今后打算等。日常谈话主要围绕社区矫正对象的思想状况、家庭生活、工作情况等，教育、引导社区矫正对象克服心理障碍，正视错误，认真接受矫正，鼓励其积极面对生活，走出犯罪阴影，重树生活的信心，更好地融入生活。日常谈话有时也在社区矫正对象出现重大思想波动或者涉及重大事件时进行，此时谈话侧重解决问题、心理疏导，进行针对性教育。

在制作笔录时，开头的问话和答话要使用"问"和"答"两个字开头，而不能直接用"？"和"："代替开头，接下来的问话和答话的开头可以用"？"和"："代替，也可以全部用"问"和"答"两个字开头。还要注意的是问话结尾要有"？"，答话结尾要有"。"。

记录的谈话内容要求"真实、全面、清楚"。所谓"真实"，就是把整个谈话内容不失原意地记录下来，特别是对重要的情节或因素应当尽量记得详细具体，力求按原话记载。必要时，还要对社区矫正对象的语气、声调和动作表情等进行描述记录。对谈话中的方言，记录时应当加以注释。所谓"全面"，就是要把问话和答话记完整，但也要避免一字不差、照单全收，笔录材料仍有详略得当的要求，原则上关键之处详记，一般之处略记。所谓"清楚"，就是字迹清楚，不要潦草。记录时不要隔行书写。

3. 尾部。尾部包括结束语、签名两部分内容。

谈话笔录结尾一般要有两句固定的结束语：①要向社区矫正对象追问一句："你还有什么需要说明的吗？"②要问："请看一下笔录，是否属实？若属实，请签字。"

社区矫正对象看完谈话笔录后，如果无异议，就应签名确认。谈话人和记录人也应在相应位置签名。

（三）社区矫正谈话笔录的样式

社区矫正个别谈话笔录

时间：____年____月____日__时__分至____年____月____日__时__分

地点：_____

谈话人：_____记录人：_____

矫正对象姓名：_____性别：_____出生日期：_____

民族：_____文化程度：_____住址：_____

工作单位：_____联系方式：_____邮编：_____

问：_____

_____

答：_____

_____

问：_____

答：_____

问：　你还有什么需要说明的吗？
答：_____
问：　请看一下笔录，是否属实？若属实，请签字。
答：_____

矫正对象签名：　　　　　　　　　　　　　　谈话人签名：
　　　　　　　　　　　　　　　　　　　　　记录人签名：

四、学生实训

根据所给材料，请学生模拟进行个别谈话，并制作社区矫正谈话笔录。

【材料】

徐×，男，汉族，1965年3月3日生，高中文化，农民，住浙江省平湖市××镇建设新村。

在2000年~2001年间，徐×单独以及伙同他人在平湖市等地盗窃作案11次，盗窃财物价值人民币共计29 660元。2000年9月间，徐×曾敲诈他人3次，共获得现金5790元。徐×被人民法院判处有期徒刑16年。2010年，徐×被假释，并开始接受社区矫正。矫正期间表现较好，有悔罪表现。

2012年6月，徐×多次去其前妻家中，想拿户口簿以便把女儿的户口转到平湖城里，方便读书，但均未见到前妻。6月3日，徐×再次给前妻打电话，可前妻就是不理他，还说这个女儿她不认了。徐×非常生气并立即开车到前妻家。前妻见徐×喝过酒，又在门口大叫，就让徐×进家里谈。可是，当徐×刚进家门，前妻的父亲就举起板凳向徐×头部猛击过来，致徐×头破血流。徐×一看形势不对就赶紧走了。随后，徐×向派出所报案。经医院诊断，徐×头部被缝了7针。徐×多次请求政府处理这件事情。

2012年7月3日，平湖市××司法所工作人员到徐×家中进行个别谈话。

【提示】

(一) 制作社区矫正谈话笔录的相关准备工作

1. 认真阅卷，了解社区矫正对象的基本情况、犯罪动机、目的、情节、后果、事后态度、服刑期间的情况、近期的表现等。

2. 通过街道、村委会、邻居等了解社区矫正对象个人及家庭情况。

3. 制定谈话提纲，明确谈话目的。

4. 确定谈话人和记录人，准备好纸笔、印泥及记录时所需查阅的资料等。

（二）制作社区矫正谈话笔录的一般注意事项

1. 各省、自治区、直辖市对个别谈话文书的名称规定得并不一致。有的称为矫正对象谈话笔录，有的称为社区矫正对象个别谈话教育登记表，有的称为社区服刑人员谈话笔录，有的将首次谈话笔录和日常谈话笔录区分开来并分别适用不同的名称。但是，无论采用什么样的名称，谈话笔录的基本内容和基本写作要求是一致的。

2. 录像录音记录是指采用录像或录音设备将谈话人与社区矫正对象的谈话过程和内容记录下来的记录方式。录像录音方式可以再现个别谈话的过程和内容，具有较好的应用参考价值，从社区矫正个别谈话的实践来看，录像或录音也经常被用作文字记录的辅助手段。但是，由于涉及职业伦理的恪守及对社区矫正对象个人权利的尊重，采用录像或录音的方式记录应事先征得社区矫正对象的同意。

3. 由于谈话笔录要长期保存，所以一般要使用黑色、蓝黑色墨水的钢笔或者中性笔书写，不能用油性圆珠笔、铅笔书写。

4. 如果用电脑打印笔录，笔录应由谈话人、记录人、社区矫正对象签字。此外要注意做好电脑资料的保密工作，防止谈话记录泄漏。

五、任务评估

评估要点：

1. 笔录要体现客观性。笔录必须全面、完整、准确、及时地记录个别谈话的全过程。笔录必须忠于客观事实，其记载的一切内容必须是现场情况的如实反映。

2. 笔录要体现规范性。个别谈话笔录的制作要体现样式的规范性和书写的规范性。谈话笔录应严格按照文书样式的要求书写，做到要素完备、样式规范。个别谈话笔录的书写要求清晰易认、整齐快速。在书写过程中要注意书写工具规范、汉字使用规范、文字写法规范、标点符号规范等。

3. 避免常见问题。在记录过程中或记录完成后，常见的问题主要有：笔录中的文字涂改过多，且在涂改处没有签名或按指印；有的在记录过程中由于记录速度跟不上，就把一些暂时记不上的内容先留空格，记完后又没有认真审查，结果导致忘记、漏记，出现了不满行记录或隔行记录的现象；笔录是多页时，没有书写页码，没有分页签名和按指印；字迹书写不清楚、不正规，字迹潦草，错别字多。

实训三：制作《社区矫正期满鉴定表》

一、任务描述

社区矫正期满鉴定表是社区矫正机构在社区矫正对象矫正期满前出具的对社区矫正对象的相关考核鉴定材料。

根据《社区矫正法实施办法》的规定，社区矫正解矫工作的一般程序是：社区矫正对象作出个人总结；执行地县级社区矫正机构根据其在接受社区矫正期间的表现等情况作出书面鉴定，并与安置帮教工作部门做好衔接工作；执行地县级社区矫正机构向社区矫正对象发放解除社区矫正证明书，并书面通知社区矫正决定机关；执行地县级社区矫正机构或者受委托的司法所可以组织解除矫正宣告。因此，社区矫正机构在社区矫正对象矫正期满前制作社区矫正期满鉴定表，是考核社区矫正对象矫正效果、解除社区矫正的必经程序。

通过学习，学生应掌握社区矫正期满鉴定表的制作依据、文书内容及制作要求，能够根据社区矫正对象矫正期间的表现制作社区矫正期满鉴定表。

二、实例示范

社区矫正期满鉴定表

姓　名	余××	性别	男	出生年月	1970 年 2 月 17 日
户籍地	浙江省嘉善县××镇××村 8 号				
居住地	浙江省嘉善县××镇××村 8 号				
执行地	浙江省嘉善县				
罪名	开设赌场罪	原判刑期	一年一个月		
矫正类别	缓刑	矫正期限	两年	起止日	自 2011 年 1 月 25 日 至 2013 年 1 月 24 日
禁止令内容	无	禁止期限起止	自　　年　　月　　日 至　　年　　月　　日		
附加刑判项内容	无				

社区矫正机构（受委托的司法所）鉴定意见	该社区矫正对象在矫正期间能认罪服法，深挖犯罪根源，认识自己所犯罪行给社会、家庭以及自己所带来的危害性，主动接受社区矫正，态度端正。
	    积极参加心理矫正、行为矫正、人格矫正，培养健康的人格，养成遵纪守法的良好行为。矫正期间能遵守社区矫正机关的各项规定，无违法乱纪行为。
	    积极参加法制教育，学习认真，态度端正，通过学习，能真正做到知法、认罪、服矫。通过教育，能认清罪与非罪的界限，违法与犯罪的关系。
	    该社区矫正对象在矫正期间能按时参加矫正机构组织的各项公益劳动，在劳动中积极肯干，保质、保量地完成了任务。
	2011 年 8 月 8 日受到表扬一次。
	    鉴于社区矫正对象矫正期间的表现，同意解除社区矫正。
	    安置帮教建议：引导参加职业技能培训，协助解决就业；建议村委会及有关部门及时解决生活困难问题；遇重大事件或情绪波动时及时进行谈话疏导。
	
	                          （公章）
	            年 月 日

备注	

三、基础铺垫

（一）社区矫正期满鉴定表制作的法律依据

《社区矫正法实施办法》第 53 条第 1、2 款规定，社区矫正对象矫正期限届满，且在社区矫正期间没有应当撤销缓刑、撤销假释或者暂予监外执行收监执行情形的，社区矫正机构依法办理解除矫正手续。社区矫正对象一般应当在社区矫正期满 30 日前，作出个人总结，执行地县级社区矫正机构应当根据其在接受社区矫正期间的表现等情况作出书面鉴定，与安置帮教工作部门做好衔接工作。

（二）社区矫正期满鉴定表的结构及其内容

社区矫正期满鉴定表为表格形式，内容包括文书名称、社区矫正对象基本信息、社区矫正机构（受委托的司法所）鉴定意见及安置帮教建议、盖章及日期四个部分。

1. 文书名称。文书名称为"社区矫正期满鉴定表"。

2. 社区矫正对象基本信息。社区矫正对象基本信息包括社区矫正对象姓名、性别、出生年月、户籍地、居住地、执行地、罪名、原判刑期、矫正类别、矫正期限及起止日、禁止令内容及期限、附加刑判项内容等。

3. 社区矫正机构（受委托的司法所）鉴定意见及安置帮教建议。社区矫正机构（受委托的司法所）鉴定意见应当根据社区矫正对象在接受社区矫正期间的表现、考核结果、社区意见等情况进行填写，具体应包括社区矫正对象认罪服法情况、遵纪守法情况、教育学习情况、社区服务情况、奖惩情况等。在鉴定意见的结尾要对是否同意解除矫正作出明确表述。

4. 盖章及日期。社区矫正机构（受委托的司法所）鉴定意见下方应加盖社区矫正机构或司法所印章，并注明文书制作日期。

（三）社区矫正期满鉴定表的样式

社区矫正期满鉴定表

姓　名		性别		出生年月	
户籍地					
居住地					
执行地					
罪名		原判刑期			
矫正类别		矫正期限		起止日	自　　年　　月　　　日 至　　年　　月　　　日
禁止令内容		禁止期限起止		自　　年　　月　　　日 至　　年　　月　　　日	
附加刑判项内容					
社区矫正机构（受委托的司法所）鉴定意见				（公章） 年　月　日	
备注					

四、学生实训

请根据下面的材料，适当模拟相关程序，合理虚拟有关信息，制作社区矫正期满鉴定表。

【材料】

贾××，男，1962年10月10日生，浙江省平湖市人，汉族，农民，初中文化，离异，住平湖市金沙街道××小区×号。1989年8月17日被刑事拘留，8月26日被逮捕。

1988年9月13日晚9时许，被告人贾××趁本村电镀厂无人之际，翻墙撬窗进入该厂仓库内，窃得镍板6块，共计重234.4公斤，价值人民币32 347.3元。被告人贾××盗窃后，将赃物沉入本村附近的河中藏匿。而后被告人贾××在被告人金××（男，1958年3月2日出生，住平湖市××乡××村）的帮助下销赃并瓜分了赃款。浙江省嘉兴市中级人民法院于1989年10月11日作出(1989)浙嘉刑一字第15号刑事判决书。判决被告人贾××犯盗窃罪，判处死刑，缓期二年执行，剥夺政治权利终身。2006年12月23日，浙江省平湖市金沙街道社区矫正工作小组宣告，贾××在金沙司法所接受社区矫正。期限自2006年12月23日起至2011年6月16日止。

在矫正期间，贾××按时完成思想汇报，按规定参加集中学习和公益劳动等，遵守相关社区矫正规章制度，没有发现有违法犯罪行为。2007年5月获宽管1个月的奖励；2007年10月获社区矫正征文比赛二等奖；2007年11月获宽管1个月的奖励；2009年获"社区矫正积极分子"称号。

【提示】

（一）制作社区矫正期满鉴定表的相关准备工作

1. 查阅相关档案材料。社区矫正期满鉴定表涉及社区矫正对象个人基本情况、原判刑期、奖惩、社会关系、犯罪事实等信息。要掌握上述信息，社区矫正工作人员就需要查阅社区矫正对象的档案材料，为文书制作奠定基础。

2. 督促和指导社区矫正对象完成矫正期满总结。在社区矫正对象矫正期满30天前，社区矫正机构（或受委托的司法所）社区矫正工作人员应当督促和指导其完成个人书面总结。

3. 组织召开矫正期满评议会。在社区矫正对象提交书面总结后，社区矫正机构（或受委托的司法所）应及时组织召开矫正期满评议会。评议会由社区矫正工作人员、公安派出所民警、村（居、社区）干部、帮教小组代表、社区矫正志愿者、社区矫正对象及其家属等相关人员组成，由社区矫正工作人员主持。在评议会上，首先由社区矫正对象作个人总结，社区矫正工作人员对社区矫正对象矫正期间的表现进行汇报，其他参会人员依次进行评议，再由社区矫正对象对评议进行表态，最后由社区矫正工作人员进行小结并形成评议结果。评议结果是制作社区矫正期满鉴定表的基础。

（二）制作社区矫正期满鉴定表的一般注意事项

1. 社区矫正期满鉴定表应综合反映社区矫正对象社区矫正期间的表现。鉴定意见应结合社区矫正考核结果、社区意见，从社区矫正对象认罪服法情况、遵纪守法情况、教育学习情况、社区服务情况、奖惩情况等各个方面进行全面概括。

2. 社区矫正鉴定意见应客观真实。鉴定意见应对社区矫正对象的表现进行实事求是的描述，既要描述社区矫正对象遵纪守法、积极矫正的方面，也不能忽略其违反规定、抗拒矫正的方面。

五、任务评估

评估要点：

1. 对社区矫正对象的鉴定不能千篇一律。实务中，部分社区矫正机构（或受委托的司法所）制作的社区矫正期满鉴定表常常千篇一律，对于不同社区矫正对象的鉴定内容基本一致，有的甚至完全相同。虽然社区矫正对象的表现有一定的共性，但其在认罪服法、遵纪守法等方面必然存在一定的不同。因此，社区矫正工作人员应认真负责，对社区矫正对象给予客观公正的鉴定。

2. 鉴定意见不宜过于简单。鉴定意见应全面反映社区矫正对象矫正期间的表现，不宜过于简单。某司法所一份社区矫正期满鉴定表鉴定内容如下："社区矫正对象在矫正期间遵纪守法、积极参加集中教育、公益劳动，基本上达到社区矫正目标，建议解矫。"如此抽象的鉴定意见，难以全面反映社区矫正对象矫正期间的表现，不仅不利于对社区矫正对象作出客观公正的评价，而且也不利于解矫工作的顺利进行及后续的安置帮教工作。

3. 表格内的社区矫正对象信息和其他法律文书应保持一致。社区矫正期满鉴定表中大部分信息和社区矫正对象其他文书中的信息重复。因此在制作时要注意核对，保持相关文书中信息的一致性。

第三节　技能拓展

技能拓展一：熟识《社区矫正对象矫正方案》

一、基础知识

（一）概念

社区矫正对象矫正方案是社区矫正机关根据社区矫正对象个人情况，结合社区矫正的常规性工作制订的对社区矫正对象进行教育矫正的方案。

（二）制作依据

《社区矫正法》第24条规定，社区矫正机构应当根据裁判内容和社区矫正对象的性别、年龄、心理特点、健康状况、犯罪原因、犯罪类型、犯罪情节、悔罪表现等情况，制定有针对性的矫正方案，实现分类管理、个别化矫正。矫正方案应当根据社区矫正对象的表现等情况相应调整。

二、文书样式

参见本单元附件1：《社区矫正对象矫正方案》样式。

三、制作要点

执行地县级社区矫正机构、受委托的司法所要根据社区矫正对象的性别、年龄、心理特点、健康状况、犯罪原因、悔罪表现等具体情况，及时制定矫正方案。社区矫正对象矫正方案的内容包括：封面、社区矫正对象基本信息、矫正小组成员信息、犯罪情况、综合评估情况、矫正措施、实施效果评估、矫正措施调整等。

在制作矫正方案时，应当注意以下几方面：

1. 基本信息。①填写姓名、性别、出生年月、文化程度、居住地、罪名、原判刑期、矫正类别、矫正期限和起止日期。②矫正小组：填写成员组成及变动情况。③犯罪情况：以判决书中所认定的犯罪事实来填写，对社区矫正对象的犯罪时间、犯罪地点、作案工具、具体实施犯罪行为的过程以及对被害人造成的身体伤害、具体财产损失等内容进行简要概括。④悔罪表现、个性特征、生活环境：通过有关法律文书材料、谈话、走访等方式，了解社区矫正对象认罪态度和悔罪意识，性格脾气和家庭状况、居住环境。⑤再犯测评：通过社区矫正再犯风险评估、心理测试、首次谈话和审前调查评估等材料，综合主客观因素做出社区矫正对象再犯罪可能性分析。

2. 矫正措施。①监管措施。提出对社区矫正对象的分类管理等级，以及对应的管理规定。除法律规定的常规监管措施之外，可根据实际情况，适当增加报告学习次数、定位发送次数、信息化核查次数等措施内容。②教育措施。从社区矫正对象的性别、年龄、文化程度、犯罪类型等方面入手，分析提炼其个体差异和个性需求，提出有针对性的教育学习、社区服务措施。③帮扶措施。从家庭关系（婚姻状况、家庭成员间关系）、工作学习、身心健康状况等方面入手，根据社区矫正对象存在的问题，从亲情帮教、心理矫治等方面提出相应措施。④其他措施。从矫正期限、保证人履职要求、人际关系、社会活动、生活来源等其他方面提出矫正措施。

3. 方案调整。①在矫正方案实施过程中，发现实施评估效果差或遇到社区矫正对象管理等级调整、考核奖惩、家庭重大变故、工作变动、身心健康状况异常等情形，及时调整矫正方案。②原则上6个月开展一次矫正方案实施效果评估。③矫正方案的调整需要进行资料的收集和分析，根据调整情形，拟定有针对性的、可操作性的新措施，进一步优化矫正措施方案。矫正方案的制订是一个循环的过程。

4. 其他要求。①要抓住重点，制订矫正措施时做到目的明确、针对性强、措施具体可行，符合实际；②要因人制宜，根据社区矫正对象差异性，因人施矫，切忌千篇一律、不讲效果；③要以人为本，在进行刑罚执行活动的同时要体现出教育帮扶；④要专群结合，通过社区矫正小组和其他社会力量全面了解社区矫正对象具体情况，实施方案；⑤要注重实效，实施效果评估并对矫正方案及时调整完善。

技能拓展二：熟识《违反社区矫正规定警告决定书》

一、基础知识

（一）概念

违反社区矫正规定警告决定书是社区矫正机构对违反社区矫正监督管理规定的社区矫正对象给予警告的法律文书。

（二）制作依据

《社区矫正法实施办法》第35条规定，社区矫正对象具有下列情形之一的，执行地县级社区矫正机构应当给予警告：①违反人民法院禁止令，情节轻微的；②不按规定时间报到或者接受社区矫正期间脱离监管，超过10日的；③违反关于报告、会客、外出、迁居等规定，情节较重的；④保外就医的社区矫正对象无正当理由不按时提交病情复查情况，经教育仍不改正的；⑤受到社区矫正机构两次训诫，仍不改正的；⑥其他违反监督管理规定，情节较重的。

二、文书样式

参见本单元附件2：《违反社区矫正规定警告决定书》样式。

三、制作要点

违反社区矫正规定警告决定书为二联式文书，包括存根联和交社区矫正对象联。存根联由县级社区矫正机构存档，交社区矫正对象联送达社区矫正对象，复印件由司法所存档。在提请对社区矫正对象撤销缓刑、撤销假释、收监执行时，将该文书存根联连同有关建议书、社区矫正对象警告审批表等一并组卷。

文书内容主要包括文书名称、文书编号、社区矫正对象姓名、违反监督管理规定的行为、警告决定、盖章和制作日期。需要填写的内容为：

1. 文书编号。文书编号由文书制作年份、矫正机关简称、文书性质简称、顺序号组成。如杭州市钱塘区社区矫正机构2021年第18份违反社区矫正规定警告决定书的编号可写为"（2021）杭钱矫警决字第18号"。

2. 违反社区矫正规定的内容。在文书"有……如下："后面空格内填写社区矫正对象违反监督管理规定或人民法院禁止令的事实。

3. 盖章与日期。文书应加盖县级社区矫正机构公章，并按文书制作时间填写制作期。

技能拓展三：熟识《撤销假释建议书》

一、基础知识

（一）概念

撤销假释建议书是社区矫正机关对违反法律、行政法规、社区矫正监督管理规定的社区矫正对象，建议有权部门撤销假释的法律文书。

（二）制作依据

《社区矫正法实施办法》第 47 条第 1 款规定，社区矫正对象在假释考验期内，有下列情形之一的，由执行地同级社区矫正机构提出撤销假释建议：①无正当理由不按规定时间报到或者接受社区矫正期间脱离监管，超过 1 个月的；②受到社区矫正机构两次警告，仍不改正的；③其他违反有关法律、行政法规和监督管理规定，尚未构成新的犯罪的。

二、文书样式

参见本单元附件 3：《撤销假释建议书》样式。

三、制作要点

撤销假释建议书一般由社区矫正机构报送原审人民法院，原审人民法院与执行地同级社区矫正机构不在同一省、自治区、直辖市的，可以向执行地人民法院提出建议，执行地人民法院作出裁定的，裁定书同时抄送原审人民法院。社区矫正机构撤销假释的建议书和人民法院的裁定书副本同时抄送社区矫正执行地同级人民检察院、公安机关、罪犯原服刑或者接收其档案的监狱。

撤销假释建议书包括首部、正文和尾部三个部分。

1. 首部包括文书名称和编号。文书编号由文书制作年份、矫正机关简称、文书性质简称、顺序号组成，如杭州市钱塘区社区矫正机构 2021 年第 3 份撤销假释建议书的编号可写为"（2021）杭钱矫撤假建字第 3 号"。

2. 正文包括社区矫正对象相关信息、违法事实、撤销假释建议。社区矫正对象相关信息应依次填写社区矫正对象姓名、出生年月、民族、居住地、户籍地，矫正对象所犯罪名、判决人民法院、判决书编号、判决内容，假释裁定人民法院、裁定书编号及假释考验期，社区矫正期限。违法事实应写明社区矫正对象违反法律（行政法规、社区矫正监督管理规定）的事实。事实叙述应注意两方面：一是事实叙述的基本要素要完备；二是事实应对应《社区矫正实施办法》第 25 条第 1 款所规定的情形。撤销假释建议部分只要填写社区矫正对象姓名即可。

3. 尾部包括致送法院、盖章和日期。致送法院的名称应完整、准确。日期按实际制作日期填写。

附件1：《社区矫正对象矫正方案》样式。

社区矫正对象矫正方案

社区矫正对象姓名＿＿＿＿＿＿＿＿＿＿

矫正单位（公章）＿＿＿＿＿＿＿＿＿＿

方案制定日期＿＿＿＿＿＿＿＿＿＿

×× 省司法厅制

姓名		性别		出生年月		文化程度	
居住地				罪名		原判刑期	
矫正类别		矫正期限		矫正期起止日		自　年　月　日起 至　年　月　日止	
矫正小组成员变动							
犯罪情况悔罪表现个性特征生活环境的综合评估情况	（司法所公章）　年　月　日						
矫正措施	（司法所公章）　年　月　日						
实施效果评估	（司法所公章）　年　月　日						
矫正措施调整	（司法所公章）　年　月　日						

实施 效果 评估	
	（司法所公章）　　年　月　日
矫正 措施 调整	
	（司法所公章）　　年　月　日
实施 效果 评估	
	（司法所公章）　　年　月　日
矫正 措施 调整	
	（司法所公章）　　年　月　日
实施 效果 评估	
	（司法所公章）　　年　月　日
备注	

注：第一次矫正方案作出后，要根据实际矫正效果适时作出后续的矫正措施调整，并对矫正效果作出评估。

附件2：《违反社区矫正规定警告决定书》样式。

违反社区矫正规定警告决定书（存根）

（　　）　　字第　　号

　　社区矫正对象＿＿＿＿在接受社区矫正期间，有违反监督管理规定（人民法院禁止令）的行为如下：＿＿＿＿＿＿＿＿＿＿＿＿＿＿＿＿＿＿＿＿＿

＿＿＿＿＿＿＿＿＿＿＿＿＿＿＿＿＿＿＿＿＿＿＿＿＿＿＿＿＿＿＿＿＿＿＿＿

＿＿＿＿＿＿＿＿＿＿＿＿＿＿＿＿＿＿＿＿＿＿＿＿＿＿＿＿＿＿＿＿＿＿＿＿

＿＿＿＿＿＿＿＿＿＿＿＿＿＿＿＿＿＿＿＿＿＿＿＿＿＿＿＿＿＿＿＿＿＿＿＿

＿＿＿＿＿＿＿＿＿＿＿＿＿＿＿＿＿＿＿＿＿＿＿＿＿＿＿＿＿＿＿＿＿＿＿。

根据《中华人民共和国社区矫正法》第二十八条之规定，决定给予警告。

（公章）

年　　月　　日

违反社区矫正规定警告决定书

（　　）　　字第　　号

社区矫正对象＿＿＿＿＿＿：

　　你在接受社区矫正期间，有违反监督管理规定（人民法院禁止令）的行为如下：＿＿＿＿＿＿＿＿＿＿＿＿＿＿＿＿＿＿＿＿＿＿＿＿＿＿＿＿＿

＿＿＿＿＿＿＿＿＿＿＿＿＿＿＿＿＿＿＿＿＿＿＿＿＿＿＿＿＿＿＿＿＿＿＿＿

＿＿＿＿＿＿＿＿＿＿＿＿＿＿＿＿＿＿＿＿＿＿＿＿＿＿＿＿＿＿＿＿＿＿＿＿

＿＿＿＿＿＿＿＿＿＿＿＿＿＿＿＿＿＿＿＿＿＿＿＿＿＿＿＿＿＿＿＿＿＿＿＿

＿＿＿＿＿＿＿＿＿＿＿＿＿＿＿＿＿＿＿＿＿＿＿＿＿＿＿＿＿＿＿＿＿＿＿。

根据《中华人民共和国社区矫正法》第二十八条之规定，决定给予警告。

（公章）

年　　月　　日

附件3:《撤销假释建议书》样式。

撤销假释建议书

（　　）　　　字第　　　号

　　社区矫正对象_____，男（女），____年____月____日出生，____族，居住地_____，户籍地_____。因犯_____罪经_____人民法院于____年____月____日以（　　）____字第____号刑事判决书判处_____，附加_____。经_____中级人民法院（　　）____字第____号刑事裁定书裁定假释。假释考验期为_____。在假释考验期间，依法实行社区矫正。社区矫正期限自____年____月____日起至____年____月____日止。

　　该社区矫正对象有违反法律（行政法规、社区矫正监督管理规定）的行为，具体事实如下：_____

_____

_____

_____

_____

_____

_____。

　　根据《中华人民共和国刑法》第八十六条、《中华人民共和国社区矫正法》第四十六条之规定，建议对社区矫正对象_____撤销假释。

此致
_____人民法院

（公章）

年　　月　　日

注：抄送_____人民检察院，_____公安（分）局，_____监狱。

社区矫正法律文书样式　　　《中华人民共和国社区矫正法》　　　《中华人民共和国社区矫正法实施办法》

学习单元五 劳动法律文书

学习目标

● 掌握劳动法律文书的主要内容和基本格式等文书制作知识，进一步熟识劳动法基本理论及劳动争议处理基本程序，明确劳动关系各方的权利义务关系。

● 熟练掌握常用劳动法律文书的制作方法和制作要求，能够运用相关劳动法律知识和文书制作知识，根据劳动者的不同需要制作相应的劳动法律文书。

● 弘扬劳动精神，树立崇尚劳动、尊重劳动意识；培育平等、诚信、依法维权等社会主义法治意识；培育一丝不苟的文书制作态度。

重点提示

● 掌握劳动合同、劳动争议调解申请书、劳动争议调解协议书等常用劳动法律文书的制作。

● 熟识劳动争议仲裁申请书、劳动争议仲裁裁决书等劳动法律文书。

第一节　基础知识

一、劳动法律文书的概念、分类及意义

（一）劳动法律文书的概念

劳动法律文书是国家为了保护劳动者的合法权益，建立和维护适应社会主义市场经济的劳动制度，以宪法、法律和一系列与劳动关系密切联系的法规、规章为依据，对劳动关系进行调整时制作的具有法律效力的文书的总称。自劳动关系产生之日起，用人单位与劳动者便形成了错综复杂的关系，劳动关系的建立、变更，劳动纠纷的解决等事项都将涉及许多劳动法律文书。

（二）劳动法律文书的分类

根据不同的标准，可以对劳动法律文书进行不同的分类。根据劳动法律文书应用的不同阶段，可以将劳动法律文书简单分为用于建立劳动关系的法律文书和用于处理劳动纠纷的法律文书。

1. 用于建立劳动关系的法律文书是用人单位与劳动者为建立劳动关系、维护双方合法权益、保障劳动关系顺利进行，在平等自愿的前提下制作的一系列劳动法律文书。如劳动合同、培训服务期协议、保密及竞业限制协议等。

2. 用于劳动争议处理的法律文书是劳动关系发生争议时由劳动争议当事人或劳动争议处理机构制作的用于解决劳动争议的法律文书。用于劳动争议处理的法律文书依据争议解决机制不同又可分为：劳动争议调解文书，如劳动争议调解申请书、劳动争议调解协议书；劳动争议仲裁文书，如劳动争议仲裁申请书、劳动争议仲裁调解书、劳动争议仲裁裁决书；劳动争议诉讼文书，如民事起诉状、民事调解书、民事判决书等（劳动争议诉讼文书结构与民事诉讼文书结构相同，本章不再赘述）。

（三）劳动法律文书的意义

劳动关系的建立、调整均须以制作相应的法律文书作为实施前提和依据。劳动法律文书在劳动关系存续期间起到确立用人单位与劳动者双方权利义务关系、维护双方合法权益、解决劳动纠纷等重要作用。

1. 在劳动关系建立过程中，用人单位和劳动者通过劳动合同建立劳动关系，劳动合同是劳动者和用人单位确立劳动关系的基本法律形式，是劳动者实现劳动权的重要保障，是用人单位有效实现人力资源管理的重要手段，并且订立劳动合同有利于防止和减少纠纷。

2. 在劳动争议产生后，用人单位和劳动者可通过协商、调解、仲裁、诉讼等方式解决劳动争议。我国《劳动法》第 77 条第 1 款对现行劳动争议解决机制进行了明确的规定："用人单位与劳动者发生劳动争议，当事人可以依法申请调解、仲裁、提起诉讼，也可以协商解决。"用于劳动争议处理的法律文书是劳动争议处理机构用以解决劳动争议的重要工具，是衡量争议解决机制公正、公平与否的重要依据。

二、劳动法律文书制作基本要求

（一）遵守国家法律、法规和政策

我国劳动法律规范以保护劳动者合法利益为目的，明确规定了劳动者的基本权利，劳动法律文书中的大量内容涉及劳动者的相关利益，因此符合法律、法规和政策的规定是制作劳动法律文书的根本要求，也是有效避免劳动争议产生的前提。

（二）内容客观真实

客观真实的内容是分清是非、处理案件的基础。劳动法律文书中对用人单位及劳动者的基本情况、双方争议的事实的描述必须客观、真实。文书的制作主体必须尊重客观事实、充分利用证据的证明效力说明事实真相，不能主观臆造、随意夸大。

（三）言简意赅、用语准确

劳动法律文书的制作目的即在于确立和调整劳动法律关系，因此严格而明确的用语是每一份劳动法律文书必须符合的要求。在制作劳动法律文书的过程

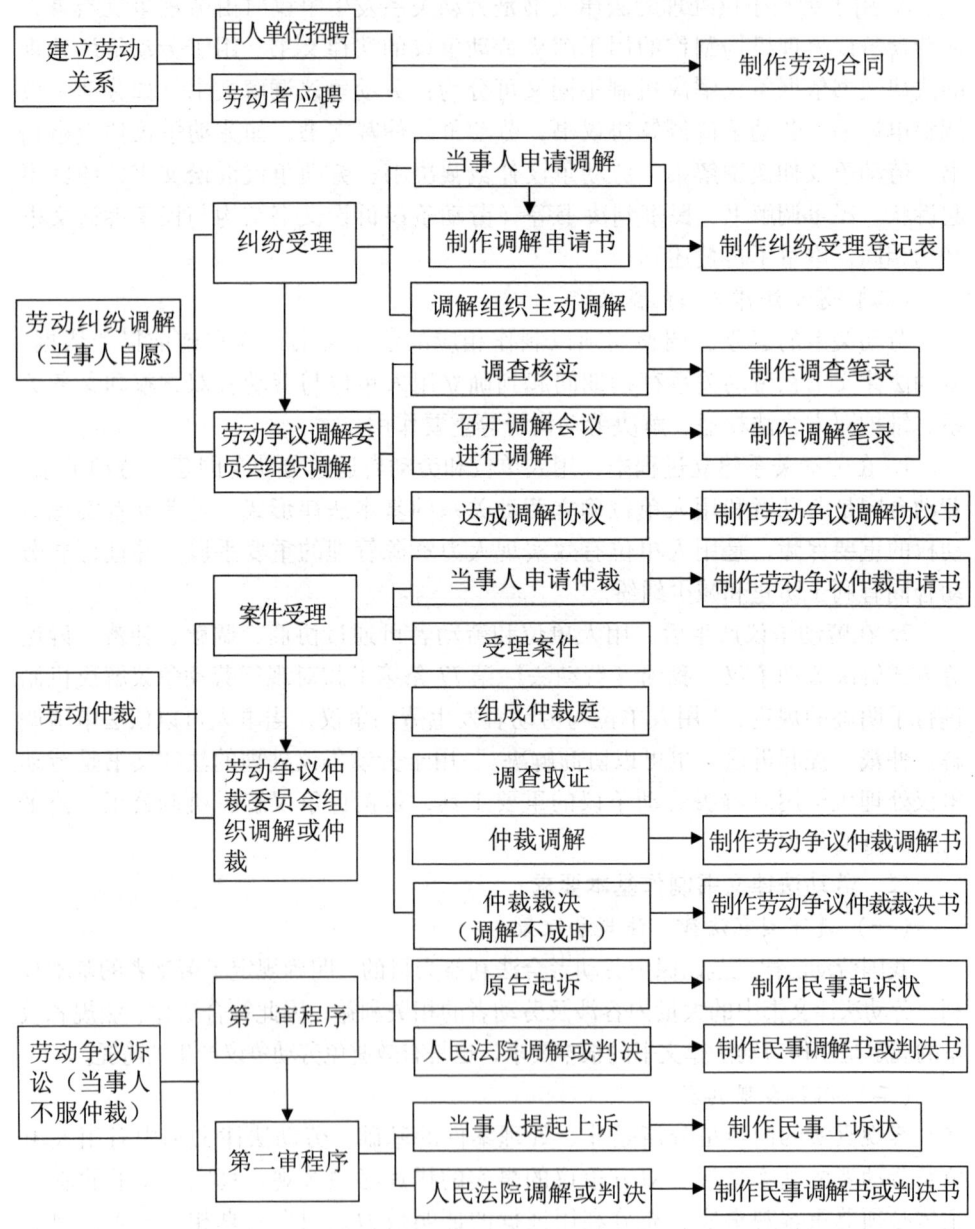

图5－1　劳动关系建立和争议处理程序与常用劳动法律文书关联图

中，制作人应当主动应用法言法语，准确定义权利义务，做到言简意赅、用语准确。

（四）样式符合要求

许多法律法规对劳动法律文书的基本内容作出规定，因此在劳动法律文书的制作过程中应当注意法律法规对劳动法律文书内容和样式的要求。同时，若相关机构已经制作了劳动法律文书的范本，则在劳动法律文书制作过程中应参照范本的内容和样式。

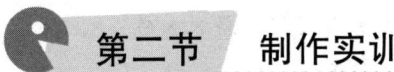 第二节　制作实训

实训一：制作《劳动合同》

一、任务描述

《劳动法》第16条第1款规定："劳动合同是劳动者与用人单位确立劳动关系、明确双方权利和义务的协议。"劳动合同的订立应当遵循合法、公平、平等自愿、协商一致、诚实信用的原则。劳动合同以合同期限为标准可分为固定期限劳动合同、无固定期限的劳动合同和以完成一定工作为期限的劳动合同；根据用工形式的不同可分为典型劳动合同和非典型劳动合同；以合同的形式为标准可分为要式劳动合同和非要式劳动合同。

劳动合同是劳动关系的基石，制作劳动合同的法律意义在于：首先，在劳动法律关系中，劳动者往往是弱势群体，劳动合同的签订有利于劳动者与用人单位在建立劳动关系时明确双方的权利义务，因此，劳动合同首先是劳动者实现劳动权的重要保障；其次，通过劳动合同，用人单位可以将符合法律规定的，需要劳动者负担的义务加以明确，因此，劳动合同也是用人单位合理使用劳动力、巩固劳动纪律、提高劳动生产率的重要手段；最后，由于劳动合同在事先明确了劳动者和用人单位之间的权利义务关系，因此，明确、清楚的劳动合同是减少和防止产生劳动争议的重要措施。

劳动合同是最常用的劳动法律文书之一，通常为格式合同，由劳动行政部门监制。通过学习，学生应当明确劳动合同制作的法律依据，掌握劳动合同的格式和内容要求，能够根据劳动者的不同需要制作相应的劳动合同。

二、实例示范

下面是一份固定期限劳动合同实例。

编号：×××××

劳动合同

甲方（用工单位）名　　称：<u>　山东××商贸有限公司　</u>

住　　所：<u>　山东省烟台市芝罘区北马路×××号　</u>

法定代表人（主要负责人）：<u>　刘××　</u>

联系电话：<u>　135××××××××　</u>

乙方（劳动者）姓　　名：<u>　何××　</u>性　别：<u>　男　</u>

现居住地址：<u>　山东省济南市文化东路××号　</u>

户籍所在地：<u>　山东省济南市　</u>

户籍类型（非农业、农业）：<u>　非农业　</u>

身份证号码：<u>　370103××××××××××××　</u>

联系电话：<u>　133×××××××　</u>

根据《中华人民共和国劳动合同法》及相关法律、法规的规定，甲乙双方遵循合法、公平、平等自愿、协商一致、诚实信用的原则订立本合同。

一、劳动合同期限

本合同期限经双方协商一致，采取下列第<u>　（一）　</u>种形式：

（一）固定期限：自<u>　2015 年 05 月 16 日　</u>起至<u>　2017 年 05 月 15 日　</u>止，其中，试用期自<u>　2015 年 05 月 16 日　</u>起至<u>　2015 年 07 月 15 日　</u>；

（二）无固定期限：自<u>　年　月　</u>日起，其中试用期自<u>　年　月　</u><u>　日起至　年　月　日　</u>；

（三）以完成一定工作任务为期限：自<u>　年　月　日起至　</u>时止。

二、工作内容和工作地点

（一）乙方的岗位（工种）为：<u>　销售职员　</u>

（二）乙方的工作地点为：<u>　山东济南分公司　</u>

三、工作时间和休息休假

甲、乙双方同意按以下第<u>　1　</u>种方式确定乙方的工作时间：

1. 标准工时制，甲方安排乙方每日工作时间不超过 8 小时，每周工作时间不超过 40 小时，且必须保证乙方每周至少休息 1 天。甲方因生产、经营（工作）需要安排乙方加班或延长工作时间的，在保障乙方身体健康的条件下，经与乙方协商后进行。

2. 综合计算工时工作制，周期内平均每日工作时间 8 小时，平均每周工作时间 40 小时。

3. 不定时工作制，工作时间和休息时间由乙方自行安排。

四、劳动报酬

（一）甲乙双方协商，确定按下列第__1__种工资形式执行。

1. 计时工资。乙方正常工作时间工资__2100__元（部分岗位按计件工资做初步核算，保证当地最低工资水平）。乙方正常工作时间工资不低于本市最低工资标准。

2. 计件工资。甲方应当科学合理确定劳动定额和计件单价，并予以公布。乙方在正常工作时间内完成劳动定额的，其正常工作时间工资不得低于本市最低工资标准。

（二）甲方工资支付定于每月__15__日前发放上月工资，如遇节假日或休息日，则顺延或提前到最近的工作日支付。

（三）甲方安排乙方加班或延长工作时间的，按国家及省有关规定计发乙方加班或延长工作时间工资。

（四）甲方按规定给予乙方享受的带薪假期，按本劳动合同约定的正常工作时间工资及有关政策法规规定的计算方法支付工资。

五、社会保险和福利待遇

（一）甲乙双方应依法参加社会保险，甲方应每月从乙方工资中代扣代缴乙方个人应当缴纳的各项社会保险费。

（二）其他福利待遇。

六、劳动保护、劳动条件和职业危害防护

（一）甲方按照国家和省有关劳动保护规定提供符合国家劳动卫生标准的劳动作业场所，切实保护乙方在生产工作中的安全和健康。如乙方在工作过程中可能产生职业病危害，甲方应如实告知乙方，并按《职业病防治法》的规定保护乙方的健康及其相关权益。

（二）甲方根据乙方从事的工作岗位，按国家有关规定，发给乙方必要的劳动保护用品。

（三）甲方按照国家、省和当地的有关规定，做好女职工的劳动保护和保健工作。

（四）乙方患职业病、因工负伤或者因工死亡的，甲方应按《工伤保险条例》《山东省劳动合同管理规定》等规定办理。

七、劳动合同的变更

（一）任何一方要求变更本合同的有关内容，都应以书面形式通知对方。

（二）甲乙双方经协商一致，可以变更本合同，并办理书面变更手续。

八、劳动合同的解除和终止

（一）劳动合同解除：

1. 经甲乙双方协商一致，本合同可以解除。其中由甲方提出解除本合同的，应按规定支付经济补偿。

2. 有下列情形之一的，甲方可以解除本合同：

（1）乙方在试用期内被证明不符合录用条件的；

（2）乙方严重违反甲方规章制度的；

（3）乙方严重失职，营私舞弊，对甲方造成重大损害的；

（4）乙方同时与其他用人单位建立劳动关系，对完成甲方的工作任务造成严重影响，或者经甲方提出，拒不改正的；

（5）乙方以欺诈、胁迫的手段或者乘人之危，使甲方在违背真实意思的情况下订立或者变更劳动合同致使本合同或者变更协议无效的；

（6）乙方被依法追究刑事责任的；

（7）乙方患病或非因工负伤，在规定的医疗期满后不能从事本合同约定的工作，也不能从事由甲方另行安排的工作的；

（8）乙方不能胜任工作，经过培训或者调整工作岗位，仍不能胜任工作的；

（9）本合同订立时所依据的客观情况发生重大变化，致使本合同无法履行，经双方协商未能就变更本合同达成协议的。

3. 乙方解除本合同，应当提前30日以书面形式通知甲方；在试用期内的，应当提前3日通知甲方。但有下列情形之一的，乙方可以解除本合同，甲方应按规定给予补偿：

（1）甲方未按照劳动合同约定提供劳动保护或者劳动条件的；

（2）甲方未及时足额支付劳动报酬的；

（3）甲方以欺诈、胁迫的手段或者乘人之危，使乙方在违背真实意思的情况下订立或者变更本合同，致使本合同或者变更协议无效的；

（4）甲方的规章制度违反法律、法规的规定，损害乙方权益的；

（5）甲方免除自己的法定责任、排除乙方权利，致使本合同无效的；

（6）甲方违反法律、行政法规强制性规定，致使本合同、合同附件或补充协议等与合同具有同等效力的文件无效的；

（7）甲方以暴力、威胁或者非法限制人身自由的手段强迫乙方劳动，或者违章指挥、强令冒险作业危及乙方人身安全的；

（8）法律、行政法规规定乙方可以解除劳动合同的其他情形。

甲方有上述第（7）项情形的，乙方可以立即解除劳动合同，不需事先告知甲方。

（二）劳动合同终止：

1. 本合同期满或法定终止条件出现，本合同即行终止。

2. 甲方在乙方患职业病或者因工负伤并被确认丧失或者部分丧失劳动能力的劳动合同的终止，按照国家和省有关工伤保险的规定执行。

（三）甲方应当在解除或者终止劳动合同时出具解除或者终止劳动合同的证明，并为乙方办理档案和社会保险关系转移手续（可根据劳动者需要办理）。

（四）甲方违反《劳动合同法》规定解除或者终止本合同，乙方要求继续履行劳动合同的，甲方应当继续履行；乙方不要求继续履行劳动合同或者劳动合同已经不能再继续履行的，按法律相关规定处理。

九、通知和送达

甲乙双方在本劳动合同履行过程中相互发出或者提供的所有通知、文件、文书、资料等，均可以当面交付或以本劳动合同所列明的通讯地址履行送达义务。一方如果迁址或变更电话，应当及时书面通知另一方。

十、因履行本劳动合同发生纠纷的解决办法

如乙方认为甲方侵害自己合法权益的，可以先向甲方提出，或者向甲方工会反映，寻求解决。无法解决的，可以向甲方所在地的劳动保障行政部门投诉。

如双方因履行本劳动合同发生争议，应当先协商解决；协商不成的，可自争议发生之日起 30 日内向甲方所在地劳动争议调解委员会申请调解，或者在 60 日内向劳动争议仲裁委员会申请仲裁。

十一、本劳动合同的条款与国家、省、市新颁布的法律、法规、规章不符的，按新的法律、法规、规章执行

十二、双方认为需要约定的其他事项

_____

十三、双方约定下列文件为本合同附件，与本合同具有同等效力

1. ××××××；_____

2. ××××××；_____

3. ××××××。

本合同（含附件）一式两份，双方签字后，甲方必须将其中一份交给乙方持有，并按规定办理劳动合同签收手续。如甲方不把其中一份交给乙方持有，由甲方承担相应的法律责任。

甲　　　方（盖章）：　　　　　　乙　　　方（签章）：

法定代表人（签章）：

合同签订日期：2015 年 5 月 15 日　　　合同签订日期：2015 年 5 月 15 日

三、基础铺垫

（一）劳动合同制作的法律依据

劳动合同制作的主要法律依据是《劳动法》《劳动合同法》。根据《劳动法》第16条的规定，劳动合同是用人单位与劳动者建立劳动关系的协议，用以明确双方的权利义务。双方一旦建立了劳动关系，就要签订书面劳动合同，试用期也不例外。《劳动合同法》第10条规定："建立劳动关系，应当订立书面劳动合同。已建立劳动关系，未同时订立书面劳动合同的，应当自用工之日起1个月内订立书面劳动合同。用人单位与劳动者在用工前订立劳动合同的，劳动关系自用工之日起建立。"

（二）劳动合同的结构及其内容

劳动合同一般由首部、正文和尾部三部分组成。根据《劳动合同法》第17条之规定，劳动合同的内容包括：

1. 首部。

（1）合同编号。右上角注明合同编号。

（2）标题。居中写明："劳动合同"。

（3）甲方、乙方基本情况。用人单位为甲方，劳动者为乙方。用人单位部分应写明用人单位的名称、住所、联系方式和法定代表人或者主要负责人；劳动者部分应写明姓名、性别、住址、户籍、联系方式和居民身份证或者其他有效身份证件号码。

2. 正文。

（1）劳动合同期限部分。劳动合同期限是指劳动合同的有效时间，是双方当事人订立的劳动合同起始和终止的时间，也是劳动关系具有法律效力的时间。劳动合同期限是劳动合同成立的必备条款，是判定劳动合同是否有效、何时有效的依据。

（2）工作内容和工作地点。工作内容是针对劳动者而言的，是对劳动者设立的义务条款，即所从事的工作、工作岗位和工作地点。该部分应尽量明确，做到定岗定位定点。因为岗位与地点的设定直接关系到劳动者是否能够胜任工作、是否负有保密责任以及以后续订合同时是否可以约定试用期等一系列问题。

（3）工作时间和休息休假。明确日工作时间和周工作时间，以及具体休假规定。

（4）劳动报酬。劳动报酬是指劳动者直接基于劳动关系、提供劳动的成果返还，是劳动者履行劳动义务后必须享受的一项劳动权利。从另一方面讲，即用人单位依据劳动法律、行政法规以及劳动合同的约定支付给职工的工资、奖金、津贴等。劳动关系双方在约定劳动报酬时，不得违反国家法律、法规的规定，同时应当注意劳动报酬的数额、计算方式、支付日期等都应明确予以规定，避免有的用人单位在合同中规定的报酬金额大大低于实际支付的金额，从而规避违约后对劳动者的赔偿。

（5）劳动保护、劳动条件和职业风险防护。劳动保护和劳动条件是针对用人单位而言的，是对用人单位设定的义务条款。劳动保护和劳动条件是为了保障劳动者安全实施劳动过程，用人单位所应采取的各项保护措施和提供的必要工具、环境等条件，如各项劳动安全与卫生方面的措施和设备，以及对女职工和未成年工的劳动保护等；职业危害防护除要求写明对相应工作的职业危害提供防护外，更要求用人单位必须将工作过程中可能产生的职业病危害、防护措施等在劳动合同中写明，不得隐瞒或欺骗，否则劳动者可以通过自己对危害及其防护的评估做出是否从事该项工作的决定。

（6）社会保险。社会保险的主要项目包括基本养老保险、基本医疗保险、失业保险、工伤保险、生育保险等。

（7）法律、法规规定的应当纳入劳动合同的其他事项。

（8）其他协商条款。劳动合同的内容除法定必备条款外，双方当事人也可以协商约定其他内容，即协商条款。除了对必备条款的规定外，《劳动合同法》第17条第2款同时规定，用人单位与劳动者可以约定试用期、培训、保守秘密、补充保险和福利待遇等其他事项。

3. 尾部。

（1）用人单位和劳动者签章。

（2）签订时间。

（3）附项。相关附件情况。

（三）劳动合同的样式

编　号 ×××××××

劳动合同

甲方（用工单位）　名　　称：＿＿＿＿＿＿＿＿＿＿＿＿＿＿＿＿＿＿＿

住　　所：＿＿＿＿＿＿＿＿＿＿＿＿＿＿＿＿＿＿＿

法定代表人（主要负责人）：＿＿＿＿＿＿＿＿＿＿＿＿＿

联系电话：＿＿＿＿＿＿＿＿＿＿＿＿＿＿＿＿＿＿＿

乙方（劳动者）　姓　　名：＿＿＿＿＿＿性　别：＿＿＿＿＿＿＿＿＿＿＿

现居住地址：＿＿＿＿＿＿＿＿＿＿＿＿＿＿＿＿＿

户籍所在地：＿＿＿＿＿＿＿＿＿＿＿＿＿＿＿＿＿＿＿＿＿

户籍类型（非农业、农业）：＿＿＿＿＿＿＿＿＿＿＿＿＿＿

身份证号码：＿＿＿＿＿＿＿＿＿＿＿＿＿＿＿＿＿＿＿＿＿

或者其他有效证件名称：＿＿＿＿＿＿＿＿＿＿＿＿＿＿＿＿

证件号码：＿＿＿＿＿＿＿＿＿＿＿＿＿＿＿＿＿＿＿＿＿＿

联系电话：＿＿＿＿＿＿＿＿＿＿＿＿＿＿＿＿＿＿＿＿＿＿

根据《中华人民共和国劳动合同法》及相关法律、法规的规定，甲乙双方遵循合法、公平、平等自愿、协商一致、诚实信用的原则订立本合同。

一、劳动合同期限

第一条　本合同期限经双方协商一致，采取下列第＿＿＿种形式：

（一）固定期限：自＿＿＿年＿＿＿月＿＿＿日起至＿＿＿年＿＿＿月＿＿＿日止，其中，试用期自＿＿＿年＿＿＿月＿＿＿日起至＿＿＿年＿＿＿月＿＿＿日；

（二）无固定期限：自＿＿＿年＿＿＿月＿＿＿日起，其中试用期自＿＿＿年＿＿月＿＿＿日起至＿＿＿年＿＿＿月＿＿＿日；

（三）以完成一定工作任务为期限：自＿＿＿年＿＿＿月＿＿＿日起至＿＿＿时止。

二、工作内容和工作地点

第二条　乙方同意根据甲方工作需要，从事＿＿＿＿＿＿＿＿岗位（工种）工作。甲乙双方可签订岗位协议书，约定岗位具体职责和要求。

第三条　乙方应按照甲方安排的工作内容及要求，认真履行岗位职责，按时完成工作任务，遵守甲方依法制定的规章制度。

第四条　根据甲方的岗位（工种）作业特点，乙方的工作区域或工作地点为＿＿＿＿＿＿＿＿＿＿＿＿＿＿＿＿＿＿＿＿＿＿＿＿＿＿＿＿。

第五条　甲方因生产经营需要调整乙方的工作内容，应协商一致，按变更本合同办理，双方签字或盖章确认的协议书或依法变更通知作为本合同的附加。

三、工作时间和休息休假

第六条　甲方安排乙方执行＿＿＿＿＿＿＿＿＿＿＿工时工作制。

（一）标准工时工作制：甲方每日工作不超过8小时，平均每周不超过40小时，每周至少休息1天。

（二）综合计算工时工作制：乙方所在岗位实行以（填"是"）：年（　）、季（　）、月（　）或周（　）为周期的综合计算工时工作制。

（三）不定时工作制：乙方所在岗位实行不定时工作制。

实行综合计算工时或者不定时工作制的，由甲方报劳动保障行政部门批准后实行。

第七条 甲方依法保证乙方的休息权利。乙方依法享受法定节假日以及探亲、婚丧、计划生育、带薪年休假等休假权利。

第八条 甲方确因生产经营需要，经与工会和乙方协商后可以延长工作时间，一般每日不超过 1 小时；因特殊原因需要延长工作时间的，一般每日不超过 1 小时；因特殊原因需要需延长工作时间的，在保障乙方身体健康的条件下，延长工作时间每日不超过 3 小时，每月不超过 36 小时。

四、劳动报酬

第九条 甲方结合本单位的生产经营特点和经济效益，依法确定本单位的工资分配制度，乙方的工资水平，按照本单位的工资分配制度，结合乙方的劳动技能、劳动强度，劳动条件、劳动贡献等确定。

第十条 甲方按下列第_____种形式支付乙方工资。

（一）计时工资。乙方的工资标准为_____元/月（周），绩效工资（奖金）根据乙方的工作业绩、劳动成果和实际贡献按照内部分配办法考核确定。

（二）计件工资。甲方实行计件工资制，应制定科学合理的劳动定额标准，确定乙方的劳动定额应当是本单位同岗位80%以上劳动者在法定工作时间内能够完成的，乙方在法定工作时间内按质完成甲方定额，甲方按照约定的定额和计件单价，根据乙方的业绩，按时足额支付乙方的工资报酬。

乙方劳动定额为_____，计件单价为_____。

（三）按照甲方依法制定的工资分配制度确定。

乙方在试用期期间的工资标准为_____元/月（不得低于前款第（一）、（二）、（三）项约定工资的80%或单位相同岗位最低档工资，并不得低于单位所在地最低工资标准）。

第十一条 甲方于每月_____日前以货币或转账形式足额支付乙方。如遇节假日或休息日，应提前到最近的工作日支付。乙方提供了正常劳动的，甲方支付给乙方的工资不低于当地最低工资标准。

甲方应书面记录支付乙方工资的时间、数额、项目、签字等情况，并向乙方提供工资清单。乙方有权查询本人的工资支付记录，甲方应及时提供相关资料。

第十二条 非因乙方原因造成停工、停产，在一个工资支付周期内，甲方应支付乙方的正常工资；停工超过一个工资支付周期的，甲方安排乙方工作的，按照双方新约定的标准支付工资，但不得低于当地最低工资标准；甲方没有安排乙方工作且乙方没有到其他单位工作的，应按照不低于当地最低工资标准的 **70%** 支付乙方基本生活费，国家和省另有规定的，依照其规定执行。

第十三条　甲方安排乙方延长工作时间或者在休息日、法定节假日工作的，应依法安排乙方补休或者按照国家相关规定向乙方支付加班工资。甲方应当将加班工资在下一个工资发放日或者之前支付给乙方。计算加班工资的工资基数，应当按照乙方上一月份的工资数；乙方上一月份没有提供正常劳动的，按照向前推算的原则推知其提供正常劳动月份所得实际工资扣除该月加班工资后的数额确定。

五、社会保险和福利待遇

第十四条　甲乙双方必须按照国家和省、市有关社会保险法律、法规和政策规定参加社会保险，依法缴纳各项社会保险费。

其中，乙方负担的部分由甲方负责代扣代缴。

第十五条　乙方在合同期内，休息休假、患病或负伤、患职业病或因工负伤、生育、死亡等待遇，以及医疗期、孕期、产期、哺乳期的期限及待遇，按相关法律、法规的规定执行。

第十六条　甲方为乙方提供以下补充保险和福利待遇＿＿＿＿＿＿＿＿＿

＿＿＿＿＿＿＿＿＿＿＿＿＿＿＿＿＿＿＿＿＿＿＿＿＿＿＿＿＿＿＿＿＿＿

＿＿＿＿＿＿＿＿＿＿＿＿＿＿＿＿＿＿＿＿＿＿＿＿＿＿＿＿＿＿＿＿＿＿

＿＿＿＿＿＿＿＿＿＿＿＿＿＿＿＿＿＿＿＿＿＿＿＿＿＿＿＿＿＿＿＿。

六、劳动保护、劳动条件和职业危害防护

第十七条　甲方建立健全操作规程、工作规范和劳动安全卫生、职业危害防护制度，并对乙方进行必要的培训，乙方在劳动过程中应严格遵守各项制度规范和操作规程。

第十八条　甲方为乙方提供符合国家规定的劳动安全卫生条件和必要的劳动防护用品。安排乙方从事有职业危害作业的，应定期为乙方进行健康检查。

第十九条　甲方对可能产生职业病危害的岗位，负有应当向乙方如实告知的义务，并对乙方进行劳动安全卫生教育，预防劳动过程中事故的发生，减少职业危害。

第二十条　甲方违章指挥，强令冒险作业，危及乙方人身安全的，乙方有权拒绝，乙方对危害生命安全和身体健康的劳动条件有权对甲方提出批评、检举和控告。

七、劳动合同的履行、变更

第二十一条 甲乙双方按照本合同的约定，依法、全面履行各自义务。

第二十二条 甲方变更名称、法定代表人、主要负责人或者投资人等事项，不影响本合同的履行。

第二十三条 甲方发生合并或者分立等情况，本合同继续有效，由承继甲方权利和义务的单位继续履行本合同。

第二十四条 经甲乙双方协商一致，可以变更本合同约定的内容，并以书面形式确定。

八、劳动合同的解除、终止

第二十五条 甲乙双方解除、终止本合同，应当按照《劳动合同法》第36条、第37条、第38条、第39条、第40条、第41条、第42条、第43条、第44条的规定进行。

第二十六条 甲乙双方解除、终止本合同，符合《劳动合同法》第46条规定情形的，甲方应依法向乙方支付经济补偿。

第二十七条 甲方违法解除或者终止本合同，乙方要求继续履行本合同的，甲方应当继续履行，乙方不要求继续履行本合同或者本合同已经不能继续履行的，甲方应当依法按照经济补偿金标准的2倍向乙方支付补偿金。

乙方违法解除劳动合同，给甲方造成损失的，应当承担赔偿责任。

第二十八条 解除、终止本合同时，甲方应当依据有关法律法规等规定出具解除、终止劳动合同的证明，并在15日内为乙方办理档案和社会保险关系转移手续。

乙方应当按照双方约定，办理工作交接。应当支付经济补偿金的，在办结工作交接时支付。

九、其他事项

第二十九条 甲方为乙方提供专项培训费用，对其进行专业技术培训，双方可以订立专项协议，约定服务期。

乙方违反服务期约定的，应当按照约定支付违约金。

第三十条 乙方负有保密义务的，双方可以订立专项协议，约定竞业限制条款。

乙方违反竞业限制约定的，应当按照约定支付违约金。给用人单位造成损失的，应当承担赔偿责任。

第三十一条 以下协议作为本合同的附件：

1. 劳动合同续订书。

2. 劳动合同变更书。

3. 岗位协议书。

4. 培训协议书。

5. 保密协议书。

6. _____。

第三十二条 双方约定的其他事项：

_____

_____

_____

_____。

第三十三条 甲乙双方因履行本合同发生劳动争议，可以协商解决。协商不成的，可以依法申请仲裁、提起诉讼。

第三十四条 本合同未尽事宜，按国家和省有关规定执行。

第三十五条 本合同自甲乙双方签字或盖章之日起生效。本合同一式二份，甲乙双方各执一份。

甲方（公章）   乙方（签名）

法定代表人（主要负责人）

或者委托代理人（签名或盖章）

签订日期： 年   月   日   签订日期： 年   月   日

附件1：

劳动合同续订书

经甲、乙双方协商一致，同意续订_____年_____月_____日签订的劳动合同，续订为_____期限合同（固定期限、无固定期限、以完成一定的工作为期限），期限为____年____月____日起至____年____月____日为止。

甲方（公章）   乙方（签名）

法定代表人（主要负责人）

或委托代理人（签名或盖章）

签订日期： 年   月   日   签订日期： 年   月   日

附件2：

劳动合同变更书

经甲乙双方平等自愿、协商同意，对____年____月____日签订的劳动合同作如下变更：

_____

_____

_____

_____

其他内容不变。

甲方（公章）   乙方（签名）

法定代表人（主要负责人）
或委托代理人（签名或盖章）

签订日期：   年   月   日   签订日期：   年   月   日

四、学生实训

根据以下材料，结合甲乙双方情况，拟定一个劳动合同文本。

【材料】

甲方：济南市阳光文化培训有限公司，经营范围为各类人事考试培训，公司住所地为山东省济南市历下区泉城路××号，法定代表人杨××。

乙方：吴×，男，27岁，大学本科文凭，市场营销专业，曾担任×科技有限公司市场经理，现住山东省济南市市中区经七路××号。

甲方于济南×报发布招聘信息：因公司发展，急聘市场部销售经理1名，专科及以上学历，有相关销售及管理经验，责任心强，有创新精神，可接受长期驻外工作。月基本工资3000元起，另加丰厚提成、出差补助，试用期工资2500元。享受双休、五险一金、免费住宿、带薪旅游。

乙方通过了甲方的面试，并已与甲方协商：合同期限为3年，月基本工资4000元，无需提供住宿。

【提示】

（一）制作劳动合同的相关准备工作

1. 制作劳动合同前应当详细了解用人单位和劳动者的基本情况，确保用人单位和劳动者的资格符合法律规定。

（1）劳动者是指达到法定年龄，具有劳动能力，以从事某种社会劳动获得收入为主要生活来源，依据法律或合同的规定，在用人单位的管理下从事劳动并获取劳动报酬的自然人。我国公民的就业年龄为 16 周岁。根据劳动部《关于贯彻执行〈中华人民共和国劳动法〉若干问题的意见》第 4 条的规定："公务员和比照实行公务员制度的事业组织和社会团体的工作人员，以及农村劳动者（乡镇企业职工和进城务工、经商的农民除外）、现役军人和家庭保姆等不适用劳动法。"

（2）用人单位是指适用《劳动法》的以下单位，包括：企业、个体经济组织、国家机关、事业单位、社会团体等。其中，企业是用人单位的主要组成部分；个体经济组织是指雇工 7 个人以下的个体工商户；国家机关、事业单位、社会团体在与劳动者建立劳动关系后，同样属于《劳动法》所规定的用人单位。此外，用人单位还包括民办非企业单位。民办非企业单位是指企业事业单位、社会团体和其他社会力量以及公民个人利用非国有资产成立的，从事非营利性社会服务活动的组织。

2. 详细了解用人单位的用人需求及劳动者所能提供的劳动技能，确保用人单位能够按照国家法律的规定为职工提供相应的报酬、福利及劳动条件。

3. 向双方充分解释并说明劳动合同各项内容的目的与意思，确保双方不会对条款产生误解。

4. 应查阅相关法律、法规、司法解释和政策，根据相关规定及双方协商的结果草拟合适的劳动合同。

（二）制作劳动合同的一般注意事项

1. 劳动合同期限。固定期限劳动合同，应明确规定有效起止期限；无固定期限劳动合同，只约定起始日期，不约定终止日期；以完成一定的工作为期限的劳动合同，不约定起止期限，某项工作或工程完工之日就是合同终止之时。劳动者在用人单位连续工作满 10 年的、用人单位初次实行劳动合同制度或者国有企业改制重新订立劳动合同时劳动者在该用人单位连续工作满 10 年且距法定退休年龄不足 10 年的、连续订立两次固定期限劳动合同又续订劳动合同的，在劳动者同意的前提下，双方应签订无固定期限劳动合同。

2. 劳动者最低就业年龄：16 周岁。

3. 工作和休息办法。工作时间分为标准工时、不定时工时。企业对符合下列条件之一的职工，可以实行不定时工作制：企业中的高级管理人员、外勤人员、推销人员、部分值班人员和其他因工作无法按标准工作时间衡量的职工。

4. 劳动报酬。工资形式分为：计时工资、计件工资和年薪，企业高级管理人员可适用年薪制度。劳动者的工资不得低于当地最低工资标准，试用期的工资不得低于本单位相同岗位最低档工资或者劳动合同约定工资的80%，并不得低于当地最低工资标准。延长工作时间的，支付不低于工资的150%的工资报酬；休息日安排工作又不能安排补休的，支付不低于工资的200%的工资报酬；法定节假日安排工作的，支付不低于工资的300%的工资报酬。此外，2012年《劳动合同法》修正案规定：被派遣劳动者享有与用工单位的劳动者同工同酬的权利。用工单位应当按照同工同酬原则，对被派遣劳动者与本单位同类岗位的劳动者实行相同的劳动报酬分配办法。用工单位无同类岗位劳动者的，参照用工单位所在地相同或者相近岗位劳动者的劳动报酬确定。

5. 保险福利待遇。2013年9月26日，人力资源和社会保障部公布了《社会保险费申报缴纳管理规定》，对原劳动和社会保障部1999年发布的《社会保险费申报缴纳管理暂行办法》进行了修改。在征收险种上，将原来规定的养老、医疗和失业三项保险，扩大为五项社会保险，包括养老、医疗、失业、工伤和生育险种，因此，在制作劳动合同时应符合此规定。

6. 其他约定条款。劳动合同中用人单位与劳动者可以在必备条款之外，根据具体情况，在协商一致的基础上约定其他条款，包括：试用期条款、服务期条款、保密条款、竞业限制条款、补充保险、福利待遇等。在制作其他约定条款时应注意：①试用期最长不得超过6个月，劳动合同期限3个月以上不满1年的，试用期不得超过1个月；劳动合同期限1年以上不满3年的，试用期不得超过2个月；3年以上固定期限和无固定期限的劳动合同，试用期不得超过6个月。②用人单位为劳动者提供专项培训，可与劳动者约定服务期条款，要求劳动者在约定的期限内不得单方解除劳动合同，如劳动者违反服务期约定，应当向用人单位支付违约金，但违约金的数额不得超过用人单位提供的培训费用。③双方约定保密条款时应明确规定用人单位商业秘密的范围。④双方可约定掌握用人单位商业秘密的劳动者（仅限于高级管理人员，高级技术人员和其他负有保密义务的人员）在终止或解除劳动合同后的一定期限（不超过2年）内不得到与原用人单位生产同类产品或经营同类业务且有竞争关系的其他用人单位任职，也不得自己生产或经营与原用人单位有竞争关系的同类产品或业务，但用人单位应当在解除或者终止劳动合同后按月给予劳动者经济补偿。

五、任务评估

评估要点：

1. 双方当事人必须约定合同期限，避免签订没有合同履行期限的合同。同时，还必须约定合同履行的起止年、月、日。必须约定试用期的期限，有具体的起止年、月、日，有明确的试用期待遇。

2. 劳动合同必须采取书面形式订立，并且双方当事人均要在合同上签字或盖章。

3. 工作任务、数量、业务指标要具体规定。

4. 用人单位必须保证提供安全、健康的劳动条件。关于劳动保障措施、劳动保护用品的数额及发放、劳保、医疗费用的约定要具体、详尽。

5. 工作时间、劳动报酬、保险、福利待遇均必须作出明确规定。

实训二：制作《劳动争议调解申请书》

一、任务描述

劳动争议调解是人民调解的一种，是指在企业与员工之间，因社会保险、薪资、福利待遇、劳动关系等发生争议时，由劳动争议调解委员会进行的和解性咨询，是通过劳动争议调解达到平息纠纷目的的一种方式。劳动争议调解申请书是发生劳动争议的一方当事人向劳动争议调解委员会申请调解以解决劳动纠纷时所填写的一种申请文书。

我国《劳动争议调解仲裁法》第10条第1款规定，劳动者与用人单位发生劳动争议时，可以向企业劳动争议调解委员会、依法设立的基层人民调解组织、在乡镇、街道设立的具有劳动争议调解职能的组织申请调解。劳动争议调解申请书是启动劳动争议调解程序需提交的法律文书。

通过学习，学生应当明确劳动争议调解申请书制作的法律依据，掌握劳动争议调解申请书的格式和内容要求，并能够根据劳动争议的事实填制劳动争议调解申请书。

二、实例示范

下面是一份劳动争议调解申请书实例。

劳动争议调解申请书

申请人：张××，男，19××年出生，职务出纳，身份证号××××××××××××××××××，住河北省保定市北市区东关街×××号。

被申请人：河北保定市月清涂料有限公司，住所地河北省保定市新市区东风街××号。

法定代表人：陈××，该公司总经理，电话：×××××××××。

事由：因拖欠工资产生争议，申请调解。

调解请求：确认被申请人的违法行为，并要求被申请人补足工资、支付经济补偿。

事实与理由：

2012年2月20日，申请人与被申请人签订《劳动合同》，担任财务部出纳一职，月工资 2200 元，合同期限为 3 年。2012 年 5 月至 8 月，被申请人以经济效益下降为由拒绝支付工资，2012 年 11 月至 2013 年 1 月，被申请人以公司内部人员调整为由每月仅支付基本工资 500 元。申请人分别于 2012 年 6 月 12 日、10 月 9 日及 2013 年 1 月 25 日与被申请人单位负责人协商，要求补足工资并支付经济补偿，但被申请人予以拒绝，由此产生争议。

证据：

2012 年 4 月的工资条、2012 年 11 月至 2013 年 1 月的工资条。

为此，特向××劳动争议调解委员会申请调解，请依法调解。

申请人：张××

二〇一三年四月十八日

三、基础铺垫

（一）劳动争议调解申请书制作的法律依据

《劳动争议调解仲裁法》是劳动争议调解申请书制作的重要法律依据。《劳动争议调解仲裁法》第 12 条规定："当事人申请劳动争议调解可以书面申请，也可以口头申请。口头申请的，调解组织应当当场记录申请人基本情况、申请调解的争议事项、理由和时间。"

劳动争议发生后，申请劳动争议调解的还需明确递交申请的调解机构。《劳动争议调解仲裁法》第 10 条第 1 款规定："发生劳动争议，当事人可以到下列调解组织申请调解：①企业劳动争议调解委员会；②依法设立的基层人民调解组织；③在乡镇、街道设立的具有劳动争议调解职能的组织。"同时，由于劳动争议调解是人民调解的一种，因此也需要符合《人民调解法》的相关规定，并参考《最高人民法院关于审理涉及人民调解协议的民事案件的若干规定》中对人民调解行为的相关规定。

（二）劳动争议调解申请书的结构及其内容

一般而言，劳动争议调解申请书包括首部、正文和尾部三部分。

1. 首部。

（1）标题。居中写明："劳动争议调解申请书"。

（2）申请人和被申请人基本情况。申请人和被申请人是用人单位的，应写明用人单位的名称、住所和法定代表人或者主要负责人的姓名、职务等；申请人和被申请人是劳动者的，应写明姓名、性别、年龄、民族、工作单位、职业、住址和居民身份证或者其他有效身份证件号码等。如劳动者为未成年人的，还应写明法定代理人的姓名、性别、年龄、民族、工作单位、职业、住址和居民身份证或者其他有效身份证件号码等。有指定代理人的，应注明其姓名、性别、年龄、民族、工作单位、职业、住址和居民身份证或者其他有效身份证件号码等，并写明其与被代理人之间的关系。双方委托了委托代理人的，同样应注明其姓名、性别、年龄、工作单位、职业、住址等基本情况，委托代理人是律师的，应注明其律师事务所。

（3）事由。即申请调解的争议为劳动争议范围内的何种争议。

2. 正文。

（1）调解请求。写明通过调解希望达到的目的。

（2）事实与理由。事实部分应写明相关劳动争议存在的事实，劳动的时间、地点、原因、经过、情节和后果；理由部分要根据劳动争议与相关法律法规和政策，阐明申请人对争议的意见。

（3）调解组织。写明"为此，特向××劳动争议调解委员会申请调解，请依法调解"。

3. 尾部。

（1）申请人签章。

（2）申请时间。

（三）劳动争议调解申请书的样式（申请人为自然人）

各省对劳动争议调解申请书样式的规定有所不同，下面的文书样式仅供参考。

劳动争议调解申请书

申请人：（基本情况）

委托代理人：

被申请人（用人单位）：（基本情况）

委托代理人：

事由：因××××（事由）产生争议，申请调解。

调解请求：

……

事实与理由：

……

证据和证据来源，证人姓名和住址：

……

> 为此，特向××劳动争议调解委员会申请调解，请依法调解。
>
> 申请人（签名或盖章）
> 年　月　日

四、学生实训

根据以下案情，请拟定一份劳动争议调解申请书。

【案情】

申请人：严×，女，安徽省蚌埠市蚌山区人，现住安徽省蚌埠市淮上区淮上大道××号。

被申请人：蚌埠市红色科技有限公司。

2017年10月严×与蚌埠市红色科技有限公司签订劳动合同，担任代理店长一职，但是公司一直未为严×缴纳社会保险，并且严×每天工作9小时，每月休息3天，无补休、无加班费。2018年8月，严×与公司协商，要求公司缴纳社会保险，并支付加班费，公司予以拒绝从而产生纠纷。

【提示】

（一）制作劳动争议调解申请书的相关准备工作

制作劳动争议调解申请书前，应当详细了解双方争议的焦点、产生争议的原因、申请方主张其观点的理由。提起劳动争议调解申请前，可以根据申请人的要求，为其提供法律咨询，评估其要求的合法性和合理性。同时，应当在有利于劳动争议调解工作开展的前提下注意劳动争议调解组织的选择。

（二）制作劳动争议调解申请书的一般注意事项

1. 申请调解的劳动争议要符合《劳动争议调解仲裁法》第2条规定的争议范围：①因确认劳动关系发生的争议；②因订立、履行、变更、解除和终止劳动合同发生的争议；③因除名、辞退和辞职、离职发生的争议；④因工作时间、休息休假、社会保险、福利、培训以及劳动保护发生的争议；⑤因劳动报酬、工伤医疗费、经济补偿或者赔偿金等发生的争议；⑥法律、法规规定的其他劳动争议。

2. 关于时限的问题。根据有关规定，当事人申请调解，应当从知道或者应当知道其权利被侵犯之日起30日内以口头或者书面形式向调解委员会提出申请。

五、任务评估

评估要点：

1. 申请人与被申请人情况应填写清楚。

2. 调解请求清晰、明确。

3. 事实理由叙述要详略得当、用词准确。

4. 格式要规范。

实训三：制作《劳动争议调解协议书》

一、任务描述

劳动争议调解协议是人民调解协议的一种。劳动争议调解协议书是指发生劳动争议的当事人双方在劳动争议调解委员会的主持下，本着平等、自愿的原则，为解决劳动纠纷而达成的具有劳动权利义务内容的书面协议。

劳动争议调解协议书是在劳动争议调解程序中，双方对争议达成一致意见时，用于明确双方权利义务的一种重要的劳动法律文书。从目的上讲，该文书的用途是解决双方争议，达到定分止争的作用。劳动争议调解协议书是劳动争议双方在调解组织主持下协商的产物，而并非劳动争议仲裁委员会作出的具有强制性效力的仲裁决定，或法院在诉讼程序中达成的调解协议。其制作与内容应当符合《劳动争议调解仲裁法》的规定。

通过学习，学生应当明确劳动争议调解协议书制作的法律依据，并能够根据劳动争议调解后双方达成一致的内容，制作劳动争议调解协议书。

二、实例示范

下面是一份劳动争议调解协议书实例（劳动者为申请人）。

劳动争议调解协议书

槐段北调（2012）字第 13 号

申请人：华××，男，身份证号：××××××××××，住山东省济南市市中区济微路××号。

被申请人：山东省济南市华婷餐饮有限公司，所在地山东省济南市槐荫区腊山北路××号。

法定代表人：宋×，该公司总经理。

申请人于 2011 年 8 月 1 日起至今在被申请人处工作，担任厨师一职，劳动合同期限 3 年，月薪 3000 元。期间经申请人多次提出，被申请人仍不为申请人缴纳社会保险。2011 年 10 月 1 日，被申请人以保护商业秘密为由收取申请人1000 元押金。2012 年 3 月 10 日，申请人提出辞职，要求被申请人返还 1000 元押金。被申请人表示如申请人离职则要与被申请人签订竞业限制协议，协议中规定：申请人离职之后 2 年内不得在同行业从事相同的工作，也不得自己从事

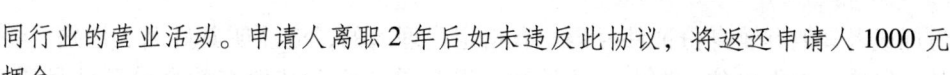

同行业的营业活动。申请人离职 2 年后如未违反此协议，将返还申请人 1000 元押金。

上述双方因劳动合同的解除、社会保险、竞业限制协议及押金引起争议，申请人华××于 2012 年 3 月 25 日向本调解委员会提出请求，经本会主持调解，双方协商，自愿达成协议如下：

1. 被申请人济南市华婷餐饮有限公司为申请人华××补交自 2011 年 8 月至今的社会保险，劳动合同其他内容不变。

2. 申请人与被申请人于 2012 年 4 月 9 日解除劳动合同。

3. 双方不再签订竞业限制协议。

4. 被申请人华婷公司退还申请人华××押金 1000 元。

申请人：华×× （签名）

被申请人：（签名和盖章）

调解委员会主任：××× （签名）

××××劳动争议调解委员会（公章）

二○一二年四月五日

三、基础铺垫

（一）劳动争议调解协议书制作的法律依据

《劳动争议调解仲裁法》第 13 条规定："调解劳动争议，应当充分听取双方当事人对事实和理由的陈述，耐心疏导，帮助其达成协议。"第 14 条规定："经调解达成协议的，应当制作调解协议书。调解协议书由双方当事人签名或者盖章，经调解员签名并加盖调解组织印章后生效，对双方当事人具有约束力，当事人应当履行。自劳动争议调解组织收到调解申请之日起 15 日内未达成调解协议的，当事人可以依法申请仲裁。"

（二）劳动争议调解协议书的结构及其内容

1. 首部。

（1）标题。居中写明"劳动争议调解协议书"。

（2）标题右下方写明劳动争议调解委员会对该劳动争议调解协议书的编号。

（3）申请人和被申请人基本情况。申请人和被申请人为用人单位的，应写明用人单位的名称、住所和法定代表人或者主要负责人的姓名、职务等；申请人和被申请人为劳动者的，应写明姓名、性别、年龄、民族、工作单位、职业、住址和居民身份证或者其他有效身份证件号码。如劳动者为未成年人的，还应写明法定代理人的姓名、性别、年龄、民族、工作单位、职业、住址和居民身份证或者其他有效身份证件号码。有指定代理人的，应注明其姓名、性别、年龄、民族、工作单位、职业、住址和居民身份证或者其他有效身份证件号码，并写明其与被代理人之间的关系。双方委托了委托代理人的，同样应注明其姓名、性别、年龄、工作单位、职业、住址等基本情况，委托代理人是律师的，应注明其律师事务所。

2. 正文。

（1）事由。写明劳动争议发生及申请调解的经过。

（2）协议内容。写明劳动争议双方对争议事项达成的与其权利与义务有关的内容。

3. 尾部。

（1）双方当事人签章。

（2）调解委员会主任签名、劳动争议调解委员会公章。

（3）签订时间。

（三）劳动争议调解协议书的样式（申请人为自然人）

劳动争议调解协议书

（　　）字第　　号

申请人：（写明基本情况）＿＿＿＿＿＿＿＿＿＿＿＿＿＿＿

委托代理人：＿＿＿＿＿＿＿＿＿＿＿＿＿＿＿＿＿＿＿＿＿

被申请人：＿＿＿＿＿＿＿＿＿＿所在地：＿＿＿＿＿＿＿＿

法定代表人（或主要负责人）：＿＿＿＿＿职务：＿＿＿＿＿

委托代理人：＿＿＿＿＿＿＿＿＿＿＿＿＿＿＿＿＿＿＿＿＿

事由：＿＿＿＿＿＿＿＿＿＿＿＿＿＿＿＿＿＿＿＿＿＿＿＿

上列双方因＿＿＿＿＿引起争议，申请人＿＿＿＿＿＿于＿＿年＿＿月＿＿日向本调解委员会提出请求，经本会主持调解，双方协商，自愿达成协议如下：

1. ＿＿＿＿＿＿＿＿＿＿＿＿＿＿＿＿＿＿＿＿＿＿＿＿＿＿

＿＿＿＿＿＿＿＿＿＿＿＿＿＿＿＿＿＿＿＿＿＿＿＿＿＿＿＿＿

＿＿＿＿＿＿＿＿＿＿＿＿＿＿＿＿＿＿＿＿＿＿＿＿＿＿＿＿＿

2. ＿＿＿＿＿＿＿＿＿＿＿＿＿＿＿＿＿＿＿＿＿＿＿＿＿＿

＿＿＿＿＿＿＿＿＿＿＿＿＿＿＿＿＿＿＿＿＿＿＿＿＿＿＿＿＿

＿＿＿＿＿＿＿＿＿＿＿＿＿＿＿＿＿＿＿＿＿＿＿＿＿＿＿＿＿

3. _____

_____

本协议一式_____份，当事人、人民调解委员会各持一份。

申请人（签名）

被申请人（签名和盖章）

调解委员会主任（签名）

劳动争议调解委员会（公章）

年 月 日

四、学生实训

根据以下案情，请根据甲乙双方情况，拟定一份劳动争议调解协议书。

【案情】

申请人：梁××，女，山东省潍坊市潍城区人，住山东省潍坊市潍城区南关街××号。

被申请人：潍坊市龙田风筝制造有限公司。

2016 年 9 月，梁××与潍坊市龙田风筝制造有限公司签订劳动合同，从事风筝设计工作，合同期限为 2 年。2017 年 7 月 18 日，梁××工作时被货物砸伤，致使右腿小腿骨折，经鉴定为七级伤残，3 个月无法上班，花去医药费共 45 300 元。公司认为梁××小腿骨折是由搬运工人工作失误造成，公司不应承担责任，双方因此产生纠纷。经梁××申请劳动争议调解后双方达成协议：梁××的医药费由公司承担，从工伤保险基金支付 13 个月工资为一次性伤残补助金，公司按月支付梁××休假期间的工资。

【提示】

（一）制作劳动争议调解协议书的相关准备工作

制作劳动争议调解协议书前应当详细了解双方争议的焦点以及达成的共识。详细了解双方相互做出的让步，并确认协议符合法律法规的规定且是双方平等自愿的产物。有条件的，应向双方充分解释并说明劳动争议调解协议书各项内容的目的与意思，确保双方不会对协议产生误解。最后，协议书应确保能由双方当事人或其授权的人予以签署。

（二）制作劳动争议调解协议书的一般注意事项

1. 劳动争议调解要遵循平等、协商、自愿的原则。任何一方当事人或争议调解委员会都不得强迫参加劳动争议调解的任何一方违背自己的意愿达成调解协议。同时，调解协议的自愿原则除了包含对协议内容的自愿协商外，还包括是否同意进行争议调解的选择，若有任何一方不愿意进行争议调解，对该劳动争议的人民调解则应当结束，并进入劳动争议仲裁阶段。

2. 格式和内容要符合要求。

（1）协议首部要注意写清当事人双方情况，并编列劳动争议调解协议书的编号。

（2）协议中的条款内容应根据劳动争议调解后达成的一致意见，对双方权利义务进行清晰的分配。

（3）尾部双方当事人及调解委员会主任应签名，并加盖劳动争议调解委员会公章。

五、任务评估

评估要点：

1. 双方当事人基本情况详细清楚。

2. 对争议发生事由描述简明扼要。

3. 协议条款部分用语要清晰，要能准确表达双方针对争议协商后对各自权利义务的确定。

第三节　技能拓展

技能拓展一：熟识《劳动争议仲裁申请书》

一、基础知识

（一）概念

劳动争议仲裁申请书是劳动关系当事人一方向劳动争议仲裁委员会递交的请求解决劳动争议的法律文书。

（二）制作依据

《劳动争议调解仲裁法》是制作劳动争议仲裁申请书的最重要依据。该法第28条规定："申请人申请仲裁应当提交书面仲裁申请，并按照被申请人人数提交副本。仲裁申请书应当载明下列事项：①劳动者的姓名、性别、年龄、职业、工作单位和住所，用人单位的名称、住所和法定代表人或者主要负责人的姓名、职务；②仲裁请求和所根据的事实、理由；③证据和证据来源、证人姓名和住所。书写仲裁申请确有困难的，可以口头申请，由劳动争议仲裁委员会记入笔录，并告知对方当事人。"

二、文书样式

劳动争议仲裁申请书

（申请人为自然人）

申请人：（基本情况）

委托代理人：

被申请人（用人单位）：（基本情况）

委托代理人：

仲裁请求：（写明请求仲裁委员会仲裁的事项，多项请求的分项列出）

……

事实与理由：（包括证据和证据来源等情况）

……

特向贵委提出申请，请求依法裁决。

此致

_____仲裁委员会

申请人：（签名或盖章）

年　　月　　日

附：1. 本申请书副本×份（按被申请人人数确定份数）。

　　2. 证据××份。

三、制作要点

劳动仲裁申请书应当在劳动争议发生之日起 1 年内向仲裁委员会提交。劳动争议仲裁申请书应当载明下列内容：

1. 申请书应详细载明申请人和被申请人的基本情况。法定代理人、指定代理人、委托代理人应按实际情况填写。如没有，则不需填写。

2. 仲裁请求部分应明确列明申请仲裁的事项。

3. 事实与理由部分应写明申请仲裁或提出主张的事实依据和法律依据，包括争议发生的时间、地点、原因、经过、情节和后果、证据情况和证人姓名及联系地址等。但由于提起申请后，申请书的副本将送达被申请人，以便被申请人书写答辩书，因此，在申请书中对理由的阐述应当做到点到为止，避免因过于详细阐述己方观点而在仲裁过程中处于被动地位。

4. 注意按被申请人人数提供副本。

技能拓展二：熟识《劳动争议仲裁裁决书》

一、基础知识

（一）概念

劳动争议仲裁裁决书是劳动仲裁委员会对当事人之间的劳动争议作出劳动仲裁裁决而制作的法律文书。劳动仲裁是劳动争议当事人向人民法院提起诉讼的必经程序。

（二）制作依据

《劳动争议调解仲裁法》第 42 条第 4 款规定："调解不成或者调解书送达前，一方当事人反悔的，仲裁庭应当及时作出裁决。"第 46 条规定："裁决书应当载明仲裁请求、争议事实、裁决理由、裁决结果和裁决日期。裁决书由仲裁员签名，加盖劳动争议仲裁委员会印章。对裁决持不同意见的仲裁员，可以签名，也可以不签名。"《劳动人事争议仲裁办案规则》第 53 条规定："裁决书应当载明仲裁请求、争议事实、裁决理由、裁决结果、当事人权利和裁决日期。裁决书由仲裁员签名，加盖仲裁委员会印章。对裁决持不同意见的仲裁员，可以签名，也可以不签名。"

二、文书样式

×××劳动争议仲裁委员会

劳动仲裁裁决书

×劳仲裁字（××××）第××号

申请人：（基本情况）

被申请人：（基本情况）

申请人×××与被申请人××劳动争议纠纷一案，本委受理后，依法组成仲裁庭，公开开庭进行了审理。申请人×××、被申请人××到庭参加庭审活动，本案现已审理终结。

申请人诉称，……

被申请人辩称，……

经审理查明，……

本委认为，……，根据《中华人民共和国××××××法》第××条规定，裁决如下：

一、……

二、……
……

仲裁费×××元，由申请人负担×××元，被申请人负担×××元。

如不服本裁决，双方当事人可自收到本裁决书之日起十五日内向劳动合同履行地或用人单位所在地基层人民法院起诉，期满不起诉，本裁决即发生法律效力。一方当事人逾期不履行生效仲裁裁决的，另一方当事人可以向人民法院申请执行。

仲裁员　×××

×××年××月××日

书记员　×××

三、制作要点

制作劳动争议仲裁裁决书中应当注意以下几点：

1. 了解双方当事人的基本情况。

2. 案由部分内容应尽量客观、具体、明确。事实与理由部分要围绕双方争议焦点，分析证据查明事实，做到内容完整、层次清楚、重点突出。

3. 适用法律法规准确，仲裁结果明确、具体。

4. 劳动裁决分为终局裁决和非终局裁决。对于终局裁决，劳动者可以依法向人民法院提起诉讼；对于非终局裁决，双方当事人均可向人民法院提起诉讼。裁决书的结尾部分应当明确告知裁决书的效力及当事人的诉权。

劳动法律文书样式

《劳动人事争议仲裁办案规则》

《中华人民共和国劳动法》

《中华人民共和国劳动
合同法》（2012 年）

《中华人民共和国劳动
争议调解仲裁法》

学习单元六　中小企业常用法律文书

学习目标

● 熟悉中小企业常用法律文书所涉及的法律基础知识，掌握中小企业常用法律文书的基本格式和规范要求等基本理论。

● 熟练掌握中小企业常用法律文书的制作方法和制作要求，通过制作实训，使学生能够根据企业的实际情况，运用相关法律知识独立制作买卖合同、法律意见书、行政复议申请书等常用文书。

● 培育法治、诚信、敬业等社会主义核心价值观；培育执着专注的文书制作态度。

重点提示

● 掌握买卖合同、法律意见书、行政复议申请书等中小企业常用法律文书的制作。

● 熟识合同管理办法、租赁合同、股权转让协议等文书。

第一节　基础知识

一、中小企业常用法律文书的概念和分类

（一）中小企业常用法律文书的概念

中小企业常用法律文书是指中小型企业从设立、日常经营到破产解散过程中经常涉及的法律文书。企业依法运行的重要载体之一即是法律文书，有研究表明，企业在设立、经营、终止的过程中，与其有关的法律文书多达一千余种。这些法律文书涉及工商、税务、财务管理、合同管理、劳动人事管理、知识产权管理、仲裁、诉讼等各个领域，因此，制作和使用好法律文书是企业防范法律风险、良好运营并使企业立于不败之地的必然要求。

（二）中小企业常用法律文书的分类

如前所述，企业常用法律文书种类繁多，涉及诸多领域，很难按照一个单一的标准进行归类，亦难以穷尽，因此，理论与实务界通常都避免对企业法律文书进行简单的分类，往往是按照不同的企业类型所涉及的不同领域择其要而

述之。本书主要以企业"设立—经营—消灭"的流程来分类，按照这一标准，中小企业常用法律文书至少包括以下几类：

1. 工商登记类文书。工商登记类文书是指企业于设立之初，或于变更与消灭之时依法向工商行政管理机关办理登记的法律文书，主要包括：①企业法人申请开业（变更、注销）登记注册书；②公司名称预先核准申请书；③公司设立（变更、解散）登记申请书；④有限责任（股份有限责任）公司章程；等等。

2. 企业生产经营过程中所涉文书。企业生产经营过程中所涉文书是指企业在日常生产经营过程中常用的法律文书，其类别广泛，主要包括：①企业规章类法律文书。可分为行政事务规章、人事管理规章、生产经营规章、财务管理规章四大类。[1] 行政事务规章包括公司的办公制度、行文制度、后勤制度等，这是一个公司得以运行的基础；人事管理规章涉及员工的利益，包括员工录用、员工晋级、员工奖惩、员工培训等，其目的在于最大限度地调动员工的积极性、创造性，为企业的后续发展储备人才；生产经营规章属于技术性规章，其目的是保证产品质量、为市场营销活动的顺利进行提供规范指引，是企业实现经济效益的保证；财务管理规章是企业必备的规章，其目的是要加强对财务工作的制度化管理，降低成本，提高资金使用效率。②合同类法律文书。一般包括买卖合同、租赁合同、仓储合同、技术开发合同、委托合同、货物运输合同等。不同类型的企业按照其所处行业的特点及企业经营特点制作与使用各类合同。③财务与金融类法律文书。包括税收类法律文书，如税务登记表、增值税一般税纳税人申请认定表、企业所得税（消费税、营业税）纳税申报表、税务登记证等；结算类法律文书，如开户申请书、银行进账单、银行汇票等；融资类法律文书，如借贷合同、资金拆借合同等。④知识产权类法律文书，一般包括商标注册（发明专利、外观设计专利、实用新型专利）申请书、商标异议书、延期申请书等。

3. 企业维权类法律文书。企业维权类法律文书是指企业在各类法律纠纷中通过调解、仲裁、诉讼等途径维护自身合法权益时所需制作与使用的法律文书，一般包括行政复议申请书、仲裁申请书、仲裁答辩书、起诉状、答辩状、财产保全申请书、先予执行申请书、公示催告申请书等。

二、中小企业常用法律文书制作基本要求

如前所述，中小企业常用法律文书种类繁多，各类文书的制作要点与要求各不相同，很难确定一个统一的规范标准，因此，这里仅介绍法律文书一般性的要求，而各种类别法律文书的个性化要求将在相应文书制作实训中列明。

---

〔1〕 孙林编著：《企业常用规章法律文书范本》，法律出版社 2003 年版，第 5 页，根据教学需要对部分内容作了修正。

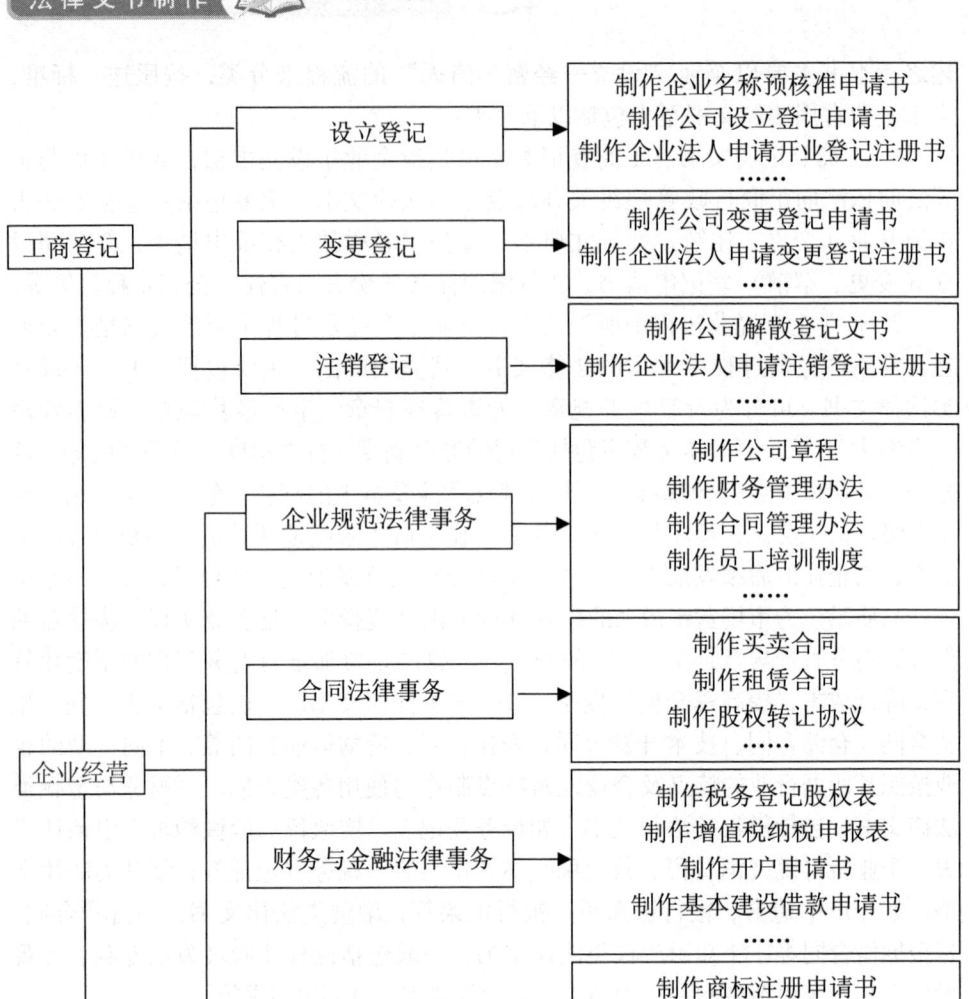

图 6-1　中小企业常见法律事务与常用法律文书关联图

（一）叙事清楚，说理充分，适用法律准确

制作企业常用法律文书时要注意构成事实的基本要素必须完备，叙事主线清晰，因果关系明确，说理充分，思维严谨，能够准确引用法律条文。

（二）必须客观真实

事实是分清是非、处理案件的基础。法律文书中对事实的描述必须客观、真实。因而法律文书的制作主体必须尊重客观事实、充分利用证据的证明效力说明事实真相，不能主观臆造、随意夸大。

（三）用语准确规范，措辞恰当

制作企业常用法律文书，要具体把握如下几点：①遣词造句要严谨，逻辑清晰，避免产生歧义；②专业术语的使用要准确、规范；③表述要清楚简练。

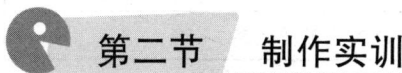

第二节　制作实训

实训一：制作《买卖合同》

一、任务描述

买卖合同是指平等主体之间签订的由一方转移标的物的所有权于他方，他方受领该标的物并支付相应价款的合同。其中，移转标的物所有权的一方称为出卖人（卖方），受领标的物并支付价金的一方称为买受人（买方）。

一般而言，买卖合同具有四个方面的特征：①转移标的物的所有权是买卖合同最典型的特征。众所周知，买卖以转移财产所有权为目的，出卖人不仅需将标的物交付于买受人，并且需转移标的物的所有权给买受人，而买受人订立合同的根本目的在于取得标的物的所有权。②买卖合同是双务、有偿合同。在买卖合同中，买卖双方都既享有权利，又承担义务，双方的权利义务相互对应，买卖双方互为对待给付。③买卖合同是诺成合同。除法律另有规定或当事人另有约定以外，买卖合同自双方当事人意思表示一致，即双方达成协议之时起成立，并不以一方当事人交付实物或完成其他给付为合同的成立要件。④买卖合同是不要式合同。买卖合同采用何种形式，一般可由双方当事人自己决定。可以采取书面形式，也可以采取口头形式。但在法律有明确规定或当事人有明确约定的情况下，买卖合同应当采用法律规定或者合同约定的形式。

买卖合同是企业经营管理中涉及较多的法律文书之一。通过学习，学生应当明确制作买卖合同的法律依据，掌握买卖合同的格式和内容要求，并能够根据事实与法律制作相应的买卖合同。[1]

二、实例示范

下面是一份玉米买卖合同的实例。

原料采购合同

供方：宁波××粮油有限公司　　　　合同编号：YM160423

签订时间：2016 年 04 月 23 日

需方：浙江××饲料有限公司　　　　签订地点：绍兴

1. 产品名称、品种、数量、金额、交售时间。

产品名称	单位	数量	单价	总金额	交售时间
烘干玉米	吨	1000	1795	1 795 000	2008 年 5 月 2 日前发完
合计人民币金额（大写）壹佰柒拾玖万伍仟元整					

2. 质量标准：水分≤14.0%，容重≥685 克/升，杂质≤1%，无霉变、无烘焦粒（参照大样）、色泽黄亮，2015 年产新玉米。如质量不符合要求，需方有权要求停发，并按指标降价。

3. 验收办法及时间、地点：货到需方仓库检斤验质。

4. 交（提）货地点及运输方式和费用负担：绍兴需方仓库交货。

5. 损耗及计算方式：以需方电子磅（全磅或抽磅）的数量为基准数。

6. 包装标准、包装物的供应与回收和费用负担：编织袋定量 60 公斤包装，不计价、不返回。

7. 结算方式及期限：货物入库后，需方在货到 3 个工作日内通知供方到货的质量和数量情况，供方及时开具正规、有效的发票，需方在收到发票后 7 个工作日内汇付全部货款。

8. 违约责任：按《合同法》的相关规定确定。

9. 解决合同纠纷方式：因本合同发生纠纷的由双方友好协商，协商不成的由合同签订地的人民法院管辖。

10. 其他约定事项：本合同一式二份，双方各执一份，此合同修改无效，于当天 16 时前签字、盖章后回传有效。传真件具有同等法律效应。

---

〔1〕　需要说明的是，该单元中买卖合同的一方或双方当事人主要指企业，故而纳入企业常用法律文书的范畴进行学习与实训。

供　方	需　方
单位名称：宁波××粮油有限公司（盖章）	单位名称：浙江××饲料有限公司（盖章）
单位地址：宁波北仑区北仑路××号	单位地址：绍兴市中山北路××号
供　方	需　方
法定代表人：刘××	法定代表人：林××
委托代理人：	委托代理人：
联系电话：0572－8797××××	联系电话：0575－840××××
传真电话：	传真电话：0575－8462××××
开户行：中国工商银行北仑支行	开户行：中国农业银行绍兴分行
账号：2003××××××××××	账号：976××××××××××××

有效期限：2016 年 4 月 23 日至 2016 年 5 月 2 日

三、基础铺垫

（一）买卖合同制作的法律依据

买卖合同是财产流转的基本法律形式，是一种有名合同，其制作的法律依据主要是我国《民法典》的相关规定。

我国《民法典》第 469 条第 1 款规定，当事人订立合同，可以采用书面形式、口头形式或者其他形式。法律、行政法规规定采用书面形式的，应当采用书面形式。当事人约定采用书面形式的，应当采用书面形式。口头形式的合同由于其简便性，适用于简单的即时交易，但由于其随意性较大，一般不适合企业正常的业务行为。书面形式的买卖合同是企业运营中常见的形式。

（二）买卖合同的结构及其内容

买卖合同由首部、正文、尾部组成。

1. 首部。首部包括标题、合同编号、合同签订时间与地点以及合同当事人的名称和住所。买卖合同当事人的名称和住所必须清楚写明，如果是自然人，一般要写明姓名、性别、年龄、民族、籍贯、住址；如果是法人或其他组织，一般要写明单位或组织的全称、地址、法定代表人的姓名、职务。

2. 正文。正文一般包括以下几个方面的内容：

（1）双方签订合同的依据和目的。

（2）标的条款。标的是合同权利、义务指向的对象，买卖合同的标的是买卖合同当事人应为的给付行为。因此，标的条款是买卖合同的主要条款。在标的条款中必须明确地写明标的物的名称，以使标的物特定化或者将来可以特定化，从而能够确定权利义务。在订立买卖合同时，应当尽量采用通用的名称描述标的物，对容易引起歧义的标的物名称要加以特别说明。

（3）质量和数量条款。标的物的质量就是其质量标准和规格。质量是检验标的物的内在素质（物理的、化学的、机械的、生物的等）与外观形态优劣的综合反映，能够确定买卖合同标的物的具体条件。标的物的质量条款必须明确具体，如要有明确的技术指标、质量要求、规格、型号等。当然质量是相对的，也可以视情况约定采用一定弹性的质量条款，如规定一定的差异度或上下极限的方式。

数量条款是买卖合同中的核心条款，缺了该条款就无法进行买卖交易活动。标的物的数量是指衡量合同当事人权利义务大小的尺度，主要表现为一定的长度、体积或者重量。对于数量的计量方法一定要明确，如以单位个数、重量、面积、长度、容积或体积等来计量标的物，但同时也应允许当事人规定一定限度内的合理误差。

（4）价格条款。价格条款同样是买卖合同的主要条款之一。在买卖合同中，价款是买受人取得标的物所有权所应支付的对价，它通常指标的物本身的价款。在价格条款中，买卖双方应确定价款的支付方式。常见的支付方式有：现金、汇款、托收以及信用证付款等。因商业上的大宗买卖一般是异地交货，便产生了运费、保险费、装卸费、报关费等一系列额外费用。这些费用由谁支付，可在买卖合同的价款条款中写明。值得注意的是，对这些费用的负担在商业习惯中形成了各种不同的价格条款，可供买卖当事人选择使用。

（5）履行条款。买卖合同的履行条款包括履行期限、履行地点、履行方式等。

履行期限是出卖人和买受人履行合同义务的时间界限，主要包括出卖人的交货时间和买受人的付款时间。这一条款涉及当事人的期限利益，也是确定违约与否的标准之一，十分重要。根据履行期限的不同，买卖合同可分为即时履行合同、定时履行合同和分期履行合同。

履行地点是指出卖人交付标的物或买受人提取标的物的地方，以及买受人付款和出卖人接受付款的地方。买卖双方对履行地点的约定具有重要意义，它有时是确定标的物验收地点的依据，有时是确定运费由谁负担的依据，有时又是确定标的物所有权转移的依据，还是确定诉讼管辖的依据之一。因此，买卖双方对履行地点的约定必须明确。

履行方式是指当事人履行合同与接受履行的方式，包括出卖人的交货方式、标的物的验收方式、买受人付款的方式以及结算方式等。买卖合同中必须明确规定合同是一次性履行，还是分期分批履行；交付方式是由出卖人送货或代办托运，还是由买受人自提货物；运输方式使用何种交通工具，以及运输路线如何确定；买受人付款方式是通过现金结算，还是通过银行转账结算；等等。这些方面同样事关当事人的物质利益，应在合同中写明。

（6）违约责任条款。违约责任条款旨在增加当事人签订合同和履行合同的严肃性，促使当事人履行义务，它是使非违约方免受或少受损失的法律措施，也是保证买卖合同得以顺利履行的重要条款。因此，买卖合同的当事人在订立该条款时应当认真对待，对此应予明确规定，如违约致损的计算方法、赔偿范围等应予以明确。当然，违约责任是法律责任，即使买卖合同中没有违约责任条款，只要未依法免除，违约方就应承担责任。

（7）争议解决条款。争议解决条款涉及的是当事人在履行买卖合同过程中产生纠纷时，可以选择的解决方法。如出现纠纷是通过协商解决，或通过仲裁裁决，还是通过诉讼解决等。对此，双方当事人可在合同中予以约定。要注意的是，当事人如果选择仲裁裁决纠纷，必须在合同中明确约定或事后达成仲裁协议，否则将无法将争议提交仲裁。

（8）双方当事人约定的其他内容。如包装方式、检验标准和方法、结算方式、合同使用的文字及其效力等。但是这些条款的规定只是一种任意性规范，仅有提示性的作用，并不具有强制性作用，违反上述规定并不当然导致买卖合同不成立或不生效。

《全国法院贯彻实施民法典工作会议纪要》第 6 条明确规定，当事人对合同是否成立存在争议，人民法院能够确定当事人名称或者姓名、标的和数量的，一般应当认定合同成立。

3. 尾部。尾部一般包括：双方当事人的签名、盖章、地址、电话号码、邮政编码、开户银行、银行开户名称、账号，以及鉴证或公证意见、附件等。

（三）买卖合同样式

商品买卖合同

供方：_____　　　　　合同编号：_____

　　　　　　　　　　　　　　签订时间：_____

需方：_____　　　　　签订地点：_____

供需双方本着平等互利、协商一致的原则，签订本合同，以资双方信守执行。

第一条　商品名称、种类、规格、单位、数量。

品名	种类	规格	单位	数量	备注

第二条　商品质量标准。

商品质量标准可选择下列第____项作为标准：

1. 附商品样本，作为合同附件。

2. 商品质量，按照_____标准执行（副品不得超过____%）。

3. 商品质量由双方议定。

第三条　商品单价及合同总金额。

1. 商品定价，供需双方同意按_____定价执行。如因原料、材料、生产条件发生变化，需变动价格时，应经供需双方协商。否则，造成损失由违约方承担经济责任。

2. 单价和合同总金额：_____。

第四条　包装方式及包装品处理_____。

（按照各种商品的不同，规定各种包装方式、包装材料及规格。包装品以随货出售为原则；凡须退还对方的包装品，应按铁路规定，订明退还方法及时间，或另作规定）

第五条　交货方式。

1. 交货时间：_____。

2. 交货地点：_____。

3. 运输方式：_____。

第六条　验收方法_____。

（按照交货地点与时间，根据不同商品种类，规定验收的处理方法）

第七条　预付货款。

（根据不同商品，决定是否预付货款及金额）

第八条　付款日期及结算方式_____。

第九条　运输及保险_____。

（根据实际情况，需委托对方代办运输手续者，应于合同中订明。为保证货物途中的安全，代办运输单位应根据具体情况代为投保运输险）

第十条　运输费用负担_____。

第十一条　违约责任。

1. 需方延付货款或付款后供方无货，给对方造成损失，应偿付对方此批货款总价_____%的违约金。

2. 供方如提前或延期交货或交货不足数量者，供方应偿付需方此批货款总值_____%的违约金。需方如不按交货期限收货或拒收合格商品，亦应偿付供方此批货款总值_____%的违约金。任意一方如提出增减合同数量，变动交货时间，应提前通知对方，征得同意，否则应承担经济责任。

3. 供方所发货品有不合规格、质量不达标或霉烂等情况，需方有权拒绝付款（如已付款，应订明退款退货办法），但须先行办理收货手续，并代为保管和立即通知供方，因此所发生的一切费用损失，由供方负责。如经供方要求代为处理，并须负责迅速处理，以免造成更大损失，其处理方法由双方协商决定。

4. 约定的违约金，视为违约的损失赔偿。双方没有约定违约金或者未预先约定赔偿额的计算方法的，损失赔偿额应当相当于违约所造成的损失，包括合同履行后可以获得的利益，但不得超过违反合同一方订立合同时应当预见到的因违反合同可能造成的损失。

第十二条 当事人一方因不可抗力不能履行合同时，应当及时通知对方，并在合理期限内提供有关机构出具的证明，可以全部或部分免除该方当事人的责任。

第十三条 本合同在执行中发生纠纷，签订合同的双方不能协商解决时，可向人民法院提出诉讼（或申请_____仲裁机构仲裁解决）。

第十四条 合同执行期间，如因故不能履行或需要修改，必须经双方同意，并互相换文或另订合同，方为有效。

需方：_____（盖章）　　供方：_____（盖章）

法定代表人：_____（盖章）　　法定代表人：_____（盖章）

开户银行及账号：_____　　开户银行及账号：_____

____年____月____日　　　　　____年____月____日

四、学生实训

根据以下材料，请为杭州建元服装有限公司制作一份买卖合同（制作中如果缺少相应内容，可根据情况合理虚拟补齐）。

【材料】

杭州建元服装有限公司与广州思达缝纫设备有限公司经多次协商，达成合意。建元公司将以人民币 7860 元每套的价格向思达公司购买缝纫设备 145 套，由思达公司负责运输、安装、调试设备，须在 1 个月内组装调试完毕。

【提示】

制作买卖合同的一般注意事项包括：

1. 确定卖方提供的标的物有无权利瑕疵，有无质量缺陷。

2. 对标的物的价格、质量、数量等基本情况要约定清楚。

3. 要明确标的物交付的时间、地点和交接验收手续。

4. 应当明确约定如何承担标的物毁损、灭失的风险。

5. 应当明确约定违约责任。

五、任务评估

评估要点：

1. 形式规范。所制作的买卖合同要件齐备，体例统一，用语专业、严谨、规范。

2. 内容符合要求。所制作的买卖合同正文部分能根据当事人与标的物的实际情况设计条款，条款内容没有与法律相冲突之处，条款之间没有相冲突与歧义之处。

实训二：制作《法律意见书》[1]

一、任务描述

法律意见书是律师或律师事务所接受委托人委托，在审查委托人所提供的材料或者进行调查之后，依法独立地对委托人所咨询之某一事项的法律问题提出书面解答的法律文书。[2]

法律意见书的作用在于对委托人的某一法律行为、法律事实、诉讼案件、合同等，从法律上进行审查研究后发表咨询意见，为委托人确定拟将采取的法律行动提供法律依据。在一些特定情况下，国家及相关部门规定必须由律师出具法律意见书，如证券发行、上市、交易、上市公司资产转让、重组、股东大会、国有企业改制、国有股权管理等。除此之外，法律意见书往往是律师就咨询所问及的有关法律问题出具意见，这类法律意见书在实务中占大多数。

通过学习，学生应当掌握法律意见书的一般格式和内容要求，并能够根据事实与法律制作相应的法律意见书。

二、实例示范

下面是一份审查性法律意见书的实例。

关于审查《股权转让合同书》的法律意见书

致刘×元先生：

兹受刘×元先生委托，就《借款合同书》《股权转让合同书》等若干法律文

---

〔1〕 一般而言，法律意见书通常由律师或法律顾问接受当事人委托而撰写，属于律师非诉文书的范畴。但由于企业在日常经营过程中经常需要委托律师或法律顾问为其某些经营行为或合同文本提供专业法律意见，使得法律意见书也成为企业常用的法律文书。基于此，这里将法律意见书纳入企业常用法律文书中阐述。

〔2〕 马宏俊主编：《法律文书写作与训练》，中国人民大学出版社 2009 年版，第 270 页。

件进行法律分析，并出具如下法律意见书。本法律分析仅限于审查协议文本之文字表述是否符合法律规定。

一、合同的基本内容

（一）当事人

1. 中达公司（《股权转让合同书》乙方，《借款合同书》甲方）。

2. 信能公司（《股权转让合同书》甲方）。

3. 中油公司。

4. 金立公司（《借款合同书》乙方）。

（二）主要事实

信能公司通过债权转股的形式以人民币壹仟贰佰万元的价格向中达公司转让中油 25% 的股份（相关情况见《股权转让承诺书》《合同鉴证书》《关于同意信能公司转让股份的决定》《关于同意变更增加新股东的决定》《关于信能公司出让部分股权的决定》《股权转让合同书》等）。为收购信能公司的股权，中达公司于 2005 年 8 月向金立公司无息借款人民币壹仟万元，并将其在中油公司所占有的 25% 法定股权中的 20.84% 抵押给金立公司（相关情况见《借款合同书》《关于同意公司抵押股份的决定》）。

二、审查修改意见

本法律意见按照委托人提供的材料顺序进行审查，但仅列出我们认为需修改或增加的条款，对无须修改的条款，不再赘述。

（一）关于《股权转让承诺书》的审查意见

1.《股权转让承诺书》第 1 段第 1 句规定："鉴于我公司资金困难，向贵公司所借的人民币壹仟贰佰万元。"此句的表述不甚明确，建议修改为"鉴于我公司资金困难，向贵公司借款人民币壹仟贰佰万元"。

2.《股权转让承诺书》第 2 段规定："根据转让合同的规定，我方同意以人民币 1200 万元的价格，转让在中油公司所占有的 25% 股权转让给贵公司。"其中"转让在中油公司所占有的 25% 股权转让给贵公司"一句有语病，建议修改为"将在中油公司所占有的 25% 股权转让给贵公司"。

3.《股权转让承诺书》第 3 段规定："我公司保证在中油公司所转让给贵公司的股权没有设置任何抵押权或其他担保权，如果由于抵押或担保引起第三者的追索，我方承担由此而引起的所有经济和法律责任。"由于"法律责任"的含义广泛，其与"经济责任"之间是包含关系，建议将最后一句修改为"我方承担由此而引起的相应法律责任"。《股权转让承诺书》第 4 段"……如有虚假，我公司愿承担一切经济、法律责任，负责赔偿"以及《借款合同书》第 7 项"……如果由于抵押或担保引起第三者的追索，甲方应承担由此而引起的所有经济和法律责任"也存在类似的问题，建议做相同修改。

（二）关于《借款合同书》的审查意见

1. 《借款合同书》第8项规定："甲方保证按合同在每年分红款项中优先支付借款。"这里"支付"一词宜修改为"偿付"。《借款合同书》第9项也有类似的问题，建议修改。

2. 《借款合同书》第11项规定了仲裁或诉讼的纠纷处理方式。从减少争议的角度考虑，建议列明所选择的仲裁委员会。根据《民事诉讼法》第24条的规定，因合同纠纷提起的诉讼，可向被告住所地或合同履行地人民法院起诉。此外，合同双方当事人可在书面合同中协议选择被告住所地、合同履行地、合同签订地、原告住所地、标的物所在地人民法院管辖。

3. 建议在《借款合同书》中增添违约责任的约定。

4. 建议在《借款合同书》中增添变更或解除合同条款约定。

5. 需要提醒的是，根据我国《担保法》第40条及《最高人民法院关于适用〈中华人民共和国担保法〉若干问题的解释》第57条的规定，抵押权人和抵押人在合同中不得约定在债务履行期届满抵押权人未受清偿时，抵押物的所有权转移为债权人所有。即法律禁止设立流质担保，有关流质条款的约定无效。若实现抵押权，可通过法院裁判的形式以抵押物抵偿抵押权人的债权。

（三）关于《股权转让合同书》的审查意见

1. 建议在《股权转让合同书》中增加"公司各方股东同意放弃股权转让优先认购权"条款。

2. 如选择协议管辖，可在《股权转让合同书》中添加"合同签订地"条款。

3. 建议《股权转让合同书》第16条补充"保证所转让的股权不涉及任何争议及诉讼"的条款。

4. 建议在《股权转让合同书》中细化股权转让的相关约定，比如"在本合同生效×日内，甲乙双方共同委托××办理股份转让登记；上述股权转让的变更登记手续应于本合同生效后×日内办理完毕"。

5. 建议在《股权转让合同书》中细化双方的权利义务约定，如保密事宜、甲方的交付及协作义务、乙方的配合义务等。以下规范性用语可供参考：本次转让事宜在完成前，甲、乙双方均应对本次转让事宜及涉及的一切内容予以保密；甲方应对乙方办理变更登记提供必要协作与配合；甲方应于本协议签订之日起，将其在公司拥有的股权、客户及供应商名单、技术档案、业务资料等交付乙方；自股权变更登记手续办理完毕之日起，甲方不再享有公司任何权利；甲方承诺作为公司股东及/或职员期间所获得的公司任何专有资讯（包括但不限于财务状况、客户资源及业务渠道等）承担严格的保密责任，不会以任何方式提供给任何第三方占有或使用，亦不会用于自营业务。

6. 建议在《股权转让合同书》中添加违约责任的约定。以下规范性用语可供参考：本协议正式签订后，任何一方不履行或不完全履行本协议约定条款的，即构成违约。违约方应当负责赔偿其违约行为给守约方造成的一切直接经济损失；任何一方违约时，守约方有权要求违约方继续履行本协议。

7. 建议在《股权转让合同书》中添加变更及解除条款规定。以下规范性用语可供参考：本协议的变更，必须经双方共同协商，并订立书面变更协议。如协商不能达成一致，本协议继续有效。双方一致同意终止本协议的履行时，须订立书面协议，经双方签字盖章后方可生效。

三、声明

以上法律意见，仅供委托人参考。

陈×新律师

浙江天一律师事务所

二〇〇五年八月二十一日

三、基础铺垫

（一）明确法律意见书的类型

法律意见书所涉及的内容十分广泛，形式亦多种多样，故而，在制作法律意见书之前须明确其类型。一般而言，从所涉及的对象进行分类，法律意见书可分为三种：①要件性法律意见书，如关于股票上市、发行和配股的法律意见书，因其是股票上市报请批准程序中的必要文件，故被称为要件性法律意见书。这类法律意见书不是中小企业常用的法律文书。②审查性法律意见书，即审查委托人所提供的各类法律文件后所出具的，对所审查的合同草案、合同等文件从法律角度作出评价，提出修改建议的文书。③释疑性法律意见书，即针对委托人提出的有关法律行为、法律事实问题进行解答释疑的文书。上述三种类型的法律意见书制作要点有所不同，故需在着手制作前明确法律意见书的类型。

（二）法律意见书的结构及其内容

法律意见书至今并无固定的格式，亦没有规范性文件对全部法律意见书加以规范。下面以审查性法律意见书和释疑性法律意见书为例作一介绍，仅供参考。

1. 审查性法律意见书的结构及其内容。审查性法律意见书由首部、正文、尾部组成。

（1）首部。首部应依次写明：①标题。在文书顶端居中标明"合同（方案）审查意见书"字样。②致送单位（或人）的称谓。在标题的下一行顶格写明接受文书的单位名称或自然人的姓名。如"××××有限责任公司""尊敬的××先生（女士）""××董事长"等。③审查对象。写明法律审查的对象，如合同、方案、规章制度等。

（2）正文。正文是法律意见书的主体，一般应当写明：①合同（方案）基本内容。重点摘录合同（方案）拟订的目的、各方当事人的基本情况，以及权利义务关系等主要内容。②合同（方案）存在的主要问题。应当逐条列出合同（方案）中不妥当之处及其可能导致的不良后果。③修改意见及法律依据。应当针对合同（方案）中存在的主要问题，提出可行的修改意见及其法律依据。

（3）尾部。尾部要写明审查性法律意见书制作人的工作单位、职务及姓名，并注明制作日期。

2. 释疑性法律意见书的结构及其内容。释疑性法律意见书由首部、正文、尾部组成。

（1）首部。首部应当依次写明：①标题。在文书顶端居中标明"法律意见书"字样。②致送单位（或人）的称谓。在标题的下一行顶格写明接受文书的单位名称或人的姓名。如"××××有限责任公司""尊敬的××先生（女士）""××董事长"等。③制作法律意见书的缘起和依据。用简明扼要的文字概括交待审查或解答的是什么内容，就审查事项或者提出的问题予以答复。

（2）正文。正文是法律意见书的主体，一般应当写明：①说明。就对方所提供的文件是否齐备，是否有应予提供而尚未提供的文件作出说明，并要注明文件的真实性由文件提供方负责；就是否需要调查或向有关机关咨询，以及调查或咨询的经过及结果进行说明。②事实的叙述。应当把通过审查材料或进行调查咨询所获知的事实梗概一一列明，如当事人的基本情况，法律事实于何时何地如何发生、如何发展，期间有何种变故，目前状况如何等，都应当详细写明，并分析其中的因果关系，以便于进行法律分析。③法律分析。这是法律意见书最为核心的部分，需要针对当事人所咨询的有关事务进行分析与阐述，并作出肯定或否定的结论。

（3）尾部。尾部要明确注明：未经同意不得向第三方出示，不得作为证据使用，然后写明法律意见书制作人的工作单位、职务及姓名，并注明制作日期。

（三）法律意见书的样式（供参考）

关于＿＿＿＿＿＿＿＿的法律意见书

致＿＿＿＿＿＿：

＿＿＿＿＿＿接受＿＿＿＿＿＿的委托，依据＿＿＿＿与＿＿＿＿签订的＿＿＿＿＿＿，获授权就＿＿＿＿＿＿事务出具法律意见书。

出具本法律意见书所审阅的相关文件材料，包括但不限于下列文件及资料：

1.……

2.……

……

出具本法律意见书的法律依据包括：

……

本所＿＿＿＿＿律师根据国家法律法规的有关规定，对提供的文件和相关事实进行了核查和验证，现发表法律意见如下：

一、……

二、……

……

结论（综合发表意见）

……

以上意见，仅供参考。

＿＿＿＿＿＿＿律师

＿＿＿＿＿＿＿＿律师事务所

＿＿＿年＿＿月＿＿日

四、学生实训

在"实训一：制作《买卖合同》"中，要求同学们为杭州建元服装有限公司制作一份买卖合同，请你对某同学拟制的该买卖合同进行审查，并制作法律意见书。

【案情】

杭州建元服装有限公司与广州思达缝纫设备有限公司经多次协商，达成合意。建元公司将以人民币7860元每套的价格向思达公司购买缝纫设备145套，由思达公司负责运输、安装、调试设备，须在1个月内组装调试完毕。

【提示】

（一）制作法律意见书的相关准备工作

1. 了解相关事实。制作法律意见书，应当根据当事人的委托事项，按照律师行业公认的业务标准和道德规范，对委托人提供的有关文件和事实进行核查和验证，掌握翔实的材料，做到以事实为依据，审慎审查判断。

2. 搜集有关法律、法规、政策、司法解释等，以便正确运用法律进行阐述和分析，作出肯定或否定的结论性意见。

（二）制作法律意见书的一般注意事项

1. 不同的法律意见书，制作要求也不同，某些法律意见书，法律有特别要求，如股票发行上市的法律意见书，要按照法律的特别要求制作。

2. 法律意见书分析阐述问题，应明确具体、切实可行，切忌空发议论、言之无物。

3. 法律意见书通常是"就事论事"，法律法规或规范性文件要求什么，律师就依法论证什么。

4. 法律意见书的制作，要求律师对委托人提供的资料进行审慎的审核，委托人提供的资料不足以得出结论性意见时，必须进行适当的调查，例如走访相关国家机关并要求出具相关证明文件，如要求税务机关出具委托人依法纳税、无税务违法行为的证明等。

5. 制作法律意见书应同时制作律师工作报告。律师工作报告应当反映出具法律意见书的工作过程，载明法律意见书结论性意见的事实依据和法律依据，写明律师审查和调查了哪些内容，相关法律法规以及规范性文件的具体规定是什么。

6. 制作法律意见书应同时制作工作底稿。工作底稿的内容包括委托合同、律师调查问卷，委托人依据调查问卷提供的资料、文件和对有关问题的说明。委托人提供的原始书面材料、副本材料、书面或口头的证言，包括委托人的财务报告或数据、审计、资产评估、验资报告等。政府有关部门或者其他有关机构出具的证明文件。律师为完成委托事项参加的各种会议的会议记录等[1]。

（三）合同审查法律意见书的审查要点

在制作合同审查法律意见书时最重要的是在出具法律意见书之前必须做好先期准备工作，对合同条款进行深入细致的审查，寻找存在的问题，并对问题进行分析后提出修改意见，做到合理合法，切实可行。合同审查的要点主要有：

1. 对合同内容的合法性进行审查。着重审查合同名称是否与合同的性质相

---

[1]　载 http://www.xzlawyer.cn/news/Show.asp?id=754，2010年6月25日访问。

符，是否会引起对合同性质的误解；审查合同条款中的约定义务是否与法定义务相冲突；审查合同所用术语的含义是否与相关法条、司法解释、技术规范等完全相符；审查合同中引用的法规或技术规范是否仍旧有效、是不是最新版本。

2. 对合同条款的实用性进行审查。着重审查合同中有无针对交易特有风险而设立的实用性条款；审查有无根据违约特点而设立的实用性条款；审查有无根据标的特性而设立的实用性条款；审查有无根据交易对象的特点而设立的实用性条款；审查有无提高争议管辖地点实用性的条款。

3. 对合同当事人权利义务的明确性进行审查。着重审查合同条款间是否有冲突及衔接不良；审查合同条款表述的内涵外延是否得当，以及是否有实际法律意义；推敲合同中的假设范围是否已经穷尽所有可能、没有遗漏；审查合同中权利义务以及违约是否有可识别性；附件能否将正文中的权利义务补充明确。

4. 对合同是否能满足交易需求进行审查。着重于从合同标的物的技术细节层面判断交易能否达到交易目的；从合同条款看交易能否达到交易目的。

5. 对合同结构是否清晰进行审查。着重判断合同各大组成部分的划分是否合理；审查合同是否将不同层级的内容按一定顺序标出不同层级的标题，形成标题体系。

6. 对合同条款的完备度进行审查。着重审查《民法典》第 470 条中所列举的 8 个合同基本条款是否已经具备；审查规范合同本身秩序的外围条款是否完备，如是否便于通知、送达。

7. 对合同的整体思维严谨度进行审查。着重审查合同条款是否存在衔接不当而引起的话题丢失，或根本无可衔接；审查是否存在假设范围过窄而影响严谨度的问题；审查是否存在权利义务重叠而引起的条款间冲突，以及叠加后产生的歧义。

8. 对合同语言表达的精确度进行审查。着重审查合同中用语是否正确、标点符号的使用是否规范；审查合同中使用的专业术语是否精确、表述的范围是否精确、措辞表示的程度是否可客观衡量；审查行为主体是否明确、句间指代是否明确；审查遣词造句是否专业且规范，句间关系的表述是否精确，表述方法是否简练。

五、任务评估

评估要点：

1. 形式规范。所制作的法律意见书要素齐备，体例规范。

2. 内容符合要求。所制作的法律意见书的正文部分对事实的描述简洁清晰，准确地提出存在的问题，对问题可能导致的后果能清楚预见，并能提出相应的修改意见，且理由阐述充分，法律规范援引正确妥当。

实训三：制作《行政复议申请书》

一、任务描述

行政复议申请书[1]是作为行政管理相对人的公民、法人或者其他组织，因行政机关的具体行政行为直接侵害其合法权益而向有管辖权的行政机关申请复议时提交的，据以引起行政复议程序发生的法律文书。[2]

行政复议是行政相对人请求行政复议机关对具体行政行为进行审查并作出裁决的行为，因而，申请人提出的申请，必须是针对具体行政行为的，并且应在法定时间内提出，否则不属于行政复议申请的范围。同时，由于行政复议实行不告不理原则，故行政相对人的复议申请是行政复议的前提和基础。

行政复议申请书是企业维权中经常使用的法律文书。通过学习，学生应当明确行政复议申请书制作的法律依据，掌握行政复议申请书的格式和内容要求，并能够根据事实与法律制作相应的行政复议申请书。

二、实例示范

下面是一份税务行政复议申请书的实例。

行政复议申请书

申请人：迪文贸易有限责任公司

住所：杭州市滨江区滨文路胜顶大厦 27 楼

法定代表人：沈 ×

联系电话：0571 - 877211 × ×

委托代理人：陈 × 云

被申请人：滨江区税务局

法定代表人：丁乙局长

地址：杭州市滨江区江南大道 48 号

复议请求：

责令被申请人退还申请人的金税卡，发还发票，赔偿因被申请人违法行为导致的申请人的直接经济损失。

事实与理由：

被申请人于 2016 年 4 月对我公司进行纳税评估并提出评估处理建议，因与

---

〔1〕 行政复议申请书属于行政执法文书，该文书也是企业维权中经常使用的法律文书，因此在本单元中阐述。

〔2〕 马宏俊主编：《法律文书写作与训练》，中国人民大学出版社 2009 年版，第 216 页。

被申请人的评估建议存在较大分歧，我公司递交了对评估建议的陈述材料，在等待结果期间，被申请人在未下达任何文书、未预先通知我公司的情况下，于 2016 年 8 月 10 日收缴了我公司的金税卡，停售我公司的增值税专用发票，导致我公司无法对外开具增值税发票，造成我公司合同违约，产生直接经济损失。

对此，我公司认为：

1. 我公司不存在违法行为，未违反增值税专用发票管理办法的规定，被申请人未出具任何文书而擅自收走我公司的金税卡，严重违反《中华人民共和国税收征收管理法》、《税收征收管理法实施细则》（国务院令 666 号）、《发票管理办法》之规定。

2. 依据《国家赔偿法》第 4 条的规定，被申请人应对从收缴金税卡之日起至退还金税卡之日止，对给我公司造成的全部直接经济损失人民币 15 000 元给予赔偿。

为此，请求贵局依法受理和处理，撤销被申请人的行政行为，以维护申请人的合法权利。

此致
杭州市税务局

附件：
1. 申请书副本 1 份。
2. 书证 5 份。

申请人：迪文贸易有限责任公司
二〇一六年八月十五日

三、基础铺垫

（一）行政复议申请书制作的法律依据

根据我国《行政复议法》第 11 条之规定，申请人申请行政复议可以采用书面形式，也可以采用口头形式。采用书面形式的，应当向行政机关提交行政复议申请书。[1]

（二）行政复议申请书的结构及其内容

行政复议申请书一般由首部、正文、尾部组成。根据《行政复议法实施条

---

〔1〕《行政复议法》第 11 条规定："申请人申请行政复议，可以书面申请，也可以口头申请；口头申请的，行政复议机关应当当场记录申请人的基本情况、行政复议请求、申请行政复议的主要事实、理由和时间。"

例》第19条之规定，行政复议申请书的内容包括：

1. 首部。首部包括标题、申请人和被申请人基本情况两部分。

（1）标题。要居中写明"行政复议申请书"，不能只写"申请书"。

（2）申请人和被申请人基本情况。申请人如果是公民，要写明姓名、性别、年龄、民族、身份证号码、工作单位、住所、邮政编码；如果是法人或其他组织，要写明单位或组织的名称、住所、邮政编码和法定代表人或者主要负责人的姓名、职务。被申请人的有关情况即复议机关的名称、地址、法定代表人或负责人的姓名、职务。

2. 正文。正文由复议请求、事实与理由两部分构成。

（1）复议请求。必须清楚写明要求撤销、变更被申请人的何种具体行政行为，或者要求责令被申请人作出何种具体行政行为，或者要求确认何种具体行政行为违法。

（2）事实与理由。应当简明扼要地写明能够支持行政复议请求的事实、证据、法律依据以及事实与行政复议请求间的逻辑关系。

3. 尾部。尾部要明确写明申请机构；须申请人签名或盖章并写明申请时间，如有附件，可附在正文之后。

（三）申请人须提交的证明材料

根据《行政复议法实施条例》第21条之规定，申请人申请行政复议须提交的证明材料如下：①认为被申请人不履行法定职责的，提供曾经要求被申请人履行法定职责而被申请人未履行的证明材料；②申请行政复议时一并提出行政赔偿请求的，提供受具体行政行为侵害而造成损害的证明材料；③法律、法规规定需要申请人提供证据材料的其他情形。

（四）行政复议申请书样式

行政复议申请书

申请人：_____

住所：_____

法定代表人（负责人）：_____

身份证件名称：_____　证件号码：_____

电话：_____　邮政编码：_____

被申请人：_____

法定代表人：_____

地址：_____

复议请求：_____

_____

_____

事实与理由：_____

_____

_____

综上所述，我公司认为：_____

_____

_____

为此，请求贵局依法受理和处理，撤销被申请人的行政行为，以维护申请人的合法权利。

此致

_____（行政复议机关）

附件：_____

申请人：_____

____年____月____日

四、学生实训

根据以下事实，请为绍兴市恒强化学制品有限责任公司制作一份行政复议申请书（制作中如果缺少相应内容，可根据情况合理虚拟补齐）。

【案情】

2015 年 6 月初，绍兴市恒强化学制品有限责任公司（以下简称"恒强公司"）向绍兴市环保局、工商局提出投资建设苦味酸（俗称黄色炸药）生产项目的申请。市环保局和工商局分别于 6 月 24 日、6 月 27 日批准了该公司的申请。恒强公司于 2016 年 8 月正式投入生产。2016 年 11 月 24 日，绍兴市环保局接到媒体与群众的举报称：恒强公司生产苦味酸，排放污水，造成周围环境的严重污染。绍兴市环保局经过调查，认为恒强公司未按《危险化学品安全管理条例》的规定程序报批，擅自投资生产苦味酸，利用渗坑排放污水，造成厂区附近土壤及饮用水井水质污染。据此，认定该公司的行为违反了国务院《危险化学品安全管理条例》和《水污染防治法》的规定，决定对恒强公司处罚如下：①立即停止苦味酸生产，拆除苦味酸生产设施；②罚款人民币 5 万元；③在 1 个月内清除所排废液及整治已污染的土壤。恒强公司不服绍兴市环保局的行政处罚决定，遂向绍兴市政府申请行政复议，请求撤销绍兴市环保局的行政处罚决定。

【提示】

（一）制作行政复议申请书的相关准备工作

1. 了解案件事实。重点了解申请人申请行政复议的主要事实与理由。

2. 收集相关证据。收集能够证明案件事实的相关证据。

3. 查阅与本案有关的法律、法规、政策、司法解释等。

（二）制作行政复议申请书的一般注意事项

1. 必须清楚写明所针对的具体行政行为的文号，使复议机关明确复议的对象。

2. 必须明确写明复议请求，表示申请人提出复议申请所要解决的问题和所要达到的目的。

3. 应当针对原具体行政行为存在的问题阐述有关的事实，将时间、地点、纠纷起因、发展演变及后果等要素交待清楚，并列举有关的证据材料，为阐述理由打下基础。

4. 应当针对原具体行政行为在认定事实及适用法律上出现的错误、超越或滥用职权的行为、导致不公正的结果等进行充分的批驳。论证原具体行政行为的错误实质，说明提出复议请求的合理性与合法性。

5. 申请书使用书面语言，表述要重事实、重证据，说理充分，语气平和，态度诚恳。

五、任务评估

评估要点：

1. 形式规范。所制作的行政复议申请书要素齐备、格式规范。

2. 内容符合要求。行政复议申请书能清楚准确地提出行政复议的请求，具体明确；对事实的描述简洁清晰，事实与请求之间的逻辑关系清楚明了；理由阐述充分，法律规范援引正确，证据运用得当。

第三节 技能拓展

技能拓展一：熟识《合同管理办法》

一、基础知识

企业合同管理是企业依法对本企业合同的签订、履行、变更、解除以及合同纠纷进行计划、组织、控制、调解、诉讼和监督检查等一系列活动的总称。

一般而言，企业通过制定合同管理办法来保障企业合同管理机构的正常运作。

所谓合同管理办法，是指有关企业制定的，用以规范企业内部合同管理活动的法律文书。

二、文书样式

×××公司合同管理办法

第一章　总则

……（主要包括合同管理办法的制作依据、适用范围、原则等内容。）

第二章　合同管理组织机构与工作职责

……（主要包括合同归口管理部门及职责、合同管理机构及职责、合同承办部门及职责、合同执行部门及职责等内容。）

第三章　公司合同的分类管理

……（主要包括公司合同类型划分、合同订立的一般条款、各类合同的专有条款等内容。）

第四章　合同报批与订立

……（主要包括合同报批与订立的程序、合同报批和签订中各级人员的职责、合同授权代理人、合同用章管理、合同编号规则等内容。）

第五章　合同履行

……（主要包括合同履行部门、合同履行的程序与控制监督、合同变更的补办审批程序等内容。）

第六章　合同的计量与支付

……（主要包括合同计量的审核确认、合同支付应具备的条件与流程等内容。）

第七章　附则

……（主要包括保密规定、有权解释部门、生效日期等内容。）

三、制作要点

1. 总则部分要明确合同管理办法制定的目的与作用、依据与适用范围。

2. 要对本企业所使用的合同之种类与特点进行分类，制定分类专项管理制度。

3. 明确确立企业各项合同的管理制度，各类合同归口管理部门的职责、工作要点与注意事项，合同授权委托的条件、范围、程序，合同的审查、会签以及审批的程序、范围、人员等。

4. 要确立企业合同档案管理制度，包括合同正本、副本等文档的存档规定和档案管理规定以及保密责任。

技能拓展二：熟识《租赁合同》

一、基础知识

（一）概念

根据我国《民法典》第 703 条的规定，租赁合同是出租人将租赁物交付承租人使用、收益，承租人支付租金的合同。其中，提供物的使用或收益权的一方为出租人，对租赁物有使用或收益权的一方为承租人。租赁物必须为法律允许流通的动产与不动产。据此，租赁合同可分为动产租赁与不动产租赁。租赁合同是双务、有偿的合同，同时也是诺成合同。

（二）制作依据

《民法典》第 703 条 ~ 第 734 条规定了租赁合同相关的法律规范。其中，《民法典》第 704 条规定，租赁合同的内容一般包括租赁物的名称、数量、用途、租赁期限、租金及其支付期限和方式、租赁物维修等条款。

二、文书样式

以设备租赁合同为例。

设备租赁合同

合同编号：_____

出租人：（以下简称甲方）_____

地址：_____

邮编：_____

电话：_____

传真：_____

电子邮箱：_____

承租人：（以下简称乙方）_____

地址：_____

邮编：_____

电话：_____

传真：_____

电子邮箱：_____

　　根据《中华人民共和国民法典》的有关规定，按照平等互利的原则，为明确甲、乙双方的权利义务，经双方协商一致，签订本合同。

　　一、租赁物资的品名：_____；规格：_____；数量：_____；质量：_____。

　　二、设备租赁期限为____年，即自____年____月____日至____年____月____日。

　　如乙方因工程需要延长租期，应在合同期届满前____日内，重新签订合同。

　　三、租金总额为_____元（包括手续费_____%），分____期交付，每期租金_____元。如乙方不能按期承付租金，甲方则按逾期租金总额每天加收____%的违约金。

　　四、经双方协商，甲方收取乙方押金____元，乙方交纳后办理提货手续。租赁期间不得以押金抵作租金；租赁期满，扣除应付租赁物资缺损赔偿金后，押金余额退还乙方。

　　五、甲方于____年____季交货。乙方收货后应立即向甲方开具设备收据。

　　六、设备的验收、安装、调试、使用、保养、维修管理等，均由乙方自行负责。

　　七、设备在租赁期间的所有权属于甲方。乙方收货后，应以甲方名义向当地保险公司投保综合险，保险费由乙方负责。乙方应将投保合同交甲方作为本合同附件。

　　八、乙方对租赁物资要妥善保管。租赁物资返还时，双方检查验收，如因保管不善造成租赁物资损坏、丢失的，要按照双方议定的《租赁物资缺损赔偿办法》，由乙方向甲方偿付赔偿金。租赁期间，租赁物资的维修及费用由_____承担。

　　九、违约责任。

　　1. 甲方的违约责任。

　　（1）未按时间提供租赁物资，应向乙方偿付违约期租金____%的违约金。

　　（2）未按质量提供租赁物资，应向乙方偿付违约期租金____%的违约金。

　　（3）未按数量提供租赁物资，致使乙方不能如期正常使用的，除按规定如数补齐外，还应偿付违约期租金____%的违约金。

（4）其他违约行为。

2. 乙方的违约责任。

（1）不按时交纳租金，应向甲方偿付违约期租金____%的违约金。

（2）逾期不返还租赁物资，应向甲方偿付违约期租金____%的违约金。

（3）如有转让、转租或将租赁物资变卖、抵押等行为，除出租方有权解除合同、限期如数收回租赁物资外，乙方还应向甲方偿付违约期租金____%的违约金。

（4）其他违约行为。

十、本合同一经签订不能撤销。如乙方提前交清租金，结束合同，甲方给予退还一部分利息的优惠。本合同期满，甲方同意按____元的优惠价格将设备所有权转给乙方。

十一、_____同意作为乙方的经济担保人，负责乙方切实履行本合同各条款规定，如乙方在合同期内不能承担合同中规定的经济责任时，担保人应向甲方支付乙方余下的各期租金和其他损失。

十二、变更。

1. 在租赁期间，甲方如将租赁物资所有权转移给第三人，应正式通知乙方，租赁物资新的所有权人即成为本合同的当然出租人。

2. 在租赁期间，乙方未经甲方同意，不得将租赁物资转让、转租给第三人使用，也不得变卖或作抵押品。

十三、声明及保证。

甲方：

1. 甲方为一家依法设立并合法存续的企业，有权签署并有能力履行本合同。

2. 甲方签署和履行本合同所需的一切手续均已办妥并合法有效。

3. 在签署本合同时，任何法院、仲裁机构、行政机关或监管机构均未作出任何足以对甲方履行本合同产生重大不利影响的判决、裁定、裁决或具体行政行为。

4. 甲方为签署本合同所需的内部授权程序均已完成，本合同的签署人是甲方的法定代表人或授权代表人。本合同生效后即对合同双方具有法律约束力。

乙方：

1. 乙方为一家依法设立并合法存续的企业，有权签署并有能力履行本合同。

2. 乙方签署和履行本合同所需的一切手续均已办妥并合法有效。

3. 在签署本合同时，任何法院、仲裁机构、行政机关或监管机构均未作出任何足以对乙方履行本合同产生重大不利影响的判决、裁定、裁决或具体行政行为。

4. 乙方为签署本合同所需的内部授权程序均已完成，本合同的签署人是乙方的法定代表人或授权代表人。本合同生效后即对合同双方具有法律约束力。

十四、保密。双方保证对从另一方取得且无法自公开渠道获得的商业秘密（技术信息、经营信息及其他商业秘密）予以保密。未经该商业秘密的原提供方同意，另一方不得向任何第三方泄露该商业秘密的全部或部分内容。但法律、法规另有规定或双方另有约定的除外。保密期限为____年。

一方违反上述保密义务的，应承担相应的违约责任并赔偿由此造成的损失。

十五、不可抗力。本合同所称不可抗力是指不能预见、不能克服、不能避免并对一方当事人造成重大影响的客观事件，包括但不限于自然灾害，如洪水、地震、火灾和风暴，以及社会事件，如战争、动乱、政府行为。

如因不可抗力事件的发生导致合同无法履行时，遇不可抗力的一方应立即将事故情况书面告知另一方，并应在____天内，提供事故详情及合同不能履行或者需要延期履行的书面资料，双方认可后协商终止合同或暂时延迟合同的履行。

十六、通知。

1. 根据本合同需要发出的全部通知以及双方的文件往来及与本合同有关的通知和要求等，必须用书面形式，可采用____（书信、传真、电报、当面送交等方式）传递。以上方式无法送达的，亦可采取公告送达的方式。

2. 各方通讯地址如下：_____

3. 一方变更通知或通讯地址，应自变更之日起____日内，以书面形式通知对方；否则由未通知方承担由此而引起的相应责任。

十七、争议的处理。

1. 本合同受____国法律管辖并按其进行解释。

2. 本合同在履行过程中发生的争议，由双方当事人协商解决，也可由有关部门调解；协商或调解不成的，按下列第____种方式解决：

（1）提交_____仲裁委员会仲裁。

（2）依法向人民法院起诉。

十八、解释。本合同的理解与解释应依据合同目的和文本原义进行，本合同的标题仅是为了阅读方便而设，不应影响本合同的解释。

十九、补充与附件。本合同未尽事宜，依照有关法律、法规执行，法律、法规未作规定的，甲乙双方可以达成书面补充协议。本合同的附件和补充合同均为本合同不可分割的组成部分，与本合同具有同等的法律效力。

二十、合同效力。本合同自双方或双方法定代表人或其授权代表人签字并加盖公章之日起生效。有效期为＿＿年，自＿＿年＿＿月＿＿日至＿＿年＿＿月＿＿日。本合同正本一式＿＿份，双方各执＿＿份，具有同等法律效力；合同副本＿＿份，送＿＿留存一份。

甲方（盖章）：＿＿＿＿＿＿＿＿　　乙方（盖章）：＿＿＿＿＿＿＿＿

负责人（签字）：＿＿＿＿＿＿＿　　负责人（签字）：＿＿＿＿＿＿＿

开户银行及账号：＿＿＿＿＿＿　　开户银行及账号：＿＿＿＿＿＿

＿＿年＿＿月＿＿日　　　　　　　　＿＿年＿＿月＿＿日

签订地点：＿＿＿＿＿＿＿＿　　　　签订地点：＿＿＿＿＿＿＿＿

担保人（盖章）：＿＿＿＿＿＿＿

负责人（签字）：＿＿＿＿＿＿＿

开户银行及账号：＿＿＿＿＿＿

＿＿年＿＿月＿＿日

签订地点：＿＿＿＿＿＿＿＿

三、制作要点

1. 确定出租方提供的租赁物有无权利瑕疵，有无质量缺陷。

2. 对租赁物的价格、质量、用途等基本情况要约定清楚。

3. 要明确租赁物交付的时间和交接验收手续以及租金的支付方式与期限。

4. 应当明确约定如何承担租赁物的维修、毁损、灭失风险的承担。

5. 应当明确约定违约责任。

6. 文字表达要严谨规范，不能与当事人本意有出入，也不能有歧义。

技能拓展三：熟识《股权转让协议》

一、基础知识

股权转让协议是当事人以转让股权为目的而达成的关于出让方交付股权并收取价金，受让方支付价金得到股权的合意。股权转让协议是当事人之间就股权转让的相关事项达成的合意，属于转让财产性权利的合同。因此它的制作既要符合合同的一般要求，又要遵循法律文书的制作要求，即应当做到：遵循格式，写全事项；主旨鲜明，阐述精炼；叙事清楚，材料真实；依法说理，折服有力；语言精确，朴实庄重。

二、文书样式

股权转让协议

转让方：_____有限公司（以下简称甲方）

所在地址：_____

法定代表人：_____国籍：_____

职务：_____

受让方：_____有限公司（以下简称乙方）

所在地址：_____

法定代表人：_____国籍：_____

职务：_____

甲方在有限公司（以下简称_____公司）合法拥有_____%的股权，现甲方有意转让其在公司拥有的_____%的股权（下称"目标股份"），并且甲方转让其股权已获得公司其他投资者及股东会/董事会决议的批准。现甲、乙双方经友好协商，本着平等互利的原则，就甲方在公司拥有的_____%的股权转让事宜达成如下条款：

第一条　股权转让价款

甲方同意根据本合同所规定的条件，以_____的等值人民币将其在公司拥有的_____%的股权转让给乙方，乙方同意以此价格受让甲方在公司拥有的_____%的股权。

第二条　股权转让手续的办理

1. 本协议签署后，甲方应立即通知_____，由其将本协议项下的股权转让事项记载于公司的股东名册，并督促该公司及时到其所属的工商行政管理机关办理相应的股权变更登记手续。

2. 上述股权转让变更手续，应当在本协议签署后_____内完成。股权变更登记手续办理完毕之日视为股权转让正式完成。

第三条　保证

1. 甲方作如下保证：

（1）保证其为_____的合法股东，并对目标股份享有所有权。

（2）保证将全面履行本协议，而且已依法取得本协议所必需的，包括_____的其他股东在内的任何批准、同意、授权和许可。

（3）本协议的签订或履行不违反以甲方为一方或约束甲方自身或其资产的任何重大合同或协议。

（4）保证其对目标股份拥有完全、有效的处分权，保证目标股份没有设置抵押权、质押权或任何形式的担保，并且上述股权不存在被任何第三人追索的情形，亦不存在被任何司法机关、政府机关和其他任何部门查封及限制的情形。

（5）在本协议中所作的声明和保证均为真实、准确、完整，并在股权过户完成时仍为真实、准确、完整，不存在虚假陈述、重大遗漏和误导之处。

（6）保证本协议生效后，不得无故将目标股份再次转让与其他第三人，亦不得将其在本协议项下的权利、义务转让给任何其他第三人。

（7）在本协议履行过程中应给予乙方积极的配合，以促使股权转让的过户及其他相关手续顺利完成。

（8）除法律、法规另有规定外，保证对于本协议项下股权转让所涉及的一切资料及信息，承担保密义务。

（9）甲方需在本协议签订后将与目标股份相关的出资证明文件等资料移交给乙方。

2. 乙方作如下保证：

（1）保证自己具有合法的权力签署并全面履行本协议。

（2）本协议的签署或履行不违反以乙方为一方或约束乙方自身或其资产的任何重大合同或协议。

（3）保证在本协议签署后，不得无故放弃本次股权的受让，亦不得将其在本协议项下的权利、义务转让与任何其他第三人，但股权过户完成后的转让不受此限。

（4）保证按本协议的约定按时支付股权转让价款。

（5）除法律、法规另有要求外，保证对于本协议项下股权转让所涉及的一切资料及信息，承担保密义务。

第四条　债权债务的分担

本协议生效后，乙方按其在公司中股份比例分享利益风险及亏损。

第五条　违约责任

1. 本协议履行过程中，甲方未按本协议约定提供相关文件资料或办理股权转让手续、致使目标股份无法顺利过户给乙方或过户给乙方存在法律上的障碍，甲方应承担违约责任，违约金为_____。

2. 乙方在履行协议过程中违反约定，导致股权转让手续无法办理的，乙方应承担_____违约责任。

3. 任何一方违反本协议项下约定的义务或其所做出的承诺或保证，导致对方利益受损，违约方应赔偿对方因此承受的全部损失，赔偿范围包括但不限于股权转让价款本金、利息、费用及可得利益损失。

4. 由于一方首先违约或隐瞒重大事实，严重影响了其他方的经济利益，使协议继续履行成为不必要，其他方有权单方解除合同。

5. 因一方存在单方违约行为，守约方可以采取法律行动，以此对抗违约方的违约行为，此对抗行为不视为守约方对有关保证、承诺的违反。

第六条　合同的变更和解除

发生下列情况之一时，可变更或解除合同，但甲、乙双方须签署变更或解除协议，方可生效。

1. 由于不可抗力或由于一方当事人虽无过失但无法防止的外因，致使本合同无法履行。

2. 因情况发生变化，甲、乙双方经过协商同意。

第七条　适用法律和争议的解决

1. 本合同受中国法律管辖并按其解释。

2. 凡因本合同引起的或与本合同有关的任何争议，双方应友好协商解决。协商不成，提交_____解决。

第八条　合同生效的条件

本合同由甲、乙双方法定代表人或委托代理人签字和盖章，并经审批机构批准予以生效。应于_____天内向原登记管理机构办理变更登记手续。

第九条　其他

1. 本合同正本一式_____份，甲、乙双方各执壹份，_____有限公司执壹份，其余由有关政府部门留存。

2. 本合同由甲、乙双方于____年____月____日在_____市（县）签署。

　　甲方：有限公司（盖章）　　　　　乙方：有限公司（盖章）

　　法定（授权）代表：（签名）____　　法定（授权）代表：（签名）____

　　　　____年____月____日　　　　　　　　____年____月____日

三、制作要点

制作股权转让协议前一般需要了解该股权的性质，股权所在公司的基本情况（包括财务情况、债权债务情况、对外担保情况、对外诉争情况、行政规制等），当事人的基本情况，当事人的真实意思等，以避免协议签订后利益受损或出现纷争。

股权转让协议主要包括首部、正文、尾部三部分。

1. 首部。当事人基本情况，包括转让方与受让方的基本情况，分别列写。当事人是自然人的，应详细填写姓名、性别、年龄、民族、职业、单位或住址；当事人是法人及社会组织的，应当详细填写法人或社会组织的名称、地址、法定代表人姓名、职务。

2. 正文。正文是股权转让协议的主要部分，应当写明股权转让协议的具体内容，以保证能够全面、完整、清楚地表明协议各方当事人的真实意愿。正文一般包括所转让股权的基本情况、转让价款、转让期限与方式、费用的分担、保证条款、违约责任、解决争议的方法等。制作时要关注以下几个实体问题的处理：①其他股东的优先购买权问题；②转让基准日的资产确认及债权债务确认问题；③有无对外担保等隐性法律风险问题；④有无对外诉讼、仲裁等足以影响股权交易的因素问题；⑤注意三个时点：基准日、股权转让生效日、移交或交割日问题；⑥是否需要保密条款；⑦对于股权全部收购的情况，原劳动用工问题的处理；⑧交易过程中的税负问题；⑨与其他工商变更登记材料制作或提交保持同步性。

3. 尾部。由协议当事人签名，加盖公章，并写明股权转让协议签订的日期和地点。

| 中小企业常用法律文书样式 | 《中华人民共和国民法典》 | 《中华人民共和国行政复议法》（2017 年） | 《中华人民共和国行政复议法实施条例》 |

学习单元七 仲裁文书

学习目标

● 明确仲裁程序，熟悉仲裁法律知识，掌握仲裁文书的概念、分类、功能、结构和基本写作要求。

● 掌握仲裁代理工作过程中常用的仲裁文书的制作方法和制作要求，能独立制作仲裁协议书、仲裁申请书、仲裁答辩书等仲裁文书。

● 培育社会主义法治意识、程序意识；树立严谨的法律思维，强化爱岗敬业的职业素养。

重点提示

● 掌握仲裁协议书、仲裁申请书的制作。

● 熟识仲裁调解书、仲裁裁决书。

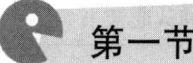

第一节　基础知识

一、仲裁文书的概念和分类

（一）仲裁文书的概念

仲裁在我国具有不同的形式，包括民商事仲裁、劳动争议仲裁、产品质量仲裁等。这里讲的仲裁主要是指《仲裁法》及我国涉外仲裁法规所涉及的仲裁，即一般意义上的民商事仲裁。仲裁文书，是指仲裁机构和仲裁当事人在仲裁活动过程中，依据《仲裁法》和仲裁规则制作的具有法律效力和法律意义的文书。

（二）仲裁文书的分类

仲裁文书可以根据不同的标准划分为不同的类型。

1. 依据制作主体的不同，可将仲裁文书分为仲裁机构制作的仲裁文书和当事人制作的仲裁文书。仲裁机构制作的仲裁文书包括仲裁裁决书、仲裁调解书等；当事人制作的仲裁文书包括仲裁协议书、仲裁申请书、仲裁答辩书、仲裁反申请书等。

2. 依据仲裁的案件是否有涉外因素，可将仲裁文书分为国内仲裁文书和涉外仲裁文书。国内仲裁文书是指仲裁机构和当事人在国内纠纷案件的仲裁过程中，按照国内仲裁程序制作的法律文书；涉外仲裁文书是指仲裁机构和当事人在涉外经济贸易、运输和海事纠纷案件的仲裁过程中，按照涉外仲裁程序制作的法律文书。

3. 依文书制作的时间不同，可将仲裁文书分为仲裁程序开始前的文书和仲裁程序开始后的文书。前者包括仲裁协议书和仲裁申请书；后者包括受理或不受理仲裁申请通知书、仲裁答辩书、仲裁反申请书、仲裁决定书、仲裁调解书和仲裁决定书等。

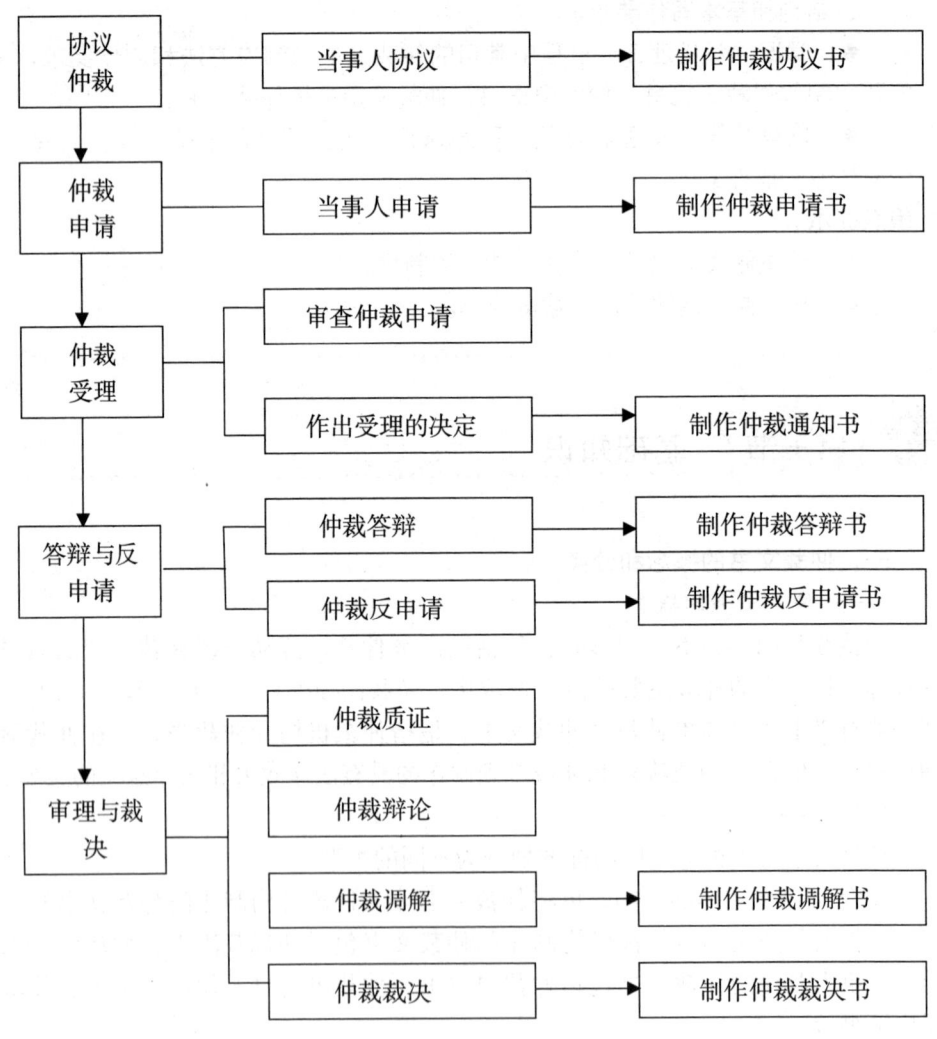

图 7-1　仲裁程序与常用仲裁文书关联图

二、仲裁文书制作基本要求

（一）符合法律、法规

仲裁文书的制作必须符合有关法律、法规的规定，不仅要符合我国《仲裁法》的规定，也要符合其他有关法律、法规的规定。仲裁文书的格式必须符合相关的仲裁规则。仲裁文书的制作除应符合实体法的规定外，还应符合程序法的要求。

（二）内容客观真实

内容客观真实既是对当事人的要求，也是对仲裁机构的要求。例如，根据我国《仲裁法》，结合《民事诉讼法》的规定，如"裁决所根据的证据是伪造的"，当事人可以向人民法院申请撤销该仲裁裁决。

（三）观点、内容具体明确

具体明确是仲裁文书得以执行的基础。只有观点、内容具体明确，仲裁文书才能得到当事人及相关机构的理解和执行。如仲裁协议中约定的仲裁委员会不明确，则无法将纠纷提交仲裁，在不能达成补充协议的情况下，该仲裁协议无效。

第二节 制作实训

实训一：制作《仲裁协议书》

一、任务描述

仲裁协议书是指当事人之间合意达成的将特定民商事争议提交仲裁机构解决的书面协议。仲裁协议书是仲裁的前提，没有仲裁协议书，就不存在有效的仲裁。

通过学习，学生应掌握仲裁协议书的格式和内容要求，并能够根据仲裁案件的需要制作符合要求的仲裁协议书。

二、实例示范

仲裁协议书

甲方：××省××有限公司

地址：××省××市××路××号

法定代表人：王×× 　　职务：经理

乙方：××省××县××经贸公司

地址：××省××县××路××号

　　法定代表人：张××　　职务：经理

　　当事人双方愿意提请××仲裁委员会按照《中华人民共和国仲裁法》的规定，仲裁如下争议：

　　双方于××年××月××日签订××合同。合同履行中，因买方对卖方提供的××的质量等级提出异议，导致双方发生争议，经协商解决不成。故双方一致同意选择××仲裁委员会依据《中华人民共和国仲裁法》及该会仲裁规则，对双方合同中所涉××的质量等级和双方如何继续履行合同作出裁决。

　　甲方：××有限公司　　　　　　　　　　乙方：××县××经贸公司

　　　　（盖章）　　　　　　　　　　　　　　　　（盖章）

　　法定代表人：王××　　　　　　　　　　法定代表人：张××

　　××××年××月××日　　　　　　　　　××××年××月××日

三、基础铺垫

（一）仲裁协议书制作的法律依据

《仲裁法》第4条规定："当事人采用仲裁方式解决纠纷，应当双方自愿，达成仲裁协议。没有仲裁协议，一方申请仲裁的，仲裁委员会不予受理。"

（二）仲裁协议书的结构及其内容

仲裁协议书一般由首都、正文和尾部三部分组成。

1. 首部。

（1）文书名称：具体写为"仲裁协议书"，不能简写为"协议书"。

（2）申请人的基本情况。具体包括申请人的姓名、性别、年龄、职业、工作单位和住所。申请人若为法人或者其他组织的，则应列明法人或者其他组织的名称、住所和法定代表人或者主要负责人的姓名、职务。如果申请人委托律师或者他人代理进行仲裁活动的，还应写明委托代理人的基本情况。

2. 正文。正文部分应写明仲裁协议的具体内容。仲裁协议书直接关系到仲裁协议的效力，决定争议能否通过仲裁方式予以解决，关系到仲裁机构的管辖权。因此，仲裁协议书的内容应当全面、详细、明确，不可缺少某些关键性的内容或者要点。依据我国《仲裁法》第16条第2款的规定，仲裁协议书应当具有下列内容：

（1）请求仲裁的意思表示。这是仲裁协议的首要内容，指各方当事人在订立合同或者签订其他形式的仲裁协议时一致同意将他们之间已发生或者将来可能发生的争议采取仲裁方式解决的明确的意思表示。

（2）仲裁事项。这是指各方当事人提请仲裁的争议范围，即当事人把何种争议采用仲裁方式解决。仲裁协议中约定的仲裁事项要具有可仲裁性和明确性。

（3）选定的仲裁委员会。仲裁机构的选择是仲裁协议中极为重要的内容。当事人在签订仲裁协议时，必须约定解决争议事项的仲裁委员会。当事人在仲裁协议中选定的仲裁委员会的名称一定要准确。

3. 尾部。由当事人或者委托代理人签字并盖章，写明仲裁协议书签订的日期。

（三）仲裁协议书的样式

仲裁协议书

　　根据《中华人民共和国仲裁法》，我们经过协商，愿就_____年_____月_____日签订的____合同第____条约定的仲裁事项，达成如下补充协议：

　　凡因执行本合同或与本合同有关的一切争议，可申请_____仲裁委员会仲裁，并适用《_____仲裁委员会仲裁规则》。_____仲裁委员会的裁决是终局裁决，对双方都有约束力。

　　当事人：_____　　　　　　　　　当事人：_____

　　签名（盖章）：　　　　　　　　　　签名（盖章）

　　日期：_____　　　　　　　　　　日期：_____

四、学生实训

根据以下案情，请你制作一份仲裁协议书。

【案情】

×外贸加工厂与×纺织厂签订毛呢买卖合同。合同规定：外贸加工厂向纺织厂购买 17 023 人字呢一等品 1000 米，每米价格 14.5 元，合计价款 1.45 万元；14 067 海军呢一等品 3000 米，每米价格 24 元，合计价款 7.2 万元；15 047 麦尔登呢一等品 2.6 万米，每米价格 21.5 元，合计价款 55.9 万元。以上三个品种共计 3 万米，货款总额 64.55 万元。提货日期：第一批 10 月 22 日交货 5000 米，其余 2.5 万米分 5 批按国家标准交货。交货地点及验收：第一、二批在卖方工厂交货验收，其余在买方所在地交货验收。运输方式及运费负担：汽车运输，运费由纺织厂负担 1/3，外贸加工厂负担 2/3。结算办法：第一批货物由纺织厂派一人押车，外贸加工厂通过银行办理托收。纺织厂按照合同约定于 10 月 22 日通知外贸加工厂验收货物。货物验收后，外贸加工厂未提出异议。10 月 30 日由纺织厂派车辆，双方各派一人押车，向外贸加工厂送货。车行至 100 公里时，货车起火，烧坏 7 件海军呢。11 月 2 日，送货车到达外贸加工厂后，外贸加工厂出具了接收海军呢 43 件，人字呢 20 件，麦尔登 20 件，共计 83 件，4980 米，价款 10.512 万元的凭证。对烧坏的 7 件海军呢，外贸加工厂拒不接收。对已接收的货物，除支付 3.02 万元外，其余以质量不符合标准为由拒付货款。[1]

【提示】

制作仲裁协议书一般应注意以下事项：

1. 仲裁事项要明确。如果仲裁协议对仲裁事项没有约定或者约定不明确的，当事人可以补充约定；达不成补充协议的，则仲裁协议无效。

2. 仲裁事项具有可仲裁性。平等主体的公民、法人和其他组织之间发生的合同纠纷和其他财产权益纠纷，可以仲裁；婚姻、收养、监护、扶养、继承纠纷以及依法应当由行政机关处理的行政争议，不能仲裁。

3. 要有选定的仲裁委员会。协议双方可以协议选择一个对双方解决争议比较方便且信誉比较好的仲裁机构，这样既有利于争议的解决，又可以提高解决争议的效率。如果约定了一个不存在的仲裁委员会，将会导致仲裁协议无效。

五、任务评估

评估要点：

1. 格式要正确。仲裁协议书的首部、正文、尾部三部分的书写符合要求。

2. 请求仲裁意思表示清楚。请求仲裁的意思表示必须指向单一，不能既指向仲裁又指向诉讼。

3. 选定的仲裁委员会名称必须正确。选定的仲裁委员会要明确、单一，不能重复选定两个以上的仲裁委员会。

实训二：制作《仲裁申请书》

一、任务描述

仲裁申请书是指平等主体的自然人、法人或者其他组织之间发生了合同纠纷或者其他财产权益纠纷，一方当事人根据双方自愿达成的仲裁协议，向仲裁协议中所选定的仲裁委员会提出仲裁申请，要求该仲裁委员会通过仲裁解决纠纷的文书。

通过学习，学生应掌握仲裁申请书的格式和内容要求，并能够根据具体案件事实，制作相应的仲裁申请书。

---

〔1〕 案件选自 http://www.aczz.org.cn/datacase/case/20090209/113407.shtml，2010 年 2 月 24 日访问。

二、实例示范

仲裁申请书[1]

申请人：南京××工贸实业有限公司

住　　所：江苏省南京市和平路 1654 号　　　　邮政编码：250000

法定代表人：杨×光　职务：总经理　　　　　　电话：87564522

委托代理人：李×强　南京××工贸实业有限公司销售部职工

委托代理人：孙×维　南京××律师事务所律师

被申请人：张×川（若被申请人为公民），男，19××年×月×日生

住所：上海市陆家浜路 2123 号　　邮政编码：200011　　电话：64586572

案由：购销合同拖欠货款纠纷

仲裁请求：

1. 裁决被申请人交付所拖欠货款人民币 102 000 元。

2. 裁决被申请人支付违约金人民币 5400 元。

3. 裁决本案仲裁费用由被申请人承担。

事实与理由：

申请人与被申请人在 2000 年 4 月 20 日签订《工矿产品购销合同》一份，在合同履行中，……

此致

上海仲裁委员会

申请人：南京××工贸实业有限公司（盖章）

二〇〇二年五月二十八日

三、基础铺垫

（一）仲裁申请书制作的法律依据

当事人申请仲裁应符合法定条件，以一定的方式提出。我国《仲裁法》第 21 条规定："当事人申请仲裁应当符合下列条件：①有仲裁协议；②有具体的仲裁请求和事实、理由；③属于仲裁委员会的受理范围。"第 22 条规定："当事人申请仲裁，应当向仲裁委员会递交仲裁协议、仲裁申请书及副本。"

（二）仲裁申请书的结构及其内容

仲裁申请书一般由首部、正文和尾部三部分组成。根据我国《仲裁法》第

---

〔1〕　引自 http://www.accsh.org/accsh/node5/node24/index.html，2010 年 2 月 26 日访问。

23 条之规定，仲裁申请书的内容包括：

1. 首部。

（1）文书名称：具体写为"仲裁申请书"，不能简写为"申请书"。

（2）当事人的基本情况。当事人包括申请人和被申请人，其基本情况具体包括申请人和被申请人的姓名、性别、年龄、职业、工作单位和住所；当事人若为法人或者其他组织的，则应列明法人或者其他组织的名称、住所和法定代表人或者主要负责人的姓名、职务。如果申请人委托律师或者他人代理进行仲裁活动的，还应写明委托代理人的基本情况。

（3）案由。即案件性质，如商品房预售合同纠纷。

2. 正文。仲裁申请书的正文由申请仲裁的依据、仲裁请求、事实和理由以及证据等内容组成。

（1）申请仲裁的依据。此处应引述当事人达成的仲裁协议的主要内容。

（2）仲裁请求。仲裁请求是申请人通过仲裁委员会向被申请人提出实体权利的具体要求，即通过申请仲裁所要解决的具体问题和要达到的具体目的，要求裁决被申请人履行什么义务，或者变更某种法律关系，或者确认某种法律关系是否存在，等等。该部分要按内容分项列清。

（3）事实和理由。这是仲裁申请书最主要的部分，是申请人提出仲裁请求的依据之所在。该内容一般分两个部分进行表述：①按照叙述要素的要求，完整清晰地陈述当事人之间存在何种法律关系，争议产生、发展和变化的过程，双方当事人争议的焦点或主要分歧。②援引具体的法律条款来阐明仲裁请求是正当和合法的。文书制作者应根据相关法律规定分析纠纷的法律性质，并按照责任人的行为所造成的后果说明其应承担的法律责任。

（4）证据。在仲裁申请书中应写明有关证据的名称及所能证明的相关事实，有关证据的来源及其取得方式，证人证言的内容及证人的姓名、住所。

3. 尾部。依次写明下列各项：

（1）致送的仲裁机关的名称，分两行写明"此致""××仲裁委员会"。

（2）申请人的姓名或名称，申请人是法人或其他组织的，要加盖印章，并写明法定代表人的姓名和职务。

（3）制作文书的日期。

（4）附项。附项通常应写明"本申请书副本×份"，申请书副本的份数一般按对方当事人的人数和仲裁庭组成人员的数量提交；提交的仲裁协议书或包含仲裁条款的合同副本的份数；申请人提交的证据清单，应交待清楚提请仲裁所依据的证据的名称、来源或线索，证人的姓名、住址。

（三）仲裁申请书的样式

仲裁申请书

申请人：＿＿＿＿＿＿＿＿＿＿＿

住所：＿＿＿＿＿＿＿＿＿＿＿　　邮政编码：＿＿＿＿＿＿＿＿

电话：＿＿＿＿＿＿＿＿＿＿＿　　传真：＿＿＿＿＿＿＿＿＿＿

法定代表人（负责人）：＿＿＿＿＿　职务：＿＿＿＿＿＿＿＿＿＿

住所：＿＿＿＿＿＿＿＿＿＿＿　　邮政编码：＿＿＿＿＿＿＿＿

电话：＿＿＿＿＿＿＿＿＿＿＿　　传真：＿＿＿＿＿＿＿＿＿＿

被申请人：＿＿＿＿＿＿＿＿＿＿＿

住所：＿＿＿＿＿＿＿＿＿＿＿　　邮政编码：＿＿＿＿＿＿＿＿

电话：＿＿＿＿＿＿＿＿＿＿＿　　传真：＿＿＿＿＿＿＿＿＿＿

法定代表人（负责人）：＿＿＿＿＿　职务：＿＿＿＿＿＿＿＿＿＿

住所：＿＿＿＿＿＿＿＿＿＿＿　　邮政编码：＿＿＿＿＿＿＿＿

电话：＿＿＿＿＿＿＿＿＿＿＿　　传真：＿＿＿＿＿＿＿＿＿＿

案由：＿＿＿＿＿＿＿＿＿＿＿＿＿＿＿＿＿＿＿＿＿＿＿＿＿＿＿＿

仲裁请求：＿＿＿＿＿＿＿＿＿＿＿＿＿＿＿＿＿＿＿＿＿＿＿＿＿＿

事实与理由：＿＿＿＿＿＿＿＿＿＿＿＿＿＿＿＿＿＿＿＿＿＿＿＿＿

此致

＿＿＿＿＿＿仲裁委员会

附：1. 本申请书副本＿＿＿＿＿＿份；

　　2. 物证＿＿＿＿＿＿件；

　　3. 书证＿＿＿＿＿＿件。

申请人：＿＿＿＿＿＿＿＿（签章）

＿＿＿年＿＿＿月＿＿＿日

四、学生实训

根据以下案情，请你制作一份仲裁申请书。

【案情】

2007年5月20日，王××与×房地产公司签订《商品房买卖合同》，约定王××向×房地产公司购买涉案房屋，总价款为954 800元。合同第15条对办理产权登记约定为：×房地产公司应当在商品房交付使用后260个工作日内办理权属登记，需由×房地产公司提供资料并报产权登记机关备案。如因×房地产公司的责任，王××不能在房屋交付使用后540个工作日内取得房地产权属证书，即×房地产公司逾期办理房地产证的，自逾期之日起，向王××支付累计已付款的1/5的违约金。

该合同签订后，王××向×房地产公司付清了全部购房款954 800元。2007年10月15日，×房地产公司将涉案房屋交付给王××使用。至2010年2月25日，×房地产公司仍未为王××办理好房屋的房地产权属证书。

【提示】

（一）制作仲裁申请书的相关准备工作

1. 了解相关事实。其包括当事人之间的法律关系，纠纷发生发展的过程，双方当事人争执的具体内容和焦点，达成的仲裁协议是否有效等，以明确是否符合申请仲裁的条件。

2. 收集相关证据。应根据对案件事实的了解，收集能够证明事实的相关证据。

3. 查阅有关的法律、法规、政策、司法解释等。

（二）制作仲裁申请书的一般注意事项

1. 仲裁请求事项要一一写明请求的具体内容，既要言简意赅，不能模棱两可，也不能有所疏漏。仲裁请求的内容不能超出特定的合同规定，对合同范围之外的请求，仲裁庭一般不予支持，也无权支持。

2. 仲裁请求赔偿的金额要适当。应根据法律的规定确定请求数额，不要盲目扩大请求额，否则可能多交仲裁费用。

3. 事实和理由部分应当做到表述清楚，言之有据，逻辑严谨。

五、任务评估

评估要点：

1. 格式要正确。仲裁申请书的首部、正文、尾部三部分的书写符合要求。

2. 仲裁请求必须围绕法律及合同进行，所提出的仲裁请求应有相应的法律与合同依据，不能主观臆断。

3. 人称要具有一致性，不要第一人称和第三人称混用。

第三节　技能拓展

技能拓展一：熟识《仲裁调解书》

一、基础知识

（一）概念

仲裁调解书是指仲裁机构通过调解方式，根据当事人双方自愿就申请仲裁的争议达成的协议制作的法律文书。

（二）制作依据

我国《仲裁法》第51条规定，仲裁庭在作出裁决前，可以先行调解。当事人自愿调解的，仲裁庭应当调解。调解不成的，应当及时作出裁决。调解达成协议的，仲裁庭应当制作调解书或者根据协议的结果制作裁决书，调解书与裁决书具有同等法律效力。这是制作仲裁调解书的法律依据。

调解不是仲裁的必经程序，仲裁庭应当在查明事实、分清是非的基础上，以自愿、合法为原则，进行调解。调解书经双方当事人签收后即发生法律效力。如果一方当事人不履行调解书，另一方当事人可以据此向有关的人民法院申请强制执行。

二、文书样式

仲裁委员会

调　解　书

_____仲调字第_____号

申请人：_____　　地址：_____

法定代表人：_____　　职务：_____

委托代理人：_____　　职务：_____

被申请人：_____　　地址：_____

法定代表人：_____　　职务：_____

委托代理人：_____　　职务：_____

申请人_____因与被申请人_____一案于___年___月___日向本仲裁委员会提出仲裁申请。（写明仲裁庭的组成、形式、开庭审理经过，当事人及其他仲裁参与人到庭的情况），现查明：

案件事实：_____

本案在审理过程中，经本庭主持调解，双方当事人自愿达成如下协议：
_____（写明协议的内容）
_____（写明仲裁费用的分担）
本调解书与裁决书具有同等法律效力，自双方当事人签收之日起生效。

首席仲裁员：_____
仲裁员：_____
仲裁员：_____
___年___月___日

三、制作要点

1. 调解依据的写作必须实事求是。调解协议既可以依法达成，也可以依照一定的社会情理而达成。

2. 调解书的内容应与事实相符，并且要合乎法律的规定，不得损害国家、集体和第三人利益。

3. 调解书的内容必须完备，具有可操作性。双方权利、义务要具体明确，不能含糊不清，以便义务人认真遵照执行。

技能拓展二：熟识《仲裁裁决书》

一、基础知识

（一）概念

仲裁裁决书是指仲裁庭对当事人申请仲裁的纠纷进行审理后就实体问题所作的书面处理决定。仲裁裁决书作出后，任何一方当事人不得向人民法院起诉，也不得向任何其他机构（包括仲裁机构）提出变更仲裁裁决的请求。一方逾期不履行义务的，对方当事人可以申请人民法院强制执行。

（二）制作依据

《仲裁法》第54条规定："裁决书应当写明仲裁请求、争议事实、裁决理由、裁决结果、仲裁费用的负担和裁决日期。当事人协议不愿写明争议事实和裁决理由的，可以不写。裁决书由仲裁员签名，加盖仲裁委员会印章。对裁决持不同意见的仲裁员，可以签名，也可以不签名。"该条文是制作仲裁裁决书最直接的法律依据。

二、文书样式

仲裁委员会
裁 决 书

_____裁字第_____号

申请人：_____

被申请人：_____

（当事人可以委托代理人）

案由：

_____（双方争议的内容及各自陈述的意见）

现查明：_____（写明仲裁庭查明的事实和认定的证据）

本会认为：_____（写明裁决的理由）。依照……（写明裁决所依据的法律条款项目）之规定，裁决如下：

（裁决结果分项列明）

一、……

二、……

三、本案仲裁费____元，由_____承担。

本裁决为终局裁决。

首席仲裁员：_____

仲裁员：_____

仲裁员：_____

____年___月___日

（印章）

书记员：_____

三、制作要点

1. 要写明受理案件的依据。即写明申请人之间的仲裁协议和申请人的仲裁申请。

2. 一般要写明争议事实和仲裁理由。如果申请人不愿写明争议事实和理由的，可以不写。

3. 仲裁裁决书需经仲裁员签署。有不同意见的仲裁员，可以在裁决书上署名，也可以不署名，但其意见可以作成记录附卷。仲裁庭不能作出一致意见时，按首席仲裁员的意见制作裁决书。

仲裁文书样式

《中华人民共和国仲裁法》（2017 年）

学习单元八　公证文书

学习目标

● 明确公证机构的任务与业务范围，了解公证员岗位职责和公证程序，熟悉公证法律知识，掌握公证文书的基本格式和规范要求等基本理论。

● 熟练掌握公证工作中常用公证文书的制作方法和制作要求，能够根据公证工作程序，运用公证理论和其他相关法律知识独立制作公证申请书、遗嘱公证书、合同公证书等常用文书。

● 培育社会主义法治意识，树立公正理念；培育崇法、尚信、守正、求真的公证职业精神。

重点提示

● 明晰公证文书与其他相关概念的区别。

● 掌握公证申请书（表）、遗嘱公证书、合同公证书三种常用公证文书的制作。

● 熟识具有强制执行效力的债权文书公证书、有关涉外及涉港澳台公证文书、保全证据公证书、夫妻财产公证书。

第一节　基础知识

一、公证文书的概念和分类

（一）公证文书的概念和特征

公证文书是指公证机构在公证活动中依照法定程序和法律规定制作的各类文书的总称，它是由自然人、法人或其他组织提出申请，公证机构依法出具的能够证明法律行为、法律事实或有法律意义的文书的真实性、合法性和有效性的证明文件。

公证文书具有如下特征：

1. 公证文书具有国家公信力。公证是由公证机构和公证员进行的一种特殊的证明活动。司法部 2020 年 10 月 20 日修正的《公证程序规则》第 3 条规定："公证机构依法独立行使公证职能，独立承担民事责任，任何单位、个人不得非法干预，其合法权益不受侵犯。"公证制度是我国司法制度的重要组成部分，公证机构是代表国家进行公证活动的专设法律证明机构，公证文书具有国家公信力。

2. 公证文书具有特殊效力。公证文书是严格按照法律程序出具的证明文件。为了规范办证程序，保证公证质量，除《公证法》外，司法部还专门制定了《公证程序规则》来规范公证程序。因此，公证文书是经过严格审查、依照法律程序出具的具有特殊效力的法律文书。

3. 公证文书具有真实性和合法性。"以事实为根据，以法律为准绳"是公证活动的基本准则。公证文书证明的内容必须要遵循"真实、合法"的原则，真实与合法二者是统一的，必须同时具备，缺一不可。

（二）公证文书的种类

从目前我国公证工作的实际运行情况看，公证文书主要有以下几种：①根据公证文书的性质，可分为民事公证文书、经济公证文书、涉外公证文书三类。②根据公证文书的制作主体，可分为公证申请书和公证书两类。③根据公证机构的业务范围，可分为证明法律行为的公证文书，证明有法律意义事实的公证文书，证明有法律意义文书的公证文书，赋予债权文书强制执行效力的公证文书，证据保全、提存及其他与公证有关的法律事务的公证文书五类。④根据公证书的格式，可分为定式公证书和要素式公证书两类。⑤根据公证文书的内容，可分为公证书、公证决定书、公证通知书、辅助性公证文书四类。

（三）公证文书的法律效力

公证文书是公证机构活动的结果，是以书面形式反映公证活动的全过程，是对证明对象进行调查和证明结果的一种特殊的书面证明，在法律上具有特殊的效能和约束力。根据《公证法》第36、37、38条的规定，公证文书具有三个基本法律效力，即证据效力、强制执行效力和法律要件效力。

1. 公证文书的证据效力。公证文书的证据效力是指公证文书作为一种可靠的证据，具有证明公证对象真实、合法的证明力，可直接作为认定事实的根据。《公证法》第36条规定："经公证的民事法律行为、有法律意义的事实和文书，应当作为认定事实的根据，但有相反证据足以推翻该项公证的除外。"

2. 公证文书的强制执行效力。公证文书的强制执行效力是指债务人不履行或不适当履行债务时，债权人可以依据公证机构赋予强制执行效力的债权文书，直接向有管辖权的人民法院申请强制执行，而不再经过诉讼程序。《公证法》第37条第1款规定："对经公证的以给付为内容并载明债务人愿意接受强制执行承诺的债权文书，债务人不履行或者履行不适当的，债权人可以依法向有管辖权的人民法院申请执行。"

3. 公证文书的法律要件效力。公证文书的法律要件效力是指依照法律、法规、规章的规定或国际惯例、当事人的约定，特定的法律行为必须经过公证证明后才能成立，并产生法律效力；未履行公证程序，则该项法律行为就不能成立，不具有法律效力。《公证法》第38条规定："法律、行政法规规定未经公证的事项不具有法律效力的，依照其规定。"

公证文书的证据效力是公证文书的最基本效力，任何公证文书都具有证据效力，而强制执行效力和法律要件效力则不是普遍的，只有特定的公证文书或在特定的条件下才能产生。公证文书不仅在国内具有法律效力，而且还具有域外法律效力，这是因为公证文书是证明法律行为、有法律意义的事实和文书的真实性、合法性的可靠的证明文书。公证文书被广泛地运用于国际交往中，在国际上也得到广泛的承认，具有域外法律证明力，是进行国际民事、经济交往不可或缺的法律文书。这也是公证文书证据效力在空间上的延伸。

二、公证文书制作基本要求

（一）认真审查出证条件，保证公证文书的合法性

制作公证文书，首先应认真审查出具的公证文书是否真实、合法。不同的公证证明对象，其出证条件也是不同的，公证人员在承办时应严格把握公证条件，认真完成公证事项的审查工作。

1. 民事法律行为公证的条件是：当事人具有相应的民事行为能力；当事人意思表示真实；该行为内容和形式不违法，没有违反社会公德；符合《公证法》规定的其他条件。

2. 有法律意义的事实或文书公证的条件是：该事实或文书与当事人有法律上的利害关系；事实或文书真实无误；事实或文书的内容及形式合法，没有违反社会公德；符合《公证法》规定的其他条件。

3. 文书上的签名、印鉴公证的条件是：签名、印鉴应准确、属实；文本的副本、影印本的内容应与原本一致。

4. 具有强制执行效力的债权文书公证的条件是：债权文书以给付货币、物品或有价证券为内容；债权债务关系明确；债权文书中载明债务人不履行或不适当履行义务时应接受强制执行的意思表示；符合《公证法》规定的其他条件。

（二）及时草拟公证文书，保证出证效率

要素式公证书格式的推行，增加了公证文书的证明效力，充分体现了公证的价值，同时也大大增加了公证人员的工作量。公证文书的制作要求公证人员要具备相当高的法律素质、业务水平和文书写作能力，调查取证后，应及时起草正稿，保证出证效率。《公证程序规则》规定，公证机构经审查，认为申请公证的事项符合《公证法》及有关办证规则规定的，应当自受理之日起15个工作

日内向当事人出具公证书。

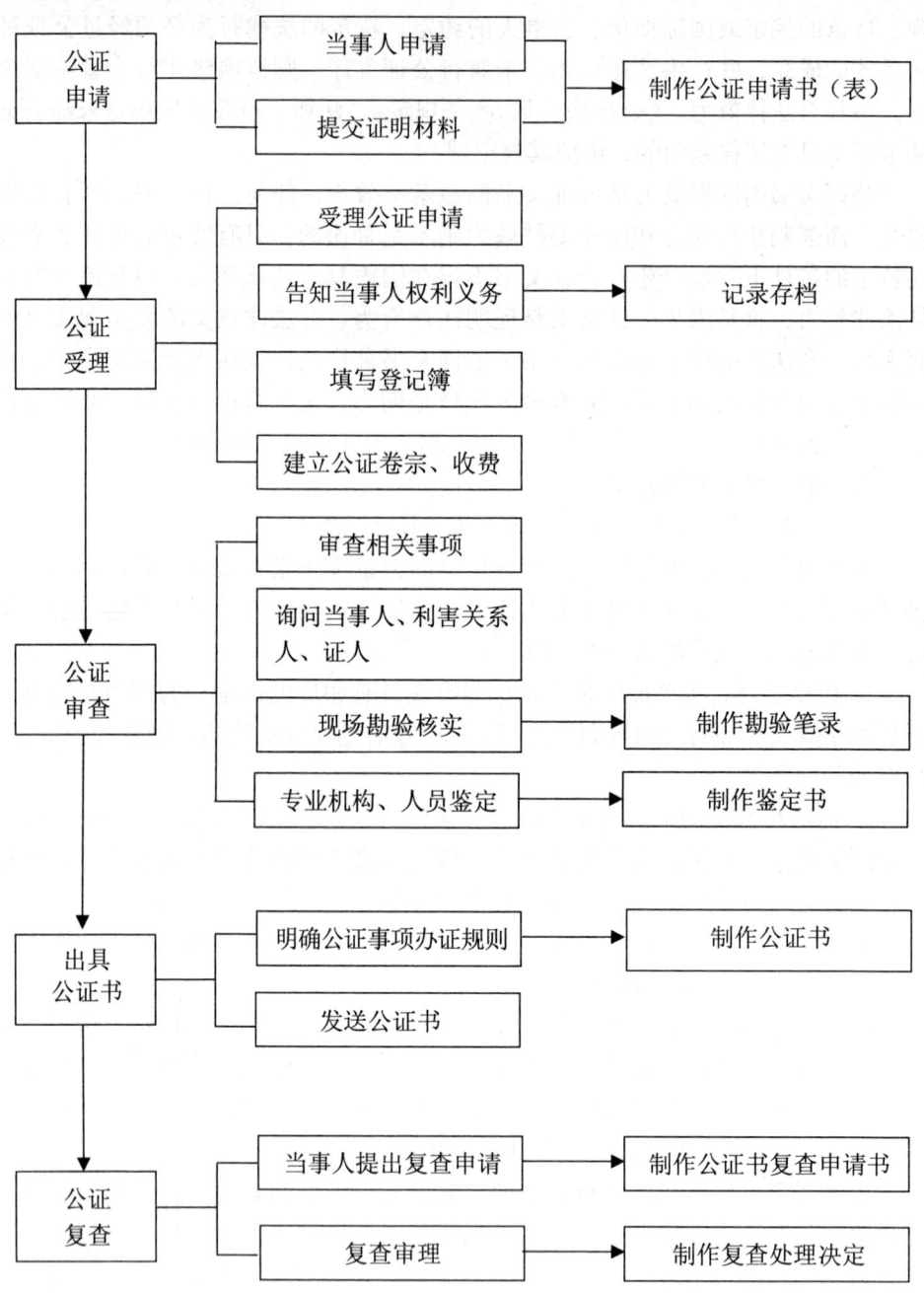

图 8 – 1　公证工作流程与公证文书关联图

（三）严格遵循文书格式，保证制作质量

公证文书的制作是十分细致、严谨的工作，必须按照司法部制定的定式公证书格式或要素式公证书格式的要求进行制作，不能草率行事，随心所欲。公证文书从草拟、审批、编号、打印、校对、装订到送达，都要符合格式要求和技术规范要求，从而保证文书制作的质量。

（四）把握要素式格式的使用范围，不厚此薄彼

要素式公证书格式是一种全新的公证书格式。目前，暂定在国内使用要素式公证书格式的只有三类：保全证据公证；现场监督公证；合同（协议）公证。发往域外使用的涉外、涉港澳台地区公证书及其他国内公证书，仍使用现行公证书格式。公证人员在制作公证书时，不要随意扩大要素式公证书的适用范围，不能厚此薄彼，排斥定式公证书格式。

（五）正确使用本国民族文字，维护国家主权

公证机构在制作公证文书时，依照《公证程序规则》的规定，应当一律使用全国通用的文字。

在民族自治地方，应当事人的要求，可以同时制作当地通用少数民族文字文本，两种文字文本具有同等效力。发往香港、澳门、台湾地区使用的公证书应当使用全国通用的文字。

发往国外使用的公证文书，根据需要和当事人的要求，可以附外文译文。

第二节 制作实训

实训一：制作《遗嘱公证书》

一、任务描述

遗嘱公证书是公证机构根据遗嘱人的申请，对其所立遗嘱的真实性、合法性进行证明而出具的公证文书。

遗嘱是公民个人处理自身财产和其他事务，并在其死后发生法律效力的行为。公证遗嘱是证据力较强的一种遗嘱形式，对于实现遗嘱人的遗愿、保护继承人的合法权益、避免产生纠纷起着重要的作用。根据《民法典》的规定，公证遗嘱由遗嘱人经公证机构办理，公证遗嘱不再具有高于其他遗嘱的效力。立有数份遗嘱，内容相抵触的，以最后的遗嘱为准。

遗嘱公证书是实践中较为常见的公证文书。通过学习，学生应掌握遗嘱公证书的格式和内容要求，并能够根据当事人的具体情况制作相应的遗嘱公证书。

二、实例示范

下面是一份遗嘱公证书实例。

遗嘱公证书

（2008）××字第××号

　　兹证明遗嘱人马×彬，男，1946年3月30日出生，现住河南省郑州市金水区花园路××号。遗嘱人于2008年12月15日在××市公证处，在我和见证人张华的面前，立下了前面的遗嘱，并在遗嘱上签名。

　　经查，遗嘱人的行为和遗嘱的内容符合《中华人民共和国继承法》第十六条的规定，是合法、有效的。

中华人民共和国××市公证处（盖章）

公证员（签名）：李××

二〇〇八年十二月十五日

三、基础铺垫

（一）遗嘱公证书制作的法律依据

办理遗嘱公证，必须明确遗嘱的有效条件及其办证规则。

遗嘱是遗嘱人单方的意思表示，有效遗嘱必须具备三个条件：①遗嘱人必须要有完全民事行为能力；②所立的遗嘱必须是其真实意思表示；③遗嘱人对遗嘱所处分的财产必须有处分权。另外，遗嘱人生前的行为与遗嘱的意思表示相反，而使遗嘱处分的财产在继承开始前灭失、部分灭失或所有权转移、部分转移的，遗嘱视为被撤销或部分被撤销。

根据我国《公证法》第11条的规定，公证机构可以根据当事人的申请，办理遗嘱等事项的公证。

（二）遗嘱公证书的结构及其内容

遗嘱公证书包括首部、正文和尾部三个部分。

1. 首部。

（1）标题。居中写明"遗嘱公证书"。

（2）编号。标题右下角写明编号"（年度）××字第××号"。

2. 正文。正文是对遗嘱合法有效性的表述，包括以下内容：遗嘱人的姓名、性别、出生日期、现住址等基本情况；遗嘱公证的处所；公证员或见证人；法律依据。

3. 尾部。加盖公证处及公证员的印章，注明公证日期。根据司法部办公厅《关于公证机构印章和公证员签名章规格等事宜的通知》，公证机构的印章，分为图章和钢印，二者一律为圆形。图章的直径为4.2厘米，钢印的直径为4厘米，中央刊五角星，五角星外刊公证机构名称，名称前段文字在五角星上方自左而右环行，公证处三个字自左而右横排在五角星下方。公证机构印章所刊汉字，应当使用国务院公布的简化字，字体为宋体。公证员签名章形状为长方形，长4.5厘米、宽2.5厘米，不加边框。公证员签名章中，公证员姓名由本人自左而右排列书写，使用国务院公布的汉字简化字；字迹应清晰、匀称，易于辨认。

（三）遗嘱公证书的样式

遗嘱公证书

（　　）＿＿＿字第＿＿＿号

　　兹证明遗嘱人＿＿＿＿＿＿，男（女），＿＿＿年＿＿＿月＿＿＿日出生，现住＿＿＿＿＿省＿＿＿＿市＿＿＿＿区＿＿＿＿路＿＿＿＿号。遗嘱人于＿＿＿年＿＿＿月＿＿＿日在自己家中（或＿＿＿＿＿＿公证处），在我和＿＿＿＿＿＿（可以是其他公证员，也可以是见证人）的面前，立下了前面的遗嘱，并在遗嘱上签名（或盖章）。

　　经查，＿＿＿＿＿＿的行为和遗嘱的内容符合《中华人民共和国民法典》第1133条的规定，是合法有效的。

中华人民共和国＿＿＿＿＿＿市（县）公证处（盖章）

公证员（签名）：＿＿＿＿＿

＿＿＿年＿＿＿月＿＿＿日

四、学生实训

根据以下材料，以王×意的名义拟制一份遗嘱，在此基础上制作一份遗嘱公证书（制作中如果缺少相应内容，可根据情况合理虚拟补齐）。

【材料】

王×意，男，1940年6月5日出生，早年丧妻，独自把两个孩子（长子王甲，次子王乙）抚养成人。2000年，王×意退休后，跟随长子王甲生活，2005年因病造成半身不遂，因长子王甲和其妻忙于工作，无暇照料王×意，次子王乙就将父亲接到自己家中，并专门请个保姆进行照料。王×意在病床上当着其内弟李×的面，写下一份遗嘱，表示死后将自己存款 24 万元，由次子继承 16 万元，长子继承 8 万元。

【提示】

（一）制作遗嘱

拟制遗嘱时可参考"第九学习单元实训一：制作《遗嘱》"相关内容。

（二）办理遗嘱公证要求遗嘱人提交的材料

1. 公证申请表。

2. 居民身份证（户口簿或其他能够证明其身份的证件）及其复印件。

3. 遗嘱涉及的财产清单及其所有权证明。

4. 遗嘱书。

（三）制作遗嘱公证书的一般注意事项

1. 办理遗嘱公证不能进行代理，必须由立遗嘱人亲自到公证处办理。遗嘱人亲自到公证处办理确有困难的，可由公证处派公证员到遗嘱人处所办理。

2. 办理遗嘱公证，必须查明遗嘱人是否有行为能力，遗嘱内容是否符合法律规定，遗嘱人是否表达了真实意愿。

3. 遗嘱公证书应由公证处作为密卷单独保存，同时应为当事人保密，在遗嘱生效前，遗嘱公证书不得借阅。

4. 遗嘱公证应由两名公证员共同办理，其中一名公证员在公证书上签名。特殊情况下，也可由一名公证员办理，但应有一名见证人在场，见证人也应在遗嘱和笔录上签名。

五、任务评估

评估要点：

1. 内容要规范。遗嘱公证内容要符合法律规定，要按司法部规定或批准的格式制作公证书。公证机构应制作公证书正本和若干副本发给立遗嘱人。

2. 表述要准确。遗嘱公证书用语要准确，严防出现错句、病句。当事人的姓名要准确，特别是现用名，不能用同音字代替。已打印好的公证书不得涂改、挖补，必须修改的应加盖公证处校对章。

实训二：制作《合同公证书》

一、任务描述

合同公证是指公证机构根据自然人、法人或其他组织的申请，对当事人所签合同的真实性、合法性进行审查、确认，并出具证明的活动。合同公证书是指由公证机构对自然人、法人或其他组织之间所签合同的行为真实、合法所出具的一种证明文件。

合同公证是国家对合同的签订、履行实行监督管理，预防纠纷，减少诉讼，维护当事人合法权益的重要法律手段。其意义在于：通过合同公证，可以帮助签约各方当事人明确权利、义务关系和违约责任，保证或促使各项活动的依法进行。即使发生纠纷，公证机构出具的合同公证书具有特殊的证据效力，它可以成为仲裁机构或人民法院认定案件事实的依据，从而较为简便地化解或消除各种合同纠纷。

合同公证是较为常见的公证行为之一，合同公证书也是较为常见的公证文书。通过学习，学生应掌握合同公证书的格式和内容要求，能够根据具体情况制作相应的合同公证书。

二、实例示范

下面是一份房产合同公证书实例。

公证书

（2007） ×证房字第×号

出卖人（甲方）：张×伟，男，1970 年 5 月 1 日出生，现住郑州市××区××路×号。

身份证号码：41010519700501×××。

买受人（乙方）：李×峰，男，1976 年 6 月 21 日出生，现住郑州市××区××路×号。

身份证号码：41010319760621×××。

公证事项：房地产买卖合同。

甲、乙双方于日前向本处申请办理《郑州市房地产买卖合同》公证。

经查，甲、乙双方经协商一致订立了《郑州市房地产买卖合同》。甲、乙双方在订立合同时具有法律规定的民事权利能力和相应的民事行为能力。

甲方转让的房屋坐落于郑州市金水区经七路××号，建筑面积 142 平方米，甲方对该房屋持有郑房权证字第××××××号《郑州市房地产权证》。该房屋经查无转让及其他权利受限制的登记记录。根据《中华人民共和国城市房地产管理法》《郑州市房地产转让办法》的规定，该房屋可依法转让。

甲、乙双方在合同中约定，甲方以人民币 62 万元整将上述房屋转让给乙方。合同中约定的付款方式、房屋交付日期及违约责任具体、明确。

依据上述事实，兹证明甲方张×伟与乙方李×峰于 2007 年 11 月 7 日签订了《郑州市房地产买卖合同》，合同双方当事人的签约行为符合《中华人民共和国民法通则》第五十五条的规定，合同上双方当事人的签名、印鉴均属实。合同内容符合《中华人民共和国合同法》的规定。

中华人民共和国××市公证处（盖章）

公证员（签名）：杨×章

二〇〇七年十二月九日

三、基础铺垫

（一）合同公证书制作的法律依据

根据我国《公证法》第11条和《公证程序规则》第4条的规定，我国证明合同真实、合法的机构是公证处。公证处是我国法律规定的专门证明机构，依法行使公证权，其他任何机关、团体或个人均无权代行对合同的公证职能。作为合同公证的当事人，必须是合同的签订人，即具有一定民事行为能力的公民、法人或其他组织，除此之外的任何人，都不能成为合同公证的当事人。

合同公证的对象是双方当事人签订的合同，它既包括《民法典》规定的买卖合同、租赁合同、委托合同等19类有名合同，也包括其他法律规定的有名合同、协议，无名合同、协议，混合型合同、协议。

（二）合同公证书的结构及其内容

合同公证书分为首部、正文、尾部三个部分。

1. 首部。首部包括四部分内容：标题、编号、申请人基本情况、公证事项。

（1）标题。居中写明"公证书"。要素式公证书名称统一使用"公证书"字样，不能写成"××公证书"这样的具体名称。

（2）编号。在公证书名称右下方写明四项内容：年度、公证处简称、公证类别代码、公证书编号，如"（2010）沪证民字第101号"。公证类别代码为"国内民事""国内经济""涉外民事""涉港澳台"等，办证量少的公证处可以不用公证类别代码，办证量多的公证事项，可以采用专门代码，如"沪证融字""沪证房字"，分别表示上海市公证处办理的金融公证和房产公证。

（3）申请人基本情况。申请人即申请公证的当事人、关系人及法定代理人。如果申请人是自然人的，要写明姓名、性别、出生年月日、现住址；如果申请人是法人或其他组织的，要写明名称全称、营业执照或社团登记证编号、住所地、法定代表人或代理人的姓名、性别、职务、出生年月日等。

（4）公证事项。公证事项应单列一行，简要写明公证对象的名称或类别，如："公证事项：××合同"。

2. 正文。正文即证词部分，由必备要素和选择要素构成。

（1）必备要素。必备要素为证词中必须具备的内容，具体情况如下：①申请人姓名或全称、申请日期及申请事项。具体表述为："甲、乙双方于××××年××月××日向本处申请办理前面的《×××合同》公证。"②公证处查明的事实。这是后面作出公证结论的前提，应写明如下几个方面内容：当事人的身份、资格及签订合同的民事权利能力和行为能力；代理人的身份及代理权限；担保人的身份、资格及担保能力；当事人签订合同的意思表示是否真实，对合同的主要条款意见是否一致；合同条款是否完备，内容是否明确、具体；合同的关键性内容是否履行了法律规定的批准或许可手续（不需经批准或许可的，不写此内容）。③公证结论。应写明四个方面内容：当事人签订合同的日期、地点和方式等；当事人签订合同行为的合法性；合同内容的合法性；当事人在合同上签字、盖章的真实性。具体表述为："根据上述事实，兹证明×××（甲方名称）与×××（乙方名称）于××××年××月××日在××（合同签订地点）、在公证员面前签订了前面的《×××合同》。双方当事人的签约行为符合《中华人民共和国民法典》第一百四十三条的规定，合同内容符合《中华人民共和国民法典》相关规定，合同上双方当事人的签字、印鉴属实。该合同自双方签字、盖章（公证或××部门批准或登记）之日起生效。"

（2）选择要素。合同公证书的选择要素可视情况选择如下内容：合同标的物的权属情况及相关权利人的意思表示；当事人对合同内容的重要解释或说明；当事人在签订合同时，是否了解合同的全部内容；合同生效日期及条件；公证员认为需要说明的其他事实或情节；附件（附件名称、顺序号应在公证证词中列明）。

3. 尾部。尾部包括如下内容：公证机构的全称和承办公证员的签名（或签章）；出证日期；公证机构印章。

（三）合同公证书样式

我国《民法典》规定了买卖合同、赠与合同、建设工程合同、技术合同等19种基本合同类型，除此之外，我国其他法律、法规还对某些合同作了具体规定。因此，在实际工作中，公证机构除了办理《民法典》规定的基本合同公证外，还适应形势发展需要，开展了如农村承包经营合同、企业兼并合同、联营合同、劳动合同、担保合同、股权转让协议、投资协议等新型合同的公证业务。

下面是通用合同公证书样式，其他样式不再赘述。

公证书

（　　　）____字第____号

　　甲方（自然人姓名、性别、出生日期、身份证号码或法人及社会组织的名称、法定代表人姓名和职务）：_____
_____

　　乙方（自然人姓名、性别、出生日期、身份证号码或法人及社会组织的名称、法定代表人姓名和职务）：_____
_____

　　公证事项：_____
　　证词内容：_____
_____
_____

　　公证结论：_____
_____
_____

中华人民共和国××市公证处（盖章）

公证员（签名）：

____年____月____日

四、学生实训

根据以下材料，制作一份借款合同公证书。

【材料】

王×向赵×刚借款用于购买门面房。双方约定：赵×刚借给王×30万元用于购买门面房，年利率10%，5年内还清，王×以其现住房屋作为抵押，该房屋为王×与其妻子杜×二人共有。

【提示】

（一）办理合同公证要求申请人提供的材料

1. 当事人主体资格证明。申请人是自然人的，应提交身份证明，如居民身份证、户口簿等；申请人是法人或其他组织的，应提交法人资格证明及其法定代表人的身份证明，其他组织的资格证明及其负责人的身份证明；委托他人代为申请的，代理人须提交当事人的授权委托书，法定代理人或者其他代理人须提交有代理权的证明。

2. 合同书文本及其附件。

3. 合同标的物的所有权证明或其有权处分的证明。

4. 根据合同类型不同，公证机构要求提交的其他材料。

（二）制作合同公证书的一般注意事项

1. 首部格式要规范统一。合同公证书属要素式公证书，其标题名称统一使用"公证书"三个字，不能写具体名称。年度和编号都要用阿拉伯数字；公证机构和公证类别代码要准确写明，如"京证房字"表示北京市公证处办理的房产公证。编号应以年度为单位编排，同一公证处在同一年度办理的同类公证的编号必须按出证时间顺序连续下去，不得间断，也不得重复。公证事项是新增内容，切记不要遗漏。

2. 正文用语要简明流畅。合同公证书作为一种全新的要素式公证文书，其局面布局既要相对集中，又要保持适度的空间。公证员要根据被证明合同的特点，对证词要素进行必要的、适当的调整。这就要求制作者对事实表述要清楚明白，相关内容要注意时间顺序和逻辑关系，用语要规范、简明、流畅，切忌冗长。涉及的组织名称，第一次出现用全称，以后可用简称。

3. 正确装订公证书。被证明的合同及其附件应当装订在公证书证词页之前，因为合同及合同的附件也是公证文书的组成部分。

五、任务评估

评估要点：

1. 内容要规范。合同公证书属于要素式公证书，文书制作必须按规定的内容、格式撰写，必备要素必须明确；项目齐全。

2. 表述要准确。合同公证书标题只能写"公证书"，不能写成"合同公证书""房产合同公证书"这样的名称。公证事项切记不能漏掉。公证处围绕合同查明的事实必须表述准确、精炼，解释要单一，不能引发歧义。

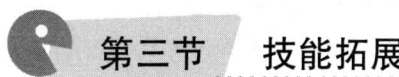 **第三节　技能拓展**

技能拓展一：熟识《具有强制执行效力的债权文书公证书》

一、基础知识

（一）概念

具有强制执行效力的债权文书公证书是指公证机构根据当事人的申请，对于无疑义的追偿债款、物品的文书，赋予其强制执行效力而出具的公证文书。

公证机构出具这种强制执行证书后，当事人拒不履行该债权文书中指定的义务时，债权人可以不经审判程序，直接向有管辖权的人民法院申请强制执行。

（二）制作依据

证明债权文书并依法赋予强制执行效力是法律赋予公证机构的一项重要职能。强制执行效力是公证所具有的三个基本效力之一，具有强制执行效力的债权文书公证书有利于及时保护债权人的合法权益，可以避免因诉讼、仲裁带来的时间上的浪费。

公证机构赋予强制执行效力的债权文书的范围包括：借款合同、借用合同、无财产担保的租赁合同；赊欠货物的债权文书；各种借据、欠条；还款（物）协议；以给付赡养费、抚养费、抚育费、学费、赔（补）偿金为内容的协议；符合赋予强制执行效力条件的其他债权文书。

根据《最高人民法院关于人民法院执行工作若干问题的规定（试行）》规定，公证机构依法赋予强制执行效力的公证债权文书，由被执行人所在地或被执行财产所在地人民法院执行。

具有强制执行效力的债权文书公证书出具的条件是：债权文书具有给付货币、物品、有价证券的内容；债权、债务关系明确，债权人和债务人对债权文书有关给付的内容无疑义；债权文书中载明债务人不履行义务或不完全履行义务时，债务人愿意接受依法强制执行的承诺。

二、文书实例[1]

具有强制执行效力的债权文书
公 证 书

（××××）沪证经字第×××号

申请人（借款人）：宋××，男，××年××月××日出生，现住上海市××区××路××号，身份证号码：×××××××××××。

贷款人：交通银行上海市××支行，地址：上海市××路××号。

负责人：王××。

代理人：李××。

公证事项：赋予个人住房借款合同及其补充协议强制执行效力。

申请人宋××（下称"甲方"）和交通银行上海市××支行（下称"乙

---

[1] 实例选自 http://qtwaiter. blog. bokee. net/bloggermodule/blog_ printEntry. do? id = 2978467，2010年6月10日访问。

方")于××年××月××日向本处申请对前面的《个人住房借款合同》及其《补充协议》（下称"该合同及补充协议"）进行公证并赋予该合同及补充协议强制执行效力。

甲方向本处提交了下述证明材料：（一）甲方与其配偶毛××的身份证、居民户口簿、结婚证；（二）商品房买卖合同；（三）购房首付发票；（四）个人职业及收入证明。乙方向本处提交了下述证明材料：（一）注册号为企字×××号营业执照（副本）；（二）编号为×××号金融机构营业许可证（副本）；（三）负责人王××身份证；（四）乙方委托李××为代理人的《授权委托书》；（五）个人汽车消费（或住房）贷款担保方授信额度审批表、个人住房贷款审查（审批）表。

经查，甲乙双方依法均具有签订该合同及补充协议、建立借贷法律关系的民事权利能力和民事行为能力。本公证员就该合同及补充协议的内容及甲乙双方提交的证明材料依法进行了审查，因甲方及其配偶毛××未就该合同及补充协议项下的房产作过夫妻财产约定，故本公证员要求甲方及其配偶共同确认该合同及补充协议的内容，并告知了强制执行公证的有关法律规定、法律意义和可能产生的法律后果。在此基础上，甲乙双方经协商，订立了本公证书前面的合同及其补充协议。双方在该合同及补充协议中明确约定了借款的币种、数额、还款期限、利率及违约责任等条款。为保证债务的履行，甲方作出了自愿接受强制执行的意思表示，甲方配偶毛××在本公证员面前另行签署了对该合同及补充协议无异议的《确认书》，并办理了公证（公证书编号：×××）。甲乙双方并就债务人违约时本处应债权人的申请出具《执行证书》前的核实内容、程序达成了明确、具体的约定。

依据上述事实，兹证明甲方宋××与乙方交通银行上海市××支行负责人的代理人李××于××年××月××日在上海市，在本公证员面前签署了前面的《个人住房借款合同》及其《补充协议》，当事人的签约行为符合《中华人民共和国民法通则》第五十五条的规定，该合同及补充协议的内容符合《中华人民共和国合同法》的有关规定，合同、协议上双方当事人的签字、印章均属实。

根据《中华人民共和国民事诉讼法》第二百一十四条、《中华人民共和国公证法》第三十七条和最高人民法院、司法部《关于公证机关赋予强制执行效力的债权文书执行有关问题的联合通知》的有关规定，自前面的《个人住房借款合同》及其《补充协议》生效及债权债务形成之日起，本公证书具有强制执行效力。

中华人民共和国××市××公证处

公证员（签名章或签名）×××

××××年××月××日

三、制作要点

1. 债权人与债务人所签合同的时间、地点，赋予强制执行效力的合同公证书的编号应明确具体，债权文书的履行情况应表述准确。

2. 公证机构应依据管辖权限，明确申请强制执行应送达的人民法院。

3. 执行标的名称、数量、金额等应明确具体，无歧义。

4. 根据《最高人民法院、司法部关于公证机关赋予强制执行效力的债权文书执行有关问题的联合通知》（以下简称《联合通知》），债权人向人民法院申请强制执行，必须同时提交《具有强制执行效力的债权文书公证书》和公证处签发的《执行证书》，仅提交《具有强制执行效力的债权文书公证书》不具有直接向人民法院申请强制执行的效力。

技能拓展二：熟识《保全证据公证书》

一、基础知识

（一）概念

保全证据公证书是指公证机构根据自然人、法人或者其他组织的申请，依法对与申请人权益有关的、有可能灭失或者以后难以取得的证据或者行为过程加以提取、收存、固定、描述、监督所出具的公证文书。

依据对象不同，保全证据类公证文书可分为四类：保全证人证言或当事人陈述公证书；保全物证、书证公证书；保全视听资料、软件公证书；保全行为公证书。

（二）制作依据

《民事诉讼法》第69条规定："经过法定程序公证证明的法律事实和文书，人民法院应当作为认定事实的根据，但有相反证据足以推翻公证证明的除外。"这是公证的证明效力在法律上的具体体现。对于公证机构出具的保全证据公证书，人民法院和仲裁机构应当直接将其作为证明案件事实的证据，但有相反证据足以推翻公证书的除外。鉴于公证实践中保全证据公证在维护当事人的合法权益方面发挥的重要作用，《公证法》将证据保全列为公证事项之一。

二、文书实例

公证书

（2009）××字第089号

申请人甲（自然人姓名、性别、出生日期、身份证号码或法人及社会组织的名称、法定代表人姓名和职务，现住址）：周×年，男，1965年3月9日出

生，身份证号码：×××××××××，现住址：广东省中山市××区×
×号。

关系人乙（自然人姓名、性别、出生日期、身份证号码或法人及社会组织
的名称、法定代表人姓名和职务，现住址）：李×，男，1973 年 10 月 6 日出生，
身份证号码：×××××××××，现住址：广东省中山市××区××号。

公证事项：保全乙的证人证言。

证词内容：申请人甲因与王×发生纠纷，准备向人民法院提起诉讼，于×
×××年××月×日向我处申请对证人乙的证言进行保全公证。

根据我国法律的有关规定，本公证员与公证员程××于 2009 年 12 月 16 日
9 时 11 分至 10 时 20 分，在××省××市××区××号对证人乙就王×对申请
人甲×××一事进行了询问，并制作了《证人证言》一份共××页，同时对
证人乙的上述证言进行了录音，得到录音磁带一盘，磁带已由公证员程××当
场封存，并由乙签名予以确认。

公证结论：兹证明证人乙在上述谈话过程中意思表示真实。与本公证书相
粘连的《证人证言》（共××页）的复印件与原件内容相符，乙阅读了原件全
文，其在原件上的签名属实；现保存于我处的录音磁带一盘所记载的内容为乙
亲口所述。

附件：《证人证言》的复印件共××页。

中华人民共和国××市公证处（盖章）

公证员（签名）：赵××

二〇〇九年十二月十六日

三、制作要点

（一）保全证人证言或当事人陈述公证书

保全证人证言或当事人陈述公证书的写法适用于对证人或公证当事人就其
所知道的事实在公证人员面前所作的陈述的保全。

公证书证词具体内容包括必备要素和选择要素。

1. 必备要素包括：

（1）申请人姓名（或全称）、申请日期、申请事项。其中，有代理人的还要
写代理人姓名；法人或非法人组织写全称，还要写法定代表人或代理人姓名。

（2）证人的基本情况、行为能力。证人基本情况包括：姓名、性别、出生
日期、现住址。行为能力是指证人的智力、识别判断能力和精神健康状况。

（3）保全证人证言或当事人陈述的时间、地点。

（4）保全的方式、方法，包括自书、代书、公证人员记录、录音、录像等方式。其中后四种方式还要写明制作人。

（5）保全证据的关键过程。包括：①承办公证人员及在场的见证人、翻译人员等的人数、姓名；②告知证人（当事人）的权利和义务；③公证人员保全过程做的主要工作，如就重要问题对何人进行了询问，对取得的证据履行了提示义务等；④通过保全活动取得的证据数量、种类、形式；⑤证人（当事人）对取得的证据予以确认的方式和过程。

（6）公证员结论。包括证人（当事人）的主体资格是否合法，意思表示是否真实，取得证据的数量、种类、日期，是否向证人宣读和经证人阅示，证人（当事人）在证据上的签名（盖章或捺指印）是否属实，等等。

2. 选择要素包括：①申请保全证据的原因、用途；②办理该项公证的法律依据（公证法规或有关规章等）；③对所取得的证据的保全方式及存放地点；④公证书的正本及副本；⑤有附件的，名称及顺序号应在公证证词中列明。

（二）保全物证、书证公证书

保全物证、书证公证书的写法适用于对客观存在的物品（包括文书）的保全。

公证书证词具体内容包括必备要素和选择要素。

1. 必备要素包括：

（1）申请人姓名（或全称）、申请日期、申请事项。其中，有代理人的还要写代理人姓名；法人或非法人组织写全称，还要写法定代表人或代理人姓名。

（2）保全标的的基本情况。包括物证的名称、数量、表状特征等。书证的数量、名称、页数、标题、形成时间等。保全的物证为商品时，要注明商品的品牌、型号、生产厂家名称、售价等，保全的物证为房屋等不动产时，要注明方位、面积、结构、附属物等。物证不在公证机构的，应注明存放地点。

（3）保全物证或书证的时间、地点。

（4）保全的方式、方法。包括：申请人提交、公证人员提取、公证人员记录、现场勘验、照相、录像、技术鉴定等。

（5）保全证据的关键过程：①参与保全的人员。包括承办公证人员及在场的相关人员的人数、姓名。相关人员包括申请人、关系人、代理人、见证人、勘验人、鉴定人及照相、录像、绘图人员等。②公证人员在保全过程中所做的主要工作。如对重要事实进行了现场勘验、询问，对取得的证据履行了提示义务等。③物证（书证）取得的时间、方式，或物证的存在方式、地点、现状等。④取得的证据数量、种类、形式、存放处所等。当事人对取得的证据予以确认的方式和过程。

（6）公证员结论。包括保全证据的方式、方法、程序是否真实、合法，用于作证的书面文件（如发票、产地证明等）要同时证明这些书证的真实性。取得证据的数量、种类、日期，取得证据的存放方式及存放地点。

2. 选择要素包括：①申请保全的原因、用途。②办理该项公证的法律依据（公证法规或有关规章等）。③有书证能够证明物的来源或存在的应写明书证的名称。④保全拆迁房屋时，要写明与该房屋有关的所有权人或使用权人、代管人等。⑤物品难以长期保存的，在结论中应写明保存期限；已采取变通保存措施的，结论中也应一并写明。⑥公证书正本和副本。⑦有附件的，名称和顺序号应在公证证词中列明。

（三）保全视听资料、软件公证书

保全视听资料、软件公证书的写法适用于对录音、录像、光盘制品、计算机软件、计算机存储的数据资料、互联网（站）中公开传播的信息资料的保全。

公证书证词具体内容包括必备要素和选择要素。

1. 必备要素包括：

（1）申请人姓名（或全称）、申请日期、申请事项。其中，有代理人的还要写代理人姓名；法人或非法人组织写全称，还要写法定代表人或代理人姓名。

（2）保全标的基本情况。包括保全视听资料、软件的名称、数量、表状特征，所有人或使用人、经营人、传播者、实验者的名称，视听资料或软件的播放、销售、使用、制作、运行的地点等。保全的标的为商品时，要注明商品的品牌、型号、生产厂家名称、售价等。保全的标的不在公证机构的，应注明存放地点。运行中的软件要注明运行时间。

（3）保全视听资料、软件的时间和地点。

（4）保全的方式、方法。包括申请人提交、公证人员提取、现场实验记录、技术鉴定、录音、录像、复制、下载等其他能够固定并再现证据的方式。

（5）保全证据的关键过程：①参与保全的人员。包括承办公证人员及在场的相关人员的人数、姓名。相关人员包括申请人、关系人、代理人、见证人、鉴定人和照相、录像、复制人员等。②公证人员公证过程中所做的主要工作。如购买、拷贝、下载、复制、发送视听资料、软件的过程，对取得的证据履行了提示义务等。③视听资料、软件取得的时间、方式、地点等。④取得的证据数量、种类、形式、封存方式、存放处所等。当事人对取得的证据予以确认的方式和过程。

（6）公证员结论。包括保全证据的方式、方法、程序是否真实、合法，用于作证的书面文件（如发票、产地证明等）要同时证明这些书证的真实性。取得证据的数量、种类、日期，取得证据的存放方式及存放地点。

2. 选择要素包括：①申请保全的原因、用途或目的；②办理该项公证的法律依据（公证法规或有关规章等）；③有书证能够证明视听资料、软件的来源或存在的，应写明书证的名称；④重要的保全工作记录文书的名称；⑤公证书的正本和副本；⑥有附件的，名称和顺序号应在公证证词中列明。

（四）保全行为公证书

保全行为公证书的写法适用于对自然人或正在进行的活动及过程的保全。

公证书证词具体内容包括必备要素和选择要素。

1. 必备要素包括：

（1）申请人姓名（或全称）、申请日期、申请事项。其中，有代理人的还要写代理人姓名；法人或非法人组织写全称，还要写法定代表人或代理人姓名。

（2）保全标的基本状况。包括活动的名称、参与人的数量、姓名（名称）、活动的起止时间、地点和内容等。

（3）保全的时间、地点。

（4）保全的方式、方法。包括现场记录、照相、录像等。

（5）保全证据的关键过程。包括：①保全时的在场人员。包括承办公证人员及在场相关人员的人数、姓名。相关人员包括申请人、关系人、行为相对人、代理人、见证人和照相、录像人员等。②公证人员对行为时间、地点、方式、关键过程及行为结果的客观记述。③取得的证据数量、种类、形式、存放处所等。行为当事人对取得的证据予以确认的方式和过程。

（6）公证员结论。包括行为人的资格及行为能力，行为的内容和结果是否真实，取得的证据的数量、种类、日期，取得证据的存放方式及存放地点，保全证据的方式、方法、程序是否真实、合法。

2. 选择要素包括：①申请保全的原因、用途或目的；②办理该项公证的法律依据（公证法规或有关规章等）；③行为的性质和法律意义；④有书证、物证能够证明行为根据的，应写明书证、物证的名称；⑤公证书的正本和副本；⑥有附件的，名称和顺序号应在公证证词中列明。

技能拓展三：熟识《夫妻财产公证书》

一、基础知识

（一）概念

夫妻财产协议是指夫妻在法定财产之外，依法以契约形式对婚姻关系存续期间的财产所有权、使用权等所作的约定。夫妻财产公证书是指公证机构根据当事人的申请，依法出具的证明夫妻双方就夫妻关系存续期间所得财产的分配及产权归属事项所达成的协议真实、合法的公证文书。

（二）制作依据

财产关系是夫妻婚姻家庭关系中最重要的内容之一。我国实行的是以法定财产制为主，以约定财产制为辅的夫妻财产所有制。《民法典》第 1065 条第 1 款规定："男女双方可以约定婚姻关系存续期间所得的财产以及婚前财产归各自所有、共同所有或者部分各自所有、部分共同所有……"夫妻事先对财产关系进行公证，有利于稳定夫妻关系和家庭财产关系，可以预防和减少由此引起的财产纠纷，保护夫妻双方的合法权益，促进社会的安定团结。

《民法典》第 1062 条规定，夫妻在婚姻关系存续期间所得的下列财产，归夫妻共同所有：工资、奖金、劳务报酬；生产、经营、投资的收益；知识产权的收益；继承或者受赠的财产（遗嘱或者赠与合同中确定只归一方的财产除外）；其他应当归共同所有的财产。《民法典》第 1063 条规定，下列财产为夫妻一方的个人财产：一方的婚前财产；一方因受到人身损害获得的赔偿或者补偿；遗嘱或者赠与合同中确定只归一方的财产；一方专用的生活用品；其他应当归一方的财产。

二、文书实例

夫妻财产公证书

申请人甲（姓名、性别、出生日期、现住址）：李×吾，男，1975 年 4 月 1 日出生，现住址：四川省成都市成华区成华路××号。

申请人乙（姓名、性别、出生日期、现住址）：张×，女，1978 年 6 月 17 日出生，现住址：四川省成都市成华区成华路××号。

公证事项：兹证明李×吾与张×于 2007 年 8 月 12 日在我的面前，签订了前面的《夫妻财产协议》，并在协议上签名。

公证结论：当事人签订上述协议的行为符合《中华人民共和国婚姻法》第十七、十八、十九条的规定。

中华人民共和国××市公证处（盖章）

公证员（签名）：王××

二〇〇七年八月十二日

三、制作要点

夫妻签订的财产协议书应当包括以下内容：当事人的姓名、性别、职业、住址等基本情况；现有夫妻财产（债务）的名称、数量、规格、种类、价值、状况等；现有夫妻财产的归属及今后夫妻关系存续期间所得财产（债务）的归属；夫妻关系存续期间财产的使用、维修、处分的原则；其他约定，如夫妻关系终止时的财产分割原则、共同债务如何清偿等。

公证文书样式

《公证程序规则》
（2020 年）

《中华人民共和国
公证法》（2017 年）

《最高人民法院关于
公证债权文书执行
若干问题的规定》

学习单元九　其他非诉法律文书

学习目标

● 了解常见非诉法律事务工作流程，掌握常用非诉法律文书相关的法律知识。

● 熟练掌握常用非诉法律文书的制作方法和制作要求，能够根据相关法律事实，运用相关法律知识和文书制作知识独立制作遗嘱、民间借贷合同、离婚协议书等常用非诉法律文书。

● 培育守法、诚信、和谐意识；培育严谨审慎的文书制作态度。

重点提示

● 掌握遗嘱、民间借贷合同、离婚协议书等常用非诉法律文书的制作。

● 熟识赠与合同、夫妻财产约定协议书等其他非诉法律文书。

 第一节　基础知识

一、其他非诉法律文书的概念和分类

非诉法律文书是与诉讼法律文书相对的一个概念。自然人、法人和其他组织在社会生活中，经常涉及繁杂多样的法律事务，除诉讼法律事务外，还有一些是为了预防纠纷或者虽已形成纠纷但不到法院诉讼，仅仅在当事人之间通过调解或仲裁予以解决的事务。简而言之，非诉法律事务就是无需通过诉讼程序加以解决的法律事务。自然人、法人和其他组织在办理这些法律事务时，自然会通过使用相关法律文书，以维护自己的合法权益，规范自己的行为。因此，凡在非诉法律事务中使用的法律文书都属于非诉法律文书，其涉及的文书种类较多。

根据上述界定，从严格意义上讲，本教材中除常用诉讼法律文书、司法文书以外，其他各单元文书均应属于非诉法律文书。但本单元着重讲述自然人婚姻、家庭、财产及自然人与其他自然人、法人、其他组织之间涉及财产转移时所使用的法律文书。为此，为便于归类，我们把上述文书统称为其他非诉法律文书。这些非诉讼法律文书主要有：遗嘱、民间借贷合同、离婚协议书、赠与合同、夫妻财产约定协议书等。

二、其他非诉法律文书制作基本要求

（一）制作要合法

非诉法律文书的制作必须符合法律和政策的规定。这里的合法既指形式合法，也指内容合法。只有依法制作才能有力地保护当事人的合法权益。基层常用的非诉法律文书属民用法律文书，除极少数法律文书由相关部门制定了统一的规范样式以外，绝大多数文书的样式都是约定俗成的。文书制作者可以依据法律、法规中规定的内容要素，按照习惯书写或是按照相对人的要求书写，只要不违背意思自治原则即可。违反法律、法规或政策制作的非诉法律文书，不仅得不到法律的保护，而且还可能适得其反，甚至会受到法律的制裁。因此，常用非诉法律文书的制作主体必须熟悉和了解相关的法律、法规和政策，才能完成文书制作任务。

（二）用语要准确

非诉法律文书的制作与诉讼文书的制作一样，用语要准确精练，不能含糊其辞、模棱两可，避免产生歧义。文书制作者要把日常用语转化为法律专业术语和法律习惯用语进行写作，要使用法律和通用的标准化语言，尽可能使用法言法语，并符合现代汉语的语法规范。

（三）主旨要明确

非诉法律文书制作者要明确当事人的主旨，当事人的目的不同写作的文书可能就不同，选择的材料就不同，因此在制作时要紧紧围绕主旨来选择材料、组织语言，正确引用法律法规，做到观点鲜明、说理充分。当事人的目的必须符合法律和政策规定，符合社会道德规范。当事人的意思表示要真实，相关条款要完备，双方的权利义务要明确。

（四）要素要完备

非诉法律文书的制作要求要素要完备。各种非诉法律文书制作均应考虑必备的要素，这些要素有些是所有文书均具备的，如当事人的基本情况、文书制作的目的、签名盖章及日期等；有些是某些文书所特有的，如协议、合同中的标的、价款、履行方式、违约责任等。文书制作必须符合制作要求，才能保证文书具有法律效力或具有法律意义。

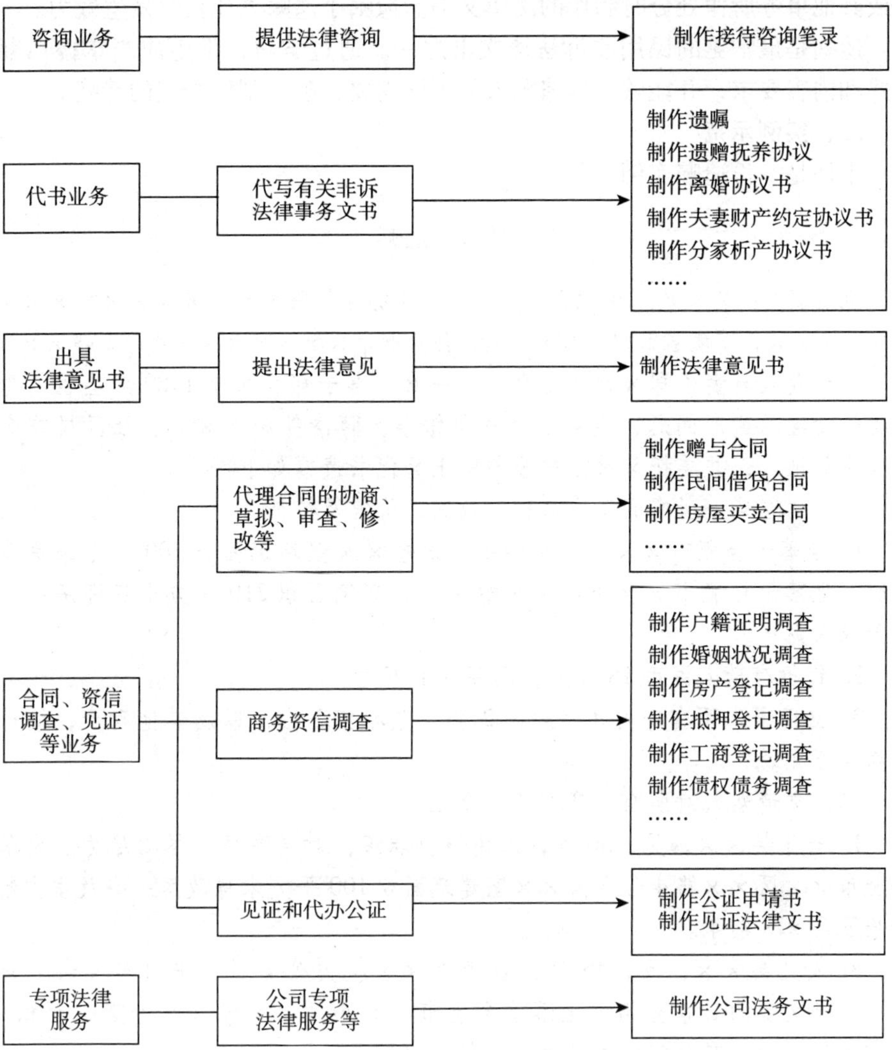

| 咨询业务 | → | 提供法律咨询 | → | 制作接待咨询笔录 |

| 代书业务 | → | 代写有关非诉法律事务文书 | → | 制作遗嘱
制作遗赠抚养协议
制作离婚协议书
制作夫妻财产约定协议书
制作分家析产协议书
…… |

| 出具法律意见书 | → | 提出法律意见 | → | 制作法律意见书 |

	→	代理合同的协商、草拟、审查、修改等	→	制作赠与合同 制作民间借贷合同 制作房屋买卖合同 ……
合同、资信调查、见证等业务	→	商务资信调查	→	制作户籍证明调查 制作婚姻状况调查 制作房产登记调查 制作抵押登记调查 制作工商登记调查 制作债权债务调查 ……
	→	见证和代办公证	→	制作公证申请书 制作见证法律文书

| 专项法律服务 | → | 公司专项法律服务等 | → | 制作公司法务文书 |

图 9 – 1 常见非诉业务与主要非诉法律文书关联图

第二节 制作实训

实训一：制作《遗嘱》

一、任务描述

遗嘱是遗嘱人生前在法律允许的范围内，按照法律规定的方式对其个人财产或其他事务所作处分时制作的法律文书。遗嘱于遗嘱人死亡时发生效力。

遗嘱是最常见的民用非诉法律文书之一。通过学习，学生应当掌握遗嘱的格式和内容要求，并能够根据遗嘱人的不同需要，独立制作相应的遗嘱。

二、实例示范

下面是一份遗嘱实例。

吴××遗嘱

立遗嘱人：吴××，男，83岁，汉族，身份证号码×××××××××××××××××，安徽省宿州市××县人，住合肥市××区×××路4号5幢××室。

立遗嘱人与妻子郑××共育有一子一女，妻子郑××于1989年去世。为了解决子女继承遗产问题，避免遗产继承纠纷，聘请邻居李××、社区居委会张××为见证人，并委托××法律服务所王×代书遗嘱如下：

一、立遗嘱人所有的财产名称、数额、价值及特征

1. 坐落于合肥市××区××路4号5幢××室建筑面积100平方米房改房一套、坐落于合肥市××小区××幢××室建筑面积210平方米集资房一套属立遗嘱人财产。

2. 银行存款人民币18万元，国库券1万元。

3. 立遗嘱人两套房内共有彩电2台，电冰箱2台，以及其他财产，共计价值约4万元。

二、立遗嘱人对所有财产的处理意见

1. 长子吴××，男，50岁，工商银行职工，对父亲赡养尽心尽力。坐落于合肥市××区××路4号5幢××室建筑面积100平方米房改房一套及室内物品由长子吴××继承。

2. 女儿吴××，女，45岁，合肥市××机关公务员，平时与父亲一起生活，照顾父亲的日常生活，坐落于合肥市××小区××幢××室建筑面积210平方米集资房一套及室内物品由女儿吴××继承。

本遗嘱一式五份，由社区居委会保存一份，××法律服务所王×保存四份。

立遗嘱地点：合肥市××区××法律服务所。

立遗嘱时间：××××年×月×日

立遗嘱人：吴××

见 证 人：李××

张××

代 书 人：合肥市××法律服务所王×

三、基础铺垫

(一) 遗嘱的法律依据

我国《民法典》第 1133 条规定:"自然人可以依照本法规定立遗嘱处分个人财产,并可以指定遗嘱执行人。自然人可以立遗嘱将个人财产指定由法定继承人中的一人或者数人继承。自然人可以立遗嘱将个人财产赠与国家、集体或者法定继承人以外的组织、个人。自然人可以依法设立遗嘱信托。"

遗嘱的形式有自书遗嘱、代书遗嘱、打印遗嘱、录音遗嘱、口头遗嘱和公证遗嘱。我国《民法典》规定:①自书遗嘱由遗嘱人亲笔书写,签名,注明年、月、日。②代书遗嘱应当有两个以上见证人在场见证,由其中一人代书,并由遗嘱人、代书人和其他见证人签名,注明年、月、日。③打印遗嘱应当有两个以上见证人在场见证。遗嘱人和见证人应当在遗嘱每一页签名,注明年、月、日。④以录音录像形式立的遗嘱,应当有两个以上见证人在场见证。遗嘱人和见证人应当在录音录像中记录其姓名或者肖像,以及年、月、日。⑤遗嘱人在危急情况下,可以立口头遗嘱。口头遗嘱应当有两个以上见证人在场见证。危急情况消除后,遗嘱人能够以书面或者录音录像形式立遗嘱的,所立的口头遗嘱无效。⑥公证遗嘱由遗嘱人经公证机构办理。

(二) 遗嘱的结构及其内容

1. 首部。

(1) 标题。写明"遗嘱"或者"×××(立遗嘱人姓名)遗嘱"。

(2) 立遗嘱人基本情况。包括姓名、性别、出生年月日、民族、籍贯、住址、身份证号码等。

2. 正文。

(1) 写明遗嘱人立遗嘱的原因。

(2) 写明立遗嘱人所有的财产名称、数额及所在地。

(3) 写明遗嘱人对遗产的处理意见。分别列明继承人及他们应继承遗产的名称、数额、处所等,如需要,可以列表说明。

(4) 写明所订立遗嘱的份数。可以按立遗嘱人、代书人、见证人、继承人(或受遗赠人)的人数制作。

(5) 写明订立遗嘱的时间和地点。

3. 尾部。分别由立遗嘱人、见证人、代书人等签名或盖章。代书人制作完成后,应交立遗嘱人审阅遗嘱内容,或由代书人读给立遗嘱人听,当其表示该遗嘱正确地表达了立遗嘱人的意愿后,则立遗嘱人应在遗嘱书上签名或盖章。

(三) 遗嘱的样式

遗嘱没有统一的样式,下面是常见的遗嘱样式。

×××遗嘱

立遗嘱人：……（写明立遗嘱人基本情况）

为了……，特请×××和×××作为见证人，并委托××代书遗嘱如下：

一、立遗嘱人所有的财产名称、数额、价值及特征：

……

二、立遗嘱人对所有财产的处理意见：

……

三、其他：

……

本遗嘱一式×份，由×××、×××保存。

立遗嘱地点：……

立遗嘱时间：×××年××月××日

立遗嘱人：×××

见 证 人：××× ×××

代 书 人：×××

四、学生实训

根据以下材料，请你代书一份遗嘱（制作中如果缺少相应内容，可根据情况合理虚拟补齐）。

【材料】

刘××有二子一女，长子刘×甲、次子刘×乙、女儿刘×丙。刘××现年79岁且患有高血压、糖尿病等多种疾病，身体随时可能发生意外，保姆金××长期照顾刘××。刘××为表明对自己所有的财产在其去世之后的处理意愿，请你代书制作遗嘱，表示其原籍××省××县××乡××村6间房屋由其长子刘×甲、次子刘×乙、女儿刘×丙三个子女平分。××县农业银行定期存折3本，共存有人民币32 000元。为感谢金××，赠给金××15 000元，因长子刘×甲、女儿刘×丙生活条件较好，次子刘×乙无固定职业，其余17 000元及生活用品由次子刘×乙继承。

【提示】

（一）制作遗嘱的相关准备工作

1. 做好接待当事人的工作，制作相应的接待笔录。

2. 了解当事人是否具备民事行为能力和民事权利能力。

3. 要求当事人提供相应的法律文件。如身份证明、健康证明、房产及其他财产证明等。

4. 告知当事人不同形式遗嘱制作后的法律后果。如公证遗嘱是证据力较强的遗嘱形式；立有数份遗嘱，内容相抵触的，以最后的遗嘱为准；根据《民法典》的新规定，公证遗嘱不再具有高于其他遗嘱的效力；等等。

5. 搜集相应的法律法规。主要包括《民法典》及相关司法解释。

（二）制作遗嘱的一般注意事项

1. 立遗嘱人要具备行为能力，所立遗嘱要出自立遗嘱人的自愿。我国《民法典》第 1143 条规定："无民事行为能力人或者限制民事行为能力人所立的遗嘱无效。遗嘱必须表示遗嘱人的真实意思，受欺诈、胁迫所立的遗嘱无效。伪造的遗嘱无效。遗嘱被篡改的，篡改的内容无效。"

2. 立遗嘱人身份应合法。设立遗嘱不能代理。如是代书遗嘱、打印遗嘱，也必须由本人在遗嘱上签名，并要有两个以上见证人在场见证。另外，录音遗嘱和口头遗嘱也要求有两个以上见证人在场见证。

3. 遗嘱所处分的财产必须是立遗嘱人本人的财产。夫妻共同财产、家庭共有财产等不能由一方单独处分。

4. 遗嘱应当为缺乏劳动能力又没有生活来源的继承人保留必要的份额。

5. 遗嘱见证人应符合法律规定。我国《民法典》第 1140 条规定："下列人员不能作为遗嘱见证人：①无民事行为能力人、限制民事行为能力人以及其他不具有见证能力的人；②继承人、受遗赠人；③与继承人、受遗赠人有利害关系的人。"与继承人、受遗赠人有利害关系的人包括他们的债权人或债务人、合伙人、配偶、子女、父母等。

五、任务评估

评估要点：

1. 遗嘱格式要规范。

2. 立遗嘱人必须具备完全民事行为能力。

3. 代书遗嘱、打印遗嘱必须有两个以上的见证人在场见证，并签名。

4. 遗嘱内容要符合法律和公序良俗。

5. 语言表述要简洁、准确。

实训二：制作《民间借贷合同》

一、任务描述

民间借贷，是指自然人、法人、其他组织之间及其相互之间进行资金融通的行为。民间借贷有狭义和广义之分。狭义的民间借贷是指自然人之间依照约定进行货币或其他有价证券借贷的一种民事法律行为；广义的民间借贷除上述内容外，还包括自然人与法人之间以及自然人与其他组织之间的货币或有价证券的借贷。

一般来说，民间借贷是合法的，但必须是在法律允许的范围内，否则不受保护。特别是民间个人借贷活动必须严格遵守国家法律、行政法规的有关规定，遵循自愿互助、诚实信用原则。出借人的资金必须是属于其合法收入的自有资金，禁止吸收他人资金转手放贷。民间个人借贷利率由借贷双方协商确定，但双方协商的利率不得超过国家规定。

二、实例示范

下面是一份《民间借贷合同》实例。

民间借贷合同

出借人（以下简称甲方）：刘×晚，女，1969年12月31日出生，安徽安庆人，身份证号码34×××××××××××××××××，合肥市××公司部门经理，现住合肥市安庆路××号。

借款人（以下简称乙方）：李×草，男，1965年3月30日出生，安徽淮北人，身份证号码34×××××××××××××××××，合肥市某建设工程公司经理，住合肥市包河区繁华大道××号。

为解决乙方工程资金周转困难，甲乙双方本着平等、自愿、诚实信用的原则，经协商，达成如下协议：

一、借款金额、支付时间：乙方向甲方借款人民币300万元。甲方于二〇一四年四月十一日前以转账的方式汇入乙方账户（开户行：徽商银行城隍庙支行，户名：李×草，账号：62×××××××）。

二、借款利率：自乙方实际收到借款之日起，按实际收到金额为基数计算利息。在合同规定的借款期内，利率为2分/月。利息每月10日支付至甲方指定账户（开户行：徽商银行双岗支行，户名刘×晚，账号：62××××××××）。

三、借款期限：一年，即从二〇一四年四月十一日至二〇一五年四月十日止。

四、还款方式：乙方保证在合同约定的还款期限届满前即二〇一五年四月十日前，将所借款项打入甲方的指定账户（开户行：徽商银行双岗支行，户名刘×晚，账号：62×××××××××）。

五、违约责任：

1. 甲方未按约定的时间将借款给付乙方的，应当承担违约责任。

2. 乙方未能及时归还借款或利息的，应当承担违约责任。乙方如果不按期归还借款，每日应按照未还金额的万分之一支付违约金，但总计以不超过年利率24%为限。

六、发生纠纷，双方先协商解决，协商不成的，任何一方可向合肥市庐阳区人民法院提起诉讼。

七、本协议一式两份，双方各执一份，均具有相同的法律效力。

八、本协议经甲、乙双方签字后生效。

甲方：（签字、盖章）：　　　　　　　乙方：（签字、盖章）：
　　二〇一四年四月十一日　　　　　　　二〇一四年四月十一日

三、基础铺垫

（一）民间借贷合同制作的法律依据

制作民间借贷合同的依据包括：《民法典》和《最高人民法院关于审理民间借贷案件适用法律若干问题的规定》等相关规定。《民法典》第668条规定："借款合同应当采用书面形式，但是自然人之间借款另有约定的除外。借款合同的内容一般包括借款种类、币种、用途、数额、利率、期限和还款方式等条款。"第679条规定："自然人之间的借款合同，自贷款人提供借款时成立。"第680条规定："禁止高利放贷，借款的利率不得违反国家有关规定。借款合同对支付利息没有约定的，视为没有利息。借款合同对支付利息约定不明确，当事人不能达成补充协议的，按照当地或者当事人的交易方式、交易习惯、市场利率等因素确定利息；自然人之间借款的，视为没有利息。"2020年修正的《最高人民法院关于审理民间借贷案件适用法律若干问题的规定》第25条第1款规定："出借人请求借款人按照合同约定利率支付利息的，人民法院应予支持，但是双方约定的利率超过合同成立时一年期贷款市场报价利率4倍的除外。"

（二）民间借贷合同的结构及其内容

1. 首部。

（1）标题。居中写明"民间借贷合同"。

（2）当事人基本情况。写明出借方、借款方的姓名或名称、性别、年龄、住址、身份证号等基本信息。

（3）当事人自愿达成协议的意思表示。

2. 正文。正文即合同的主要条款。

根据我国《民法典》第668条的规定，借款合同一般包括以下条款：①借款用途和借款金额（写明借款种类、币种）；②借款利率；③借款期限；④还款方式；⑤违约责任；⑥纠纷解决方式；⑦合同份数；⑧合同的生效；⑨签名和日期。

3. 尾部。尾部包括当事人签字盖章、合同签订时间等。有保证人的也应由保证人签字盖章。双方当事人、保证人的身份证复印件可作为附件。

（三）民间借贷合同的样式

民间借贷合同没有统一的样式，具体表述也有一定的差异，下面的样式供参考。

民间借贷合同

出借人（甲方）：……（写明姓名，性别，出生年月，住址，身份证号码等）

借款人（乙方）：……（写明姓名，性别，出生年月，住址，身份证号码等）

甲乙双方本着平等、自愿、诚实信用的原则，经协商，达成如下协议：

一、借款金额、交付时间及用途：乙方因……需要向甲方借款人民币××元，甲方于×××年××月××日前以……方式交付乙方。

二、借款利率：自收到贷款之日起，按实际收到金额计算利息。在合同规定的借款期内，利率为×××。借款方如果不按期归还借款和利息，逾期部分加收利率×××。

三、借款期限：从×××年××月××日起至×××年××月××日止，共计××年。

四、还款方式：乙方保证以……方式，按本合同约定的利息偿还借款本金和利息，还款打入甲方指定的账户（或现金返还）。

五、乙方偿还借款的担保方式：……

六、违约责任：

1. 甲方未按约定的时间和金额将借款给付乙方的，应当按未支付金额的××%承担违约责任。

2. 乙方未能按时归还借款的，应当按合同约定的利率支付本金、利息和逾期违约金。

七、发生纠纷，双方先协商解决，协商不成的，任何一方可向×××仲裁委员会申请仲裁或向×××人民法院提起诉讼（二选一）。

八、本协议一式两份，双方各执一份，均具有相同的法律效力。

九、本协议经甲、乙双方签字后生效。

甲方：（签字、盖章）：　　　　　　　乙方：（签字、盖章）：
　　　年　　月　　日　　　　　　　　　　年　　月　　日

四、学生实训

根据以下材料，请你代书一份民间借贷合同（制作中如果缺少相应内容，可根据情况合理虚拟补齐）。

【材料】

借款人张×和，系某公司法定代表人，因其公司偿还银行借款需要过桥资金，遂向朋友刁×中提出需要借款300万元，借款期限为1个月，按照2分/月支付利息。张×和以其公司的房产抵押担保。

【提示】

（一）制作民间借贷合同的相关准备工作

1. 做好接待当事人工作，制作相应的接待笔录。

2. 了解当事人是否具备民事行为能力和民事权利能力。

3. 要求当事人提供相应的法律文件。如身份证明、婚姻证明、健康证明、房产证明及其他财产证明等。

4. 告知当事人协议签订借款合同后的法律后果。

5. 搜集相应的法律法规。主要包括《民法典》《最高人民法院关于审理民间借贷案件适用法律若干问题的规定》等相关规定。

（二）制作民间借贷合同的一般注意事项

1. 民间借贷双方要符合法律规定，借贷内容要合法。民间借贷合同要列明借贷双方的姓名、性别、身份证号码、住址、联系方式。借贷双方必须具有完全的民事法律行为能力。合法的借贷关系才能受到法律的保护。如果明知借款人借款用于诈骗、贩毒、吸毒等非法活动，仍予以出借的，国家法律不予保护，出借人不仅得不到债权，还会受到民事、行政甚至刑事法律的制裁。若一方乘人之危，或用欺诈、胁迫等手段使对方违心借贷的，则属于无效民事法律行为，有过错的出借人只能收回本金。

2. 民间借贷合同中必须列明借款的种类、币种、数额、时间、期限、用途、利率、还款方式。借款人必须明确指定借款汇入的开户行、户名、账号。合同必须明确还款的方式、利息支付的方式及日期。合同必须明确逾期还款的责任。

3. 合同可以写明借款人借款后出具的收条、借贷双方及保证人的身份证复印件为本借款合同的组成部分。

4. 提供担保。对于数额较大或存有风险的借款，应履行担保和抵押手续，要求借款人提供具有一定经济实力的第三人为其担保，或要求借款人以存单、债券、机动车、房产等个人财产作为抵押物。涉及不动产、特殊动产等抵押的，还应到有关部门办理抵押物登记手续。这样，借款人一旦出现无法偿还债务的情况，可以向保证人追索借款或合法地以抵押物抵偿借款。

5. 合同应约定生效的时间。自双方签字后生效，办理公证后生效，还是贷款交付后生效应予明确。

五、任务评估

评估要点：

1. 民间借贷合同的格式要符合要求。

2. 主要内容是否完备，利息约定是否符合法律规定和公序良俗。

3. 语言表述准确、简练。

实训三：制作《离婚协议书》

一、任务描述

离婚协议书是双方当事人自愿离婚的意思表示以及对子女抚养、财产及债务处理等事项协商一致而达成的书面协议。

协议离婚制度是我国离婚制度的重要组成部分。较之诉讼离婚制度，协议离婚制度更能充分尊重当事人的意愿，且程序简便，已成为越来越多的离婚当事人首先考虑的途径，因此，离婚协议书也是基层法律工作中比较常用的非诉法律文书之一。

通过学习，学生应当掌握离婚协议书的格式和内容要求，并能够根据离婚当事人的实际要求制作相应的离婚协议书。

二、实例示范

下面是一份离婚协议书实例。

离婚协议书

男方：王××，男，1974 年 11 月 6 日生，汉族，住××省×市××区××路××花园××栋××室，身份证号码×××××××××××××。

女方：刘××，女，1977 年 8 月 27 日生，汉族，住××省×市××区××路××花园××栋××室，身份证号码×××××××××××××。

男方与女方于 1999 年 12 月认识，于 2000 年 5 月 28 日在×县民政局登记结婚，婚后于 2002 年 7 月 19 日生育一女儿，名王×。因双方感情不和，致使夫妻感情破裂，已无和好可能，现经夫妻双方自愿协商，达成一致意见，订立离婚协议如下：

一、男女双方自愿离婚。

二、子女抚养、抚养费及探望权。

女儿王×由女方抚养，随同女方生活，抚养费（含托养费、教育费、医疗费）由男方全部负责，男方每月支付抚养费800元，男方应于每月的15日前将女儿的抚养费交到女方手中或存入女方指定的银行账号××××—×—×××——××。

在不影响孩子学习、生活的情况下，男方每星期休息日可探望女儿一次或带女儿外出游玩，但应提前通知女方，女方应保证男方每周探望的时间不少于一天。

三、夫妻共同财产的处理。

1. 存款：双方名下现有银行存款共120 000元，双方各分一半，即各60 000元。分配方式：各自名下的存款保持不变，但男方应于2010年3月5日前一次性支付23 400元给女方。

2. 房屋：夫妻共同所有的位于××省×市××区××路××花园××栋××室的房地产所有权归女方所有，房地产权证的业主姓名变更的手续自离婚后1个月内办理，男方必须协助女方办理变更的一切手续，过户费用由女方负责。

3. 其他财产：婚前双方各自的财产归各自所有，男女双方各自的私人生活用品及首饰归各自所有（附清单）。

四、债权、债务的处理。

双方确认在婚姻关系存续期间没有发生任何共同债权、债务，任何一方如对外负有债务的，由负债方自行承担。

五、一方隐瞒或转移夫妻共同财产的责任。

双方确认夫妻共同财产在上述第三条已作出明确列明。除上述房屋、家具、家电及银行存款外，并无其他财产，任何一方应保证以上所列婚内全部共同财产的真实性。本协议书财产分割基于上列财产为基础。任何一方不得隐瞒、虚报、转移婚内共同财产或婚前财产。如任何一方有隐瞒、虚报除上述所列财产外的财产，或在签订本协议之前两年内有转移、抽逃财产的，另一方发现后有权取得对方所隐瞒、虚报、转移的财产的全部份额，并追究其隐瞒、虚报、转移财产的法律责任，虚报、转移、隐瞒方无权分割该财产。

六、经济帮助及精神赔偿。

因女方生活困难，男方同意一次性支付经济帮助金10 000元给女方。鉴于男方要求离婚的原因，男方应一次性补偿女方精神损害费5000元。上述男方应支付的款项，均应于领取离婚证时支付完毕。

七、违约责任的约定。

任何一方不按本协议约定期限履行支付款项义务的，应按每日1%支付违约金。

八、双方签订本协议时，女方没有怀孕。

九、协议生效时间的约定。

本协议一式三份，自婚姻登记机关颁发《离婚证》之日起生效，男、女双方各执一份，婚姻登记机关存档一份。

十、如本协议生效后在执行中发生争议的，双方应协商解决，协商不成的，任何一方均可向××省××市××区人民法院起诉。

男方：王××   女方：刘××

二〇一〇年五月十九日   二〇一〇年五月十九日

三、基础铺垫

（一）离婚协议书制作的法律依据

我国《民法典》第1076条规定："夫妻双方自愿离婚的，应当签订书面离婚协议，并亲自到婚姻登记机关申请离婚登记。离婚协议应当载明双方自愿离婚的意思表示和对子女抚养、财产以及债务处理等事项协商一致的意见。"我国《婚姻登记条例》第11条第1款规定："办理离婚登记的内地居民应当出具下列证件和证明材料：①本人的户口簿、身份证；②本人的结婚证；③双方当事人共同签署的离婚协议书。"第3款规定："离婚协议书应当载明双方当事人自愿离婚的意思表示以及对子女抚养、财产及债务处理等事项协商一致的意见。"

（二）离婚协议书的结构及其内容

离婚协议书一般包括首部、正文和尾部三个部分。

1. 首部。

（1）离婚双方当事人基本情况。包括男女双方的姓名、性别、年龄、民族、工作单位、家庭住址、身份证号码等。

（2）离婚原因。夫妻感情破裂。

（3）协商过程。写明是在自愿协商的基础上达成的协议。

2. 正文。正文部分的主要内容为自愿离婚的意思表示，对子女抚养、财产及债务处理等事项的协商意见。自愿离婚即双方自愿解除婚姻关系。共同财产分割、个人财产处理和子女抚养等内容是离婚协议的核心内容，应作出详细的约定。

（1）对于子女抚养权的处理。夫妻离婚时已有子女的，必须对子女的抚养权作出约定，否则，协议离婚时民政部门将不予办理。协议离婚中，子女是随父还是随母一起生活，由夫妻双方协商处理，只要双方同意则该约定有效。在子女抚养权确定后，未直接抚养子女的一方应支付抚养费，该抚养费标准根据当地的生活水平、支付人的经济能力以及子女的日常生活、学习等情况综合考虑后予以确定。抚养费可以以月、半年等为单位来支付，具体时间由夫妻双方约定。一般情况下，抚养费支付至子女满18周岁时为止。

（2）夫妻共同财产的分割。一般首先分项列明夫妻共同财产的基本情况，包括财产名称、所在地点等信息；然后对应分项列明的财产序号，作出准确的分割。可表述为"上列夫妻共同财产中的第×项归甲方（夫）所有，上列夫妻共同财产中的第×项归乙方（妻）所有"。

在夫妻共同财产的处理中，可能存在动产、不动产、股权、投资以及其他财产折价的问题，对于该部分财产的处理，一般约定以取得上述财产的一方给予对方一定数额的现金作为补偿，或双方对股权或投资进行按比例分割。

在分割财产移交时需要对方配合的，应约定配合的时间及相关内容。对需要办理财产所有权转移手续的房产，应明确约定办理手续的期限等。例如："序号为××的位于××市××区××路××号××小区××栋××号房产的房产证登记的名字为甲方，现该房产已分割归乙方所有，甲方应在签订本协议之日起××日内与乙方同时前往××（房产转移登记主管部门）办理房产过户手续，将该房产过户至乙方名下。"同时约定财产移交时，应当提供配合的一方未及时配合导致的责任如何承担。

为防止夫妻一方有意隐瞒共同财产，损害另一方的合法财产权益，在财产分割中，应约定隐瞒财产的后果及处理方式。

（3）夫妻个人财产处理。夫妻结婚之前，很可能存在夫或妻一方有属于个人的财产，对于该个人财产，在离婚协议中应予以列明，以免发生混淆而引起争议。当然，个人财产也可以约定在离婚时赠与对方，这取决于夫妻双方的意愿。

（4）其他需约定的事项。

3. 尾部。离婚当事人双方签名，注明日期。

（三）离婚协议书的样式

离婚协议书同样没有统一样式，下面的样式供参考。

离婚协议书

男方：×××，男，××××年××月××日出生，×族，住……，身份证号……

女方：×××，女，××××年××月××日出生，×族，住……，身份证号……

男女双方于××××年××月××日在……办理结婚登记手续。因双方性格不合无法共同生活，夫妻感情确已完全破裂，无和好可能。现经双方自愿协商达成一致意见，订立离婚协议如下：

一、男女双方自愿离婚。

二、子女抚养、抚养费及探望权。

（一）双方婚后生有小孩×××、×××。×××归男方抚养，×××归女方抚养。

（二）男方每月（或每季、每年、一次性）向女方支付小孩×××的抚养费人民币××（大写）元整（数字××元），该抚养费支付至小孩×××年满十八周岁止［或大学毕业（含硕士阶段）止］。

（三）女方每月（或每季、每年、一次性）向男方支付小孩×××的抚养费人民币××（大写）元整（数字××元），该抚养费支付至小孩×××年满十八周岁止［或大学毕业（含硕士阶段）止］。

（四）上述抚养费含生活费、教育费、普通医疗费、保险费等，但不包括将来可能发生的重大疾病、意外伤害等医疗费。如将来发生重大疾病、意外伤害医疗费且不可归责于抚养人，该抚养人可另行索取相关费用。

（五）抚养人应积极履行抚养、监护义务，如因抚养人的原因导致被抚养人受到意外伤害、发生重大疾病或者伤害他人导致赔偿发生等，由监护人承担责任，不得向另一方索取。

（六）不抚养小孩的一方有权随时（每周一次、每月一次、每季一次、每年一次）探望小孩×××，另一方必须提供协助。

三、夫妻共同财产的分割。

（一）男女双方婚后有以下共同财产：

1. 双方于××××年××月××日购买的位于……的房子一套，房产证号：……

2. 双方于××××年××月××日购买的汽车一辆，车牌号码：……

3. 双方于××××年××月××日共有存款人民币××元。

4. 双方于××××年××月××日共有股票（号码：……）××股。

（二）上述第（一）项财产中的第1项、第3项财产归男方所有。

（三）上述第（一）项财产中的第2项、第4项财产归女方所有。

（四）男方有以下个人财产，由其个人所有，与女方无涉：……

（五）女方有以下个人财产，由其个人所有，与男方无涉：……

四、债权债务的处理。

（一）共同债权债务

1. ×××欠男方名下人民币××元整。

2. ×××欠女方名下人民币××元整。

3. 男方名下欠×××人民币××元整。

4. 女方名下欠×××人民币××元整。

（二）上述第（一）项财产中的第1项债权归男方所有，由男方自行追索；上述第（一）项财产中的第3项债务由男方承担，由男方自行归还。

（三）上述第（一）项财产中的第2项债权归女方所有，由女方自行追索；上述第（一）项财产中的第4项债务由女方承担，由女方自行归还。

（四）男方有以下个人债权，由其个人所有，与女方无涉：……

（五）男方有以下个人债务，由其个人承担，与女方无涉：……

（六）女方有以下个人债权，由其个人所有，与男方无涉：……

（七）女方有以下个人债务，由其个人承担，与男方无涉：……

五、禁止隐瞒、转移、低价转让财产。

任何一方不得隐瞒、转移、低价转让夫妻双方共同财产或擅自转移、低价转让对方财产，如一方有上述行为，该行为无效，给对方造成损失的，应负赔偿责任。赔偿金额包括受害方的直接和间接损失，并包括受害人为追回财产所支付的取证费用、律师费等。

六、双方签订本协议时女方没有怀孕。

七、协议份数、生效时间。

本协议一式六份，双方各执一份，律师事务所执二份，婚姻登记机关执二份。本协议自办理离婚登记之日起生效。

男方：　　　　　　　　　　　　　　女方：

××××年××月××日　　　　　　　××××年××月××日

（说明：上述款、项可根据需要选择、省略、修改等。）

四、学生实训

根据以下案情，请制作一份离婚协议书（制作中如果缺少相应内容，可根据情况合理虚拟补齐）。

【案情】

男方刘××与女方金××于2003年11月经人介绍认识，于2004年7月28日在×市××区民政局登记结婚，婚后于2005年9月19日生育一子，名刘×。因婆媳关系不好，夫妻经常吵嘴打架，致使双方感情不和，经双方自愿协商，达成一致意见：双方自愿离婚。儿子刘×由金××抚养，随同金××生活，抚养费（含托费费、教育费、医疗费）主要由刘××负责，刘××每月支付抚养费1200元，刘××应于每月的15日前将儿子的抚养费交到金××手中或存入金××指定的银行账号。同时，刘××每星期休息日可探望儿子一次或带儿子外出游玩，但应提前通知金××，金××应保证刘××每周探望的时间不少于1天。双方名下现有银行存款共50 000元，双方各分一半。夫妻共同所有的位于××省×市××路××花园××幢×室的一套88.9平方米的住房及房内家具，所有权归刘××所有，房屋贷款由刘××清还；位于××省×市××区××路××小区××幢××室的一套97.34平方米的住房及房内家具和电器，所有权归金××所有，房屋贷款由金××清还，房地产权证的业主姓名变更手续自离婚后1个月内办理，刘××必须协助金××办理变更的一切手续，过户费用由金××负责。婚前双方各自的财产归各自所有，男女双方各自的私人生活用品及首饰归各自所有（另附清单）。双方确认在婚姻关系存续期间除房屋贷款以外，没有发生任何共同债务，任何一方如对外负有债务，由负债方自行承担。离婚协议一式三份，自婚姻登记机关颁发《离婚证》之日起生效，男、女双方各执一份，婚姻登记机关存档一份。协议生效后在执行中发生争议的，双方应协商解决，协商不成，任何一方均可向××省×市××区人民法院起诉。

【提示】

（一）制作离婚协议书的相关准备工作

1. 做好接待当事人工作，核实当事人的身份，制作相应的接待笔录，尽量做好调解工作。

2. 了解当事人是否具备民事权利能力和民事行为能力，是否双方自愿。

3. 要求当事人提供相应的法律文件。如身份证明、婚姻证明、健康证明、房产证明及其他财产证明等。

4. 告知当事人离婚协议签订后的法律后果。如：夫妻双方没有登记离婚之前，协议还没有发生法律效力；签订离婚协议后不愿意再去办理离婚登记手续，另一方向人民法院起诉的，人民法院在审理离婚案件时会对离婚协议的证明力及证明力的大小予以一定的考虑；等等。

5. 搜集相应的法律法规。主要包括《民法典》及相关法律、法规和司法解释。

（二）制作离婚协议书的一般注意事项

1. 双方当事人必须具有完全民事行为能力。一方或者双方当事人为限制民事行为能力者或无民事行为能力者，不能制作离婚协议书。

2. 当事人双方必须办理过结婚登记。未办理过结婚登记的，不能制作离婚协议书。

3. 当事人双方必须存在自愿离婚的合意，且意思表示真实；签订离婚协议是一项民事活动，理应遵照自愿、公平的原则，如夫妻任何一方以胁迫、威胁等方式强迫对方订立离婚协议，对方主张撤销时，该协议将依法被法院予以撤销而自始无效。

4. 当事人必须对子女抚养和教育、共同财产分割、个人财产作适当处理；协议的内容应当有利于保护妇女和子女的合法权益。

5. 离婚协议书一般至少一式三份，协议当事人各执一份，民政部门一份。在协议书后可附上夫妻双方的身份证复印件、有形财产照片等材料作为协议的附件。

6. 离婚协议书一般要约定"本协议自双方签字时生效"或"本协议自婚姻登记机关颁发《离婚证》之日起生效的字样"，最好协议双方在签字后加按手印，并写上签订协议的时间。

五、任务评估

评估要点：

1. 要核查当事人双方是否自愿离婚，且意思表示真实。

2. 离婚协议书的格式要规范。

3. 离婚协议书的内容要包括自愿离婚的意思表示，对子女抚养、财产及债务处理等事项的协商意见，并且合理、合法。

4. 语言表述要简洁、准确。

5. 离婚协议书的份数要符合规定。

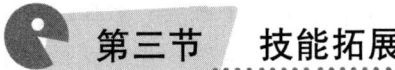 **第三节 技能拓展**

技能拓展一：熟识《赠与合同》

一、基础知识

（一）概念

赠与合同是指赠与人将自己的财产或者财产权利无偿给予受赠人，受赠人表示接受赠与的合同。转移财产的一方为赠与人，受领财产的一方为受赠人。赠与合同为诺成合同，自双方当事人意思表示一致即受赠人表示接受该赠与时成立和生效；赠与合同是转移财产所有权的合同；赠与合同为单务、无偿合同。

赠与人和受赠人是赠与合同的主体，公民、法人都可以成为赠与合同的主体。赠与合同的标的物可以是各种法律不禁止的实物、货币、有价证券及财产权利。有价证券的赠与要履行背书的法律手续才能成立；专利权、商标专用权的赠与要到政府主管部门办理过户登记或者备案等手续；不动产如房产、特殊的动产如机动车辆的赠与，要到行政主管部门办理产权过户手续，赠与才能成立。

（二）制作依据

我国《民法典》第657～666条对赠与合同作了专章规定。其中第657条规定："赠与合同是赠与人将自己的财产无偿给予受赠人，受赠人表示接受赠与的合同。"第658条规定："赠与人在赠与财产的权利转移之前可以撤销赠与。经过公证的赠与合同或者依法不得撤销的具有救灾、扶贫、助残等公益、道德义务性质的赠与合同，不适用前款规定。"第659条规定："赠与的财产依法需要办理登记或者其他手续的，应当办理有关手续。"第660条规定："经过公证的赠与合同或者依法不得撤销的具有救灾、扶贫、助残等公益、道德义务性质的赠与合同，赠与人不交付赠与财产的，受赠人可以请求交付。依据前款规定应当交付的赠与财产因赠与人故意或者重大过失致使毁损、灭失的，赠与人应当承担赔偿责任。"

二、文书样式

下面的赠与合同样式供参考。

赠与合同

甲方（赠与人）：……（写明姓名、住址、身份证号等基本信息）

乙方（受赠人）：……（写明姓名、住址、身份证号等基本信息）

甲乙双方为……（写明赠与目的），根据《中华人民共和国民法典》的规定，就赠与……（写明该赠与物名称，如金钱、房产、电脑、首饰或其他物品等）事宜达成协议如下：

一、甲方将其所有的……（标的物）赠送给乙方。其所有权证明为：……（写明证明甲方拥有所有权的证据名称，如赠与房屋，就应有房地产所有权证；赠与其他物品应有购买该物品的发票等）

二、赠与物的交付。……（写明交付的条件、时间、地点、办理的手续等）

三、乙方应在……期限内办理所有权转移的手续，逾期不办的，视为拒绝接受赠与（也可以约定其他条件）。

四、赠与人应按期交付赠与物。赠与人无故撤销赠与或迟延赠与，由此给受赠人带来损失的，应对受赠人给予……赔偿（写明具体赔偿办法）。

五、赠与人如经济状况显著恶化，严重影响其生产经营或者家庭生活的，可以变更或终止合同。但由此给受赠人造成的经济损失应给予……赔偿（写明具体赔偿办法）。

六、受赠人有严重侵害赠与人或者赠与人的近亲属行为的（或其他行为），赠与人可以撤销赠与。

七、本合同自××××年××月××日起生效（可以写自公证之日起生效）。

八、如出现合同争议，由双方当事人协商解决。协商不成，可向×××仲裁委员会申请仲裁。

九、本合同一式两份，双方各执一份。

甲方：（签字、盖章）　　　　　　　　乙方：（签字、盖章）
××××年××月××日　　　　　　　××××年××月××日

三、制作要点

（一）首部

1. 标题。居中写明"赠与合同"。

2. 当事人基本情况。写明赠与人、受赠人的姓名或名称、性别、出生日期、职业、住所、身份证号等信息。

（二）正文

正文即合同的主要条款。赠与合同一般包括如下条款（可根据需要选择）：

1. 赠与目的。主要写明为什么赠与。

2. 赠与合同的标的。即赠与物。合同要标明具体赠与物的性质和名称，如房屋、货币、有价证券或专利权等。

3. 赠与物的质量与数量。合同应具体写明赠与物的数量、品种、品质。赠与物是货币的，写明币种和数额；赠与物是实物的，要写明该物的性状、数量和品质，如房屋应写明房屋的坐落、规格、面积、是否出租等。

4. 履行期限、地点和方式。此条款要明确规定赠与物的交付时间、地点和方式，要写明是一次赠与还是定期赠与、履行地的具体名称。

5. 附义务赠与。附义务赠与合同要写明赠与人对受赠人所提的要求，即受赠人要履行的义务。赠与合同是单务合同，原则上受赠人没有合同义务，但在附义务赠与合同中附设有义务，受赠人应当按照合同履行义务，受赠人不履行附设义务的行为是违约行为，受赠人要承担违约责任。

6. 违约责任。赠与人的违约责任有以下几点：

（1）不履行给付义务的责任。具有救灾、扶贫等社会公益、道德义务性质的赠与合同或者经过公证的赠与合同，赠与人不交付赠与的财产的，受赠人可以要求交付。

（2）瑕疵担保责任。一般情况下，赠与的财产有瑕疵的，赠与人不承担责任，但赠与人故意不告知瑕疵或者保证无瑕疵，造成受赠人损失的，应当承担损害赔偿责任。

（3）损害赔偿责任。赠与人原则上不承担损害赔偿责任。但若由于赠与人的故意或者重大过失致使赠与的财产毁损、灭失，造成受赠人损失的，赠与人应当承担损害赔偿责任。

7. 合同的变更与终止。赠与物尚未给予时，赠与人因经济状况显著恶化，严重影响生产经营或者家庭生活的，可以变更或终止合同。但赠与人可以适当赔偿受赠人因相信赠与人的赠与行为而造成的经济损失。

8. 赠与合同的撤销。受赠人有下列情形之一的，赠与人可以撤销赠与：①严重侵害赠与人或者赠与人的近亲属的；②对赠与人有扶养义务而不履行的；③不履行赠与合同约定的义务的。赠与被撤销的，撤销权人可以向受赠人请求返还赠与财产。

9. 争议的解决方式。出现合同争议，首先由双方当事人协商解决。协商不成的，任何一方可以按约定申请仲裁或向人民法院起诉。

10. 其他约定事项。根据实际情况，增添有关补充条款。

（三）尾部

尾部包括当事人签字盖章、合同签订时间等。当事人身份证复印件可作为附件。

技能拓展二：熟识《夫妻财产约定协议书》

一、基础知识

（一）概念

夫妻财产约定协议书是夫妻（未婚夫妻）双方就夫妻关系存续期间实行何种财产制度及所得财产的分配方法、原则所达成的一致意见。夫妻财产约定协议可以是未婚夫妻在婚前约定，也可由夫妻双方在婚姻关系存续期间约定。

随着社会经济的发展和人民文化生活水平的不断提高，公民个人或家庭财产结构发生了显著的变化，财产内容日益丰富。财富的快速积累，使财产关系在婚姻家庭中的地位越来越重要，相应地，夫妻间也出现了采用多种形式处理双方间财产的要求，夫妻财产约定协议书有利于防止和减少纠纷的发生。

（二）制作依据

我国《民法典》第1065条规定："男女双方可以约定婚姻关系存续期间所得的财产以及婚前财产归各自所有、共同所有或者部分各自所有、部分共同所有。约定应当采用书面形式。没有约定或者约定不明确的，适用本法第1062条、第1063条的规定。夫妻对婚姻关系存续期间所得的财产以及婚前财产的约定，对双方具有法律约束力。夫妻对婚姻关系存续期间所得的财产约定归各自所有，夫或者妻一方对外所负的债务，相对人知道该约定的，以夫或者妻一方的个人财产清偿。"

二、文书样式

下面一份是夫妻财产约定协议书的样式，供参考。

夫妻财产约定协议书

男方：……（基本情况）

女方：……（基本情况）

男方女方于××××年××月××日登记结婚，为增进夫妻感情，确保夫妻之间互相忠诚和信任，现经双方平等协商一致，根据《中华人民共和国民法典》等相关法律法规和司法解释的规定，自愿达成如下协议：

一、依据《民法典》的规定，双方登记结婚之前的个人财产归……所有，债权债务归……负责。

男方婚前个人财产包括：……［列明财产（含债务）的名称、种类、规格、数量、价值、状况或附清单］

女方婚前个人财产包括：……［列明财产（含债务）的名称、种类、规格、数量、价值、状况或附清单］

二、双方自××××年××月××日登记结婚之日起，在夫妻婚姻关系存续期间，采取夫妻财产约定制：夫妻婚姻关系存续期间各自所得的财产收益归……所有，在各自名下的债权和存款归……所有，在各自名下的债务归……承担。

男女双方各自财产收益范围包括但不限于以下方面：

1. 工资、奖金、福利；

2. 生产、经营的收益；

---

3. 知识产权收益;

4. 各自继承或赠与所得的财产;

5. 一方以个人财产投资取得的收益;

6. 实际取得或者应当取得的住房补贴、住房公积金;

7. 实际取得或者应当取得的养老保险金、工龄取得的费用以及破产安置补偿费;

8. 受益人为自己的各项保险。

夫妻婚姻关系存续期间,所购置添加的物品所有权归……所有（注:无法证明出资方的,则归……所有）,平时男女双方生活费用开支由……承担,男女方各自的礼尚往来和人情方面开支由……承担。夫妻一方明确给付或赠与另一方的财物归接受方所有。

三、儿女抚养教育费的承担约定:……

四、本协议未尽事宜依据……原则处理,日后男女双方可达成补充协议。

五、本协议自男女双方签字之日起生效。

六、本协议一式两份,男女双方各执一份,具有同等法律效力。

附:……清单

　　男　方:　　　　　　　　　　　　女　方:

　　××××年××月××日　　　　　　××××年××月××日

三、制作要点

（一）首部

1. 标题。居中写明"夫妻财产约定协议书"。

2. 当事人基本情况。写明夫妻双方的姓名、性别、出生年月、职业、住址、身份证号等。

（二）正文

正文,即夫妻财产约定协议的主要条款,一般包括:

1. 关于婚前财产的约定。写明夫妻财产（含债务）的名称、种类、规格、数量、价值、状况等基本情况以及财产的归属和债务的承担。

2. 关于婚后财产的约定。写明夫妻关系存续期间所得的财产（含债务）及其归属;夫妻关系存续期间财产的使用、维修、处分的原则;共同债务如何清偿;财产孳息归属等。

3. 日常开支的约定。

4. 其他约定。根据实际情况，增添有关补充条款。

（三）尾部

根据实际情况可包括当事人签字盖章、协议签订时间、财产清单等附件。

其他非诉法律文书样式

《婚姻登记条例》

《中华人民共和国民法典》

《最高人民法院关于审理民间
借贷案件适用法律若干问题
的规定》（2020 修正）

《最高人民法院关于适用
〈中华人民共和国民法典〉
婚姻家庭编的解释（一）》

《最高人民法院关于适用
〈中华人民共和国民法典〉
继承编的解释（一）》

第三编　司法文书

学习单元十　公安法律文书

学习目标

● 要求学生掌握公安刑事法律文书制作相关的刑事实体法和程序法规定。

● 熟悉公安机关办理刑事案件的工作流程，掌握公安机关法律文书的制作规范及技巧，并能够制作相应的法律文书。

● 培育忠诚、为民、公正、廉洁的人民警察核心价值观；培育依法依规、严谨审慎的法律文书制作态度。

重点提示

● 掌握呈请立案报告书、提请批准逮捕书和起诉意见书的写作要求和制作方法。

● 熟识讯问笔录、补充侦查报告书和要求复议意见书的制作要点。

 第一节　基础知识

一、公安机关法律文书的概念和分类

（一）公安机关法律文书的概念

公安机关法律文书，既包含公安机关刑事法律文书，也包含公安机关行政法律文书等其他文书。[1] 公安机关刑事法律文书，是公安机关在办理刑事案件过程中依法进行侦查、拘留、预审时制作和使用的具有法律效力或法律意义的文书。人们通常也把公安机关刑事法律文书称为侦查文书。

对于上述概念，应从以下几个方面去理解：

1. 公安机关刑事法律文书的制作机关必须是公安机关。这类文书是公安机关依据国家赋予的职权，依据法律、法规在办理刑事案件的工作过程中所形成的文书，是公安机关专用的文书，而公安机关以外的其他任何机关、单位和个

---

〔1〕 本教材主要从公安机关行使刑事侦查职能的角度编写，因此，本学习单元仅介绍公安机关刑事法律文书。

人都无权制作。

2. 公安机关刑事法律文书制作依据是我国的《刑事诉讼法》《刑法》等有关法律法规。公安机关法律文书必须严格按法定要求和程序制作，不能超越国家法律的规定，否则就会失去其应有的法律效力和法律作用。

3. 公安机关刑事法律文书适用于公安机关办理刑事案件活动，反映公安机关办理刑事案件的整个过程。即从受理案件开始，经过立案、侦查、破案、采取强制措施、讯问犯罪嫌疑人、调查取证，直至案件预审终结，将案件移送人民检察院审查起诉或撤销案件或做其他处理时为止。

公安机关刑事法律文书是查明案件事实、揭露犯罪和证实犯罪的客观依据，是执行强制措施，决定立案、破案、结案的文字依据和法律凭证。它在及时立案、尽快查清案件事实、查获犯罪嫌疑人、正确执行强制措施、客观全面地作出处理意见等方面都具有重要作用。

（二）公安机关刑事法律文书的分类

为了贯彻实施《刑事诉讼法》（2012 年修订），公安部对《公安机关刑事法律文书格式（2002 版）》进行了修改和补充，正式发布了《公安机关刑事法律文书式样（2012 版）》，并于 2013 年 1 月 1 日起正式启用。此次修订，通过对原有公安机关刑事法律文书进行必要的删除、合并与增补，设计更加合理、版面更加清晰、适用更加方便，使公安机关办理刑事案件的主要环节均有了明确的法律文书，同时它紧密结合了各地公安机关利用执法办案平台开具电子法律文书的特点，高度契合了网上刑事办案的时代要求。2012 版公安机关刑事法律文书由原来的六大类变更为八大类，具体的法律文书种类也由原来的 92 种增加至 97 种。具体包括以下八大类：

1. 立案、管辖、回避文书共 8 种，包括受案登记表、立案决定书等。

2. 律师参与刑事诉讼文书共 4 种，包括提供法律援助通知书、准予会见嫌疑人决定书等。

3. 强制措施文书共 30 种，包括取保候审决定书、提请批准逮捕书等。

4. 侦查取证文书共 37 种，包括起诉意见书、补充侦查报告书等。

5. 技术侦查文书共 4 种，包括采取技术侦查措施决定书、执行技术侦查措施通知书等。

6. 执行文书共 6 种，包括减刑/假释建议书、假释证明书等。

7. 刑事通用文书共 5 种，包括呈请×××报告书、复议决定书等。

8. 规范性文书共 3 种，包括刑事侦查卷宗（封面）、卷内文书目录等。

二、公安机关刑事法律文书制作的基本要求

（一）公安机关刑事法律文书常见项目填写要求

1. 案件名称。根据不同的案件情况，采取不同的命名方法。对于有明确的犯罪嫌疑人和涉嫌犯罪情节清楚的案件，可采取"人名＋涉嫌罪名"的命名方法，如"王××故意杀人案"；对于犯罪嫌疑人不明而被害人和被害情况清楚的案件，可采取"被害人＋被侵害情况"的命名方法，如"张××被抢劫案"；对于犯罪嫌疑人和被害人不明或者犯罪嫌疑人、被害人人数众多不便概括以及需要保密等情形，可以案件发生时间或立案时间或者地名来命名，如"4·15案""×××（地名）抢劫案"。

2. 案件编号。各地在制作文书过程中应当本着便于对案件进行管理和统计的原则，根据本地或者本系统的要求进行编号。

3. 犯罪嫌疑人姓名。填写犯罪嫌疑人合法身份证件上的姓名，如果没有合法身份证件的，填写在户籍登记中使用的姓名。如果犯罪嫌疑人是外国人，除应当填写其合法身份证件上的姓名外，还应当同时写明汉语译名。对于一些叙述型法律文书，如《提请批准逮捕书》《起诉意见书》等，应当在写明犯罪嫌疑人姓名的同时，写明犯罪嫌疑人使用过的其他名称，包括别名、曾用名、绰号等。如有必要，还可写明笔名、网名等名称。确实无法查明其真实姓名的，也可以暂填写其自报的姓名。查清其真实姓名后，按照查清后的姓名填写，对之前填写的内容可不再更改，但应当在案件卷宗中予以书面说明（犯罪嫌疑人出生日期、住址不明的，参照上述规定办理）。

4. 犯罪嫌疑人出生日期。犯罪嫌疑人的出生日期以公历（阳历）为准，除有特别说明的外，一律具体到年、月、日。确定犯罪嫌疑人的出生日期应当以其合法身份证件上记载的出生日期为准，没有合法身份证件的，以户籍登记中的出生日期为准。

5. 犯罪嫌疑人住址。填写犯罪嫌疑人被采取强制措施前的经常居所地。犯罪嫌疑人的经常居所地以户籍登记中的住址为准。如果该犯罪嫌疑人离开户籍所在地在其他地方连续居住满1年以上的，则以该地为经常居住地，并应当在填写经常居住地的同时注明户籍登记的住址。

6. 犯罪嫌疑人的单位及职业。填写犯罪嫌疑人的工作单位名称以及从事的职业种类。单位名称应当填写全称，必要时在前面加上地域名称。认定犯罪嫌疑人的工作单位，不能单纯凭人事档案是否在该单位来认定，而应当视其是否实际在该单位工作。只要其实际在该单位工作的，即可认定为工作单位。职业应当填写从事工作的种类。没有工作单位的，可以根据实际情况填写经商、务工、农民、在校学生或者无业等。

7. 身份证件种类及号码。填写居民身份证、军官证、护照等法定身份证件的种类及号码。

8. 文化程度。填写国家承认的学历。文化程度分为研究生（博士、硕士）、大学、大专、中专、高中、初中、小学、文盲等档次。

9. 批准人。填写批准制作该法律文书的有关负责人的姓名。

10. 批准时间。填写批准制作该法律文书的有关负责人的签字时间。

11. 办案人。填写办理案件民警的姓名，或者有关事项承办人的姓名。

12. 办案单位。填写办案单位或者部门的名称。

13. 填发时间。填写实际制作法律文书的时间。

14. 填发人。填写制作法律文书的人的姓名。

15. 签名。需要当事人签名确认的文书应当由其本人签名，不能签名的，可以捺指印；当事人为单位的，由法定代表人、主要负责人或者其授权的人签名，或者加盖单位印章。当事人拒绝签名的，侦查人员应当在文书中予以说明。

16. 各类清单。"编号"栏一律采取阿拉伯数字，按材料、物品的排列顺序从"1"开始逐次填写；"名称"栏填写材料、物品的名称；"数量"栏填写材料、物品的数量，使用阿拉伯数字填写；"特征"栏填写物品的品牌、型号、颜色、新旧等特点。表格多余部分应当用斜对角线划掉。

17. 发文字号。文书式样中的发文字号印刷为"×公（　）字〔　〕号"，实际填写时，"×"处填写制作法律文书的机关代字，如北京市填写"京"；"（　）"处填写办案部门简称，如经济犯罪侦查部门制作的文书填写"经"；"（　）"和"字"之间的部分为文书名称简称；"〔　〕"中填写发文年度；"〔　〕"后填写发文顺序号。

18. 法律条文的援引。引用法律，应当写明法律的全称；引用法律条文，要写明具体的条文号，条文中有款、项的，要具体到款、项。

19. 计量单位。填写国家法定计量单位。

20. 联系方式。填写联系人的移动电话号码、固定电话号码、电子邮件地址等内容。

21. 数字。在引用的法律条款、部分结构层次顺序和在词、词组、惯用语、缩略语、具有修辞色彩语句中作为词素的数字时应当使用汉字，其他情况下应当使用阿拉伯数字。结构层次序数：第一层为"一、"，第二层为"（一）"，第三层为"1、"，第四层为"（1）"。文书发文字号中年度、发文顺序号应当使用阿拉伯数字。

22. 成文日期。成文日期填写批准人的批准日期。内部审批类文书的日期，制作人在末尾落款处填写制作日期，审核人、批准人在其签名下方填写审核、批准时的日期。成文日期应当使用大写数字，如"二〇一三年一月一日"。

23. 印章的使用。对外使用的文书，应当在成文日期上方写明单位名称，在单位名称和成文日期上加盖能够对外独立承担法律责任的单位印章。不能使用内部印章。

24. 骑缝线。打印电子法律文书可以无骑缝线，不必加盖骑缝章。纸质法律文书的骑缝线一律用汉字（发文年度和顺序号用大写）填写发文字号，然后加盖单位印章或专用骑缝章。

25. 选择性项目的填写。纸质文书标题中的选择性项目不需要选择，电子法律文书可以根据需要选择制作相应的文书。文书内容部分出现选择性项目的，电子文书根据案情从相应选项中选择适当的项目。纸质文书根据具体情况删去不需要的内容：文书中空余部分、较短的文字内容，可用斜线"＼"删去，如犯罪嫌疑人是男性的，填写"男╱女"。又如对于有控告人的案件，填写《不予立案通知书》时，应当填写"控告╱移送"。有较长文字内容的可用横线"——"删去，如对于恐怖活动犯罪案件填写《不准予会见犯罪嫌疑人决定书》时，应当填写"危害国家安全犯罪案件/恐怖活动犯罪案件"。对于带有"□"的选择性项目，在选定的"□"中打"√"。选择"其他"的，还应当在随后的横线处填写具体情形。

（二）公安机关刑事法律文书印制标准要求

1. 案卷的封面及封底用牛皮纸印制；《拘传证》《拘留证》《逮捕证》《搜查证》《提讯提解证》以及各种通知书、决定书等用 80 克胶版白纸印制；其他文书用 60 克胶版普通白纸印制。

2. 多联式文书的第一联长 297mm，宽 137mm，天头（上白边）37mm，订口（左白边）28mm，版心尺寸 84mm×225mm，其他各联和单联式文书一律用 A4 型纸尺寸，即长 297mm，宽 210mm，天头（上白边）37mm，订口（左白边）28mm，版心尺寸 156mm×225mm（不含页码）。误差不超过 1mm。

3. 文书的边线、横线、文字一律为黑色。

4. 公安机关刑事法律文书由省级公安机关指定的印刷厂统一印制。

（三）公安机关刑事法律文书写作基本要求

1. 内容要真实。内容真实是制作公安机关法律文书的最根本的要求。只有内容真实可靠，才能切实保证办案的顺利进行。内容真实包括以下内容：①文书中涉及的有关人员的身份事项要真实。包括姓名、性别、年龄、住址、单位及职业等都必须准确无误。②文书中所列举的事实要真实。例如，起诉意见书所列的犯罪嫌疑人犯罪事实必须是经过查证属实的。③文书中列举的证据要真实。写进文书中的证据，必须是经过查证确实无误的，否则会影响刑事诉讼活动的顺利进行，造成错案。

2. 制作要及时。公安机关法律文书大部分都具有时限性的要求，制作公安机关法律文书应做到迅速、及时，不误时机。例如，在犯罪嫌疑人被拘留或逮捕之后的 24 小时之内必须对其进行第一次讯问，并制作讯问笔录，否则就属于违法行为。

3. 手续要完备。制作公安机关法律文书要做到法律手续完备。在办案过程中制作的刑事法律文书，不仅是刑事诉讼的真实记录，而且是刑事诉讼的法律凭证。因此，制作各类文书一定要履行相应的手续。例如，呈请报告书需经有关领导签署，提请批准逮捕书须经人民检察院批准。

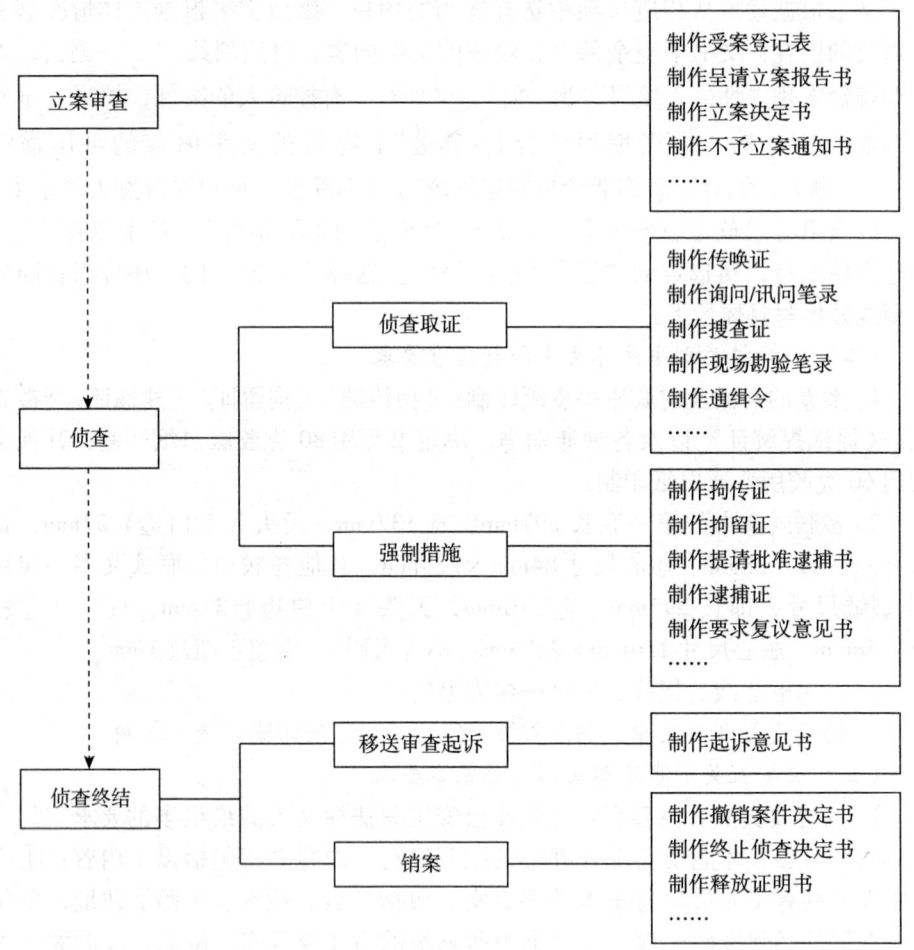

图 10 - 1   公安机关办理刑事案件流程与常用法律文书关联图

第二节 制作实训

实训一：制作《呈请立案报告书》

一、任务描述

呈请立案报告书是公安机关的侦查人员在受理有管辖权的案件后，对认为有犯罪事实、符合立案条件的案件制作的报请县级以上公安机关负责人审批决定是否立案侦查的文书。

呈请立案报告书是诉讼第一阶段的文字材料，对于诉讼活动具有明显的作用。其作用表现在：①能够确定案件的成立。立案报告书反映了立案决定，是侦查等活动的最基本的依据。②能够指导侦查工作。立案报告书中有案情、有分析，便于侦查人员全面了解案情，以便迅速组织力量发现和搜集证据，依照侦查计划开展工作。③有利于严格区分罪与非罪的界限，确保有罪之人受到侦查，无罪之人不受伤害。

通过学习，学生应当明确呈请立案报告书制作的法律依据，掌握呈请立案报告书的格式、内容和写作要求，并能够在今后的工作中熟练地运用它。

二、实例示范

领导批示	同意。 王×× 二〇××年××月××日
审核意见	同意立案。 张×× 二〇××年××月××日
办案单位意见	拟立案，请批示。 李×× 二〇××年××月××日

呈请立案报告书

201×年5月21日晚上8点30分，××区×××派出所接到居民刘××报案：其妻于××在家中被害身亡。我队接到报案后，立即组织人员赶赴现场，在×××派出所同志的陪同下开展现场勘查和调查访问工作。

现根据初步调查情况，呈请对于××被害案立案侦查，理由如下：

据报案人刘××（男，35岁，住××区××路××号，××××厂工人）讲，5月21日晚8点多，他回到自己家中，见到妻子侧躺在地上，感到很奇怪，他准备上去将她推醒，发现妻子浑身冰凉，意识到她已经死亡，遂立即报警。

经勘查，死者住所为单元楼房，位于××区××路××号××楼三单元402室，房屋结构为二室一厅。室内没有明显搏斗痕迹，床上稍见零乱。死者躺卧在卧室地板上，头朝床，脚朝门，全身衣服完好，但身上有抓伤痕迹。屋门锁没有撬压痕迹，其他地方也没有被翻动。

据被害人邻居反映，当天下午4点钟左右，死者和一名身材高大的男子曾一同回到家中。另据被害人楼下邻居反映，当天下午4点多钟，听到楼上有类似搏斗的响动，但马上就没有声音了。据死者丈夫反映，其妻平时生活不检点，据说在外有情人，正准备与其离婚，两人分居已很长时间了，自己不住在这里，今天回来拿东西。他怀疑个子高大的男人是其妻的同事，姓周，在家里见过他几次。

经尸体检验，死者身上有抓痕，系窒息而死；从阴道提取物分析，死者生前未发生性行为。

根据《刑事诉讼法》第一百一十条之规定，[1] 此案符合立案条件，拟立为重大杀人案侦查，并从以下方面开展侦查活动：

1. 根据现有证据，我们认为，死者财产没有丢失迹象，生前也没有发生性行为，因此基本可以排除财杀和强奸杀人的可能性。凶手很有可能是死者熟悉的人。尤其是死者的周姓同事，应当作为重点侦查对象。

2. 进一步向死者丈夫和同事、朋友、邻居了解死者生前与人交往的情况，确定与死者有过接触的人员，特别是案发前有过接触的人员。

3. 进一步对死者住所进行勘查检验，确认案发当时进入死者住所的人员和活动情况。

以上报告妥否，请批示。

××市××区公安分局刑警支队

二〇一×年××月××日

三、基础铺垫

（一）呈请立案报告书制作的法律依据

我国《刑事诉讼法》第109条规定："公安机关或者人民检察院发现犯罪事

---

〔1〕 我国《刑事诉讼法》于2018年10月进行了修改。为保持真实性，文书实例中引用的仍是修改前的条款，编写时未作修正。下同。

实或者犯罪嫌疑人，应当按照管辖范围，立案侦查"。第 112 条规定："人民法院、人民检察院或者公安机关对于报案、控告、举报和自首的材料，应当按照管辖范围，迅速进行审查，认为有犯罪事实需要追究刑事责任的时候，应当立案；认为没有犯罪事实，或者犯罪事实显著轻微，不需要追究刑事责任的时候，不予立案，并且将不立案的原因通知控告人。控告人如果不服，可以申请复议。"

《公安机关办理刑事案件程序规定》（2020 年修正）第 178 条规定："公安机关接受案件后，经审查，认为有犯罪事实需要追究刑事责任，且属于自己管辖的，经县级以上公安机关负责人批准，予以立案；认为没有犯罪事实，或者犯罪事实显著轻微不需要追究刑事责任，或者具有其他依法不追究刑事责任情形的，经县级以上公安机关负责人批准，不予立案。对有控告人的案件，决定不予立案的，公安机关应当制作不予立案通知书，并在 3 日以内送达控告人。决定不予立案后又发现新的事实或者证据，或者发现原认定事实错误，需要追究刑事责任的，应当及时立案处理。"

从以上规定可以看出，立案是全部侦查活动的起点，其他所有的侦查活动都是在立案后进行的。

（二）呈请立案报告书的结构及其内容

呈请立案报告书适用公安机关通用文书"呈请×××报告书"的格式制作。由首部、正文、尾部三部分组成。

1. 首部。首部包括领导批示栏、审核意见栏、办案单位意见、文书名称。

（1）领导批示栏。分左右两格，左边印有"领导批示"字样，右边由县级以上公安机关负责人填写是否同意立案的批示，并签名，注明日期。

（2）审核意见栏。分左右两格，左边印有"审核意见"字样，右边由公安机关基层科所队长填写对办案人员提出的立案请求进行初步审核后的意见和建议，并签名，注明日期。

（3）办案单位意见。分左右两格，左边印有"办案单位意见"字样，右边由办案单位签署立案意见。

（4）文书名称。居中写文书名称"呈请立案报告书"。

2. 正文。呈请立案报告书的正文由五部分组成，包括案件来源和受理情况、呈请批示事项、立案理由、立案根据、立案意见。

（1）案件来源和受理情况。即案件是怎样发现的，是报案、控告、举报，还是犯罪嫌疑人自首或是其他机关转来的或是上级公安机关交办的。除写明报案、控告、举报人、自首者的基本情况，包括姓名、性别、年龄、民族、职业、住址以及与案件的关系外，重点应写明案件的基本情况，要根据报案、控告、举报人或犯罪嫌疑人提供的情况以及抓获犯罪嫌疑人或者发现犯罪事实的经过，写清犯罪嫌疑人的犯罪事实，包括犯罪的时间、地点、手段、后果和被害人的简要情况等，不明确的情况可暂不列入。

（2）呈请批示事项。用一过渡段写明，如"根据初步调查的情况，现呈请对×××被害一案立案侦查，理由如下："。

（3）立案理由。这部分是本报告的重点，要写清现场勘查的情况、阅查访问的情况和鉴定结论。现场勘查情况要按照现场勘查的要求和步骤写明现场方位、状态、现场的变动，各种痕迹物证的情况及提取的痕迹、物证数量等。现场调查访问情况，应写清经调查访问已获得的与案件有关的线索，写明被调查人的姓名、身份和与案件的关系，提供的与犯罪相关的线索的获得方式和具体内容。鉴定结论指的是赃物估价、伤情鉴定、尸体检验、司法精神病鉴定结论等。并不是每份报告书都有这部分的内容，书写这部分内容的前提必须是鉴定结论已作出。

（4）立案根据。应根据受案、现场勘查、调查访问及鉴定结论综合判断，引用刑法或刑事诉讼法的有关条款，阐述立案的法律依据。

（5）立案意见。紧接法律依据，要写明侦查人员对立案的意见。如"根据上述案情，应立为抢劫案侦查"。办案单位也可根据需要写明侦查计划。

3. 尾部。包括结束语、承办案件单位。因该文书类似行政公文中请示这一文种，所以其结束语实际上是一种请示用语，可行文为"以上报告妥否，请批示"或"妥否，请批示"。要另起一行空两格写。

（三）呈请立案报告书的样式

领导 批示	
审核 意见	
办案 单位 意见	

呈请立案报告书

×××（单位名称等）

年 月 日

四、学生实训

根据下列案情，制作一份呈请立案报告书。

【案情】

20××年11月20日下午2时35分，××市××公安分局刑警队接到××市××学院刘××的电话报案："××学院学生宿舍楼南侧小树林内发现一麻袋上有血迹，疑为杀人案。"××分局刑警队队长张××即率领刑侦技术人员赶赴现场。公安人员勘查发现被害人是一具无头女尸，左手不见，右手被砍断，左脚穿一黑色棉袜，右脚赤足穿有一只黑色高跟鞋，尸体东侧有大量血迹，在尸体周围发现菜刀一把，上有血迹，在尸体底下发现足迹一枚。

当日晚9时25分，在勘查搜索工作中，刑警队在该校西食堂北侧污水井中发现一颗女性人头。经法医对尸体和人头以及菜刀上的血迹进行检查，结论为：①头与尸体为同一人；②头顶颈部砍伤为致命伤；③头颅是死后被人用刀切掉的；④死亡时间为当日上午9点至10点之间；⑤血迹与死者血型相同。

公安人员又通过现场勘查和调查获得了以下情况：①尸体周围无搏斗痕迹，只有一枚明显鞋印和大量血迹，可见死者可能是在突然间惨遭杀害的。死后人头被割抛在别处，系一人作案并且熟人作案可能性大；足迹为罪犯所留，罪犯身高 1. 71 ~ 1. 75 米之间。②这两个现场可能就是一个案件的第一现场和第二现场，即杀人现场和抛尸现场。

【提示】

（一）制作呈请立案报告书需收集的相关材料

1. 搜集与案件有关的证据材料。

2. 通过现场勘查以及现场访问调查等所掌握的材料，分析案件是否达到立案的条件。

3. 查明立案的实体法或程序法依据。

4. 做好立案后进一步进行侦查活动的计划。

（二）制作呈请立案报告书的一般注意事项

1. 制作时间要求紧迫，否则就会贻误战机。

2. 叙写立案根据时要抓住要点，进行案情分析时要有根据（即事实）。

3. 引用法律条款要准确无误。

4. 侦查计划中如果需要使用技侦手段，应另写报告。

五、任务评估

评估要点：

1. 格式是否正确、规范。

2. 案件来源和受理情况、呈请批示事项、立案根据、立案理由、立案意见是否叙写清楚。

3. 立案的理由是否充足。

4. 立案援引的法律条款是否正确。

实训二：制作《提请批准逮捕书》

一、任务描述

提请批准逮捕书是公安机关对有证据证明有犯罪事实，且有逮捕必要的犯罪嫌疑人执行逮捕时，提请同级人民检察院审查批准逮捕的文书。

制作提请批准逮捕书是公安机关逮捕犯罪嫌疑人的必经法律程序，是人民检察院审查批准逮捕的基础和依据。它体现了公安机关和人民检察院分工负责、互相制约的原则，也充分体现了"我国公民的人身权利不受侵犯"的宪法原则，有助于保证办案质量，同时可以防止或减少错捕无辜的现象发生。

通过学习，学生应明确提请批准逮捕书制作的法律依据，掌握提请批准逮捕书的格式和内容要求，并能在今后的司法实践中熟练地运用它。

二、实例示范

× × × 公 安 局
提请批准逮捕书

×公（刑）提捕字〔2015〕036 号

犯罪嫌疑人刘×强，男，1979 年 4 月 20 日生，汉族，××省××市人，家住××市东方镇小营村，农民。1996 年 9 月在××小营村上小学，3 年后辍学在家，2010 年 6 月 18 日在×市打工时因犯盗窃罪被××区人民法院判处有期徒刑 3 年，2013 年 3 月 18 日刑满释放。2015 年 3 月 1 日到××省××县打工，暂住城东路 1 号。因涉嫌故意伤害罪于 2015 年 4 月 19 日被我局刑事拘留。

犯罪嫌疑人刘×强涉嫌故意伤害一案，由公民周×亮于 2015 年 4 月 18 日报案至我局，我局经过审查，于当日立案进行侦查。犯罪嫌疑人刘×强已于 4 月 18 日归案。

经依法侦查查明：2015 年 4 月 18 日凌晨 1 时许，刘×强在其打工的"影星洗发城"店内，因洗头付款问题与前来洗头的当地居民肖×利发生纠纷，之后刘×强尾随肖×利来到其住处索要洗头费，两人发生厮打，刘×强掏出随身携带的水果刀朝肖×利的腹部、右手腕处猛刺数刀，造成肖×利小肠破裂、右手肌腱断裂，经法医鉴定为重伤。事发后刘×强被肖×利的邻居周×亮等 5 人扭送到当地派出所，并于 2015 年 4 月 19 日被公安局刑事拘留，羁押在××县看守所。

认定上述事实的证据有：作案用的水果刀、法医鉴定证明、周×亮等 5 人的证明材料等，刘×强对上述犯罪事实供认不讳。

综上所述，犯罪嫌疑人刘×强因生活琐事发生纠纷后，持刀故意伤害他人身体，致受害人重伤，其行为已触犯了《中华人民共和国刑法》第二百三十四条之规定，涉嫌故意伤害罪。依照《中华人民共和国刑事诉讼法》第七十九条、第八十五条之规定，特提请批准逮捕。

此致
××县人民检察院

公安局（印）
二〇一五年四月二十四日

附：1. 本案卷宗×卷×页；
　　2. 犯罪嫌疑人刘×强现押于××县看守所。

三、基础铺垫

（一）提请批准逮捕书制作的法律依据

《刑事诉讼法》第 81 条规定："对有证据证明有犯罪事实，可能判处徒刑以上刑罚的犯罪嫌疑人、被告人，采取取保候审尚不足以防止发生下列社会危险性的，应当予以逮捕：①可能实施新的犯罪的；②有危害国家安全、公共安全或者社会秩序的现实危险的；③可能毁灭、伪造证据，干扰证人作证或者串供的；④可能对被害人、举报人、控告人实施打击报复的；⑤企图自杀或者逃跑的……对有证据证明有犯罪事实，可能判处 10 年有期徒刑以上刑罚的，或者有证据证明有犯罪事实，可能判处徒刑以上刑罚，曾经故意犯罪或者身份不明的，应当予以逮捕。被取保候审、监视居住的犯罪嫌疑人、被告人违反取保候审、监视居住规定，情节严重的，可以予以逮捕。"《刑事诉讼法》第 87 条规定："公安机关要求逮捕犯罪嫌疑人的时候，应当写出提请批准逮捕书，连同案卷材料、证据，一并移送同级人民检察院审查批准……"

（二）提请批准逮捕书的结构及其内容

提请批准逮捕书属于叙述类文书。由首部、正文、尾部三部分组成。

1. 首部。首部包括标题、文书编号、犯罪嫌疑人的基本情况、违法犯罪经历及所受强制措施情况等。

（1）标题。分行居中写明制作机关全称和文书名称全称。

（2）文书编号。其中包括机关代字、案件性质、文书代字、制作年度和顺序号五方面内容。如石家庄市公安局 2006 年第 26 号提请批准逮捕书的文书编号为"石公（刑）提捕字〔2006〕26 号"。

（3）犯罪嫌疑人的基本情况。应依次写明犯罪嫌疑人的姓名、性别、出生年月日、出生地、身份证号码、民族、文化程度、职业或工作单位及职务、住址、政治面貌等，如果犯罪嫌疑人是人大代表、政协委员，要写明具体的级、届。

（4）违法犯罪经历及所受强制措施情况。即犯罪嫌疑人历史上接受刑事处罚、治安处罚或被劳动教养的情况，因本案被采取的强制措施情况应写明取保候审、监视居住或拘留的时间，现在何处。

2. 正文。正文包括案由和案件来源、犯罪事实和证据、提请批准逮捕的依据等。

（1）案由和案件来源。案由写明犯罪嫌疑人涉嫌罪名。案件来源包括单位或者公民举报、控告、上级交办、有关部门移送、本局其他部门移交或办案中发现等。同时，还要写明案件侦查过程中各个法律程序开始的时间，如接受案件时间、立案时间、犯罪嫌疑人归案时间等。具体表述为："犯罪嫌疑人×××涉嫌××一案，由×××举报（控告、移送）至我局，我局于××××年×月×日立案侦查，已于××××年×月×日将犯罪嫌疑人×××抓获归案。"

（2）犯罪事实和证据。该部分是文书的核心内容。犯罪嫌疑人的犯罪事实，一定要围绕《刑事诉讼法》第81条所规定的逮捕的条件进行，要对经侦查证明犯罪嫌疑人涉嫌的犯罪事实进行充分的论述，重点说明犯罪嫌疑人实施的犯罪事实已经有证据证明。叙写犯罪事实，原则上应当据实填写，有几起填写几起，但只要其中一起符合对犯罪嫌疑人提请批准逮捕的条件的，就可以对犯罪嫌疑人提请批准逮捕。证据要写明认定犯罪嫌疑人犯罪事实的证据情况，对公安机关已经收集、获取的证据要一一分项列写。犯罪嫌疑人自愿认罪认罚的，简要写明相关情况。

（3）提请批准逮捕的依据。首先要根据犯罪嫌疑人的犯罪事实简要论述其犯罪的性质及其危害情况，然后援引相关的法律条款。先引用实体法，说明犯罪嫌疑人的行为触犯了《刑法》第×条第×款，涉嫌××罪，再引用程序法的规定。公安机关应当对符合逮捕条件进行说明。

3. 尾部。尾部包括文书送达的机关名称、文书签发人签名或盖章、文书签发年、月、日和公安局印章、附项。

签发人签名盖章应在公安局印的上方。公安局印盖在签发的年、月、日中间。附项写明案卷材料共有几卷，犯罪嫌疑人被羁押的，要注明其被羁押的处所。

（三）提请批准逮捕书的样式

×××公安局
提请批准逮捕书

×公（ ）提捕字〔 〕 号

犯罪嫌疑人×××……［犯罪嫌疑人姓名（别名、曾用名、绰号等），性别，出生日期，出生地，身份证件种类及号码，民族，文化程度，职业或工作单位及职务，居住地（包括户籍所在地、经常居住地、暂住地），政治面貌（如是人大代表、政协委员，一并写明具体级、届代表、委员），违法犯罪经历以及因本案被采取强制措施的情况（时间、种类及执行场所）。案件有多名犯罪嫌疑人的，应逐一写明。］

辩护律师×××……［如有辩护律师，写明其姓名，所在律师事务所或者法律援助机构名称，律师执业证编号。］

犯罪嫌疑人涉嫌×××（罪名）一案，由×××举报（控告、移送）至我局（写明案由和案件来源，具体为单位或者公民举报、控告、上级交办、有关部门移送、本局其他部门移交以及工作中发现等）。简要写明案件侦查过程中的各个法律程序开始的时间，如接受案件、立案的时间。具体写明犯罪嫌疑人归案情况。

经依法侦查查明：……（应当根据具体案件情况，详细叙述经侦查认定的犯罪事实，并说明应当逮捕理由。）

（对于只有一个犯罪嫌疑人的案件，犯罪嫌疑人实施多次犯罪的犯罪事实应逐一列举；同时触犯数个罪名的犯罪嫌疑人的犯罪事实应该按照主次顺序分别列举；对于共同犯罪的案件，写明犯罪嫌疑人的共同犯罪事实及各自在共同犯罪中的地位和作用后，按照犯罪嫌疑人的主次顺序，分别叙述各个犯罪嫌疑人的单独犯罪事实。）

认定上述事实的证据如下：

……（分列相关证据，并说明证据与犯罪事实的关系。）

（犯罪嫌疑人自愿认罪认罚的，简要写明相关情况。）

综上所述，犯罪嫌疑人×××……（根据犯罪构成简要说明罪状），其行为已触犯《中华人民共和国刑法》第××条之规定，涉嫌×××罪，可能判处徒刑以上刑罚。现有（证明其犯罪事实的证据、其他证据）等证据证明，其（依据刑事诉讼法第八十一条第一款具体说明其可能具有的社会危险性）或者（……涉嫌×××罪，可能判处十年有期徒刑以上刑罚／可能判处徒刑以上刑罚，曾经故意犯罪或者身份不明）。依照《中华人民共和国刑事诉讼法》第八十一条、第八十七条之规定，犯罪嫌疑人×××符合逮捕条件，特提请批准逮捕。

此致
×××人民检察院

公安局（印）
年　　月　　日

附：本案卷宗　　卷　　页。

四、学生实训

根据下列案情材料，拟写一份提请批准逮捕书。

【案情】

犯罪嫌疑人赵××、刘××、王××于20××年10月7日上午9时30分左右窜到A市河西区白云山居民小区5号楼3单元内，听到7号室内电话铃长时间响，认定屋内无人，赵××一脚踹开7号房门，三名犯罪嫌疑人进入室内，分别撬开壁柜和写字台抽屉。正在行窃时，被害人李×买菜回来见家门被踹开，便大喊抓小偷，犯罪嫌疑人赵××听到被害人叫喊，立即返回用弹簧刀猛刺被害人的左下腹，王××跟上用凿子猛击被害人后脑两下，李×当即昏倒在地，犯罪嫌疑人王××上前抢走被害人所戴上海牌手表一块，三名犯罪嫌疑人立即逃离现场。被害人被闻讯赶来的群众送往医院，因流血过多于当日中午12时5分死亡。

20××年10月3日下午5时左右，犯罪嫌疑人赵××、刘××、王××分别携带木工凿子、平口改锥和弹簧刀等作案工具，从B市结伙乘火车流窜到A市作案，当晚住在A市××宾馆。次日上午9时许，三名犯罪嫌疑人从××宾馆窜到A市西里大街，以找人为由进入13号大院，见院内无人，赵××一脚踹开3号平房房门，刘××在外望风，赵、王二人进入室内，分别撬开写字台抽屉和大衣柜，窃得人民币1300元、金融债券2500元、美金500元、24K金戒指1枚。赵××、刘××作案后即到A市北郊，将金融债券卖给一外地人，得赃款2500元。随后，三名犯罪嫌疑人回到宾馆分赃，赵分得人民币1800元、美金100元和金戒指1枚，刘××、王××各得人民币1000元、美金200元。

案发后，由被害人家属报案至A市公安局，A市公安局于20××年10月7日立案并立即组织力量侦破，于20××年10月10日凌晨在B市火车站将刘××、赵××、王××抓获，并从三名逃犯身上搜出人民币3050元、美金500元、金戒指1枚、手表一块等赃物。同日将赵××、王××、刘××押回A市公安局审理，并将三名犯罪嫌疑人刑事拘留。

赵××、刘××、王××被拘留后，经审查基本上认定A市河西区白云山居民小区5号楼3单元7号李×被抢劫案、西里大街13号大院平房被窃案系赵、刘、王所为。三名犯罪嫌疑人亦供认了上述犯罪事实，并获取了部分作案工具和赃款、赃物。

犯罪嫌疑人情况如下：

赵××，男，1970年12月20日生，汉族，初中文化，××省××县人，身份证号码（略），现住在××市××区××路××号。系××省建筑工人。20××年10月10日因涉嫌抢劫罪被A市公安局刑事拘留。现押在A市看守所。

刘××，男，1971年4月23日生，汉族，初中文化，系××省××市运输公司工人，身份证号码（略），现住在××市××区××街×号院1号楼1单元102号。20××年10月10日因涉嫌抢劫罪被A市公安局刑事拘留。现押在A市看守所。

王××，男，1968年10月15日生，××省××县人，身份证号码（略），现住在××省××市××区××胡同×号院2号门111室。汉族，小学文化，系××省××市友谊餐厅服务员。20××年10月10日因涉嫌抢劫罪被A市公安局刑事拘留。现押在A市看守所。

【提示】

（一）制作提请批准逮捕书需收集的相关材料

1. 收集犯罪嫌疑人的基本情况及被采取强制措施情况。

2. 收集案件相关的证据材料。

3. 查明犯罪嫌疑人涉嫌罪名所使用的实体法依据。

（二）制作提请批准逮捕书的一般注意事项

1. 公安机关对依法先行拘留的犯罪嫌疑人，经审查认为符合逮捕条件需要逮捕的，应当在拘留后的3日以内制作提请批准逮捕书，不得无故拖延。

2. 提请批准逮捕书中的犯罪事实是从逮捕的角度出发的，不是从结案的角度出发的。因此，叙写犯罪事实，只要把已有证据证明的犯罪事实写清楚即可。

3. 引用法律条文要准确、全面，要具体到条、款、项。程序法应引用《刑事诉讼法》第81条和第87条。

4. 如果一案有多个犯罪嫌疑人需提请批准逮捕时，可以合写一份提请批准逮捕书。提请批准逮捕书一式三份，一份办案部门留存，其余两份连同案卷材料、证据，一并移送人民检察院批准审查。人民检察院无论批准逮捕与否，都要将一份提请批准逮捕书和决定书、案卷材料、证据退回公安机关。

五、任务评估

评估要点：

1. 格式要正确、规范。

2. 犯罪嫌疑人的基本情况、违法犯罪经历及所受强制措施情况要写全面，不能有遗漏。

3. 案件来源表述应具体、明确。

4. 犯罪事实，一定要围绕《刑事诉讼法》第81条所规定逮捕的条件进行叙写，证据要一一列写。

5. 引用的法律条款要正确、全面。

实训三：制作《起诉意见书》

一、任务描述

起诉意见书是公安机关在案件侦查终结，认为犯罪嫌疑人的犯罪事实清楚，证据确凿充分，依法应当追究刑事责任时制作的，移送人民检察院依法提请公诉的法律文书。

起诉意见书是公安机关提请人民检察院依法对案件进行审查的文书，具有启动审查起诉的作用。起诉意见书是公安机关侦查案件的总结，是人民检察院审查案件的基础和依据，也是法律监督机关监督侦查活动的依据。

通过学习，学生应掌握起诉意见书的制作依据、文书内容及制作要求，能够根据相关的案件事实制作相应的起诉意见书。

二、实例示范

×××公安局

起 诉 意 见 书

×公（刑）诉字〔20××〕36号

犯罪嫌疑人姜××，曾用名姜×，男，19××年11月10日生，出生地××省××县，身份证号码×××××××××××××××××，汉族，初中文化，××市××安装公司工人，住××省××市××区友谊街×委×组。

犯罪嫌疑人姜××于20××年5月因盗窃被行政拘留15天。20××年11月16日因私藏枪支、抢劫被我局刑事拘留，同年11月18日经××市人民检察院批准逮捕。

犯罪嫌疑人王××，男，19××年5月29日生，出生地××省××县，身份证号码×××××××××××××××××，汉族，初中文化，农民，住××省××市××村二组。

犯罪嫌疑人王××于19××年8月因抢劫罪被判刑3年。19××年7月刑满释放。20××年11月16日因抢劫被我局刑事拘留，同年11月18日经××市人民检察院批准逮捕。

犯罪嫌疑人姜××涉嫌私藏枪支、抢劫，犯罪嫌疑人王××涉嫌抢劫一案，由被害人段××于20××年11月16日报案至我局，我局经过审查，于11月16日立案进行侦查。犯罪嫌疑人姜××、王××已于11月16日被抓获归案。犯罪嫌疑人姜××涉嫌私藏枪支、抢劫，犯罪嫌疑人王××涉嫌抢劫一案，现已侦查终结。

经依法侦查查明：20××年6月份，姜××在山东曲阜一黑市上花150元人民币购买一支小口径手枪，于 10 月底找到王××，预谋到××市抢劫出租车开回本市销赃，王××当即表示同意。

20××年 11 月 16 日上午，姜、王二人携带这支小口径手枪及一把尖刀乘客运汽车窜到××市并熟悉了地形。晚 8 时许，两人在××区××街搭乘段××驾驶的一辆红色桑塔纳出租车（牌号辽 D—×××××）行至××镇木材检查站附近时，坐在右前座位的姜××拿出尖刀，坐在后座的王××拿出小口径手枪逼住司机段××说："快下车，不然宰了你！"段××见状弃车而逃。姜××开车行至××县高官乡安家村大桥时，车轮卡在桥的断裂处，当两人去村里找人抬车时，被前来追捕的公安人员当场抓获。

认定上述事实的证据如下：报案记录、现场勘验记录、作案工具、被害人的证言，犯罪嫌疑人姜××、王××均供认不讳。

上述犯罪事实清楚，证据确实、充分，足以认定。

综上所述，犯罪嫌疑人姜××、王××以非法占有为目的，采用暴力或以暴力相威胁的手段，劫取他人财物，犯罪嫌疑人姜××的行为触犯了《中华人民共和国刑法》第一百二十八条、第二百六十三条之规定，涉嫌私藏枪支罪、抢劫罪；犯罪嫌疑人王××的行为触犯了《中华人民共和国刑法》第二百六十三条之规定，涉嫌抢劫罪。根据《中华人民共和国刑事诉讼法》第一百六十条之规定，现将此案移送审查起诉。

此致
××市人民检察院

公安局（印）
二○××年×月×日

附：1. 犯罪嫌疑人姜××、王××现押于××市看守所。
　　2. 附本案预审卷宗共×卷×页。
　　3. 作案工具详见物品清单。
　　4. 被害人段××已提出附带民事诉讼。

三、基础铺垫

（一）起诉意见书制作的法律依据

《刑事诉讼法》第 162 条第 1 款规定："公安机关侦查终结的案件，应当做到犯罪事实清楚，证据确实、充分，并且写出起诉意见书，连同案卷材料、证据一并移送同级人民检察院审查决定；同时将案件移送情况告知犯罪嫌疑人及其辩护律师。"

《公安机关办理刑事案件程序规定》（2020 年修正）第 289 条规定："对侦查终结的案件，应当制作起诉意见书，经县级以上公安机关负责人批准后，连同全部案卷材料、证据，以及辩护律师提出的意见，一并移送同级人民检察院审查决定；同时将案件移送情况告知犯罪嫌疑人及其辩护律师。犯罪嫌疑人自愿认罪的，应当记录在案，随案移送，并在起诉意见书中写明有关情况；认为案件符合速裁程序适用条件的，可以向人民检察院提出适用速裁程序的建议。"第 291 条规定："共同犯罪案件的起诉意见书，应当写明每个犯罪嫌疑人在共同犯罪中的地位、作用、具体罪责和认罪态度，并分别提出处理意见。"第 292 条规定："被害人提出附带民事诉讼的，应当记录在案；移送审查起诉时，应当在起诉意见书末页注明。"

（二）起诉意见书的结构及其内容

起诉意见书属于叙述型文书，由首部、正文和尾部三部分组成。

1. 首部。

（1）制作机关名称。制作机关名称为办理案件的县级以上公安机关的名称，制作时应居中书写。

（2）文书名称。文书名称为"起诉意见书"，要另起一行，居中书写。

（3）文书编号。文书编号由公安机关代字、办案部门简称、文书简称、年度和顺序号组成。如"×公（刑）诉字〔20××〕8 号"。

（4）犯罪嫌疑人基本情况。犯罪嫌疑人基本情况要依次写明犯罪嫌疑人的姓名（包括别名、曾用名、与案件有关的绰号等）、性别、出生年月日、出生地、身份证号码、民族、文化程度、职业或工作单位及职务、住址、政治面貌（如果是人大代表、政协委员的，要一并写明具体级、届代表、委员），还应写明违法犯罪经历及因本案被采取强制措施情况。对于共同犯罪的案件，应当按照主犯、从犯、胁从犯的顺序排列；对于单位犯罪的案件，应当写明单位的名称、地址。

（5）案件办理情况。案件办理情况要写明犯罪嫌疑人涉嫌的案件名称、案件来源（包括单位或者公民举报、控告、上级交办、有关部门移送或工作中发现等），然后写明案件侦查过程中各个法律程序开始的时间，比如接受案件、立案时间，写明犯罪嫌疑人归案的情况。最后写明："犯罪嫌疑人×××涉嫌××
×案，现已侦查终结。"

2. 正文。

（1）犯罪事实。犯罪事实部分应以"经依法侦查查明"引出对犯罪事实的叙述。本部分要写明公安机关依法侦查查明的犯罪事实。具体写明犯罪嫌疑人的动机和目的，实施了什么犯罪行为，作案的时间、地点、方式、方法、经过、危害后果等要素。犯罪事实的叙述要围绕《刑法》规定的犯罪构成要件，清楚、明白、扼要地叙述。在叙述时，要针对不同案件灵活采用不同的叙述方法。对于一人一罪、多人一罪或一人多次涉及同一性质罪行的案件，应按作案时间先后顺序来叙述；对于一人多罪、多人多罪的案件，应按照犯罪嫌疑人犯罪性质的轻重程度来叙述，先写重罪，再写轻罪；对于多人多次实施相同类型的犯罪行为的叙述，可以选择有代表性的一次详细叙述，其他几次可采用综合归纳的方法叙述；对于共同犯罪的案件，先用综合归纳法写明共同犯罪事实，然后再按照主犯、从犯、胁从犯的顺序，分别叙述各个犯罪嫌疑人单独的犯罪事实。

（2）认定事实的证据。本部分应以"认定上述事实的证据如下"开头，引出认定犯罪事实的证据情况。随后，应分别列出公安机关已经收集、获取的证据。最后，另起一段写明"上述犯罪事实清楚，证据确实、充分，足以认定"。认定事实的各个证据间可以用分号分割的方式列举，也可采用标题方式分行列举。

（3）案件的有关情节。本部分应具体写明是否有累犯、立功、自首、和解等影响量刑的从重、从轻、减轻等犯罪情节。犯罪嫌疑人自愿认罪认罚的，简要写明相关情况。

（4）起诉的理由和法律依据。本部分首先应简要概括犯罪事实，引用《刑法》相关条文，说明犯罪嫌疑人涉嫌的罪名；其次，应引用《刑事诉讼法》第162条，说明移送起诉的法律依据。犯罪嫌疑人自愿认罪认罚的，可以依法向检察机关建议适用速裁程序。

3. 尾部。

（1）致送机关名称。本部分第一行空两格写"此致"，第二行顶格写"××人民检察院"。

（2）落款。落款写明制作文书日期，并加盖公安局局长印和公安局印。

（3）附注。附注所附项目根据案件的具体需要填写。一般应写明本案的案卷卷宗共有几卷，多少页；犯罪嫌疑人现在的处所；随案移交的物品件数；被害人是否已提出附带民事诉讼等。

（三）起诉意见书的样式

×××公安局

起 诉 意 见 书

　　　　　　　　　　　×公（　）诉字〔　〕　号

犯罪嫌疑人×××……［犯罪嫌疑人姓名（别名、曾用名、绰号等），性别，出生日期，出生地，身份证件种类及号码，民族，文化程度，职业或工作单位及职务，居住地（包括户籍所在地、经常居住地、暂住地），政治面貌（如是人大代表、政协委员，一并写明具体级、届代表、委员），违法犯罪经历以及因本案被采取强制措施的情况（时间、种类及执行场所）。案件有多名犯罪嫌疑人的，应逐一写明。]

辩护律师×××……［如有辩护律师，写明其姓名，所在律师事务所或者法律援助机构名称，律师执业证编号。]

犯罪嫌疑人涉嫌×××（罪名）一案，由×××举报（控告、移送）至我局（写明案由和案件来源，具体为单位或者公民举报、控告、上级交办、有关部门移送或工作中发现等）。简要写明案件侦查过程中的各个法律程序开始的时间，如接受案件、立案的时间。具体写明犯罪嫌疑人归案情况。最后写明犯罪嫌疑人×××涉嫌×××案，现已侦查终结。

经依法侦查查明：……（详细叙述经侦查认定的犯罪事实，包括犯罪时间、地点、经过、手段、目的、动机、危害后果等与定罪有关的事实要素。应当根据具体案件情况，围绕刑法规定的该罪构成要件，进行叙述。）

（对于只有一个犯罪嫌疑人的案件，犯罪嫌疑人实施多次犯罪的犯罪事实应逐一列举；同时触犯数个罪名的犯罪嫌疑人的犯罪事实应该按照主次顺序分别列举；对于共同犯罪的案件，写明犯罪嫌疑人的共同犯罪事实及各自在共同犯罪中的地位和作用后，按照犯罪嫌疑人的主次顺序，分别叙述各个犯罪嫌疑人的单独犯罪事实。）

认定上述事实的证据如下：

……（分列相关证据，并说明证据与案件事实的关系。）

上述犯罪事实清楚，证据确实、充分，足以认定。

犯罪嫌疑人×××……（具体写明是否有累犯、立功、自首、和解等影响量刑的从重、从轻、减轻等犯罪情节。）

（犯罪嫌疑人自愿认罪认罚的，简要写明相关情况。）

综上所述，犯罪嫌疑人×××……（根据犯罪构成简要说明罪状）其行为已触犯《中华人民共和国刑法》第××条之规定，涉嫌×××罪。依照《中华人民共和国刑事诉讼法》第一百六十二条之规定，现将此案移送审查起诉（当事人和解的公诉案件，应当写明双方当事人已自愿达成和解协议以及履行情况，同时可以提出从宽处理的建议。犯罪嫌疑人自愿认罪认罚的，如果认为案件符合速裁程序适用条件，可以在起诉意见书中建议人民检察院适用速裁程序办理，并简要说明理由）。

此致
×××人民检察院

　　　　　　　　　　　　　　　　　　　　公安局（印）
　　　　　　　　　　　　　　　　　　　　年　　月　　日

　　　附：1. 本案卷宗____卷____页。
　　　　　2. 随案移交物品____件。

四、学生实训

根据下列案情材料，拟写一份起诉意见书。

【案情】

　　犯罪嫌疑人陈××，系××省××县人，初中毕业后务农 3 年，后经人介绍到××市××公司当勤杂工。

　　陈××在工作期间马马虎虎，责任心不强，自由散漫，经常违反纪律，不遵守规章制度，多次受到公司经理许××等领导的批评教育。2006 年 8 月因打骂一起工作的勤杂工牟××，受到了行政警告处分，2007 年 9 月因偷拿公司职工香烟 8 包、衬衫一件和 250 元等财物，受到记过处分。2008 年 2 月，公司发 2007 年度奖金，陈××因有偷窃行为未拿到奖金，因而对公司领导尤其是对许经理怀恨在心，蓄谋报复杀人。2008 年 5 月 10 日，犯罪嫌疑人陈××上班后，四处寻找作案工具，先到公司厨房想偷拿菜刀行凶，见厨房人多，不便下手，就走了；后窜到公司木工房，见只有木工朱××在干活，就上前与他闲聊，并谎称要修理桌椅，想从木工房借几件工具，用完后一定及时归还，于是经朱××同意，从木工房拿走羊角锤一把、木工凿一把，并藏于宿舍床下。中午 12 时许，陈××混进办公楼一层值班室，伺机报复领导。1 时许，许××进入三层办公室午休（333 室），1 时 30 分许，陈××窜到三楼轻轻推开 333 室房门，见许××在办公室套间午睡，而办公室外屋沙发上经理秘书侯××正在休息，于是陈××灵机一动，轻轻地推醒侯××，将其叫到门外，谎称有一重要事情需要单独向许经理报告，请侯××回避一下，另找地方休息。侯走后，陈××进入 333 办公室，先将房门反锁上，后窜入里间，趁许××熟睡之机，取出藏匿在身上的凶器羊角锤、木工凿，用羊角锤朝许××的头部猛击二三十下，后又对着许的面部、颈部和胸部使劲用羊角锤敲打十余下，致使许××颅骨粉碎性骨折，脑组织外溢，面部、颈部和胸部的伤口流血不止，当即死亡。

　　陈××杀人后逃离现场，先逃到××市长途汽车站，企图乘车逃回老家，后又到××火车站，企图坐火车逃往上海、杭州等地，因形迹可疑，当日晚8时许被公安人员抓获归案。

有现场勘查笔录、法医鉴定结论以及作案工具为证，犯罪嫌疑人陈××亦供认不讳。

陈××，男，19××年×月×日生，××省××县人，身份证号码（略），汉族，××市××公司勤杂工，住××公司平房3排13号。2008年5月10日被刑事拘留，经××市人民检察院批准，5月13日由××公安局执行逮捕。现押于××看守所。

【提示】

（一）制作起诉意见书需收集的相关材料

1. 收集犯罪嫌疑人的基本情况及被采取强制措施的情况。

2. 收集案件相关的证据材料。

3. 查明认定犯罪事实的实体法依据。

4. 查明本案卷宗共有几卷，多少页；犯罪嫌疑人现在的处所；随案移交的物品件数等。

（二）制作起诉意见书的一般注意事项

1. 各级公安机关办理刑事案件，应当依法向同级人民检察院移送起诉，严守刑事案件办案期限的规定。

2. 提出起诉意见和法律依据时，引用法律要全面，不能有所遗漏。有些案件不仅要引用确定罪名之条款，还要引用自首、累犯等的法律条款；不仅要引用《刑法》《刑事诉讼法》的有关条款，还要引用全国人大常委会的补充规定的条款。

3. 起诉意见书一般是一案一份。对于共同犯罪的案件，需要起诉数名犯罪嫌疑人的，可合写一份文书。

4. 被害人提出附带民事诉讼的，应当记录在案，并在起诉意见书的附注中注明。

五、任务评估

评估要点：

1. 样式规范。制作时，要注意样式的规范性。经常出现的错误是：文书字号的表述不准确，引用法律时没有用全称、引用的条款用阿拉伯数字表示，制作日期用阿拉伯数字表示等。

2. 内容要完备。不要忽略案件办理过程的叙述，也不要忽略证据的列举。在介绍完犯罪嫌疑人基本情况后，要进一步写明犯罪嫌疑人涉嫌的案件名称、案件来源以及案件侦查过程中各法律程序开始的时间、犯罪嫌疑人归案情况等。

任何法律事实均需要相应的证据来证明，因此在制作时，不要遗漏证据的列举。

3. 材料和主旨应保持一致。起诉意见书的主旨是"犯罪嫌疑人犯××罪，移送审查起诉"，所以叙述犯罪的事实应紧紧围绕这一主旨进行，叙述的事实应是认定犯罪嫌疑人犯××罪的事实，与此无关的事实应不叙述或简要叙述。

4. 语言表达要规范。起诉意见书样式中的固定用语要完全照搬，不要标新立异。文书中相关词语的表达要采用法律术语，避免口语化的表达。

第三节 技能拓展

技能拓展一：熟识《讯问笔录》

一、基础知识

（一）概念

讯问笔录是指公安机关在办理刑事案件过程中，对犯罪嫌疑人进行讯问时制作的笔录文书。

（二）制作依据

《刑事诉讼法》第 86 条规定："公安机关对被拘留的人，应当在拘留后的 24 小时以内进行讯问。在发现不应当拘留的时候，必须立即释放，发给释放证明。"第 94 条规定："人民法院、人民检察院对于各自决定逮捕的人，公安机关对于经人民检察院批准逮捕的人，都必须在逮捕后的 24 小时以内进行讯问。在发现不应当逮捕的时候，必须立即释放，发给释放证明。"

《公安机关办理刑事案件程序规定》（2020 年修正）第 128 条规定："对被拘留的人，应当在拘留后 24 小时以内进行讯问……"第 144 条规定："对被逮捕的人，必须在逮捕后的 24 小时以内进行讯问……"第 198 条第 4 款规定："对于不需要拘留、逮捕的犯罪嫌疑人，经办案部门负责人批准，可以传唤到犯罪嫌疑人所在市、县公安机关执法办案场所或者到他的住处进行讯问。"

二、文书样式

（行政刑事通用）　　　　　　　　　　　　　　　　第＿＿＿次

询问/讯问笔录

时间＿＿＿年＿＿＿月＿＿＿日＿＿＿时＿＿＿分至＿＿＿年＿＿＿月＿＿＿日＿＿＿时＿＿＿分
地点＿＿＿＿＿＿＿＿＿＿＿＿＿＿＿＿＿＿＿＿＿＿＿＿＿＿＿＿＿＿＿＿＿＿＿＿＿＿＿

询问/讯问人（签名）____、____工作单位_____

记录人（签名）_____工作单位_____

被询问/讯问人_____性别_____年龄_____出生日期_____

身份证件种类及号码_____

现住址_____联系方式_____

户籍所在地_____

（口头传唤／被扭送／自动投案的被询问/讯问人于____月____日____时

____分到达，____月____日____时____分离开，本人签名：_____）

问：_____

答：_____

_____

_____

_____

_____

_____

_____

_____

第　　页　共　　页

三、制作要点

1. 文书名称是事先印制好的，只需要根据实际情况，填写讯问次数即可。

2. 讯问应由 2 名以上侦查人员进行，所以"侦查人员"项目应填写 2 人以上。

3. 第一次讯问应当讯问犯罪嫌疑人的姓名、别名、曾用名、出生年月日、户籍所在地、暂住地、籍贯、出生地、民族、职业、文化程度、家庭情况、社会经历、是否受过刑事处罚或者行政处理等情况。

4. 讯问笔录应当交给犯罪嫌疑人核对或者向他宣读。如记录有差错或遗漏应当进行改正，在改正的地方应由犯罪嫌疑人捺指印。

5. 笔录经犯罪嫌疑人核对无误后，应当由其在笔录上逐页签名（盖章）、捺指印，并在笔录最后书写"以上笔录我看过（或向我宣读过），和我说的相符"。

技能拓展二：熟识《补充侦查报告书》

一、基础知识

（一）概念

补充侦查报告书是公安机关根据人民检察院的补充侦查决定书的要求，对

案件进行补充侦查后，向人民检察院报告补充侦查结果所制作的法律文书。

补充侦查是公安机关侦查工作的一个组成部分。补充侦查有利于进一步查清案件事实，准确地打击刑事犯罪分子，同时也有利于避免发生冤假错案，提高办案质量。

（二）制作依据

《刑事诉讼法》第 90 条规定："人民检察院对于公安机关提请批准逮捕的案件进行审查后，应当根据情况分别作出批准逮捕或者不批准逮捕的决定。对于批准逮捕的决定，公安机关应当立即执行，并且将执行情况及时通知人民检察院。对于不批准逮捕的，人民检察院应当说明理由，需要补充侦查的，应当同时通知公安机关。"第 175 条规定："人民检察院审查案件，可以要求公安机关提供法庭审判所必需的证据材料；认为可能存在本法第 56 条规定的以非法方法收集证据情形的，可以要求其对证据收集的合法性作出说明。人民检察院审查案件，对于需要补充侦查的，可以退回公安机关补充侦查，也可以自行侦查。对于补充侦查的案件，应当在 1 个月以内补充侦查完毕。补充侦查以 2 次为限。补充侦查完毕移送人民检察院后，人民检察院重新计算审查起诉期限。对于 2 次补充侦查的案件，人民检察院仍然认为证据不足，不符合起诉条件的，应当作出不起诉的决定。"

《公安机关办理刑事案件程序规定》（2020 年修正）第 138 条规定："对于人民检察院不批准逮捕并通知补充侦查的，公安机关应当按照人民检察院的补充侦查提纲补充侦查。公安机关补充侦查完毕，认为符合逮捕条件的，应当重新提请批准逮捕。"第 295 条规定："侦查终结，移送人民检察院审查起诉的案件，人民检察院退回公安机关补充侦查的，公安机关接到人民检察院退回补充侦查的法律文书后，应当按照补充侦查提纲在 1 个月以内补充侦查完毕。补充侦查以 2 次为限。"

根据上述法律规定，制作补充侦查报告书有两种情况：一是提请逮捕的案件，人民检察院认为案件事实不清或者证据不足，无法认定是否有证据证明犯罪事实的，在作出不批准逮捕的同时，制作补充侦查通知书，一并送交公安机关补充侦查。公安机关经过补充查证后，应当制作补充侦查报告书。二是移送起诉的案件，经人民检察院审查后，认为犯罪事实不清、证据不足或者遗漏罪行或者遗漏同案嫌疑人而退回补充侦查的，公安机关经过补充侦查后，也应制作补充侦查报告书。

二、文书样式

×××公安局

补 充 侦 查 报 告 书

×公（　　）补侦字〔　　〕　号

_____人民检察院：

　　你院于_____年_____月_____日以_____〔　　　〕_____号补充侦查决定书退回的_____案，已经补充侦查完毕。结果如下：_____

_____

_____

_____

_____

_____

_____

_____

　　现将该案卷宗_____卷_____页及补充查证材料_____卷_____页附后，请审查。

公安局（印）

年　月　日

本报告书一式两份，一份附卷，一份交检察院。

三、制作要点

　　1. 补充侦查报告书应当在法定的时限内制作完毕，并及时送达决定退回补充侦查的人民检察院，不得超过法定时限。如果因案情复杂，在法定的时限内不能补充侦查完毕，可提请批准延长羁押期限；如果在补充侦查期间发现犯罪嫌疑人另有新的重要罪行，可呈请批准重新计算侦查羁押期限，并制作相应的文书。

　　2. 补充侦查报告书要详细地写明补充侦查的有关情况和结果及所取得的证据。制作时，要针对人民检察院退回补充侦查决定书中所列的补充侦查提纲，逐条予以说明。对于补充侦查查清的事实，应当写明查清的事实和证据；对于经过补充侦查仍未查清或无法查清的，应当写明没有查清的原因；对于案卷材料中已有证据，不需要补充侦查的，可注明所需证据所在的卷宗及具体页码，说明无补充侦查的必要。

3. 利用秘密侦查手段所获得的证据材料或者属于国家重要机密的材料，不宜在补充侦查报告中反映；必须写的，一定要在转为合法的证据材料后，才能使用。

4. 补充侦查报告书一式两份，一份交决定退回补充侦查的人民检察院，另一份由公安机关留存附侦查卷。

技能拓展三：熟识《要求复议意见书》

一、基础知识

（一）概念

要求复议意见书是公安机关认为人民检察院作出的不批准逮捕的决定或者不起诉决定有错误的时候，要求人民检察院复议时使用的法律文书。

（二）制作依据

《刑事诉讼法》第 92 条规定："公安机关对人民检察院不批准逮捕的决定，认为有错误的时候，可以要求复议，但是必须将被拘留的人立即释放。如果意见不被接受，可以向上一级人民检察院提请复核。上级人民检察院应当立即复核，作出是否变更的决定，通知下级人民检察院和公安机关执行。"第 179 条规定："对于公安机关移送起诉的案件，人民检察院决定不起诉的，应当将不起诉决定书送达公安机关。公安机关认为不起诉的决定有错误的时候，可以要求复议，如果意见不被接受，可以向上一级人民检察院提请复核。"

《公安机关办理刑事案件程序规定》（2020 年修正）第 141 条规定："对人民检察院不批准逮捕的决定，认为有错误需要复议的，应当在收到不批准逮捕决定书后 5 日以内制作要求复议意见书，报经县级以上公安机关负责人批准后，送交同级人民检察院复议。如果意见不被接受，认为需要复核的，应当在收到人民检察院的复议决定书后 5 日以内制作提请复核意见书，报经县级以上公安机关负责人批准后，连同人民检察院的复议决定书，一并提请上一级人民检察院复核。"第 294 条规定："认为人民检察院作出的不起诉决定有错误的，应当在收到不起诉决定书后 7 日以内制作要求复议意见书，经县级以上公安机关负责人批准后，移送人民检察院复议。要求复议的意见不被接受的，可以在收到人民检察院的复议决定书后 7 日以内制作提请复核意见书，经县级以上公安机关负责人批准后，连同人民检察院的复议决定书，一并提请上一级人民检察院复核。"

二、文书样式

××× 公 安 局
要 求 复 议 意 见 书

×公（   ）要复字〔   〕 号

_____人民检察院：

　　你院于___年___月___日以_____〔   〕_____号文决定___，我局认为_____

_____

_____

_____

　　综上所述，根据《中华人民共和国刑事诉讼法》第_____条之规定，特要求你院进行复议。

　　此致

_____人民检察院

公安局（印）
年　　月　　日

注：附本案卷宗共_____卷_____页。

本意见书一式两份。一份附卷，一份交检察院。

三、制作要点

　　1. 要求复议意见书是一种"驳论"性的文书，用语一定要注意分寸，做到有理有节，平心静气地进行说理。

　　2. 要求复议的理由，一定要公允充分、态度鲜明；要针对人民检察院作出决定的具体事项，阐明公安机关要求复议的理由，对事实的叙述要清楚、具体，并要用一定的证据予以证明，要具有较强的说服力。

　　3. 复议的法律依据要根据提请复议的具体内容，分别引用我国《刑事诉讼法》第 92 条和第 179 条。

　　4. 要求复议意见书一式两份，一份留存附卷，另一份随有关材料送同级人民检察院。

公安法律文书样式

《公安部关于修改和补充
部分刑事法律文书式样
的通知》

《公安机关办理刑事案件
程序规定》（2020 年）

《中华人民共和国刑事
诉讼法》（2018 年）

学习单元十一　检察法律文书

学习目标

● 掌握检察法律文书的主要内容和基本格式等文书制作知识，进一步熟识相关实体法和程序法等法律知识。

● 熟悉检察事务基本工作流程，熟练掌握常用检察法律文书的制作方法和制作要求，能够根据案件事实，运用相关法律知识和文书制作知识独立制作批准逮捕决定书、起诉书、刑事抗诉书等常用检察法律文书。

● 培育法律至上、人民为本、依法监督、求实创新的检察精神，培育严谨审慎、客观公正的法律文书制作态度。

重点提示

● 明晰检察法律文书与其他司法文书的区别。

● 掌握批准逮捕决定书、起诉书、刑事抗诉书等常用检察法律文书的制作方法。

● 熟识不起诉决定书、民事抗诉书、纠正违法通知书等检察法律文书。

 **第一节　基础知识**

一、检察法律文书的概念与分类

（一）检察法律文书的概念

检察法律文书，又称检察文书，是人民检察院在刑事、民事、行政诉讼中，履行各项检察职能而依法制作的具有法律效力或法律意义的文书。

（二）检察法律文书的分类

1. 按案件诉讼性质不同，分为刑事案件使用的检察法律文书和民事、行政案件使用的检察法律文书。

2. 按照文书的诉讼阶段和性质、作用的不同，可分为立案文书、侦查文书、强制措施文书、出庭文书、抗诉文书、监所检察和法律监督文书、控告申诉文书和刑事赔偿文书。

3. 按照文书适用程序与范围的不同，可分为诉讼法律文书与检察机关内部工作法律文书。

4. 按照文书制作形式的不同，可分为叙述类文书、填空类文书、笔录类文书和表格类文书四类。

二、检察法律文书制作要求

2001 年最高人民检察院制定了《人民检察院法律文书格式（样本）》，于 2002 年 1 月 1 日起正式施行。之后，最高人民检察院对刑事诉讼法律文书进行了多次修订。2012 年 12 月发布了《人民检察院刑事诉讼法律文书格式样本》，列举了 223 种刑事诉讼法律文书。2013 年 10 月发布了《人民检察院刑事诉讼法律文书格式样本（2013 版）》，列举了 238 种刑事诉讼法律文书。2020 年 1 月发布了《人民检察院刑事诉讼法律文书格式样本（2020 版）》，列举了 333 种刑事诉讼法律文书。《人民检察院刑事诉讼法律文书格式样本（2020 版）》和 2019 年发布的《人民检察院刑事诉讼规则》共同构成检察人员办案、履行职责的基本依据。

（一）检察法律文书基本要求

1. 选取文书。在制作文书之前，应当了解每一种文书的使用条件和范围，并结合具体案情和实际需要准确选取相应的工作文书。

2. 制作和填写文书。填写纸质文书时，应当使用能够长期保持字迹的书写工具，做到字迹清楚、文字规范、文面整洁。文书设定的项目，要逐项准确填写；确有些栏目不需要填写的，用斜线"＼"划去。填写电子文书时，应当从系统选项栏中准确选取相应的项目。制作叙述类文书时，应当做到描述案件事实清楚，引用法律条文准确，结论明确易懂，语言准确精练。

3. 使用文书。文书制作完毕，应当按照要求予以送达、签收，办案单位留存的文书，应当根据规定入卷。

（二）检察法律文书常见项目填写要求

1. 案件名称。根据不同的案件情况，采取不同的命名方法。对于有明确的当事人和涉嫌犯罪情节清楚的案件，可采取"人名＋涉嫌罪名"命名的方式，如"王××故意杀人案"；对于当事人不明而被害人和被害情况清楚的案件，可采取"被害人＋被侵害情况"命名的方式，如"张××被抢劫案"；对于当事人和被害人不明或者当事人、被害人人数众多不便概括以及需要保密等情形，可采取以案件发生时间或立案时间或者地名命名的方式，如"4·15 案""×××（地名）抢劫案"。

2. 案件编号。各地在制作文书过程中应当本着便于对案件进行管理和统计的原则进行编号。

3. 当事人姓名。应填写当事人合法身份证件上的姓名，如果没有合法身份证件的，填写在户籍登记中使用的姓名。如果当事人是外国人，除应当填写其合法身份证件上的姓名外，还应当同时写明汉语译名。对于一些叙述类工作文书，应当在写明当事人姓名的同时，写明当事人使用过的其他名称，包括别名、曾用名、绰号等。如有必要，还可写明笔名、网名等名称。确实无法查明其真实姓名的，也可以暂填写其自报的姓名。查清其真实姓名后，按照查清后的姓名填写，对之前填写的内容可不再更改，但应当在案件卷宗中予以书面说明（当事人出生日期、住址不明的，参照上述规定办理）。

4. 当事人出生日期。当事人的出生日期以公历（阳历）为准，除有特别说明的外，一律具体到年、月、日。确定犯罪嫌疑人的出生日期应当以其合法身份证件上记载的出生日期为准，没有合法身份证件的，以户籍登记中的出生日期为准。

5. 当事人住址。应填写当事人的经常居所地，当事人的经常居所地以户籍登记中的住址为准。如果该当事人离开户籍所在地在其他地方连续居住满1年以上的，则以该地为经常居住地，并应当在填写经常居住地的同时注明户籍登记的住址。

6. 当事人的单位及职业。填写当事人的工作单位名称以及从事的职业种类。单位名称应当填写全称，必要时在前面加上地域名称。认定当事人的工作单位，不能单纯凭人事档案是否在该单位来认定，而应当视其是否实际在该单位工作。只要其实际在该单位工作的，即可认定为工作单位。职业应当填写从事工作的种类。没有工作单位的，可以根据实际情况填写经商、务工、农民、在校学生或者无业等。

7. 身份证件种类及号码。填写居民身份证、军官证、护照等法定身份证件的种类及号码。

8. 文化程度。填写国家承认的学历。文化程度分为研究生（博士、硕士）、大学、大专、中专、高中、初中、小学、文盲等档次。

9. 签名。需要当事人签名确认的文书应当由其本人签名或者盖章，并捺指印；当事人为单位的，由法定代表人、主要负责人或者其授权的人签名或者盖章，并加盖单位印章。当事人拒绝签名、盖章、捺指印的，办案人员应当在文书中予以说明，

10. 各类清单。"编号"栏一律采取阿拉伯数字，按材料、物品的排列顺序从"1"开始逐次填写；"名称"栏填写材料、物品的名称；"数量"栏填写材料、物品的数量，使用汉字大写数字填写；"特征"栏填写物品的品牌、型号、颜色、新旧等特点。表格多余部分应当用斜对角线划掉。

11. 发文字号。文书式样中的发文字号印刷为"×××〔　〕号"，实际填写时，"×××"一般为某检察院简称＋办案部门简称＋文书简称，"〔　〕"中填写文书年度；"〔　〕"后填写文书序号。

12. 法律条文的援引。引用法律，应当写明法律的全称；引用的法律条文，要写明具体的条文号，条文中有款、项的，要具体到款、项。

（三）检察法律文书印制标准

1. 检察法律文书用纸一般使用纸张定量为 $60g/m^2 \sim 80g/m^2$ 的胶版印刷纸或者复印纸。用纸幅面采用国际标准 A4 型纸，成品幅面尺寸为 $210mm \times 297mm$。天头（上白边）为 $37mm \pm 1mm$，订口（左白边）为 $28mm \pm 1mm$，版心尺寸为 $156mm \times 225mm$（不含页码）。特殊文书用纸幅面尺寸，可根据实际需要确定。

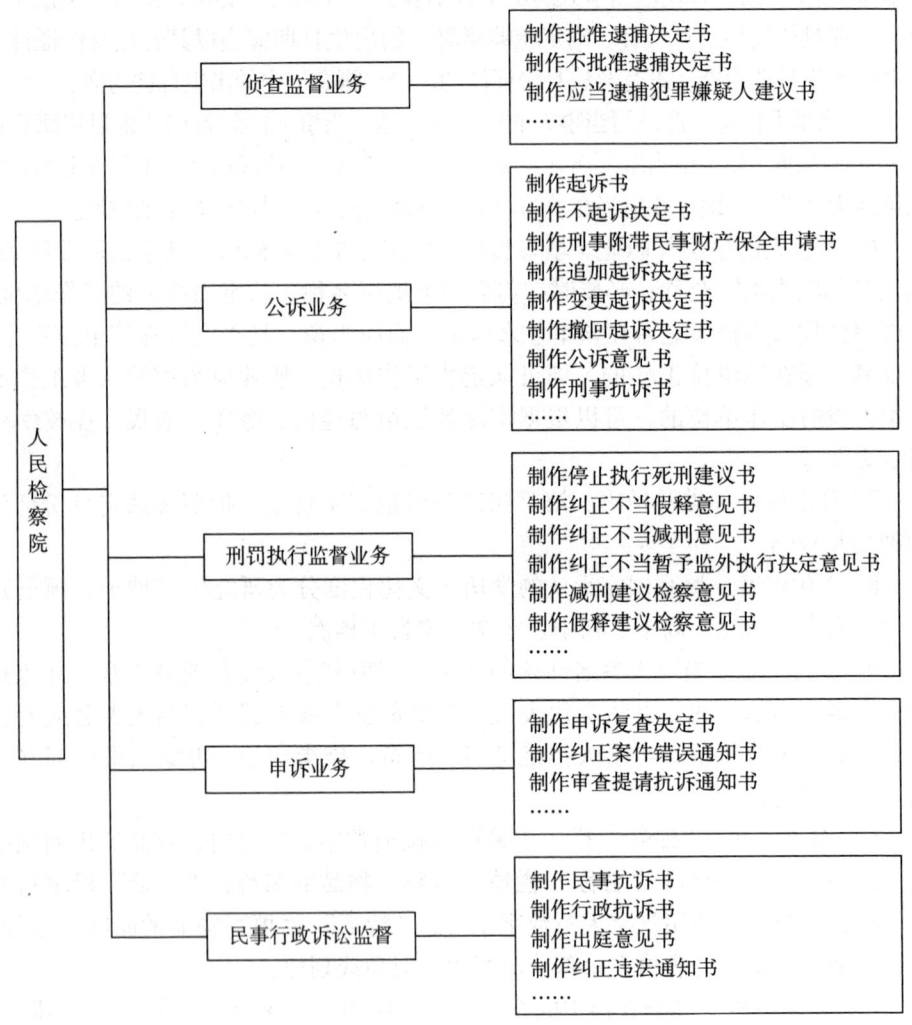

图 11-1　检察机关业务与主要法律文书关联图

2. 叙述类检察法律文书的编排要求：版头中的发文机关名称居中排布，上空一行，一般使用宋体小二号字。文书名称居中排布，编排于发文机关名称正下方，一般使用宋体二号字。文书字号由发文机关代字、年份和发文顺序号组成，编排在分隔线之下 4mm 处，居右空 1 字，汉字采用四号楷体_GB2312 字体，数字采用小三号 Times New Roman 字体。文书正文一般采用仿宋_GB2312 三号字体。文中结构层次序数依次可以用"一、"" （一）""1.""（1）"标注。

3. 成文日期一般右空四字编排。印章下压发文机关署名和成文日期，印章顶端上距正文一行之内。

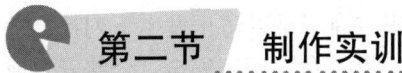 **第二节　　制作实训**

实训一：制作《批准逮捕决定书》

一、任务描述

批准逮捕决定书，是人民检察院对公安机关（国家安全机关等侦查机关，下同）提请批准逮捕犯罪嫌疑人的案件进行审查后，认为符合逮捕条件而依法作出批准逮捕犯罪嫌疑人的决定时所制作的法律文书。

批准逮捕决定书是公安机关、国家安全机关等侦查机关逮捕犯罪嫌疑人的法定依据。通过学习，学生应掌握制作批准逮捕决定书的法律依据、文书格式与制作要求，能够根据侦查机关移送的提请批准逮捕决定书等相关案卷材料与案件事实制作批准逮捕决定书。

二、实例示范

下面是一份批准逮捕决定书的正本部分。[1]

太原市 × × 区人民检察院

批准逮捕决定书

并 × 检刑批捕〔2017〕62 号

太原市公安局 × × 分局：

　　你局于 2017 年 10 月 16 日以并公（×）提捕字〔2017〕116 号文书提请批准逮捕犯罪嫌疑人王 ×，经本院审查认为，该犯罪嫌疑人涉嫌抢劫罪，符

---

〔1〕　本文书来自于编者办案实务，根据教学需要进行了部分改编。

合《中华人民共和国刑事诉讼法》第七十九条规定的逮捕条件，决定批准逮捕犯罪嫌疑人王×。请依法立即执行，并将执行情况在三日以内通知本院。

二〇一七年十月二十三日

（院印）

三、基础铺垫

（一）批准逮捕决定书制作的法律依据

《刑事诉讼法》第81条第1、3款规定："对有证据证明有犯罪事实，可能判处徒刑以上刑罚的犯罪嫌疑人、被告人，采取取保候审尚不足以防止发生下列社会危险性的，应当予以逮捕：①可能实施新的犯罪的；②有危害国家安全、公共安全或者社会秩序的现实危险的；③可能毁灭、伪造证据，干扰证人作证或者串供的；④可能对被害人、举报人、控告人实施打击报复的；⑤企图自杀或者逃跑的。对有证据证明有犯罪事实，可能判处10年有期徒刑以上刑罚的，或者有证据证明有犯罪事实，可能判处徒刑以上刑罚，曾经故意犯罪或者身份不明的，应当予以逮捕。"第90条规定："人民检察院对于公安机关提请批准逮捕的案件进行审查后，应当根据情况分别作出批准逮捕或者不批准逮捕的决定。对于批准逮捕的决定，公安机关应当立即执行，并且将执行情况及时通知人民检察院。对于不批准逮捕的，人民检察院应当说明理由，需要补充侦查的，应当同时通知公安机关。"

（二）批准逮捕决定书的结构及其内容

批准逮捕决定书为存根、正本、副本、回执四联填充式文书。

1. 存根。存根联为第一联，主要用于审批程序，不附入卷中，由制作单位统一保存备查。依次写明文书编号、案由、犯罪嫌疑人基本情况、送达机关、批准人姓名、承办人姓名、填发人姓名、填发时间。

2. 正本。正本联为第三联，送达侦查机关。

（1）首部。首部包括制作文书的人民检察院名称；文书名称，即批准逮捕决定书；文书编号，即"×检×批捕〔××××〕×号"，其中"检"字前方空格填写批准逮捕的人民检察院简称，"批捕"前面空格填写具体办案部门简称，"〔　〕"内填写文书签发年度，"号"前面空格填写文书的顺序号。

（2）正文。正文包括送达单位，即提请批准逮捕机关名称；侦查机关提请批捕文书的时间、文书编号及犯罪嫌疑人姓名，即"你×于××××年×月×日以××号提请批准逮捕书提请批准逮捕犯罪嫌疑人×××"；人民检察院的意见，即"经本院审查认为，该犯罪嫌疑人涉嫌××犯罪"，这里的罪名是指人民检察院审查认定的罪名；法律根据，即"符合《中华人民共和国刑事诉讼法》

第八十一条规定的逮捕条件"；决定事项，即"决定批准逮捕犯罪嫌疑人××
×，请依法立即执行，并将执行情况在三日以内通知本院"。

（3）尾部。尾部包括填发文书的年月日、院印。

3. 副本。副本联为第二联，该联附卷。

除在正本文书名称下增加"副本"二字外，副本其他内容与正本相同。

4. 回执。回执联为第四联，由侦查机关填制，退回后附卷。

（1）首部。首部应在人民检察院名称及批准逮捕决定书下方加写"（回执）"。

（2）正文。正文应依次填写批准逮捕的人民检察院名称、法律根据、批准
逮捕的时间及文号、犯罪嫌疑人姓名、执行时间、执行情况等。其中，执行情
况部分，如已经执行逮捕应写明"犯罪嫌疑人×××已于×年×月×日由××
×执行逮捕"，如未执行逮捕则应写明"因×××未执行逮捕"。

（3）尾部。尾部填发文书的年月日、执行单位公章。

（三）批准逮捕决定书的样式

××××人民检察院 批准逮捕决定书 （存根）	××××人民检察院 批准逮捕决定书 （副本）
检 批捕〔 〕 号 案由＿＿＿＿＿＿＿＿＿＿＿ 犯罪嫌疑人基本情况（姓名、性别、出 生日期、居民身份证号码、工作单位、 住址、是否为人大代表或政协委员）＿＿ 送达机关＿＿＿＿＿＿＿＿＿＿ 批准人＿＿＿＿＿＿＿＿＿＿＿ 承办人＿＿＿＿＿＿＿＿＿＿＿ 填发人＿＿＿＿＿＿＿＿＿＿＿ 填发时间＿＿＿＿＿＿＿＿＿＿	检 批捕〔 〕 号 ＿＿＿＿＿＿： 　你＿＿＿于＿＿＿年＿＿月＿＿日 以＿＿＿＿号提请批准逮捕书提请批准 逮捕犯罪嫌疑人＿＿＿＿＿，经本院审 查认为，该犯罪嫌疑人涉嫌＿＿＿＿ 犯罪，符合《中华人民共和国刑事诉讼 法》第八十一条规定的逮捕条件，决定 批准逮捕犯罪嫌疑人＿＿＿＿＿。请 依法立即执行，并将执行情况在三日以 内通知本院。 　　　　年　　月　　日 　　　　（院印）
第一联　统一保存	第二联　附卷

×××>人民检察院
批准逮捕决定书

检　批捕〔 　〕　号

_____:

　　你_____于_____年___月___日以_____号提请批准逮捕书提请批准逮捕犯罪嫌疑人_____,经本院审查认为,该犯罪嫌疑人涉嫌_____犯罪,符合《中华人民共和国刑事诉讼法》第八十一条规定的逮捕条件,决定批准逮捕犯罪嫌疑人_____。请依法立即执行,并将执行情况在三日以内通知本院。

　　　　　　　年　月　日

　　　　　　　　(院印)

第三联　送达侦查机关

×××>人民检察院
批准逮捕决定书
(回执)

_____人民检察院:

　　根据《中华人民共和国刑事诉讼法》第九十条的规定,现将你院_____年___月___日_____号批准逮捕决定书的执行情况通知如下:

　　犯罪嫌疑人_____已于_____年___月___日由_____执行逮捕(或者因_____未执行逮捕)。

　　特此通知。

　　　　　　　年　月　日

　　　　　　　　(公章)

第四联　侦查机关退回后附卷

四、学生实训

根据下列案情材料,制作一份批准逮捕决定书。

【材料】

　　犯罪嫌疑人李××,男,1978 年 02 月 15 日出生,初中文化水平,群众,身份证号:41122219780215×××,户籍地:山西夏县××镇××村第三组 13 号,现住太原市万柏林区和平南路地矿小区,无业,2019 年 1 月 23 日因涉嫌诈骗被××局刑事拘留,现羁押于太原市第一看守所。

　　犯罪嫌疑人李××涉嫌诈骗一案,由报案人王××于 2019 年 1 月 23 日报案至××局,该局通过审查,于当日立案侦查,犯罪嫌疑人李××已于 2019 年 1 月 23 日被抓获。

　　经依法查明:2018 年 5 月份,犯罪嫌疑人李××以投资理财获取高额利息为由诈骗王××113 000 元,2018 年 8 月又以给被害人王××女儿办理上小学为由诈骗现金 15 000 元。

同时查明该案中还有一些相关证人未能核实，不予羁押，可能干扰证人作证或者串供。根据《中华人民共和国刑事诉讼法》第 81 条第 1 款第 3 项之规定，具有社会危险性。

认定上述事实的证据如下：

报案材料、询问笔录、犯罪嫌疑人李××的供述及抓获经过等，犯罪嫌疑人李××拒不认罪。

××局认为犯罪嫌疑人李××的行为触犯了《中华人民共和国刑法》第 266 条之规定，涉嫌诈骗罪，并依照《中华人民共和国刑事诉讼法》第 81 条、第 87 条之规定，于 2019 年 1 月 28 日向××检察院提请批准逮捕。

【提示】

（一）制作批准逮捕决定书需收集的相关材料

1. 公安机关的提请批准逮捕决定书。

2. 公安机关关于本案的案卷材料、证据。

3. 相关法律规范。

（二）制作批准逮捕决定书的一般注意事项

1. 审查公安机关的提请批准逮捕书及案件材料是否完善齐备，审阅案件材料后提出审查意见，经审查逮捕部门负责人审核后，由检察长决定，重大案件应当提交检察委员会讨论决定。

2. 人民检察院应当自接到公安机关提请批准逮捕书后的 7 日以内，作出批准逮捕或者不批准逮捕的决定。

3. 犯罪嫌疑人被逮捕后，人民检察院仍应当对羁押的必要性进行审查，对不需要继续羁押的，应当建议予以释放或者变更强制措施。

4. 注意四联的不同用处，第一联存根联由人民检察院统一保存，第二联副本附卷，第三联正本送达侦查机关，第四联回执侦查机关退回后附卷。

五、任务评估

评估要点：

1. 格式要规范。要严格按照规范要求填充内容，不能创新。

2. 每一联的内容并不完全相同，制作与使用时应注意区分。

实训二：制作《起诉书》

一、任务描述

起诉书是人民检察院经依法审查，认为被告人的犯罪行为应当受到刑事追究，决定将其交付审判而向人民法院提起公诉时制作的法律文书。

　　通过学习，学生应掌握起诉书的制作依据、文书内容及制作要求，能够根据相关的案件事实制作相应的起诉书。

二、实例示范

河北省保定市竞秀区人民检察院

起　诉　书

保竞检公诉刑诉〔2018〕43 号

　　被告人林××，男，1987 年××月××日出生，身份证号码：1306021987×××××××，汉族，大专文化，保定市××有限公司工人，户籍所在地：河北省保定市竞秀区××路××号××栋××单元××号，住河北省保定市竞秀区××路××号××栋××单元××号。2017 年 12 月 27 日因涉嫌危险驾驶罪被保定市公安局取保候审。2018 年 1 月 24 日因涉嫌危险驾驶罪被保定市竞秀区人民检察院取保候审。

　　本案由保定市公安局侦查终结，以被告人林××涉嫌危险驾驶罪，于 2018 年 1 月 17 日向保定市人民检察院移送审查起诉。因管辖保定市人民检察院于 2018 年 1 月 23 日交办本院移送审查起诉，本院受理后，于 2018 年 1 月 24 日已告知被告人有权委托辩护人，依法讯问了被告人，审查了全部案件材料。

　　经依法审查查明：2017 年 12 月 09 日 21 时 10 分许，被告人林××驾驶一辆牌照为冀×××××的白色凯迪拉克牌小型轿车沿保定市复兴路由西向东行驶至与阳光大街交叉口处时，被依法执行公务的公安干警查获，后依法对林××进行血液酒精鉴定检测。经保定市法医鉴定中心对林××抽血检测，其血液中酒精含量为 99.53 毫克/100 毫升。

　　认定上述事实证据如下：被告人林××供述，现场笔录、保定市法医鉴定中心酒精技术检验报告等。

　　本院认为，被告人林××醉酒驾驶机动车，其行为已触犯《中华人民共和国刑法》第一百三十三条之规定，犯罪事实清楚，证据确实、充分，应当以危险驾驶罪追究其刑事责任。根据《中华人民共和国刑事诉讼法》第一百七十二条的规定，提起公诉，请依法判处。

　　此致

保定市竞秀区人民法院

检察官　×××

检察官助理　×××

二〇一八年二月二日

（院印）

附：

1. 被告人林某某取保候审。

2. 卷宗叁册，证据目录一份。[1]

三、基础铺垫

（一）起诉书制作的法律依据

根据《刑事诉讼法》第 3 条、第 169 条、第 176 条的规定，提起公诉由人民检察院负责。人民检察院对公安机关、监察机关、国家安全机关、监狱机关侦查终结移送起诉的案件，以及对本院自侦部门侦查终结的案件进行审查后，认为犯罪嫌疑人的犯罪事实已经查清，证据确实、充分，依法应当追究刑事责任的，应当作出起诉决定，并按审判管辖的规定，向人民法院提起公诉。

（二）起诉书的结构及其内容

起诉书分为普通程序案件适用的起诉书、认罪认罚案件适用的起诉书和附带民事诉讼案件适用的起诉书。各种类型的起诉书差别不大，均包括首部、被告人（被告单位）基本情况、案由和案件的审查过程、案件事实、证据、起诉要求和根据、尾部七部分。下面以普通程序案件适用的起诉书为例，介绍起诉书的结构及其内容。

1. 首部。

（1）人民检察院的名称。除最高人民检察院外，各级地方人民检察院的名称前，应当写明所在的省、自治区、直辖市的名称；对于涉外案件，还应在各级人民检察院名称前冠以"中华人民共和国"字样。

（2）文书名称。文书名称为"起诉书"，制作时应单独写一行，居中。

（3）文书编号。文书编号由人民检察院简称、办案部门简称、文书性质、起诉年度、案件顺序号组成，格式为"×检×刑诉〔××××〕×号"。年度必须用四位数表示。文书编号应写在该行的最右端，上下各空一行。

2. 被告人基本情况。被告人的基本情况应依次写明姓名、性别、出生年月日、居民身份证号码、民族、文化程度、职业或者工作单位及职务、户籍地、住址、曾受到刑事处罚以及与本案定罪量刑相关的行政处罚的情况和因本案采取强制措施的情况等。如果是人大代表或者政协委员，应注明。具体书写时要注意：

（1）被告人姓名应写户口簿、身份证等法定文件中使用的姓名。如有曾用

---

〔1〕 本文书选自人民检察院案件信息公开网：http://www.ajxxgk.jcy.gov.cn/html/20180601/2/8138981.html，2018 年 6 月 4 日访问。

名、别名、化名的，要在其姓名后加括号写明。是又聋又哑的人或盲人的，也要在姓名后注明。对于不讲真实姓名、住址，身份不明的被告人，应按其自报的姓名书写，并加以括号注明。

（2）被告人的出生日期应写公历日期。具体出生日期查不清楚的，可以以公历计算的周岁写明年龄，但涉及刑事责任年龄界限（犯罪时不满 14～18 周岁）的，必须写明出生的年月日。

（3）身份证号码如果不详可以不写。对尚未办理身份证的应注明。

（4）文化程度应写经正规教育所达到的程度。不识字的写为"文盲"。

（5）职业或工作单位及职务应写明具体工作单位和职务。城镇无业者，写为"无业"。

（6）被告人的住址应写经常居住地，但经常居住地与户籍所在地不一致的，应在其后注明户籍所在地。对流窜犯，户籍所在地或经常居住地不明的，写其暂住地。

（7）被告人曾受过行政处罚、刑事处罚的，应当在起诉书中写明。其中，行政处罚限于与定罪有关的情况。一般应先写受到行政处罚的情况，再写受到刑事处罚的情况。书写行政处罚时应注明处罚的时间、种类、处罚单位；书写刑事处罚时，应当注明处罚的时间、原因、种类、决定机关、释放时间。

（8）被采取强制措施情况应写明被采取强制措施的原因、种类、批准或者决定的机关和时间、执行的机关和时间。

（9）同案被告人有两人以上的，按照主从关系的顺序来书写。

（10）辩护人的基本情况应写明辩护人姓名及辩护人执业的律师事务所。非律师担任辩护人的，应写明其所在单位。

3. 案由和案件的审查过程。

（1）案由。一般情况下，案由应写明公安机关、国家安全机关或监狱侦查终结移送起诉的时间和认定的犯罪嫌疑人涉嫌的罪名。检察机关直接侦查的案件，如果侦查终结和审查起诉时认定的案由不一致的，只写起诉时认定的案由。由于案件审判管辖的变更，引起受理审查起诉的人民检察院变更的，均应写明法律依据和移送时间。其他有关情况的变化，如撤回起诉后又起诉的，一律不写。一案有多名被告人的，可省略各被告人姓名，用"上列被告人"一语替代。一案涉嫌数个犯罪的，要全部写齐全。同案被告人涉嫌的犯罪不相同时，应当分别表述。

案由部分应根据案件的不同情况，分别依照格式的要求书写。

（2）案件审查过程。案件审查过程应写明：①权利告知情况。根据《刑事诉讼法》的规定，人民检察院受理审查起诉案件后，应当在 3 日以内告知犯罪嫌疑人有权委托辩护人，告知被害人及其法定代理人或者近亲属、附带民事诉讼的当事人及其法定代理人有权委托诉讼代理人。②审查起诉的过程。写明讯问被告人、听取代理人和辩护人意见的情况。③其他情况，如退回补充侦查的情况，即写明退回补充侦查的时间和侦查机关重新移送审查起诉的时间；延长审查起诉期限的情况；等等，这些内容一般要根据实际情况叙写。

4. 案件事实。案件事实是起诉书的重点，应着重叙述。案件事实包括犯罪时间、地点、经过、手段、动机、目的、危害后果和被告人犯罪后的态度等要素。在叙述时，要将属于犯罪构成要件或者与定罪量刑有关的事实要素列为重点。对起诉书指控的所有犯罪事实必须逐一列举。

叙述案件事实，要按照合理的顺序进行。一般应按照时间先后顺序；一人多罪的，应当按照各种犯罪的轻重顺序叙述，重罪在前、轻罪在后；多人犯罪的应当按照主犯、从犯或者重罪、轻罪的顺序叙述，突出主犯、重罪。

对共同犯罪案件中有同案犯在逃的，应当在其后注明"另案处理"字样。

5. 证据。起诉书中应写明证据的名称、种类，但不必对证据与事实、证据与证据之间的关系进行具体的分析、论证。叙述证据时，一般应采取"一事一证"的方式，即在每一起案件事实后，写明据以认定的主要证据。对于被告人作案多起的一般刑事案件，如果案件事实是概括叙述的，证据也可以采取"一罪一证"的方式，即不再需要指出认定每一起案件事实的证据，而是概括写明主要证据的种类。

在列举证据时要注意两点：①注意保守国家秘密。对于涉及国家秘密又必须叙述的，可以概括叙述，不要抄录原文。②对于可能产生不利社会影响的犯罪情节，应简要叙述。

6. 起诉要求和根据。

（1）概括罪行事实。概括罪行要突出本案特点，用简明扼要的语言写明被告人主观恶性，犯罪行为的恶劣程度，社会危害性的严重程度。

（2）阐明定罪量刑依据。本部分包含两方面的内容：①写明引用的刑事法律依据。在引用时要先引用定罪与确定量刑幅度的条款，再引用从重、从轻和减轻的条款。引用时要具体到条、款、项，如"根据《中华人民共和国刑法》第×条第×款第×项"，有的条文没有款只有项的，可只写条和项，如"根据《中华人民共和国刑法》第×条第×项"。②确定罪名。罪名的确定应以刑法分则条文规定的罪状特征为依据，一人犯数罪的，一般先写重罪，后写轻罪。

（3）作出起诉决定。本部分应分别写明提起公诉的法律依据和提起公诉的决定。一般表述为："根据《中华人民共和国刑事诉讼法》第一百七十六条的规定，提起公诉，请依法判处。"

7. 尾部。

（1）致送的人民法院名称。本部分应分两行书写。"此致"前面是空格书写，"×××人民法院"顶格书写。

（2）承办人署名。起诉书应当署具体承办案件检察官和检察官助理的姓名。

（3）日期及盖章。日期应写检察长签发起诉书的日期，要写在承办人署名的下一行对应位置，上面加盖院印。

（4）附注。在文书的尾部写明"附件："字样，然后依次分行写明所附内容。各项所附内容应注明顺序号。附注一般应当写明以下事项：被告人现在处所；案卷材料和证据××册；证人、鉴定人、需要出庭的专门知识的人的名单，需要保护的被害人、证人、鉴定人的名单；有关涉案款物情况；被害人（单位）附带民事诉讼的情况；其他需要附注的事项。

（三）起诉书的样式

根据《人民检察院刑事诉讼法律文书格式样本（2020 版）》，起诉书包括自然人犯罪案件普通程序适用的起诉书、自然人犯罪案件认罪认罚适用的起诉书、单位犯罪案件普通程序适用的起诉书、单位犯罪案件认罪认罚适用的起诉书和附带民事诉讼案件适用的起诉书五种样式。下面以自然人犯罪案件普通程序适用的起诉书为例。

×××× 人民检察院

起 诉 书

××检××刑诉〔20××〕×号

被告人……（写明姓名、性别、出生年月日、公民身份号码、民族、文化程度、职业或者工作单位及职务、是否系人大代表或政协委员、户籍地、住址、曾受到刑事处罚以及与本案定罪量刑相关的行政处罚的情况和因本案采取强制措施的情况等）

本案由（监察/侦查机关）调查/侦查终结，以被告人×××涉嫌×××罪，于(受理日期)向本院移送起诉。本院受理后，于××××年××月××日已告知被告人有权委托辩护人，××××年××月××日已告知被害人及其法定代理人（近亲属）、附带民事诉讼的当事人及其法定代理人有权委托诉讼代理人，依法讯问了被告人，听取了辩护人、被害人及其诉讼代理人的意见，审查了全部案件材料。本院于（一次退查日期、二次退查日期）退回侦查机关补充侦查，侦查机关于（一次重报日期、二次重报日期）补充侦查完毕移送起诉。本院于（一次延长日期、二次延长日期、三次延长日期）

延长审查起诉期限 15 日。

经依法审查查明：

……（写明经检察机关审查认定的犯罪事实包括犯罪时间、地点、经过、手段、目的、动机、危害后果等与定罪、量刑有关的事实要素。应当根据具体案件情况，围绕刑法规定的该罪的构成要件叙写。）

认定上述事实的证据如下：

1. 物证：……；2. 书证：……；3. 证人证言：证人×××的证言；4. 被害人陈述：被害人×××的陈述；5. 被告人供述和辩解：被告人×××的供述和辩解；6. 鉴定意见：……；7. 勘验、检查、辨认、侦查实验等笔录：……；8. 视听资料、电子数据：……。

本院认为，被告人……（概述被告人行为的性质、危害程度、情节轻重），其行为触犯了《中华人民共和国刑法》第××条（引用罪状、法定刑条款），犯罪事实清楚，证据确实、充分，应当以××罪追究其刑事责任。根据《中华人民共和国刑事诉讼法》第一百七十六条的规定，提起公诉，请依法判处。

此致
×××人民法院

检　察　官　×××
检察官助理　×××

××××年×月×日
（院印）

附件：

1. 被告人现在处所：具体包括在押被告人的羁押场所或监视居住、取保候审的处所

2. 案卷材料和证据××册

3. 证人、鉴定人、需要出庭的专门知识的人的名单，需要保护的被害人、证人、鉴定人的名单

4. 有关涉案款物情况

5. 被害人（单位）附带民事诉讼情况

6. 其他需要附注的事项

四、学生实训

根据下列案例制作一份起诉书。

【案情】

马××，男，1981 年 5 月 4 日出生，汉族，云南××大学生化学院生物技术专业 2000 级学生，住云南××大学 6 号楼 317 室。户籍地址：广西壮族自治区宾阳县××镇××村一队 12 号。身高 1.71 米左右，体型中等，方脸，高颧骨，尖下巴，双眼皮，凹眼，蒜头鼻，大嘴，下唇外翻。操广西口音。身份证号码为：45212319810504××××。

涉嫌杀害云南××大学 4 名大学生的公安部 A 级通缉在逃犯罪嫌疑人马××，于 3 月 15 日晚约 7 时 30 分，在三亚市河西区河西路被警方抓获，马××对犯罪事实供认不讳。

据马××交代，2004 年 2 月 13 日，其在打麻将与同学发生纠纷后，准备用铁锤逐个突袭 4 个同学。他想先干掉同宿舍的邵××。但当晚，只有唐××在宿舍内，邵××在别的宿舍里休息。他说："不杀唐，就干不了邵。"于是他用锤子杀了唐后，把地上及桌上的血擦干，把唐放到衣柜里，用报纸等物包好。因为学校没有开课，没人发现。马××说，杀了一个人后很后悔，也很害怕，但越想越气，就决定继续杀其他 3 人。第二天，他继续与同学打牌。2 月 14 日晚，趁邵××洗脚的时候，马××用同样手法将其杀死，事后仍将尸体塞入衣柜。2 月 15 日中午，同学杨××到马××的宿舍找邵××打麻将，马××说他一会就回来，并在杨××看报纸等候时将其杀害。傍晚，王××叫他打牌，他没去，跑到 1 幢 402 室将龚×叫到自己的房间将其杀害。刚处理完龚×的尸体，林×找他打牌。他觉得林×平时对自己不错，就没下手。

"2·13"血案的侦查结束后，马××被移交云南省昆明市人民检察机关提起公诉。

【提示】

（一）制作起诉书需收集的相关材料

1. 查阅相关卷宗，收集制作起诉书所需的信息。

2. 查明被告人的羁押场所、监视居住的处所或取保候审的处所。

3. 查明有关涉案款物的情况。

4. 检索相关的法律条款。

（二）制作起诉书的一般注意事项

1. 对于需要提起附带民事诉讼的刑事案件，除制作起诉书外还应另行制作刑事附带民事起诉状。

2. 实务中有些检察院使用的文书编号样式并不统一。各地检察院应严格按照《人民检察院刑事诉讼法律文书格式样本（2020 版）》的要求统一文书编号格式，以体现检察文书的严肃性。

3. 当自然人犯罪、单位犯罪并存时，按照先单位犯罪、后自然人犯罪的顺序叙述。

4. 起诉书应在尾部年月日的左下角加盖"本件与原件核对无异"字样图章。多页的，要在各页的一侧边沿与其相邻页合盖"××人民检察院骑缝章"。起诉书中对文字作少量删改的，要在删改处加盖"核对章"。

五、任务评估

评估要点：

1. 内容要完整、准确。起诉书内容的书写应以事实为基础，不可盲目照抄文书格式内容。如案件中本没有被害人的代理人，则不能照抄"听取了被害人的诉讼代理人×××的代理意见"一句。起诉书对犯罪事实的叙述应充分考虑刑事案件的各要素，不要遗漏对定罪量刑有影响的情节。

2. 格式要规范。要严格按照起诉书格式的规范书写，对格式中的固定用语要直接引用，不要创新；不要遗漏承办人署名；文书编号的括号内应写完整的年份，如"〔2009〕"不能写为"〔09〕"；引用《刑法》和《刑事诉讼法》有关条款时应使用汉字数字表示，不要使用阿拉伯数字。

3. 应当准确书写人民检察院名称和人民法院名称，起诉书致送的人民法院应是该人民检察院的同级人民法院。

实训三：制作《刑事抗诉书》

一、任务描述

刑事抗诉书，是人民检察院发现人民法院的刑事判决书或者裁定确有错误而依法提出抗诉所制作的文书。刑事抗诉书分为二审程序抗诉书、审判监督程序抗诉书和针对没收违法所得裁定抗诉书。

通过学习，学生应掌握刑事抗诉书的制作依据、文书内容及制作要求，能够根据案件事实与材料制作相应的刑事抗诉书。

二、实例示范

下面是一份二审程序抗诉书的实例。

河南省郑州市管城回族区人民检察院

刑　事　抗　诉　书

郑管检公诉刑抗〔2018〕2 号

郑州市管城回族区人民法院以（2018）豫 0104 刑初 53 号刑事判决书作出

一审判决：被告人周××犯危险驾驶罪，判处拘役一个月，并处罚金人民币一万元。该判决书于 2018 年 1 月 22 日送达我院，本院依法审查后认为，该判决对被告人量刑明显不当，依法应当抗诉。理由如下：

一、根据《中华人民共和国刑法》第一百三十三条之一之规定，构成危险驾驶犯罪的，处拘役，并处罚金。同时《中华人民共和国刑法》第四十二条规定，拘役的期限，为一个月以上六个月以下。

二、根据《最高人民法院、最高人民检察院、公安部关于办理醉酒驾驶机动车刑事案件适用法律若干问题的意见》第二条第（二）项之规定，血液酒精含量达到 200 毫克/100 毫升以上的，从重处罚；第二条第（三）项之规定，在高速公路、城市快速路上驾驶的，从重处罚。本案中，被告人周××醉酒驾驶机动车沿郑州市经北六路由东向西行驶至郑州市管城回族区经北二路跨中州大道桥下桥口处，被在此执勤的民警查获，且血醇含量为 207.07mg/100ml。根据上述司法解释，被告人周××犯危险驾驶罪，且有两项加重情节，但管城法院在对被告人适用实刑的情况下，仅对其拘役一个月，未能体现两项加重情节的从重处罚。该判决结果属于量刑明显不当，罪责刑不相适应。

综上所述，郑州市管城回族区人民法院（2018）豫 0104 刑初 53 号刑事判决书判处被告人周××拘役一个月，并处罚金人民币一万元，属于对被告人量刑明显不当，依法应当抗诉。为维护司法公正，准确惩治犯罪，依照《中华人民共和国刑事诉讼法》第二百一十七条的规定，特提出抗诉，请依法判处。

此致
郑州市中级人民法院

郑州市管城回族区人民检察院
二〇一八年一月二十六日

附：

1. 周××现住在郑州市××路××小区××幢×单元×号（1511992×××
×）。[1]

三、基础铺垫

（一）刑事抗诉书制作的法律依据

刑事抗诉书的制作依据是《刑事诉讼法》第 228 条、第 254 条第 3 款以及

---

〔1〕 本文书选自人民检察院案件信息公开网，内容根据教学需要略有修改，载 http://www. ajxxgk. jcy. gov. cn/index. php，2018 年 6 月 4 日访问。

第 300 条。第 228 条规定："地方各级人民检察院认为本级人民法院第一审的判决、裁定确有错误的时候，应当向上一级人民法院提出抗诉。"根据该条文提出的抗诉通常称为二审程序（上诉程序）的抗诉；第 254 条第 3 款规定："最高人民检察院对各级人民法院已经发生法律效力的判决和裁定，上级人民检察院对下级人民法院已经发生法律效力的判决和裁定，如果发现确有错误，有权按照审判监督程序向同级人民法院提出抗诉。"根据该条文提出的抗诉通常称为审判监督程序抗诉。另外，还有根据《刑事诉讼法》第 300 条第 2 款的规定专门针对违法所得没收案件裁定制作的抗诉书。

（二）刑事抗诉书的结构及其内容

二审程序的抗诉与审判监督程序的抗诉均为叙述类文书，内容结构与制作要求大致相同，但由于程序与时限不同，制作要求略有不同，这里主要学习较常用的二审程序抗诉书的结构与内容。二审程序抗诉书由首部、正文和尾部组成。

1. 首部。首部应写明人民检察院名称、文书名称和文书编号。人民检察院名称应写明所在的省、自治区或直辖市，如果是涉外的还应冠以"中华人民共和国"字样。文书名称应另起一行居中写明"刑事抗诉书"。文书编号为×检×刑抗〔××××〕×号，分别填写人民检察院简称、办案部门简称、发文年度和案件顺序号。文书编号应另起一行，右对齐。

2. 正文。正文主要包括四部分内容：

（1）原判决（裁定）情况。写明原审人民法院的名称、文书编号、文书名称、被告人姓名、案由和裁判结果。

（2）审查意见。这一部分的内容是检察机关对原审判决（裁定）的审查意见，目的是明确指出原审判决（裁定）的错误所在，告知二审法院，检察院抗诉的重点是什么。这部分要观点鲜明，简明扼要。可表述为"本院依法审查后认为，该判决（裁定）确有错误（包括认定事实错误、适用法律不当、量刑畸轻或畸重、审判程序严重违法等），理由如下：……"。如果是被害人或者其法定代理人不服判决（裁定）而请求检察机关提起抗诉的，则应当先写这一程序，然后再写明检察机关的审查意见。

（3）抗诉理由。要具体针对事实确有错误、适用法律不当或审判程序违法等不同情况写明抗诉理由。①如果原判决或裁定认定事实有错误的，要强调抗诉的针对性，重点对涉及的相关证据进行分析说明，要具体指出原判决（裁定）错在哪里，提出纠正意见，再论证检察机关查实认定的事实和证据。②如果原判决（裁定）适用法律有错误的，应主要针对犯罪行为的本质特征，论述如何认定行为性质，从而正确适用法律。如以适用罪名错误提起的抗诉，应重点阐明罪与非罪、此罪与彼罪的区别；如以量刑情节认定有误提起的抗诉，则应重点阐明相关情节成立的条件。③如果原判决（裁定）程序严重违法，要根据刑事诉讼法及相关司法解释，逐个论述原审法院违反法定程序的事实表现，写明影响公正判决的现实或可能性，最后阐述法律规定的正确诉讼程序。

（4）结论性意见、法律依据、决定和要求事项。结论性意见应简洁、明确。本部分应具体表述为："综上所述……［概括抗诉观点，即一审判决（裁定）在认定事实、适用法律、审理程序等方面确有错误］，为维护司法公正，准确惩治犯罪，依照《中华人民共和国刑事诉讼法》第二百二十八条的规定，特提出抗诉，请依法判处。"

3. 尾部。尾部应依次写明致送的二审人民法院名称，提起抗诉的人民检察院名称（加盖院印）及制作文书日期。附项写明被告人的现状（被告人被羁押的写明羁押场所，未被羁押的写明居住处所）及证据目录等。如果证人名单、证据目录与起诉书相同则不必再附。

（三）刑事抗诉书的样式（二审程序适用）

×××人民检察院

刑 事 抗 诉 书

（二审程序适用）

×检×刑抗〔××××〕×号

×××人民法院以××号刑事判决（裁定）书对被告人×××（姓名）××（案由）一案判决（裁定）……（判决、裁定结果）。本院依法审查后认为（如果是被害人及其法定代理人不服地方各级人民法院第一审的判决而请求人民检察院提出抗诉的，应当写明这一程序，然后再写"本院依法审查后认为"），该判决（裁定）确有错误（包括认定事实有误、适用法律不当、审判程序严重违法），理由如下：

……（根据不同情况，理由从认定事实错误、适用法律不当和审判程序严重违法等几个方面阐述。）

综上所述……（概括上述理由），为维护司法公正，准确惩治犯罪，依照《中华人民共和国刑事诉讼法》第二百二十八条的规定，特提出抗诉，请依法判处。

此致
×××人民法院

×××人民检察院

年　月　日

（院印）

附：

1. 被告人×××现羁押于×××（或者现住×××）。

2. 其他有关材料。

四、学生实训

根据下列案情材料，制作刑事抗诉书。

【案情】

公诉机关指控，2019 年 3 月的一天，公安机关指派民警前往抓捕销售赃车的犯罪人员，被告人王×甲发现公安民警正在抓捕同伙王×乙，于是驾车撞向正在执行任务的辅警宋××，车辆左前侧撞到了宋××的腿部，被撞后宋××趴在了汽车的引擎盖上，被告人王×甲并未停车而是顶着被害人继续前行，在被害人被摔下来后，又驾车向被害人宋××撞来，被害人及时躲开后，被告人王×甲才驾车逃离现场。一审法院审理后判决王×甲犯故意伤害罪，判处有期徒刑 1 年 10 个月。

【提示】

（一）制作刑事抗诉书需收集的材料

1. 查阅一审或二审审理过程中形成的卷宗。

2. 收集本案的证据材料。

3. 收集本案所需的法律规范。

（二）制作刑事抗诉书的一般注意事项

1. 原判决（裁定）情况部分书写时应注意：不需要写被告人的基本情况；案由表述中，如果检察院与法院认定罪名不一致时，应该分别表述。

2. 二审程序抗诉书应注意在法定期限内将抗诉书正本和副本一并送达一审法院，由一审法院向其上一级法院及被告人与辩护人送达。人民检察院对判决的抗诉期限为 10 日，对裁定的抗诉期限为 5 日，从接到判决书、裁定书的第二日起计算。抗诉书以案件或被告人为单位制作。制作份数根据实际需要计算。

3. 在抗诉书中不能追述起诉书中没有指控的犯罪事实。如果有立功、自首等法定情节的，应在抗诉书中加以叙述。

4. 下级人民法院已经生效的判决（裁定）确有错误的，应由最高人民检察院或者上级人民检察院按照审判监督程序向同级人民法院提起抗诉。

五、任务评估

评估要点：

1. 格式要规范。无论是哪个程序的抗诉书都要按照《人民检察院刑事诉讼法律文书格式样本（2020版）》的规范格式书写，不能随意创新。

2. 抗诉理由要逻辑严密，说理透彻，要紧密围绕原判决（裁定）的错误之处，结合事实，依据法律或法理展开论述，做到言之有物、言之有理、言之有据。

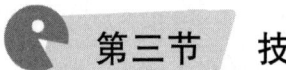　**第三节　技能拓展**

技能拓展一：熟识《不起诉决定书》

一、基础知识

（一）概念

不起诉决定书是指检察机关对案件经过审查起诉，认为不符合《刑事诉讼法》规定的起诉条件，决定不将案件移送人民法院审判时所制作的法律文书。

（二）制作依据

《刑事诉讼法》第177条第1款规定："犯罪嫌疑人没有犯罪事实，或者有本法第16条规定的情形之一的，人民检察院应当作出不起诉决定。"第177条第2款规定："对于犯罪情节轻微，依照刑法规定不需要判处刑罚或者免除刑罚的，人民检察院可以作出不起诉决定。"第175条第4款规定："对于二次补充侦查的案件，人民检察院仍然认为证据不足，不符合起诉条件的，应当作出不起诉的决定。"

二、文书样式

不起诉决定书主要有三种样式，分别适用于《刑事诉讼法》第177条第1款规定的法定不起诉，《刑事诉讼法》第177条第2款规定的相对不起诉，以及《刑事诉讼法》第175条第4款规定的存疑不起诉。下面以法定不起诉时制作的不起诉决定书样式为例。

×××人民检察院

不起诉决定书

×检×刑不诉〔××××〕×号

被不起诉人……〔写明姓名、性别、出生年月日、居民身份证号码、民族、文化程度、职业或工作单位及职务（国家机关工作人员利用职权实施的犯罪，应当写明犯罪期间在何单位任何职）、户籍地、住址（被不起诉人住址写居住地，如果户籍所在地与暂住地不一致的，应当写明户籍所在地和暂住地），是否受过刑事处罚，采取强制措施的种类、时间、决定机关等。]

（如系被不起诉单位，则应写明名称、住所地等。）

辩护人……（写姓名、单位。）

本案由×××（监察/侦查机关名称）调查/侦查终结，以被不起诉人×××涉嫌××罪，于×年×月×日向本院移送起诉。

（如果是自侦案件，此处写"被不起诉人×××涉嫌××一案，由本院侦查终结，于×年×月×日移送起诉或不起诉"。如果案件是其他人民检察院移送的，此处应当将指定管辖、移送单位以及移送时间等写清楚。）

（如果案件曾经退回补充调查/侦查，应当写明退回补充调查/侦查的日期、次数以及再次移送审查起诉的时间。）

经本院依法审查查明：

[如果是根据《刑事诉讼法》第十六条第（一）项即监察/侦查机关移送起诉认为行为构成犯罪，经检察机关审查后认定行为情节显著轻微、危害不大，不认为是犯罪而决定不起诉的，则不起诉决定书应当先概述监察/侦查机关移送起诉意见书认定的犯罪事实（如果是检察机关的自侦案件，则这部分不写），然后叙写检察机关审查认定的事实及证据，重点反映显著轻微的情节和危害程度较小的结果。如果是行为已构成犯罪，本应当追究刑事责任，但审查过程中有《刑事诉讼法》第十六条第（二）至（六）项法定不追究刑事责任的情形，因而决定不起诉的，应当重点叙明符合法定不追究刑事责任的事实和证据，充分反映出法律规定的内容。如果是根据《刑事诉讼法》第一百七十七条第一款中的没有犯罪事实而决定不起诉的，应当重点叙明不存在犯罪事实或者犯罪事实并非被不起诉人所为。]

本院认为，×××（被不起诉人的姓名）的上述行为，情节显著轻微、危害不大，不构成犯罪。依照《中华人民共和国刑事诉讼法》第十六条第（一）项和第一百七十七条第一款规定，决定对×××（被不起诉人的姓名）不起诉。

（如果是根据《刑事诉讼法》第十六条第（二）项至第（六）项法定不追究刑事责任的情形而决定的不起诉，重点阐明不追究被不起诉人刑事责任的理由及法律依据，最后写不起诉的法律依据。如果是根据《刑事诉讼法》第一百七十七条第一款中的没有犯罪事实而决定不起诉的，指出被不起诉人

没有犯罪事实，再写不起诉的法律依据。）

（查封、扣押、冻结的涉案款物的处理情况。）

被害人如不服本决定，可以自收到本决定书后七日以内向×××人民检察院申诉，请求提起公诉；也可以不经申诉，直接向×××人民法院提起自诉。

×××人民检察院

×××年××月××日

（院印）

三、制作要点

1. 要准确界定是何种情形的不起诉，以便准确适用相对应的三种法律依据及文书格式。在叙述案件事实及不起诉理由时要根据不起诉的不同情形结合相对应的法律规定展开叙述。

2. 人民检察院决定不起诉的案件，如果侦查机关在侦查过程中对有关财物采取了扣押、冻结措施的，应予解除。

3. 格式要规范。不起诉决定书虽为叙述类文书，但也要严格按照《人民检察院刑事诉讼法律文书格式样本（2020 版）》规定的格式规范制作。

技能拓展二：熟识《民事抗诉书》

一、基础知识

（一）概念

民事抗诉书是人民检察院对于人民法院已经发生法律效力的民事判决、裁定，发现有法定再审情形的，按照审判监督程序向人民法院提出抗诉时适用的法律文书。

（二）制作依据

《民事诉讼法》第 212 条："人民检察院决定对人民法院的判决、裁定、调解书提出抗诉的，应当制作抗诉书。"

二、文书样式

×××人民检察院

民事抗诉书

×检民抗字〔××××〕×号

×××不服×××人民法院（写明判决、裁定文号）判决（裁定），向我院提出申诉［由下级人民检察院提请抗诉的案件写为：×××不服×人民法院××号判决（裁定），向×××人民检察院提出申诉，×××人民检察院提请我院抗诉］。我院对该案进行了审查（简叙做了哪些审查工作），现已审查终结。

　　［这部分根据人民检察院审查的结果，可分为两种写法，如果人民检察院经审查对原裁判认定的事实无异议，直接写"本院认为：……（另起一段，根据具体情况，结合有关法律、法规、政策，对原审裁判在运用证据适用法律及程序方面存在的问题进行分析与论证，指出原裁判的错误之处）"；如果人民检察院经审查对原裁判认定的事实有异议时，写为"现已查明：……（另起一段写明人民检察院审查认定的事实）。本院认为：……（另起一段，结合案件具体情况，分析、论证原裁判存在的错误）"］

　　综上所述，×××人民法院对本案的判决（裁定）……（写明原裁判存在的问题）（如是经本院检察委员会讨论决定抗诉的，还应写明系"本院第×届检察委员会第×次会议讨论决定"），依照《中华人民共和国民事诉讼法》第×条第×项及第二百零八条之规定，向你院提出抗诉，请依法再审。

　　此致
×××人民法院

　　　　　　　　　　　　　　　　　××年××月××日
　　　　　　　　　　　　　　　　　　　（院印）

　　附：
（写明随案移送的卷宗及有关材料情况。）

三、制作要点

　　1. 格式要规范。无论是文书结构组成部分还是字体、字号等都要按照人民检察院规定的格式规范要求制作，不能自我创新。

　　2. 错误要找准。民事抗诉书的主要目的是通过抗诉引起对案件再审，从而纠正原裁判的错误，因此，对已生效裁判进行错误审查是重中之重，必须找准、找全原裁判中存在的错误。无论是事实认定、法律适用还是审判程序，只要存在错误，就应该找出来，叙述清楚。

　　3. 说理要透彻。要针对原裁判的错误，依据法律结合事实展开论述，理由要充分，用词要准确，说理要透彻。

技能拓展三：熟识《纠正违法通知书》

一、基础知识

（一）概念

纠正违法通知书是人民检察院在各种检察业务活动中，发现侦查机关、审判机关和执行机关在行使各自职能过程中存在违法行为，依法向违法单位提出纠正意见所制作的法律文书。

（二）制作依据

《刑事诉讼法》第 100 条、第 117 条、第 171 条、第 276 条及《民事诉讼法》第 14 条、《行政诉讼法》第 11 条等有关法律规定。

二、文书样式

×××× 人民检察院

纠正违法通知书

×× 检 ×× 纠违〔20××〕×号

_____（发往单位）：

本院在办理 _____ 案件中（或在工作中）发现，你 _____ 在 _____过程中存在下列违法行为：

经调查核实，发现……（写明发现的违法情况。包括违法人员的姓名、单位、职务、违法事实等，如果是单位违法，要写明违法单位的名称。违法事实，要写明违法时间、地点、经过、手段、目的和后果等。）

本院认为……（写明认定违法的理由和法律依据。包括违法行为触犯的法律、法规和规范性文件的具体条款，违法行为的性质等。）

根据 _____（法律依据）的规定，现通知你单位予以纠正，并在收到本通知书后十五日内将纠正情况告知本院。

×××× 年 × 月 × 日

（院印）

三、制作要点

1. 发往单位，即发生违法情况的单位，行文上顶格书写。

2. 发现的违法情况，表述为："经调查核实，发现……"后面应依次写明：①发生违法情况的具体单位和人员。违法人员要写明姓名、所在单位、职务等。②违法事实。写明违法的时间、地点、经过、手段、目的和后果等。

3. 认定违法的理由和法律依据，表述为："本院认为……"后面应写明违法行为触犯的法律、法规的具体条款、违法行为的性质等。

4. 纠正意见，表述为："根据……（法律依据）的规定，特通知你单位予以纠正。请将纠正情况告知我院。"

5. 本文书一式二份，一份送达发生违法行为的单位，一份附卷。

检察法律文书样式　　　　《**中华人民共和国刑事诉讼法**》（**2018 年**）　　　　《**最高人民检察院关于加强检察法律文书说理工作的意见**》

学习单元十二　法院法律文书

学习目标

- 掌握法院法律文书制作的相关法律知识。
- 熟悉法院法律文书制作的工作流程，掌握法院法律文书制作规范及技巧，能够根据实际案情要求制作法院法律文书。
- 培育社会主义法治理念和公正、为民的司法精神，培育严谨审慎、规范权威的司法文书制作态度。

重点提示

- 掌握第一审刑事判决书、第一审民事判决书、第二审民事判决书的制作。
- 熟识第一审行政判决书、民事裁定书、民事调解书的制作。

 **第一节　基础知识**

一、法院法律文书的概念和分类

（一）法院法律文书的概念

法院法律文书，通常是指法院诉讼文书或法院裁判文书，是人民法院对涉及诉讼的案件在审理过程中及审理终结后制作的具有法律意义或法律效力的文书。法院法律文书的规范制作，对维护当事人的合法权利，保障法律、法规的正确实施，维护与促进社会主义民主与法治建设，具有重要作用。

（二）法院法律文书的分类

根据案件的性质可以将法院法律文书分为法院刑事法律文书、法院民事法律文书和法院行政法律文书。

1. 法院刑事法律文书是人民法院依照法律规定的程序，在刑事案件审理过程中就案件的实体问题和程序问题，依法制定的具有法律效力的文书。如刑事判决书、刑事裁定书和刑事（附带民事）调解书等。

2. 法院民事法律文书是人民法院依照法律规定的程序，在民事案件审理过程中为解决具体的民事争议，就案件实体问题或程序问题依法制作的具有法律效力的文书。如民事判决书、民事裁定书、民事调解书、支付令、执行决定书等。

3. 法院行政法律文书是指人民法院依照法律规定的程序，在行政案件审理过程中为解决行政机关行政行为引发的行政争议，就案件的实体问题和程序问题，依法制作的具有法律效力的文书。如行政判决书、行政裁定书和行政赔偿调解书等。

根据法院的审理程序也可以将法院法律文书分为一审法律文书、二审法律文书、审判监督程序法律文书、执行法律文书等。

二、法院法律文书制作基本要求

1992 年 6 月 20 日最高人民法院印发《法院诉讼文书样式（试行）》，规定了 14 类共 314 种文书样式。1999 年 4 月 30 日最高人民法院印发《法院刑事诉讼文书样式》（样本），规定了 9 类共 164 种刑事文书样式。2015 年 4 月 30 日，最高人民法院印发了《行政诉讼文书样式（试行）》。2016 年 6 月 28 日最高人民法院印发了《人民法院民事裁判文书制作规范》和《民事诉讼文书样式》。其中《人民法院民事裁判文书制作规范》中第 9 条第 1 项规定："本规范可以适用于人民法院制作的其他诉讼文书，根据具体文书性质和内容作相应调整。"因此，下面主要介绍民事裁判文书制作要求。

（一）常用要素制定规范

1. 法院名称。法院名称一般应与院印的文字一致。基层人民法院、中级人民法院名称前应冠以省、自治区、直辖市的名称，但专门人民法院除外。涉外裁判文书，法院名称前一般应冠以"中华人民共和国"国名。

2. 案号。案号由收案年度、法院代字、类型代字、案件编号组成。案号 = "（" +收案年度 + "）" +法院代字 + 类型代字 + 案件编号 + "号"。根据 2015 年最高人民法院《关于人民法院案件案号的若干规定》（2018 年修订），收案年度是收案的公历自然年，用阿拉伯数字表示。法院代字是案件承办法院的简化标识，用中文汉字、阿拉伯数字表示。类型代字是案件类型的简称，用中文汉字表示。案件编号是收案的次序号，用阿拉伯数字表示。最高人民法院的法院代字为"最高法"。各省、自治区、直辖市高级人民法院的法院代字与其所在省、自治区、直辖市行政区划简称一致，中级、基层法院的法院代字，分别由所属高院的法院代字与其数字代码组合而成。中级、基层法院的数字代码，分别由两位、四位阿拉伯数字表示。

3. 当事人的基本情况。当事人是自然人的，应当写明其姓名、性别、出生年月日、民族、职业或者工作单位和职务、住所。当事人是法人的，写明名称和住所，并另起一行写明法定代表人的姓名和职务。当事人是其他组织的，写明名称和住所，并另起一行写明负责人的姓名和职务。

4. 案件名称。民事一审案件名称表述为"原告×××与被告×××……（写明案由）一案"。案由应当准确反映案件所涉及的民事法律关系的性质，符合最高人民法院有关民事案件案由的规定。

5. 引用法律、法规、司法解释。应当严格适用《最高人民法院关于裁判文书引用法律、法规等规范性法律文件的规定》。引用多个法律文件的，顺序如下：法律及法律解释、行政法规、地方性法规、自治条例或者单行条例、司法解释；同时引用两部以上法律的，应当先引用基本法律，后引用其他法律；同时引用实体法和程序法的，先引用实体法，后引用程序法。

6. 署名。诉讼文书应当由参加审判案件的合议庭组成人员或者独任审判员署名。合议庭的审判长，不论审判职务，均署名为"审判长"；合议庭成员有审判员的，署名为"审判员"；有助理审判员的，署名为"代理审判员"；有陪审员的，署名为"人民陪审员"。独任审理的，署名为"审判员"或者"代理审判员"。书记员，署名为"书记员"。

7. 日期。裁判文书落款日期为作出裁判的日期，即裁判文书的签发日期。当庭宣判的，应当写宣判的日期。

8. 核对戳。加盖"本件与原本核对无异"字样的印戳。

（二）数字用法

1. 裁判主文的序号使用汉字数字，例如"一""二"。

2. 裁判尾部落款时间使用汉字数字，例如"二〇一八年八月二十九日"。

3. 案号使用阿拉伯数字，例如"（2016）京0101民初1号"。

4. 其他数字用法按照《中华人民共和国国家标准GB/T15835-2011出版物上数字用法的规定》执行。

（三）标点符号用法

1. "被告辩称""本院认为"等词语之后用逗号。

2. "×××向本院提出诉讼请求""本院认定如下""判决如下""裁定如下"等词语之后用冒号。

3. 裁判项序号后用顿号。

4. 除《人民法院民事裁判文书制作规范》有明确要求外，其他标点符号用法按照《中华人民共和国国家标准GB/T15834–2011标点符号用法》执行。

（四）引用规范

1. 引用法律、法规、司法解释应书写全称并加书名号。

2. 引用法律、法规和司法解释条文有序号的，书写序号应与法律、法规和司法解释正式文本中的写法一致。

3. 引用公文应先用书名号引标题，后用圆括号引发文字号；引用外文应注明中文译文。

（五）印刷标准

1. 纸张标准，A4 型纸，成品幅面尺寸为：210mm×297mm。

2. 版心尺寸为：156mm×225mm，一般每面排 22 行，每行排 28 个字。

3. 采用双面印刷；单页页码居右，双页页码居左；印品要字迹清楚、均匀。

```
受理案件 ─────────────┬─ 制作受理案件通知书
                      └─ 制作应诉通知书

一审程序 ┬─ 证据保全
         ├─ 财产保全 ──── 制作民事裁定书
         ├─ 先予执行
         ├─ 调解 ──────── 制作民事调解书
         └─ 判决 ──────── 制作第一审民事判决书

二审程序 ┬─ 发回再审 ──── 制作民事裁定书
         ├─ 调解 ──────── 制作民事调解书
         └─ 终审判决 ──── 制作第二审民事判决书

审判监督程序 ┬─ 裁定再审
             └─ 裁定驳回申请 ── 制作民事裁定书

执行程序 ┬─ 制作执行决定书
         └─ 制作执行通知书
```

图 12 - 1 　人民法院诉讼程序与主要法律文书关联图（以民事诉讼为例）

4. 标题位于版心下空两行，居中排布。标题中的法院名称和文书名称一般用二号小标宋体字；标题中的法院名称与文书名称分两行排列。

5. 案号之后空 2 个汉字空格至行末端。

6. 案号、主文等用三号仿宋体字。

7. 落款与正文同处一面。排版后所剩空白处不能容下印章时，可以适当调整行距、字距，不用"此页无正文"的方法解决。审判长、审判员每个字之间空 2 个汉字空格。审判长、审判员与姓名之间空 3 个汉字空格，姓名之后空 2 个汉字空格至行末端。

8. 院印加盖在日期居中位置。院印上不压审判员，下不压书记员，下弧骑年压月在成文时间上。印章国徽底边缘及上下弧以不覆盖文字为限。公章不应歪斜、模糊。

9. 凡裁判文书中出现误写、误算，诉讼费用漏写、误算和其他笔误的，未送达的应重新制作，已送达的应以裁定补正，避免使用校对章。

第二节　制作实训

实训一：制作《第一审刑事判决书》

一、任务描述

第一审刑事判决书是在人民法院对于人民检察院提起公诉或者自诉人提起自诉的刑事案件，依照第一审普通程序或者简易程序审理终结后，根据已经查明的事实证据和法律规定，确认被告人有罪或者无罪，犯何种罪判处何种刑罚或免除处罚决定时制作的裁判文书。

第一审刑事判决书的法律效力处于待定状态，法定上诉抗诉期届满而检察机关、当事人均未抗诉上诉的，该判决即发生法律效力。第一审人民法院判决无罪或免除处罚的，宣判后应当释放在押被告人，无须等待判决生效；判决拘役或有期徒刑缓期执行的，尽管判决尚未生效，也应当先行作出变更强制措施的决定，改为监视居住或取保候审。因此，第一审刑事判决书在整个刑事诉讼活动中有着极其重要的地位和作用，对于及时有效地惩罚犯罪，保障无罪人不受法律追究，维护公民正当合法权利有重要意义。

二、实例示范

下面是一份抢劫案的第一审刑事判决书。[1]

---

〔1〕　本文书选自中国裁判文书网：http://wenshu.court.gov.cn，2018 年 6 月 10 日访问。

湖北省武汉东湖新技术开发区人民法院
刑 事 判 决 书

（2018）鄂 0192 刑初 269 号

公诉机关武汉东湖新技术开发区人民检察院。

被告人罗××，男，1977 年 12 月 20 日出生于湖北省公安县，汉族，初中文化，无职业，住武汉东湖新技术开发区（户籍所在地湖北省荆州市公安县）。因犯抢劫罪，2006 年 12 月被判处有期徒刑十二年，并处罚金人民币一万元，2014 年 11 月 26 日刑满释放。因犯抢夺罪，2016 年 2 月 22 日被上海市闸北区人民法院判处拘役五个月，并处罚金人民币一千元。2018 年 2 月 9 日因本案被抓获，同日因涉嫌抢劫被刑事拘留，同年 3 月 15 日被逮捕。现羁押于武汉市第四看守所。

被告人罗××被控抢劫一案，武汉东湖新技术开发区人民检察院于 2018 年 5 月 21 日以武东湖检公诉刑诉〔2018〕278 号起诉书向本院提起公诉。本院于同日立案，依法组成合议庭，并适用简易程序，于 2018 年 6 月 7 日公开开庭进行了审理。武汉东湖新技术开发区人民检察院指派检察员桂×出庭支持公诉，被告人罗××不委托辩护人，自己行使辩护权并到庭参加诉讼。现已审理终结。

经审理查明：2018 年 1 月 9 日 21 时 30 分许，被告人罗××行至本区光谷一路湖口湾车站附近，尾随独自行走的熊×，从背后捂住其嘴巴，将其按倒在地，强行索要钱财，后劫取熊×人民币 500 余元并逃走。

2018 年 2 月 9 日，公安机关将被告人罗××抓获。

上述事实，被告人罗××在开庭审理过程中亦无异议，有经查证属实的公安机关出具的抓获及破案经过，被害人熊×的报案材料及陈述，扣押决定书、扣押笔录、扣押清单、提取笔录、武汉市公安司法鉴定中心武公物鉴（物）字〔2018〕655 号检验报告、武公物鉴（物）字〔2018〕1469 号鉴定书，现场勘验笔录、现场图、现场照片，上海市闸北区人民法院（2016）沪 0108 刑初 132 号刑事判决书，被告人罗××的对案件笔录及其身份信息等证据证实，足以认定。

本院认为，被告人罗××以非法占有为目的，采取暴力手段劫取他人钱财人民币 500 元，其行为已构成抢劫罪，公诉机关指控的犯罪事实清楚，证据确实、充分，罪名准确，本院予以确认。被告人罗××曾因犯罪被判处有期徒刑，刑罚执行完毕后五年内再犯应当判处有期徒刑以上刑罚之罪，系累犯，依法应从重处罚。根据被告人罗××的犯罪事实、情节及当庭认罪的认罪态度，结合公诉机关当庭发表的量刑建议，依照《中华人民共和国刑法》第二百六十三条、

第六十五条第一款、第六十四条的规定，判决如下：

一、被告人罗××犯抢劫罪，判处有期徒刑四年；并处罚金人民币二千元，罚金在判决生效后一个月内缴纳。

（刑期从判决执行之日起计算。判决执行以前先行羁押的，羁押一日折抵刑期一日，即自2018年2月9日起至2022年2月8日止。）

二、责令被告人罗××退还违法所得人民币五百元，后发还被害人熊×。

如不服本判决，可在接到判决书的第二日起十日内，通过本院或者直接向湖北省武汉市中级人民法院提出上诉。书面上诉的，应当提交上诉状正本一份，副本二份。

审　判　长　王　×

人民陪审员　刘××

人民陪审员　李　×

（院印）

二〇一八年六月七日

本件与原本核对无异

书　记　员　罗　×

三、基础铺垫

（一）第一审刑事判决书制作法律依据

第一审刑事判决书制作的法律依据是《刑事诉讼法》第200条、第203条。第200条规定："在被告人最后陈述后，审判长宣布休庭，合议庭进行评议，根据已经查明的事实、证据和有关的法律规定，分别作出以下判决：①案件事实清楚，证据确实、充分，依据法律认定被告人有罪的，应当作出有罪判决；②依据法律认定被告人无罪的，应当作出无罪判决；③证据不足，不能认定被告人有罪的，应当作出证据不足、指控的犯罪不能成立的无罪判决。"第203条规定："判决书应当由审判人员和书记员署名，并且写明上诉的期限和上诉的法院。"

（二）第一审刑事判决书的结构及其内容

第一审刑事判决书由首部、事实、理由、判决结果和尾部五个部分组成。事实、理由和判决结果是判决书的核心部分。

1. 首部。首部应当依次写明下列事项：

（1）制作文书的机关名称。在文书上部正中写"××人民法院"。法院名称应冠以省、自治区、直辖市的名称，涉外案件还应冠以"中华人民共和国"的国名。

（2）文书名称。在法院名称下一行正中写"刑事判决书"。

（3）文书编号。文书编号由立案年度、制作法院、案件性质、审判程序的代字和案件顺序组成。如"（2004）杭刑初字第1号"。文书编号写在文书名称下一行右端，其最末一字与下面正文右端各行看齐。案号上下各空一行。

（4）公诉机关的称谓。直接写"公诉机关×××人民检察院"。在"公诉机关"与"×××人民检察院"之间不用标点，也不用空格。

（5）被告人的身份事项。写明被告人姓名、性别、出生年月日、民族、出生地、文化程度、职业或者工作单位和职务、住址，何时因何被拘留、逮捕，是否在押，现在何处。

被告人的基本情况，各项之间一般用逗号隔开，也可视情况采用分号或句号。

被告人是未成年人的，应当在写明其情况后，另行写明法定代理人的姓名、与被告人的关系、工作单位和职务以及住址。

（6）辩护人或者指定辩护人的身份事项。辩护人是指接受委托或者经法院指定的辩护人。辩护人是律师的，写"辩护人×××，××律师事务所律师"；辩护人如果是人民团体或者被告人所在单位推荐的，应写明其工作单位和职务；辩护人如果是被告人的监护人、亲友，除应写明其姓名和职务外，还应当写明其与被告人之间的关系。如"辩护人×××，××机械厂职工，被告人之父"。辩护人如果是人民法院指定的，应写为"指定辩护人"。各被告人的辩护人应依次分别写在各被告人的下一行。

（7）案件的由来、审判组织、审判方式和审判经过。应写明：①案件的来源是人民检察院提起公诉的还是自诉人提起自诉的，何时起诉；②起诉的案由；③是合议庭审判还是独任审判；④是否依法公开审理；⑤人民检察院是否派员和派何人出庭支持公诉；⑥被害人及其法定代理人、诉讼代理人，被告人及其法定代理人、辩护人，证人、鉴定人、翻译人员等是否到庭参加诉讼。这一段的行文较为固定，公诉案件一般表述为：

"×××人民检察院以×检×诉〔××××〕××号起诉书指控被告人×××（姓名）犯××罪（起诉的罪名），于××××年××月××日向本院提起公诉。本院于××××年××月××日立案，并依法组成合议庭（或者依法由审判员×××独任审判），公开（或者不公开）开庭审理了本案。×××人民检察院指派检察员×××出庭支持公诉（没有派员支持公诉的，此项不写），被害人及其法定代理人×××、诉讼代理人×××，被告人×××及其法定代理人×

××、辩护人×××，证人×××、鉴定人×××、翻译人员×××等到庭参加诉讼。现已审理终结。"

2. 事实。事实是判决的基础，是判决理由和判决结果的根据。刑事判决书事实部分一般包括以下内容：人民检察院指控被告人犯罪的事实和证据；被告人的供述、辩解和辩护人的辩护意见；经庭审调查查明的犯罪事实和据以定案的证据。叙述事实和证据时要注意：

（1）叙述事实内容要完整。叙述事实时要写明案件发生的时间、地点、被告人的动机、目的、手段，实施行为的过程、危害结果和被告人在案发后的表现等内容，并以是否具备犯罪构成要件为要点，兼叙影响定罪量刑的各种情节。

（2）叙述方法要因案而异。叙述事实总的要求是：层次清楚、重点突出。一般可以采取按时间先后顺序叙述（一人犯一罪）、综合归纳叙述（一人多次犯一罪）、按罪行主次顺序叙述（一人犯数罪）、按人物主从顺序叙述（一般共同犯罪）和先总后分叙述（犯罪集团犯罪）等方法。

（3）叙述事实和证据时，要注意做到"繁简适当"。控辩双方没有争议的事实，可以扼要概括。控辩双方有争议的事实应当详细叙述，并对有争议的事实、证据进行具体的分析、认证，写明采信证据的理由。

3. 理由。刑事判决书如果缺乏论证或者论证得不充分，就不能使被告人服判，也不能发挥惩罚罪犯、教育群众的作用。判决理由应当遵循 2018 年《最高人民法院关于加强和规范裁判文书释法说理的指导意见》的要求，并着重阐明以下内容：

（1）理由的论述要有针对性。要针对案情，根据法律的规定，运用犯罪构成理论，对被告人的行为是否构成犯罪、犯何罪作出法律上的评断，切忌说空话、套话，千篇一律。

（2）阐明从轻、减轻、免除或者从重处罚的理由。

（3）对控辩双方意见应当表明是否予以采纳，并说明理由。

（4）判决的法律依据应准确、完整、具体。如果法条下分有款项的，应具体写明引用法律的第几条、第几款、第几项。

4. 判决结果。判决结果是判决书的实质部分，应当写明以下内容：

（1）有罪判决应当确认被告人犯了何罪，适用何种刑罚，或者免除处罚。判处刑罚的，应当具体写明刑罚的种类和刑期。①有罪、科刑的判决，表述为："被告人×××犯××罪，判处××××。"②有罪免刑的判决，表述为："被告人×××犯××罪，免予刑事处罚。"

（2）无罪判决应当确认并宣告被告人无罪。无罪的判决应当表述为："被告人×××无罪。"

（3）有无附加刑。附加刑是补充主刑适用的刑罚方法。有附加刑的，应当在主刑之后，写明附加刑的种类。例如："被告人×××犯××罪，判处有期徒刑××年，剥夺政治权利×年。"

（4）追缴、责令退赔或者没收的，应当写明具体的名称、种类和数额。不能笼统写"非法所得予以追缴""诈骗之赃款予以没收""不足之数予以追缴"等。

5. 尾部。尾部应当依次写明以下事项：

（1）交待上诉权、上诉期限和上诉法院。在判决结果之后，另起一行写明："如不服本判决，可在接到判决书的第二日起十日内，通过本院或者直接向×××人民法院提出上诉。书面上诉的，应当提交上诉状正本一份，副本×份。"

（2）合议庭组成人员署名。依次由审判长、审判员（代理审判员）或者人民陪审员署名。不能将审判长写为"审判员"，代理审判员写为"代审判员"或者"助理审判员"；也不能把人民陪审员写为"陪审员"或者"特邀陪审员"。

（3）作出判决的日期。在审判人员的下方写出判决的年、月、日，加盖人民法院印章。院印的使用应符合前文提到的用印规范。

（4）书记员署名。在判决日期的下方，由书记员署名。

判决书正本制成，书记员将判决书正本与原本校对无异后，应在正本末页的年月日的左下方，书记员署名的左上方，盖上"本件与原本核对无异"的戳记。使用法律文书自动排版系统的法院该表述直接印制在文书上，不需要另行加盖戳记。

（三）第一审刑事判决的样式

依据1999年4月30日最高人民法院印发的《法院刑事诉讼文书样式》（样本），第一审刑事判决书的样式如下：

×××人民法院

刑 事 判 决 书

（××××）×刑初字第××号

公诉机关×××人民检察院。

被告人……（写明姓名、性别、出生年月日、民族、出生地、文化程度、职业或者工作单位和职务、住址和因本案所受强制措施情况等，现羁押处所。）

辩护人……（写明姓名、工作单位和职务。）

×××人民检察院以×检×诉〔××××〕××号起诉书指控被告人×××犯罪，于××××年××月××日向本院提起公诉。本院依法组成合议庭，公开（或者不公开）开庭审理了本案。×××人民检察院指派检察员×××出庭支持公诉，被害人×××及其法定代理人×××、诉讼代理人×××，被告人×××及其法定代理人×××、辩护人×××，证人×××，鉴定人×××，翻译人员×××等到庭参加诉讼。现已审理终结。

×××人民检察院指控……（概述人民检察院指控被告人犯罪的事实、证据和适用法律的意见）

被告人×××辩称，……（概述被告人对指控的犯罪事实予以供述、辩解、自行辩护的意见和有关证据）辩护人×××提出的辩护意见是……（概述辩护人的辩护意见和有关证据）

经审理查明，……（首先，写明经庭审查明的事实；其次，写明经举证、质证定案的证据及其来源；最后，对控辩双方有异议的事实证据进行分析、认证。）

本院认为，……（根据查证属实的事实、证据和有关法律规定，论证公诉机关指控的犯罪是否成立，被告人的行为是否构成犯罪，犯何罪，应否从轻、减轻、免除处罚或者从重处罚。对于控辩双方关于适用法律方面的意见应当有分析地表示是否予以采纳，并阐明理由）依照……（写明判决的法律依据）的规定，判决如下：

……[写明判决结果。分三种情况：

第一，定罪判刑的表述为：

"一、被告人×××犯×××罪判处……（写明主刑、附加刑）

（刑期从判决执行之日起计算。判决执行以前先行羁押的，羁押一日折抵刑期一日，即自××××年××月××日起至××××年××月××日止。）

二、被告人×××……（写明决定追缴、退赔或者发还被害人、没收财物的名称、种类和数额）"

第二，定罪免刑的，表述为：

"被告人×××犯×××罪，免予刑事处罚（如有追缴、退赔或者没收财物的，续写第二项）。"

第三，宣告无罪的，无论是适用《中华人民共和国刑事诉讼法》第二百条第一款第（二）项还是第（三）项，均应表述为：

"被告人无罪。"]

如不服本判决可在接到判决书的第二日起十日内，通过本院或者直接向
×××人民法院提出上诉。书面上诉的，应当提交上诉状正本一份，副本
×份。

审判长　×××

审判员　×××

审判员　×××

（院印）

××××年××月××日

本件与原本核对无异

书记员　×××

四、学生实训

根据所给案例制作一份一审刑事判决书。

【材料】

××省××市人民检察院向××市中级人民法院提出×检刑诉字〔2017〕
97号起诉书，指控被告人齐××在2014年5月与本案被害人周××（女，卒年
34岁）相识并经常往来，在此期间周××以种种借口向齐××借了5000元钱。
后来周××又有了别的相好，与齐××疏远了。齐××不甘心人财两空，2017
年10月1日来到周××家，索要5000元借款，周××不给，二人吵了起来，接
着动起手来。齐××用手掐住周××脖子，把周××掐昏。齐××怕周××不
死，到周××家厨房拔下电饭锅的电源线，在周××的脖子上勒了几圈。又找
出周××家的菜刀，向周××脖子猛砍十多刀，致使周××颈动脉、静脉和气
管断裂，急性失血合并机械性窒息死亡。杀人后，齐××从周××的身上和家
中抢得5个金戒指、一条金手链、一条金项链、1500元钱和一台数码相机，价
值1万多元。

公诉机关认为齐××的行为构成抢劫罪，建议法院适用《刑法》第263条
第1项、第5项处罚。××市中级人民法院在2017年3月31日受理此案后，组
成合议庭进行审理。法院认为公诉机关的指控大部分正确，但被害人向被告人
借款的事实，只有被告人齐××的口供，没有其他证据证明。法院不予认定。
法院认为，周××另有新欢后，疏远了齐××，齐××不甘心，上门纠缠，二
人言语不合，争吵进而动起手来。于是齐××产生杀人怨念，将周××杀死后，

掠走周××的财物。

证据有：现场勘查笔录和刑事技术鉴定结论，证人赵××、汪××证言，从被告人家中收缴的金首饰、数码相机等，以及被告人的部分供述。

被告人及其辩护人杨××（××律师事务所律师）均提出，被害人欠债不还，并首先辱骂被告人，对本案的发生负有一定责任，要求从轻处罚。

齐××，男，1969年10月1日出生，××市××公司职员，汉族，大学文化，住××市××区××街××号，××市人，无前科，因本案在2016年10月10日被刑拘，2016年10月14日被批准逮捕，现羁押于××市看守所。

【提示】

（一）制作第一审刑事判决书的相关准备工作

1. 查阅侦查和审查起诉过程中形成的卷宗。

2. 收集本案的证据材料。

3. 查阅本案的庭审笔录和合议笔录。

4. 收集所需的法律规范。

（二）制作第一审刑事判决书的一般注意事项

1. 公诉案件中被控告一方当事人的称谓为"被告人"，不能写为"被告"，因为"被告"是民事诉讼案件中被诉一方的称谓。

2. 判决书的本件是指送达给当事人的正式判决书。原本是由合议庭全体成员通过和制作的判决书的定稿本，是作为存底备查用的。原本交付书记员核对无误后付印，要注明校对与付印日期，由书记员签名，以示对核对负责。

五、任务评估

评估要点：

1. 格式要规范，具体包括：文书各组成部分是否完备；法院、检察院名称表述是否规范；字体、字号、间距是否符合标准；文书使用的标点符号、数字、计量单位等是否符合标准；文书编排、打印是否美观、整洁。

2. 事实叙述要完整、清楚，具体包括：审理查明的事实部分是否围绕犯罪构成要件叙述案情，犯罪事实的要素是否完备；叙述事实是否做到层次清楚、重点鲜明，根据不同案情做到详略得当，主罪（主犯）突出；是否客观、全面地体现了举证、质证和认证的过程，表明了证据的来源，做到证据引用与分析认证有机地结合，体现出"控辩式"庭审方式的特色。

3. 理由要论证严密、说服力强，具体包括：是否根据认定的事实，运用法律规定和犯罪构成理论进行说理；是否针对控辩双方的诉辩主张进行合理分析论证；说理是否透彻、逻辑是否严密，论证、论理是否言之有据、令人信服；对法定或者酌定从重或者从轻、减轻、免除处罚情节的认定是否准确、全面；

引用的法律条文是否准确、完整、具体。

实训二：制作《第一审民事判决书》

一、任务描述

第一审民事判决书是指第一审人民法院根据第一审普通程序审理终结后，就已经查明的事实与证据依照实体法规定，对当事人之间实体权利义务争议，作出的书面处理决定。

第一审民事判决书是民事裁判文书中最常见、最重要的文种之一，也是人民法院使用频率最高的民事裁判文书。制作好第一审民事判决书，对于及时处理各类民事纠纷，保护当事人的合法权益，维护社会主义法治具有重要作用。

二、实例示范

下面是一份物权纠纷案的第一审民事判决书实例。[1]

北京市西城区人民法院
民 事 判 决 书

（2017）京 0102 民初 32699 号

原告：马×霞，女，1954 年 11 月 29 日出生，汉族，北京印刷三厂退休职工，住北京市西城区。

委托代理人：陈×甲（原告马×霞之女），安信行物业有限公司员工，住北京市西城区。

被告：吴×，男，1979 年 11 月 18 日出生，汉族，高和物业管理有限公司员工，住北京市西城区。

原告马×霞诉被告吴×物权纠纷一案，本院受理后，依法由审判员王德海独任审判，公开开庭进行了审理。原告马×霞及其委托代理人陈×甲、被告吴×均到庭参加诉讼。本案现已审理终结。

原告向本院提出诉讼请求：请求法院判决被告搬离由原告承租的北京市西城区前海北沿×号院的公租房（产权证未标注房号，具体位置为：前海北沿×号院东房北数第三间，以下简称：涉案房屋），停止侵害原告对房屋正常使用的权利。事实与理由：被告吴×原是原告的女婿。被告与原告的女儿于 2010 年离婚。离婚之前被告与原告的女儿曾共同居住在涉案房屋。现被告离婚后仍占用

---

〔1〕 本文书选自中国裁判文书网：http://wenshu. court. gov. cn，2018 年 6 月 11 日访问。

着由原告承租的房屋，并且经常酗酒，喝醉之后乱砸家中财物，对原告进行言语攻击，导致原告无法正常生活。被告的行为对原告的用益物权造成了严重的侵害，故原告向法院起诉要求被告搬离涉案房屋，望判如所请。

被告辩称，1998年前我在江苏沭阳居住。1998年到北京打工，在集体宿舍居住。1999年和原告女儿陈×乙结婚，原告让我回北京。1999年起，我和原告女儿陈×乙就住在涉案房屋，离婚后我仍住在那里至今。当时我和原告大女儿离婚是假离婚，是为了给原告大女儿办理低保，故我不同意原告的诉讼请求。

庭审中，原告向本院提供了北京市公有住宅租赁合同，被告对原告承租涉案房屋的事实无异议。被告未提供证据。

本院根据双方当事人的陈述及上述证据，确定如下事实：

原告承租北京市西城区前海北沿×号院的公租房两间。在1999年间，原告女儿陈×乙与被告结婚，经原告同意，被告居住在涉案房屋（位置为：前海北沿×号院东房北数第三间）。在2010年间，原告女儿与被告离婚，但被告仍居住涉案房屋至今。现原告诉至本院要求被告腾房；被告抗辩与原告女儿系假离婚，不同意原告的诉讼请求。

本院认为，用益物权人对他人所有的不动产或者动产，依法享有占有、使用和收益的权利。无权占有不动产或者动产的，权利人可以请求返还原物。

涉案房屋系原告承租的公房，故原告对涉案房屋享有用益物权。被告占用涉案房屋，系基于原告的同意，否则被告无权占用涉案房屋。现原告已经不同意被告继续占用涉案房屋并要求被告搬离，故被告继续占用涉案房屋属于无权占有，故对原告的诉讼请求，本院予以支持。本院考虑到被告寻找其他房屋需要一定的时间，故对被告具体的搬离时间，本院酌情予以判定。

据此，依照《中华人民共和国物权法》第三十四条、第一百一十七条之规定，判决如下：

自本判决生效之日起三十日内，被告吴×搬离原告马×霞承租的北京市西城区前海北沿×号院东房北数第三间。

案件受理费三十五元，由被告吴×负担（自本判决生效后七日内交纳）。

如不服本判决，可在判决书送达之日起十五日内，向本院递交上诉状，并按对方当事人的人数提出副本，预交上诉案件受理费，上诉于北京市第二中级人民法院。如上诉期满之日起七日内，未交纳上诉案件受理费的，按自动撤回上诉处理。

审判员　王×海

（院印）

二〇一八年一月十八日

本件与原本核对无异

书记员　石　×

三、基础铺垫

（一）第一审民事判决书制作法律依据

根据《民事诉讼法》第 152 条规定："判决书应当写明判决结果和作出该判决的理由。判决书内容包括：①案由、诉讼请求、争议的事实和理由；②判决认定的事实和理由、适用的法律和理由；③判决结果和诉讼费用的负担；④上诉期间和上诉的法院。判决书由审判人员、书记员署名，加盖人民法院印章。"

（二）第一审民事判决书的结构及其内容

第一审民事判决书由首部、事实、理由、判决结果和尾部五个部分组成。

1. 首部。

（1）法院名称。法院名称一般应与院印的文字一致。基层人民法院、中级人民法院名称前应冠以省、自治区、直辖市的名称，但专门人民法院除外。涉外裁判文书，法院名称前一般应冠以"中华人民共和国"国名。用二号小标宋体字。

（2）文书名称。文书名称应居中写明"民事判决书"，用二号小标宋体字。

（3）案号。案号由收案年度、法院代字、类型代字、案件编号组成。案号要符合 2015 年最高人民法院《关于人民法院案件案号的若干规定》。

（4）诉讼参加人基本情况。诉讼参加人包括当事人、诉讼代理人。全部诉讼参加人均分行写明。当事人诉讼地位写明"原告""被告"。反诉的写明"原告（反诉被告）""被告（反诉原告）"。有独立请求权第三人或者无独立请求权第三人均写明"第三人"。

当事人是自然人的，写明姓名、性别、出生年月日、民族、工作单位和职务或者职业、住所。自然人的身份事项应以居民身份证、户籍证明为准。当事人是法人或者其他组织的，写明名称、住所。另起一行写明法定代表人或者主要负责人及其姓名、职务。当事人是无民事行为能力人或者限制民事行为能力人的，写明法定代理人或者指定代理人及其姓名、住所，并在姓名后括注与当事人的关系。

当事人及其法定代理人有委托诉讼代理人的，写明委托诉讼代理人的诉讼地位、姓名。

（5）案件由来和审理经过。依次写明当事人诉讼地位和姓名或者名称、案由、立案日期、适用普通程序、开庭日期、开庭方式、到庭参加诉讼人员、未到庭或者中途退庭诉讼参加人、审理终结。

2. 事实。事实部分主要包括：原告起诉的诉讼请求、事实和理由，被告答辩的事实和理由，人民法院认定的证据和事实。

（1）当事人诉辩意见。诉辩意见包括原告诉称、被告辩称，有第三人的，还包括第三人诉（述）称。

原告诉称包括原告诉讼请求、事实和理由。先写诉讼请求，后写事实和理由。诉讼请求两项以上的，用阿拉伯数字加点号分项写明。诉讼过程中增加、变更、放弃诉讼请求的，应当连续写明。增加诉讼请求的，写明："诉讼过程中，×××增加诉讼请求：……"变更诉讼请求的，写明："诉讼过程中，×××变更……诉讼请求为：……"放弃诉讼请求的写明："诉讼过程中，×××放弃……的诉讼请求。"

被告辩称包括对诉讼请求的意见、事实和理由。被告承认原告主张的全部事实的，写明："×××承认×××主张的事实。"被告承认原告主张的部分事实的，先写明："×××承认×××主张的……事实。"后写明有争议的事实。被告承认全部诉讼请求的，写明："×××承认×××的全部诉讼请求。"被告承认部分诉讼请求的，写明被告承认原告的部分诉讼请求的具体内容。被告提出反诉的，写明："×××向本院提出反诉请求：1……；2……"后接反诉的事实和理由。再另段写明："×××对×××的反诉辩称，……"被告未作答辩的，写明："×××未作答辩。"

第三人诉（述）称包括第三人主张、事实和理由。有独立请求权的第三人，写明："×××向本院提出诉讼请求：……"无独立请求权第三人，写明："×××述称，……"第三人未作陈述的，写明："×××未作陈述。"

（2）证据和事实认定。当事人提交的证据和人民法院调查收集的证据数量较多的，原则上不一一列举，可以附证据目录清单。

对当事人没有争议的证据，写明："对当事人无异议的证据，本院予以确认并在卷佐证。"

对有争议的证据，应当写明争议证据的名称及法院对争议证据的认定意见和理由；对争议的事实，应当写明事实认定意见和理由。

3. 理由。理由应当围绕当事人的诉讼请求，根据认定的事实和相关法律，逐一评判并说明理由。理由部分，有争议焦点的，先列争议焦点，再分别分析认定，后综合分析认定。没有争议焦点的，直接写明裁判理由。被告承认原告全部诉讼请求，且不违反法律规定的，只写明："被告承认原告的诉讼请求，不违反法律规定。"

2018 年 6 月 1 日发布的《最高人民法院关于加强和规范裁判文书释法说理的指导意见》要求，裁判文书要阐明事理，说明裁判所认定的案件事实及其根据和理由，展示案件事实认定的客观性、公正性和准确性；要释明法理，说明裁判所依据的法律规范以及适用法律规范的理由；要讲明情理，体现法理情相协调，符合社会主流价值观；要讲究文理，语言规范，表达准确，逻辑清晰，合理运用说理技巧，增强说理效果。

4. 判决结果。

（1）裁判依据。在说理之后，作出判决前，应当援引法律依据。分项说理后，可以另起一段，综述对当事人诉讼请求是否支持的总结评价，后援法律依据，直接引出判决主文。说理部分已经完成，无需再对诉讼请求进行总结评价的，直接另段援引法律依据，写明判决主文。援引法律依据，应当依照《最高人民法院关于裁判文书引用法律、法规等规范性法律文件的规定》处理。

（2）判决主文。判决主文两项以上的，各项前依次使用汉字数字分段写明。单项判决主文和末项判决主文句末用句号，其余判决主文句末用分号。如果一项判决主文句中有分号或者句号的，各项判决主文后均用句号。判决主文中可以用括注，对判项予以说明。括注应当紧跟被注释的判决主文。例如："（已给付……元，尚需给付……元）"；"（已给付……元，应返还……元）"；"（已履行）"；"（按双方订立的《××借款合同》约定的标准执行）"；"（内容须事先经本院审查）"；"（清单详见附件）"；等等。

判决主文中当事人姓名或者名称应当用全称，不得用简称。判决主文中的金额用阿拉伯数字，金额前一般不加"人民币"。人民币以外的其他种类货币的，金额前加货币种类。有两种以上货币的，金额前要加货币种类。

5. 尾部。尾部包括迟延履行责任告知、诉讼费用负担、上诉权利告知。

（1）迟延履行责任告知。判决主文包括给付金钱义务的，在判决主文后另起一段写明："如果未按本判决指定的期间履行给付金钱义务，应当依照《中华人民共和国民事诉讼法》第二百五十三条规定，加倍支付迟延履行期间的债务利息。"

（2）诉讼费用负担。根据《诉讼费用交纳办法》决定案件受理费。

（3）告知当事人上诉权利。当事人上诉期为 15 日，在中华人民共和国领域内没有住所的当事人上诉期为 30 日。

（4）落款包括合议庭署名、日期、书记员署名、院印。落款制作应遵循

2016 年最高人民法院印发的《人民法院民事裁判文书制作规范》的相关规定。

（三）第一审民事判决书的样式

下面是民事判决书（第一审普通程序用）的样式。

××××人民法院
民事判决书

（××××）……民初……号

原告：×××，男/女，××××年××月××日出生，×族，……（工作单位和职务或者职业），住……。

法定代理人/指定代理人：×××，……。

委托诉讼代理人：×××，……。

被告：×××，住所地……。

法定代表人/主要负责人：×××，……。

委托诉讼代理人：×××，……。

第三人：×××，……。

法定代理人/指定代理人/法定代表人/主要负责人：×××，……。

委托诉讼代理人：×××，……。

（以上写明当事人和其他诉讼参加人的姓名或者名称等基本信息。）

原告×××与被告×××、第三人×××……（写明案由）一案，本院于××××年××月××日立案后，依法适用普通程序，公开/因涉及……（写明不公开开庭的理由）不公开开庭进行了审理。原告×××、被告×××、第三人×××（写明当事人和其他诉讼参加人的诉讼地位和姓名或者名称）到庭参加诉讼。本案现已审理终结。

×××向本院提出诉讼请求：1.……；2.……（明确原告的诉讼请求）事实和理由：……（概述原告主张的事实和理由）

×××辩称，……（概述被告答辩意见）

×××诉/述称，……（概述第三人陈述意见）

当事人围绕诉讼请求依法提交了证据，本院组织当事人进行了证据交换和质证。对当事人无异议的证据，本院予以确认并在卷佐证。对有争议的证据和事实，本院认定如下：1.……；2.……（写明法院是否采信证据，事实认定的意见和理由）

本院认为，……（写明争议焦点，根据认定的事实和相关法律，对当事人的诉讼请求作出分析评判，说明理由）

综上所述，……（对当事人的诉讼请求是否支持进行总结评述）依照《中华人民共和国……法》第×条、……（写明法律文件名称及其条款项序号）规定，判决如下：

一、……；

二、……。

（以上分项写明判决结果。）

如果未按本判决指定的期间履行给付金钱义务，应当依照《中华人民共和国民事诉讼法》第二百五十三条规定，加倍支付迟延履行期间的债务利息（没有给付金钱义务的，不写）。

案件受理费……元，由……负担（写明当事人姓名或者名称、负担金额）。

如不服本判决，可以在判决书送达之日起十五日内，向本院递交上诉状，并按照对方当事人或者代表人的人数提出副本，上诉于×××人民法院。

审判长　×××

审判员　×××

审判员　×××

（院印）

×××× 年 ×× 月 ×× 日

本件与原本核对无异

书记员　×××

四、学生实训

根据下列案件材料制作第一审民事判决书。

【材料】

原告于 2014 年 9 月 30 日起到被告下属金悦培训基地从事保安工作至今。原告认为被告既没有与原告签订劳动合同，也没有为原告办理社会保险，缴纳社会保险费。每周工作 6 天，每天工作 8 小时，节假日上班也没有支付加班工资，故原告于 2017 年 2 月 26 日向被告递交辞职报告，并要求单位依据劳动法给予经济赔偿。原告于 2017 年 3 月向某省劳动人事争议仲裁委员会提起仲裁。2017 年 5 月 18 日 × 省劳动人事争议仲裁委员会作出成 × 劳人仲字（2017）第 117 号仲裁裁决书，裁决如下：①自本裁决生效之日起 5 个工作日内，被告一次性向原告支付 2014 年 9 月 30 日~2017 年 2 月 28 日期间的加班工资 ××× 元；②自本裁决书生效之日起5个工作日内，被告一次性向原告支付2016年~2017年度未休年休假工资×××元；③自本裁决书生效之日起5个工作日内，被告一次性向原告支付2014年9月30日~2017年2月的基本养老保险和基本医疗保险；④驳回原告经济补偿要求。仲裁裁决后，原告对仲裁裁决不服，于2017年6月14日向法院起诉。诉讼请求为：①依法裁决被告向原告支付2014年9月30日~2017年2月28日期间的加班工资×××元；②依法裁决被告向原告支付2015年~2017年未休年假工资共计×××元；③依法裁决被告支付原告解除劳动合同关系经济补偿×××元；④依法裁决被告为原告补缴2014年9月~2017年2月基本养老保险和基本医疗保险。

被告辩解道，原告的诉讼请求不符合事实，也没有法律依据。原告入职时已清楚其工作性质及工作岗位安排。入职时基于其原来单位还在为其购买保险的事实，且主动写了申请，所以我单位不需要为其购买相应的社会保险。原告的工作一直都有安排休假，也一直支付正常的工资，原告在此期间也未提出任何异议，原告要求支付加班工资及未休年假工资无事实及法律依据。原告2017年向被告提交辞职报告后未办理任何手续就不上班，其要求支付经济补偿没有法定依据。

法院认为，原告是自愿向被告辞职，不符合法律规定的支付经济补偿金的条件。依据《中华人民共和国劳动法》第44条、《中华人民共和国劳动合同法》第46条、《职工带薪年休假条例》第3条的规定，判决被告于判决书生效之日起10日内支付原告2014年9月30日至2017年2月28日期间的加班工资；判决书生效之日起10日内支付原告2016年至2017年度未休年假工资×××元；驳回原告其他诉讼请求。指出如果未按判决指定期间履行给付金钱义务，依照《中华人民共和国民事诉讼法》第253条加倍支付延迟履行期间的债务利息。

原告：陈×刚，男，1966年4月3日，汉族，×市×区×路×号，联系电话：×××××。被告：××省税务干部培训中心，×市×路×号。负责人：张×芳，系中心主任，联系电话：×××××。

原告陈×刚聘请××律师事务所律师×昌、曾×为委托代理人。被告聘请××律师事务所律师黄×律师为委托代理人。

原告提交证据有：①2014年11月、2015年度、2016年5月、2016年10月优秀员工荣誉证书。证明原被告之间存在劳动关系，且超过1年。②2017年2月被告保卫科的排班表，证明原告的工作时间，每周工作6天，每天8小时。③2017年春节值班表。证明原告在节假日加班事实。④××银行、××银行流水记录，工资表。证明原告解除劳动关系前12个月平均工资为×××元。⑤××省劳动争议仲裁委员会仲裁裁决书送达回证。

被告提交证据：①求职人员登记表。证明原被告签订书面用工协议。②考勤打卡表，公休说明。证明原告的工作时间安排系双方自愿，符合法律规定。③原告申请书，社保信息查询单。证明原告自愿自己缴纳社会保险，不存在社会保障缺失的事实。④原告辞职报告。

【提示】

（一）制作第一审民事判决书的相关准备工作

1. 核实当事人及其他诉讼参加人的身份事项。

2. 查阅提交的各项文书材料及证据。

3. 查阅本案的庭审笔录和合议笔录。

4. 收集所需的法律规范及相关法学理论。

（二）制作第一审民事判决书的一般注意事项

1. 不要漏列和错列当事人。漏列和错列当事人就剥夺了当事人的诉讼权利。

2. 要准确归纳当事人的诉辩主张，突出争议焦点，为法院认定事实和阐述判决理由做好铺垫。尤其是当事人有分歧和争议的观点和事实，应详细列举，写明当事人各自主张的事实、请求权利、证明的证据、适用法律、对权利的处分意见等。

3. 分析案情时要有针对性，围绕争议焦点和诉讼请求，有的放矢，具体深入地进行分析和论证；要有事理性，说理必须从法院认定的事实和证据出发；要有法理性，说理必须根据相关的法律理论、原则、规范，阐明个案中蕴涵的法律问题，并正确全面地引用法律条文；要有情理性，法理情理并用更有利于对当事人明之以法，晓之以理，动之以情；要有逻辑性，只有严密的逻辑，才能使推理精确，前后呼应无懈可击。

五、任务评估

评估要点：

1. 为保证法院裁决的统一性、严肃性，民事判决书的样式和印制应当严格遵循 2016 年最高人民法院印发的《人民法院民事裁判文书制作规范》和《民事诉讼文书样式》。

2. 说理要有针对性，要充分、严谨。说理要针对当事人的争议和诉讼请求，进行具体、深入地分析和论证；理由的论述可以从多层次、多角度、多方面来分析论证，把道理说清论透；理由的论述要有较强的逻辑性，用语规范、准确。

3. 判决主文内容应当写得规范明晰，便于执行。认定当事人应承担连带责任的，在主文中不要漏写。

4. 不能把诉讼费用负担决定作为判决主文内容，只有当事人诉讼请求主张可以作为主文内容。当事人不得单独就人民法院关于诉讼费用的决定提出上诉。

5. 不公开开庭，缺席判决的，既要引用实体法也要引用程序法。

6. 居住于国外的当事人上诉期限为 30 天。

7. 义务人需加倍支付延迟履行期间的债务利息的，权利人可在判决规定的履行期限最后一日起 2 年内，向原审法院或原审法院同级的被执行财产所在地人民法院申请强制执行。

实训三：制作《第二审民事判决书》

一、任务描述

第二审民事判决书是指中级以上人民法院对当事人不服第一审人民法院民事判决提出上诉的民事案件，依照民事诉讼法规定的第二审程序，经审理终结后，依法作出维持或改变第一审民事判决的裁判文书。

第二审民事判决书作用在于纠正第一审民事判决书中的错误，使正确的第一审民事判决得以维持，使错误的第一审民事判决得到纠正，从而维护当事人的合法权益，保障法律的正确实施。

二、实例示范

下面是一份物权纠纷案的第二审民事判决书实例。[1]

北京市第二中级人民法院
民 事 判 决 书

（2018）京 02 民终 5771 号

上诉人（原审被告）：吴×，男，1979 年 11 月 18 日出生。

被上诉人（原审原告）：马×霞，女，1954 年 11 月 29 日出生。

委托诉讼代理人：陈×甲（马×霞之女）。

上诉人吴×因与被上诉人马×霞物权纠纷一案，不服北京市西城区人民法院（2017）京 0102 民初 32699 号民事判决，向本院提起上诉。本院于 2018 年 5 月 23 日立案受理后，依法组成合议庭审理了本案。现已审理终结。

吴×上诉请求：撤销一审判决，依法改判驳回马×霞的一审诉讼请求或将本案发回重审。事实和理由：1. 我之所以居住马×霞承租的房子，是按照她的要求换房居住，我不存在任何过错。2. 我与陈×乙离婚目的是为帮助陈×乙办理低保手续，我们是假离婚。3. 我与陈×乙结婚在前，陈×乙取得北京市西城区×××9 号院内两间房屋承租权在后，因此我对该房屋享有居住权利，而该房

---

〔1〕 本文书选自中国裁判文书网：http://wenshu. court. gov. cn，2018 年 6 月 11 日访问。

屋正是马×霞现在居住的房屋，其严重影响了我的居住权利。4. 搬离诉争之房，我将居无定所。

马×霞辩称，同意一审判决，不同意吴×的上诉请求。吴×对于诉争房屋的居住，侵害了我对于承租房屋的居住使用权利。

马×霞向一审法院起诉请求：判决吴×搬离由其承租的北京市西城区×××9号院的公租房（产权证未标注房号，具体位置为×××9号院东房北数第三间，以下简称诉争房屋），停止侵害其对房屋正常使用的权利。

一审法院经审理查明：马×霞承租北京市西城区×××9号院的公租房两间。在1999年间，马×霞女儿陈×乙与吴×结婚，经马×霞同意，吴×居住在诉争房屋（位置为：×××9号院东房北数第三间）。在2010年间，马×霞女儿与吴×离婚，但吴×仍居住诉争房屋至今。现马×霞诉至一审法院要求吴×腾房；吴×抗辩与马×霞女儿系假离婚，不同意马×霞的诉讼请求。

一审法院认为，用益物权人对他人所有的不动产或者动产，依法享有占有、使用和收益的权利。无权占有不动产或者动产的，权利人可以请求返还原物。

诉争房屋系马×霞承租的公房，故马×霞对诉争房屋享有用益物权。吴×占用诉争房屋，系基于马×霞的同意，否则吴×无权占用诉争房屋。现马×霞已经不同意吴×继续占用诉争房屋并要求吴×搬离，故吴×继续占用诉争房屋属于无权占有，故对马×霞的诉讼请求，法院予以支持。法院考虑到吴×寻找其他房屋需要一定的时间，故对吴×具体的搬离时间，酌情予以判定。

据此，依照《中华人民共和国物权法》第三十四条、第一百一十七条之规定，一审法院于2018年1月判决如下：自判决生效之日起三十日内，吴×搬离马×霞承租的北京市西城区×××9号院东房北数第三间。

二审诉讼中，当事人均未提供与本案具有关联性的新证据。经审查，本院对一审判决经审理查明的事实予以确认。

本院认为，当事人对自己提出的诉讼请求所依据的事实或者反驳对方诉讼请求所依据的事实有责任提供证据加以证明。没有证据或者证据不足以证明当事人的事实主张的，由负有举证责任的当事人承担不利后果。

本案中，诉争房屋系马×霞承租之公房，马×霞对该房屋享有合法承租权之下的居住使用权利。吴×占用诉争房屋，但未向本院提交占房的合法依据，因此属于无权占用，诉争房屋的权利人马×霞有权主张吴×搬离房屋，一审法院酌情考量吴×搬离诉争房屋的时间，处理结果并无不当，本院予以维持。

综上所述，吴×之上诉请求和理由，依据不足，本院不予支持。一审判决认定事实清楚，适用法律正确，处理结果并无不当，应予维持。依照《中华人民共和国民事诉讼法》第一百七十条第一款第一项之规定，判决如下：

驳回上诉，维持原判。

二审案件受理费 70 元，由吴×负担（已交纳）。

本判决为终审判决。

审判长　李　×

审判员　周×峰

审判员　李　×

（院印）

二〇一八年五月三十一日

本件与原本核对无异

法官助理　宋　×

书记员　李　×

三、基础铺垫

（一）制作依据

《民事诉讼法》第 170 条规定："第二审人民法院对上诉案件，经过审理，按照下列情形，分别处理：①原判决、裁定认定事实清楚，适用法律正确的，以判决、裁定方式驳回上诉，维持原判决、裁定；②原判决、裁定认定事实错误或者适用法律错误的，以判决、裁定方式依法改判、撤销或者变更；③原判决认定基本事实不清的，裁定撤销原判决，发回原审人民法院重审，或者查清事实后改判；④原判决遗漏当事人或者违法缺席判决等严重违反法定程序的，裁定撤销原判决，发回原审人民法院重审。原审人民法院对发回重审的案件作出判决后，当事人提起上诉的，第二审人民法院不得再次发回重审。"

（二）第二审民事判决书的结构内容

第二审民事判决书由首部、事实、理由、判决结果和尾部五个部分组成。

1. 首部。

（1）法院名称。法院名称一般应与院印的文字一致。基层人民法院、中级人民法院名称前应冠以省、自治区、直辖市的名称，但专门人民法院除外。涉外裁判文书，法院名称前一般应冠以"中华人民共和国"国名。用二号小标宋体字。

（2）文书名称。居中写明"民事判决书"，用二号小标宋体字。

（3）案号。案号由收案年度、法院代字、类型代字、案件编号组成。案号要符合 2015 年最高人民法院《关于人民法院案件案号的若干规定》。

（4）诉讼参加人基本情况。当事人的称谓应写"上诉人""被上诉人"，并在其后括号内注明一审的诉讼地位，如"上诉人（原审被告）"。《最高人民法院关于适用〈中华人民共和国民事诉讼法〉的解释》第 317 条规定："双方当事人和第三人都提起上诉的，均列为上诉人。人民法院可以依职权确定第二审程序中当事人的诉讼地位。"第 319 条规定："必要共同诉讼人的一人或者部分人提起上诉的，按下列情形分别处理：①上诉仅对与对方当事人之间权利义务分担有意见，不涉及其他共同诉讼人利益的，对方当事人为被上诉人，未上诉的同一方当事人依原审诉讼地位列明；②上诉仅对共同诉讼人之间权利义务分担有意见，不涉及对方当事人利益的，未上诉的同一方当事人为被上诉人，对方当事人依原审诉讼地位列明；③上诉对双方当事人之间以及共同诉讼人之间权利义务承担有意见的，未提起上诉的其他当事人均为被上诉人。"

（5）案件由来和审理经过。首先应写明案由以及上诉人不服一审判决提起上诉的情况。表述为："上诉人×××因与被上诉人×××/上诉人×××及原审原告/被告/第三人××××……（写明案由）一案，不服××××人民法院（××××）……民初……号民事判决，向本院提起上诉。"审理经过的写法与第一审民事判决书相同。

2. 事实。第二审民事判决书的事实部分主要包括：

（1）简述上诉人提起上诉的请求和主要理由，表述为："××××上诉请求：……（写明上诉请求）。事实和理由：……（概述上诉人主张的事实和理由）。"

（2）被上诉人的主要答辩以及第三人的意见，表述为："×××辩称，……（概述被上诉人答辩意见）"如有第三人，则另起一行，表述为："×××述称，……（概述原审原告/被告/第三人陈述意见）"

（3）原告一审中的诉讼请求，表述为："×××向一审法院起诉请求：……（写明原告/反诉原告/有独立请求权的第三人的诉讼请求）"

（4）原审认定的事实、判决理由和判决结果，表述为："一审法院认定事实：……（概述一审认定的事实）。一审法院认为，……（概述一审裁判理由）。判决：……（写明一审判决主文）"叙述原审认定的事实和判决结果，不应当照抄第一审民事判决书，也不必详细重叙，对事实可以高度概括；原审判决结果如果内容较多，可以只写主要内容。

（5）二审经审理认定的事实和证据，写明二审法院采集证据、认定事实的意见和理由、对一审查明事实的评判。

3. 理由。第二审民事判决书的理由部分，要根据二审认定的案件事实和相关法律规定，对当事人的上诉请求进行分析评判，说明理由。①对一审判决是否正确做出结论；②对上诉理由是否合理、被上诉人的答辩是否有理进行论证；③阐明维持原判或改判的理由；④引用与判决项目相适应的法律条文。在援引法律条款方面，维持原判的，只需援引《民事诉讼法》第 170 条第 1 款第 1 项；全部改判、部分改判的，除了应当援引《民事诉讼法》第 170 条的相关款项外，还应当援引改判所依据的实体法的有关条款。在顺序上，应当先引用实体法，后引用程序法。

4. 判决结果。第二审民事判决书的判决结果，应当对当事人争议的实体问题作出终审结论。有三种情况：维持原判、全部改判和部分改判，其写法分别是：

（1）维持原判的，表述为："驳回上诉，维持原判。"

（2）全部改判的，表述为："一、撤销×××人民法院（××××）……民初……号民事判决；二、……（写明改判的内容）"

（3）部分改判的，表述为："一、维持×××人民法院（××××）……民初……号民事判决第×项（对一审维持判项，逐一写明）；二、撤销×××人民法院（××××）……民初……号民事判决第×项（将一审错误判项，逐一撤销）；三、变更×××人民法院（××××）……民初……号民事判决第×项为……；四、……（写明新增判项）"

5. 尾部。

（1）诉讼费负担。第二审民事判决书的尾部有关当事人诉讼费用负担的写法，应当区分两种情况：一是驳回上诉，维持原判的，只需写明二审受理费由谁负担即可；二是改判的，应当根据《人民法院诉讼收费办法》的有关规定，除应写明当事人对二审诉讼费用的负担外，还应将变更一审诉讼费用负担的决定一并写明。

（2）诉讼效力。写明："本判决为终审判决。"

（3）合议庭署名、日期、书记员署名、院印。此部分的制作应遵循 2016 年 6 月 28 日最高人民法院印发的《人民法院民事裁判文书制作规范》的相关规定。

（三）第二审民事判决书样式

以第二审民事判决书（驳回上诉，维持原判用）样式为例。

×××× 人民法院

民　事　判　决　书

（××××）……民终……号

上诉人（原审诉讼地位）：×××，……。

法定代理人/指定代理人/法定代表人/主要负责人：×××，……。

委托诉讼代理人：×××，……。

被上诉人（原审诉讼地位）：×××，……。

法定代理人/指定代理人/法定代表人/主要负责人：×××，……。

委托诉讼代理人：×××，……。

原审原告/被告/第三人：×××，……。

法定代理人/指定代理人/法定代表人/主要负责人：×××，……。

委托诉讼代理人：×××，……。

（以上写明当事人和其他诉讼参加人的姓名或者名称等基本信息。）

上诉人×××因与被上诉人×××/上诉人×××及原审原告/被告/第三人×××……（写明案由）一案，不服×××人民法院（××××）……民初……号民事判决，向本院提起上诉。本院于××××年××月××日立案后，依法组成合议庭，开庭/因涉及……（写明不开庭的理由）不开庭进行了审理。上诉人×××、被上诉人×××、原审原告/被告/第三人×××（写明当事人和其他诉讼参加人的诉讼地位和姓名或者名称）到庭参加诉讼。

本案现已审理终结。

×××上诉请求：……（写明上诉请求）。事实和理由：……（概述上诉人主张的事实和理由）。

×××辩称，……（概述被上诉人答辩意见）。

×××述称，……（概述原审原告/被告/第三人陈述意见）。

×××向一审法院起诉请求：……（写明原告/反诉原告/有独立请求权的第三人的诉讼请求）。

一审法院认定事实：……（概述一审认定的事实）。一审法院认为，……（概述一审裁判理由）。判决：……（写明一审判决主文）。

本院二审期间，当事人围绕上诉请求依法提交了证据。本院组织当事人进行了证据交换和质证（当事人没有提交新证据的，写明：二审中，当事人没有提交新证据）。对当事人二审争议的事实，本院认定如下：……（写明二审法院采信证据、认定事实的意见和理由，对一审查明相关事实的评判。）

本院认为，……（根据二审认定的案件事实和相关法律规定，对当事人的上诉请求进行分析评判，说明理由。）

综上所述，×××的上诉请求不能成立，应予驳回；一审判决认定事实清楚，适用法律正确，应予维持。依照《中华人民共和国民事诉讼法》第一百七十条第一款第一项规定，判决如下：

驳回上诉，维持原判。

二审案件受理费……元，由……负担（写明当事人姓名或者名称、负担金额）。

本判决为终审判决。

审判长　×××

审判员　×××

审判员　×××

（院印）

×××年××月××日

本件与原本核对无异

书记员　×××

四、学生实训

根据下列案件材料，拟写一份第二审民事判决书。

【材料】

王×，男，39岁，汉族，××县××镇人，住××县××镇××街××号。王×与张×系朋友关系。2016年7月5日，张×因做生意资金周转困难，向王×借款30 000元，并向王×出具借条证明："今借到王×现金人民币叁万元整，期限一年，自2016年7月5日起至2017年7月5日止，到期还清。"之后，双方口头约定张×应当支付王×4500元利息。1年后，王×多次催要，张×都以种种理由拒绝偿还借款。为此，王×向××县人民法院提起诉讼，要求张×归还借款及利息。一审法院审理查明，双方当事人之间的借款合同合法有效，张×应当承担还款付息的全部责任。判决：①张×偿还王×借款本金30 000元。②张×支付王×借款利息4500元。借款利息应当在2017年12月20日之前付清。案件受理费450元，由张×负担。一审判决后，张×不服判决结果，向××省××市中级人民法院提起上诉。

张×上诉称，被上诉人在原审中提出的用于证明双方约定利息的录音证据，因录音未经本人同意，程序不合法，为无效证据。上诉人与被上诉人所立借条没有约定利息，一审法院判决上诉人支付4500元利息，没有事实和法律依据。请求二审法院依法撤销一审判决。

王×辩称，被上诉人已在一审中提供了证据，证明双方口头约定了4500元的借款利息，该证据合法有效，上诉人认为证据无效，没有事实依据。请求驳回上诉人的上诉请求。

二审法院认为，双方当事人对于 30 000 元借款的事实均无争议。本案争议的焦点有二：一是双方是否约定了借款利息？二是双方约定的利息数额是否合法。关于第一个争议焦点，王×在原审期间提供了与张×谈话的录音，同时提供了与其一同前往张×家中，谈话时在场的李××、胡××的证人证言，均证实王×与张×确实商定了 4500 元借款利息的事实。虽然该录音资料的形成未经张×同意，但张×在原审、二审期间均未否认该录音资料内容的真实性。而且张×对证人证言未提出异议。关于第二个争议焦点，按照《最高人民法院关于审理民间借贷案件适用法律若干问题的规定》，王×与张×之间确定的 4500 元借款利息符合法律保护范围，应当予以保护。因此，二审法院认为，原判决认定事实清楚，适用法律正确，判决并无不当，张×上诉的理由不成立。

本案由审判员廖×、张×、代理审判员程××组成合议庭，廖×担任审判长，夏××担任书记员。公开开庭审理了本案。第二审法院作出驳回上诉，维持原判的判决。本案一、二审诉讼费用共计 900 元，由张×负担。本判决为终审判决。

【提示】

1. 对于第一审所认定的事实，第二审判决书不可照搬、照抄，而是要抓住有争议的部分进行概括。对于上诉人提出的上诉理由、被上诉人的答辩和第三人的意见，要进行整理归纳、概述其要点。对一审中认定事实清楚的部分可作简单概括；对有争议及第一审中认定不清的事实，则应详细地综合论证。第二审认定的事实主要应侧重详写当事人有争议、原判决有错误的部分。

2. 二审民事判决书中事实认定部分，2016 年《民事诉讼文书样式》的写法与之前有所不同。2016 年版的样式更加强调聚焦于当事人的诉辩主张及争议的事实与理由。因此，在制作时要按照 2016 年版样式中的行文顺序进行叙写。

3. 二审判决所阐述的理由，一定要有针对性和说服力，要从本案的实际情况出发，抓住重点，不必面面俱到，而要善于把握案件主要矛盾和上诉的关键，对症下药，做到有的放矢、以理服人。切忌用公式化的陈套来论述。

五、任务评估

1. 格式规范，内容完整。内容和格式方面应严格遵循《民事诉讼文书样式》的要求。在制作第二审民事判决书时，可以参考第一审适用普通程序民事判决书的样式。

2. 事实与理由部分是重点。二审判决理由的阐述要针对上诉请求、当事人争议焦点、原判认定事实与理由，作出合法、客观、充分、明确的分析和评判。

3. 在共同诉讼的案件中，当事人提出上诉的，列为上诉人，没有提出上诉的，以其在原审中的诉讼地位名称（如原告、被告）一并列出，不可遗漏。

4. 依法改判的案例，判决结果的表述要准确、清晰、完整，不要遗漏。

第三节　技能拓展

技能拓展一：熟识《第一审行政判决书》

一、基础知识

（一）概念

第一审行政判决书是人民法院依照《行政诉讼法》规定的第一审程序，对审理终结的行政案件，依法就案件实体问题作出处理时制作的裁判文书。

第一审行政判决书的作用在于对国家行政机关的具体行政行为是否合法作出公正的判决，纠正行政违法行为，调整和稳定行政法律关系，依法保障公民、法人和其他组织的合法权益，维护和监督行政机关依法行使职权。

（二）制作依据

根据《行政诉讼法》第 69、70、72、73、74、75、76、77、78 条的规定，人民法院审理第一审行政案件，审理结束后，应根据不同情况，分别作出以下判决：①驳回原告诉讼请求；②判决撤销或者部分撤销行政行为，并可以判决被告重新作出行政行为；③判决被告在一定期限内履行；④判决被告履行给付义务；⑤判决确认行政行为违法；⑥判决确认行政行为无效；⑦判决被告承担赔偿责任；⑧判决变更行政处罚；⑨判决被告继续履行、采取补救措施、赔偿损失、给予补偿等。

二、文书样式

2015 年，最高人民法院研究制定了《行政诉讼文书样式（试行）》，该样式分两部分，第一部分是法院制作的文书，其中又分别包括法院对当事人制作的文书，主要有判决类（含调解）文书、裁定类文书、决定类文书、通知类文书等共 96 个；还包括法院内部制作的文书，如各种内部报告类、函件类文书等共 14 个。第二部分是指导当事人诉讼行为的文书，主要包括起诉状、答辩状、上诉状、再审申请书等，共 22 个。下面是第一审行政判决书（请求撤销、变更行政行为类案件用）的样式。

××××人民法院
行政判决书

（××××）×行初字第××号

原告×××，……（写明姓名或名称等基本情况）。

法定代表人×××，……（写明姓名、职务）。

委托代理人（或指定代理人、法定代理人）×××，……（写明姓名等基本情况）。

被告×××，……（写明行政主体名称和所在地址）。

法定代表人×××，……（写明姓名、职务）。

委托代理人×××，……（写明姓名等基本情况）。

第三人×××，……（写明姓名或名称等基本情况）。

法定代表人×××，……（写明姓名、职务）。

委托代理人（或指定代理人、法定代理人）×××，……（写明姓名等基本情况）。

原告×××不服被告×××（行政主体名称）……（行政行为），于××××年××月××日向本院提起行政诉讼。本院于××××年××月××日立案后，于××××年××月××日向被告送达了起诉状副本及应诉通知书。本院依法组成合议庭，于××××年××月××日公开（或不公开）开庭审理了本案。……（写明到庭参加庭审活动的当事人、行政机关负责人、诉讼代理人、证人、鉴定人、勘验人和翻译人员等）到庭参加诉讼。……（写明发生的其他重要程序活动，如：被批准延长本案审理期限等情况）本案现已审理终结。

被告×××（行政主体名称）于××××年××月××日作出……（被诉行政行为名称），……（简要写明被诉行政行为认定的主要事实、定性依据和处理结果）。

原告×××诉称，……（写明原告的诉讼请求、主要理由以及原告提供的证据、依据等）。

被告×××辩称，……（写明被告的答辩请求及主要理由）。

被告×××向本院提交了以下证据、依据：1.……（证据的名称及内容等）；2.……。

第三人×××述称，……（写明第三人的意见、主要理由以及第三人提供的证据、依据等）。

本院依法调取了以下证据：……（写明证据名称及证明目的）。

经庭审质证（或庭前交换证据、庭前准备会议），……（写明当事人的质证意见）。

本院对上述证据认证如下：……（写明法院的认证意见和理由）。

经审理查明，……（写明法院查明的事实。可以区分写明当事人无争议的事实和有争议但经法院审查确认的事实）。

本院认为，……（写明法院判决的理由）。依照……（写明判决依据的行政诉讼法以及相关司法解释的条、款、项、目）的规定，判决如下：

……（写明判决结果。）

……（写明诉讼费用的负担。）

如不服本判决，可以在判决书送达之日起十五日内向本院递交上诉状，并按对方当事人的人数提出副本，上诉于×××人民法院。

审判长　×××

审判员　×××

审判员　×××

（院印）

××××年××月××日

本件与原本核对无异

书记员　×××

附：本判决适用的相关法律依据

三、制作要点

（一）首部

首部应依次写明标题、案号、当事人及其诉讼代理人的基本情况，以及案件由来、审判组织和开庭审理过程等。

1. 标题中的法院名称，一般应与院印的文字一致，但基层人民法院和中级人民法院应冠以省、市、自治区的名称。

2. 案号是不同案件的序列编号，应贯彻一案一号的原则。案号由收案年度、法院代字、类型代字、案件编号组成，如"（2018）浙0106行初7号"。案号要符合最高人民法院《关于人民法院案件案号的若干规定》。

3. 提起行政诉讼的原告包括公民、法人或者其他组织。

4. 行政判决书中的被告，应写明被诉的行政主体名称、所在地址；另起一行列项写明法定代表人或诉讼代表人姓名和职务；副职负责人出庭的在此不要

列写，在交待到庭参加庭审活动的当事人及其他诉讼参加人情况时载明。

5. 案件由来、审判组织、审理经过。

（二）事实

事实部分包括：行政行为的叙述部分，当事人诉辩意见部分，当事人举证、质证和法庭认证部分，法庭查明事实部分。

1. 行政行为的叙述部分应当注意详略得当。一般应当写明行政行为认定的主要事实、定性依据以及处理结果等核心内容，通过简洁的表述说明案件的诉讼标的。

2. 当事人诉辩意见。一般情况下，写明当事人的诉辩意见后，即可写明其提供的相关证据。

3. 当事人举证、质证和法庭认证部分，应当注意因案而异、繁简得当。既可以一证一质一认，也可以按不同分类综合举证、质证和认证。法院对证据的认证意见应当明确，对于当事人有争议的证据，特别是对行政行为的合法性有影响的证据，应当写明采纳或者不予采纳的理由。

4. 法庭查明事实部分需要注意：①事实的叙述可以根据具体案情采用时间顺序，也可以灵活采用其他叙述方式，以能够逻辑清晰地反映案件情况为原则；②可以根据具体案情以及争议焦点，采取灵活多样的方式记载案件事实；③表述案件事实，应注意保守国家秘密，保护当事人的商业秘密和个人隐私。

（三）理由

理由部分以"本院认为"开始。理由部分要根据查明的事实和有关法律、法规和法学理论，就行政主体所作的行政行为是否合法、原告的诉讼请求是否成立等进行分析论证，阐明判决的理由。理由部分在援引法律依据时，既可以写明整个条文的内容，也可以摘抄与案件相关的内容；条文内容较多的，也可以只援引法律条款。

（四）判决结果

判决结果是人民法院对当事人之间的行政争议作出的实体处理结论。不同的判决内容，判决结果的表述方式亦不同。

1. 驳回原告诉讼请求的，写明："驳回原告×××的诉讼请求。"

2. 撤销被诉行政行为的，写明："一、撤销被告×××（行政主体名称）作出的（××××）……字第×××号……（行政行为名称）；二、责令被告×××（行政主体名称）在××日内重新作出行政行为（不需要重作的，此项不写；不宜限定期限的，期限不写）。"

3. 部分撤销被诉行政行为的，写明："一、撤销被告×××（行政主体名称）作出的（××××）……字第××号……（行政行为名称）的第××项，即……（写明撤销的具体内容）；二、责令被告×××（行政主体名称）在××日内重新作出行政行为（不需要重作的，此项不写；不宜限定期限的，期限不写）；三、驳回原告×××的其他诉讼请求。"

4. 根据《行政诉讼法》第77条的规定，判决变更行政行为的，写明："变更被告×××（行政主体名称）作出的（××××）……字第××号……（写明行政行为内容或者具体项），改为……（写明变更内容）"

（五）尾部

尾部应依次写明诉讼费用的负担，交代上诉的权利、方法、期限和上诉审法院，合议庭成员署名，判决日期、书记员署名等内容。

判决书的正本，应由书记员在判决日期的左下方、书记员署名的左上方加盖"本件与原本核对无异"字样的印戳。

（六）附录

根据案件的不同需要，可将判决书中的有关内容载入附录部分，例如：将判决书中所提到的法律规范条文附上，以供当事人全面了解有关法律规定的内容。

技能拓展二：熟识《民事调解书》

一、基础知识

（一）概念

民事调解书是人民法院对审理中的民事案件依法主持调解，在双方当事人自愿、合法达成解决纠纷协议以后，予以认可而制作的具有法律效力的文书。民事调解书有多种样式，包括：民事调解书（第一审普通程序用）、民事调解书（简易程序用）、民事调解书（小额诉讼程序用）、民事调解书（公益诉讼用）、民事调解书（第二审程序用）、民事调解书（申请撤销劳动争议仲裁裁决案件用）、民事调解书（再审案件用）。各种民事调解书基本内容和制作方法，除首部和尾部稍有差别，其他基本相同。民事调解书效力与民事判决书相同。

法院调解是我国人民司法工作的优良传统和成功经验。人民法院对民事案件进行调解，有利于彻底解决纠纷，增强人民内部团结，并降低诉讼成本。

（二）制作依据

《民事诉讼法》第9条："人民法院审理民事案件，应当根据自愿和合法的原则进行调解；调解不成的，应当及时判决。"第93条规定："人民法院审理民事案件，根据当事人自愿的原则，在事实清楚的基础上，分清是非，进行调解。"第97条规定："调解达成协议，人民法院应当制作调解书。调解书应当写明诉讼请求、案件的事实和调解结果。调解书由审判人员、书记员署名，加盖人民法院印章，送达双方当事人。调解书经双方当事人签收后，即具有法律效力。"

二、文书样式

人民法院民事调解书有多种样式，下面以民事调解书（第一审普通程序用）样式为例。

××××人民法院

民事调解书

（××××）……民初……号

原告：×××，……。

法定代理人/指定代理人/法定代表人/主要负责人：×××，……。

委托诉讼代理人：×××，……。

被告：×××，……。

法定代理人/指定代理人/法定代表人/主要负责人：×××，……。

委托诉讼代理人：×××，……。

第三人：×××，……。

法定代理人/指定代理人/法定代表人/主要负责人：×××，……。

委托诉讼代理人：×××，……。

（以上写明当事人和其他诉讼参加人的姓名或者名称等基本信息。）

原告×××与被告×××、第三人×××……（写明案由）一案，本院于××××年××月××日立案后，依法适用普通程序，公开/因涉及……（写明不公开开庭的理由）不公开开庭进行了审理（开庭前调解的，不写开庭情况）。

……（写明当事人的诉讼请求、事实和理由。）

本案审理过程中，经本院主持调解，当事人自愿达成如下协议/当事人自行和解达成如下协议，请求人民法院确认/经本院委托……（写明受委托单位）主持调解，当事人自愿达成如下协议：

一、……；

二、……。

（分项写明调解协议内容。）

上述协议，不违反法律规定，本院予以确认。

案件受理费……元，由……负担（写明当事人姓名或者名称、负担金额。调解协议包含诉讼费用负担的，则不写）。

本调解书经各方当事人签收后，即具有法律效力/本调解协议经各方当事

人在笔录上签名或者盖章，本院予以确认后即具有法律效力（各方当事人同意在调解协议上签名或者盖章后发生法律效力的）。

审判长　×××

审判员　×××

审判员　×××

（院印）

××××年××月××日

本件与原本核对无异

书记员　×××

三、制作要点

1. 案号类型代字为"民初"。

2. 调解书应当写明诉讼请求、案件事实和调解结果。

3. 调解协议书的内容不得违反法律规定。

4. 诉讼请求和案件事实部分的写法力求简洁、概括，可以不写审理过程及证据。

技能拓展三：熟识《民事裁定书》

一、基础知识

（一）概念

民事裁定书是人民法院依照《民事诉讼法》的规定，在民事案件审理和民事判决执行过程中，为解决诉讼程序方面的问题，依法作出的书面处理决定。民事裁定书比民事判决书内容简单，篇幅短小。

民事裁定书与民事判决书一样，是人民法院在诉讼过程中作出的具有法律效力的决定，其作用则是为了保障民事审判工作的顺利进行。

（二）制作依据

《民事诉讼法》第154条规定："裁定适用于下列范围：①不予受理；②对管辖权有异议的；③驳回起诉；④保全和先予执行；⑤准许或者不准许撤诉；⑥中止或者终结诉讼；⑦补正判决书中的笔误；⑧中止或者终结执行；⑨撤销或者不予执行仲裁裁决；⑩不予执行公证机关赋予强制执行效力的债权文书；⑪其他需要裁定解决的事项。对前款第1项至第3项裁定，可以上诉。裁定书应当写明裁定结果和作出该裁定的理由。裁定书由审判人员、书记员署名，加盖人民法院印章。口头裁定的，记入笔录。"

二、文书样式

民事裁定书适用较为广泛，样式较多，下面以民事裁定书（对起诉不予受理用）为例。

××××人民法院
民事裁定书

（××××）……民初……号

起诉人：×××，……。

……

（以上写明起诉人及其代理人的姓名或者名称等基本信息。）

××××年××月××日，本院收到×××的起诉状。起诉人×××向本院提出诉讼请求：1. ……；2. ……（明确原告的诉讼请求）。事实和理由：……（概述原告主张的事实和理由）。

本院经审查认为，……（写明对起诉不予受理的理由）。

依照《中华人民共和国民事诉讼法》第一百一十九条、第一百二十三条规定，裁定如下：

对×××的起诉，本院不予受理。

如不服本裁定，可以在裁定书送达之日起十日内，向本院递交上诉状，上诉于××××人民法院。

审判长　×××
审判员　×××
审判员　×××

（院印）
××××年××月××日

本件与原本核对无异

书记员　×××

三、制作要点

1. 案号类型代字为"民初"。

2. 根据《最高人民法院关于在同一案件多个裁判文书上规范使用案号有关事项的通知》，对同一案件出现多个裁定书的，首份裁定书直接使用案号，第二份裁定书开始在案号后缀"之一""之二"等，以示区别。

3. 首部中不列被起诉人。

4. 具有相应情形的，法律依据可以同时引用《民事诉讼法》第 124 条或者司法解释中的相应规定。

5. 起诉人在中华人民共和国领域内没有住所的，尾部中的上诉期改为 30 日。

6. 本裁定书只送达起诉人一方。

7. 对第三人撤销之诉不予受理的，不适用本样式。

8. 制作简易程序、小额诉讼程序、公益诉讼、第三人撤销之诉、执行异议之诉等适用第一审程序的民事裁定书，准用第一审普通程序民事裁定书样式。但是，其他第一审程序民事裁定书已规定专门样式的除外；第三人撤销之诉的案号类型代字应当改为"民撤"；简易程序、小额诉讼程序落款中的审判组织应当改为"审判员"或者"代理审判员"一人。

人民法院法律文书样式

《关于深入推进社会主义
核心价值观融入裁判文书
释法说理的指导意见》

《人民法院民事裁判
文书制作规范》

《诉讼费用交纳办法》

《行政诉讼文书样式（试行）》

《中华人民共和国民事
诉讼法》（2017 年）

《中华人民共和国刑事
诉讼法》（2018 年）

《最高人民法院关于加强和
规范裁判文书释法说理的
指导意见》

《最高人民法院关于人民
法院案件案号的若干规定》

学习单元十三　　监狱法律文书

学习目标

● 明确监狱机关的职能，掌握与监狱法律文书制作相关的实体法和程序法知识。

● 掌握我国监狱法律文书制作规范及内容，熟悉相关监狱法律文书的种类和制作使用要求。

● 培育严格、规范、公正、文明的刑罚执行理念，培育严谨审慎、规范权威的司法文书制作态度。

重点提示：

● 掌握提请减刑建议书、监狱起诉意见书等监狱法律文书的制作。

● 熟识罪犯入监通知书、罪犯离监探亲证明书、罪犯禁闭审批表等监狱法律文书。

第一节　　基础知识

一、监狱法律文书的概念和分类

（一）监狱法律文书的概念

监狱法律文书是指我国监狱机关在依法管理监狱，对判处死刑缓期二年执行、无期徒刑、有期徒刑的罪犯在执行刑罚、狱政管理、安全防范、教育改造等各项活动中所制作和使用的具有法律意义或法律效力的文书总称。

2002 年 7 月，司法部监狱管理局根据我国《刑法》《刑事诉讼法》和《监狱法》的有关规定，结合我国监狱工作的实际情况，制定印发了《监狱执法文书格式（试行)》，其中包含各类监狱执法文书共 48 种。目前，这些执法文书在全国监狱机关统一使用。此外，各省、自治区、直辖市监狱管理机关也根据有关法规和本地区的实际情况出台了部分地方性的监狱文书格式，供本地区的监狱统一使用。

（二）监狱法律文书的分类

监狱法律文书可以根据不同的标准进行分类。

1. 根据工作内容，可以将监狱法律文书分为：刑罚执行类文书，如《提请减刑（假释）建议书》；狱政管理类文书，如《罪犯离监探亲审批表》；安全防范类文书，如《监狱起诉意见书》《罪犯逃脱登记表》；教育改造类文书，如《顽危犯认定表》。

2. 根据文书形式，可以将监狱法律文书分为：表格式文书，如《罪犯入监登记表》；填空式文书，如《罪犯入监通知书》；叙述式文书，如《提请减刑建议书》；实录式文书，如《罪犯个别谈话记录》。

（三）监狱法律文书的意义

监狱法律文书在国家司法公文中具有不可或缺的重要地位，在对罪犯执行刑罚的过程中具有十分重要的作用。其重要作用主要表现在以下几个方面：

1. 监狱文书是监狱机关对罪犯执行刑罚、实施管理和教育改造的重要载体。监狱机关对罪犯执行刑罚、实施管理和进行教育改造需要一定载体才能付诸实施，监狱文书就是其中的载体之一。例如，要对一名有立功表现的罪犯进行行政奖励，就必须填写《罪犯奖励审批表》，经过逐级审批后，对罪犯的行政奖励才能最终实现。再如，要对一名严重违反监规纪律的罪犯实施禁闭，也只有填写《罪犯禁闭审批表》，报有关部门和监狱领导批准后才能最终将罪犯关押禁闭。由此可见，监狱文书这个载体对确保监狱执法管理活动的正常有序进行具有十分重要的作用。

2. 监狱文书具有记录和凭证的作用。监狱文书的记录作用主要体现在两个方面：一是监狱文书记载了监狱人民警察的执法过程。监狱文书制作的质量从一个侧面反映了监狱人民警察的执法管理水平，也是上级领导机关检查监狱执法管理情况的重要依据。二是监狱文书记载了罪犯服刑改造的全过程，可以反映罪犯改造质量动态变化的轨迹，是检验罪犯改造质量的重要依据。因此，监狱文书作为监狱执行刑罚和罪犯改造过程的实际记录，具有作为历史档案的保存价值。监狱文书在监狱执法管理活动中还能起到凭据和证明的作用。例如，罪犯被批准离监探亲时，监狱出具《罪犯离监探亲证明书》，是罪犯在离监探亲期间证明自己身份，到当地公安机关报到的凭证。又如《假释证明书》《释放证明书》都具有证明被假释人、被释放人的身份和到当地公安机关落实户籍关系时所出示凭证的作用。

3. 监狱文书是监狱机关和公安机关、检察机关、人民法院及其他司法行政机关联系的纽带。监狱机关的执法活动不可能孤立进行，必然要和相关的公安机关、检察机关、人民法院和其他司法行政机关相互联系、互相配合、互为监督，而这一切需要通过监狱文书才能得以实现。例如《罪犯不予收监通知书》《提请减刑（假释）建议书》《监狱起诉意见书》等监狱文书都是监狱在进行相关执法活动时对有关机关宣示和知照时所制作和使用的，这些法律文书起到了联系相关司法机关和执法部门的纽带作用。

二、监狱法律文书制作基本要求

（一）总体要求

为了适应新形势下对监狱工作的要求，监狱干警制作监狱执法文书时应把司法公正的价值理念贯彻到法律文书的写作与制作当中。制作监狱执法文书时应做到以下几点：①注重事实、理由与结论的统一，增强法律文书的说理性；②严格按照法定内容进行表述，注重以事实、数据和证据作为支撑材料予以佐证，体现实体的公正；③程序要合法，并在法律文书中交代清楚，以文字形式反映执法程序，体现程序的公正。

（二）常用要素填制要求

1. 姓名。填制姓名时要注意：一是要与人民法院判决书中的姓名核对；二是填写姓名书写要规范，不能随意简化，不要写错别字，不能用同音字和形近字代替；三是对少数民族或外国籍罪犯应正确填写汉语译名，必要时还要注明其本民族或本国文字的姓名。

2. 别名。别名包括常用名、代名、笔名、乳名、绰号、艺名等。对于常用的或与犯罪有关的别名应当填写。

3. 籍贯。籍贯是指罪犯的"原籍""祖居"，不是指现住址，也不表示出生地，应填写到省市（县）。对外国籍罪犯，国籍填在"籍贯（国籍）"栏。

4. 婚姻状况。婚姻状况一般分为未婚、已婚、离异、丧偶四种情形。

5. 本人简历。本人简历从上小学或 7 岁开始按时间先后顺序填写，一直写到填表时为止。以学习阶段、工作单位或职务变动为简历的一个时间段，时间段以年月计。简历不能中断，前后应保持连贯。

6. 罪名。罪名以人民法院判决书所列罪名为准。如有数罪并罚的，应按判决书所列罪名的先后顺序分别填写，不能将几个罪名连起来写成一个罪名，也不能将罪名的先后次序颠倒。

7. 刑种。监狱服刑的罪犯涉及的刑种有死刑缓期二年执行、无期徒刑、有期徒刑。刑种在服刑期间可能会因减刑而变动，监狱执法文书中的刑种指的是原判刑种。

8. 刑期。刑期填写要与判决书一致。在填写时，要用汉字小写。死刑缓期执行和无期徒刑不存在刑期。

9. 主要犯罪事实（犯罪事实或主要罪行）。应对判决书载明的犯罪事实进行归纳，写明犯罪的时间、地点、手段、情节、结果等，填写要简明、具体。

10. 改造表现。填写某段时间内，罪犯的思想改造、遵守监规、劳动改造、"三课"学习及所获的行政、刑事奖励及处罚情况。

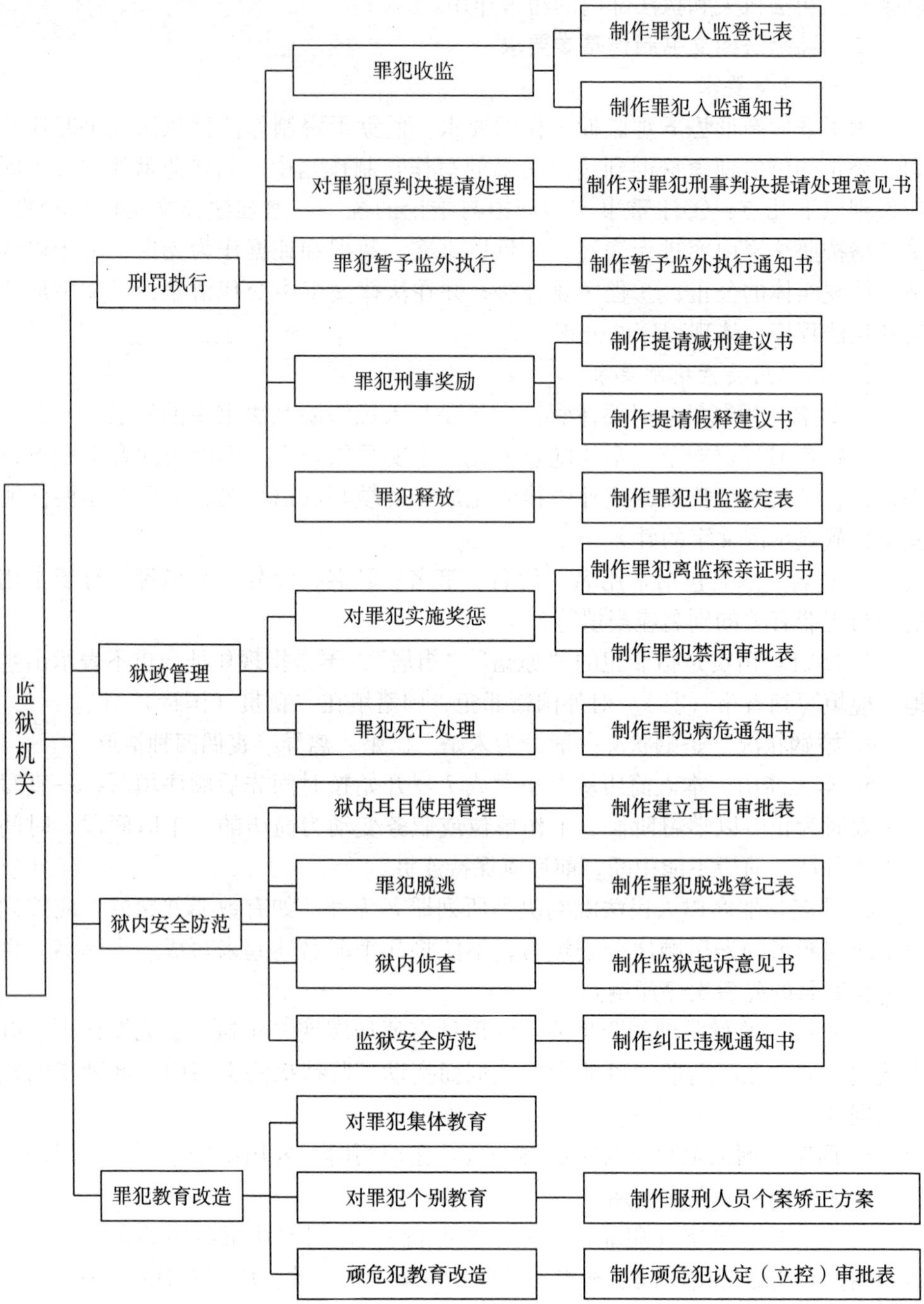

			制作罪犯入监登记表
		罪犯收监	
			制作罪犯入监通知书
		对罪犯原判决提请处理	制作对罪犯刑事判决提请处理意见书
	刑罚执行	罪犯暂予监外执行	制作暂予监外执行通知书
			制作提请减刑建议书
		罪犯刑事奖励	
			制作提请假释建议书
		罪犯释放	制作罪犯出监鉴定表
			制作罪犯离监探亲证明书
		对罪犯实施奖惩	
监狱机关	狱政管理		制作罪犯禁闭审批表
		罪犯死亡处理	制作罪犯病危通知书
		狱内耳目使用管理	制作建立耳目审批表
		罪犯脱逃	制作罪犯脱逃登记表
	狱内安全防范	狱内侦查	制作监狱起诉意见书
		监狱安全防范	制作纠正违规通知书
		对罪犯集体教育	
	罪犯教育改造	对罪犯个别教育	制作服刑人员个案矫正方案
		顽危犯教育改造	制作顽危犯认定（立控）审批表

图 13–1 监狱执法业务与主要法律文书关联图

第二节　制作实训

实训一：制作《提请减刑建议书》

一、任务描述

提请减刑建议书是监狱在对具备减刑条件的罪犯，依法提请人民法院裁定予以减刑时制作的法律文书。减刑是我国一项重要的刑事奖励制度，目的是激励罪犯积极改造，悔过自新，树立改造信心。减刑建议权是法律赋予监狱刑罚执行机关的一项重要职权。

通过学习，学生应明确提请减刑建议书制作的法律依据，掌握提请减刑建议书的格式和内容要求，并能够根据案件事实制作提请减刑建议书。

二、实例示范

下面是一份提请减刑建议书实例。

提请减刑建议书

（2017）黔王监减字第 11 号

罪犯潘××，男，1997 年 4 月 3 日出生，汉，贵州省威宁县，学生。贵州省威宁彝族回族苗族自治县人民法院于 2014 年 2 月 20 日作出（2014）黔威刑初字第 16 号刑事判决，认定该犯犯故意伤害罪，判处有期徒刑八年。2014 年 3 月 18 日投入贵州省未成年犯管教所，2015 年 5 月 27 日调入贵州省王武监狱服刑改造。

刑止：2021 年 9 月 6 日。

截至分监区合议时间 2017 年 2 月 21 日，该犯已实际服刑二年十一个月，剩余刑期四年七个月。

该犯在服刑改造期间确有悔改表现，具体事实如下：

该犯从 2015 年 5 月调入至今在一监区一分监区从事胶鞋成型加工工种。该犯自投入我监服刑改造以来，认罪服法，遵守监规，服从管理。"三课"学习成绩良好，积极完成生产任务。综上所述，该犯在服刑期间确有悔改表现。

一、三课学习：思想教育 94.5 分；文化教育免学；技术教育 89 分。

二、立功或奖励：

2014 年 6 月～2015 年 10 月，2015 年 11 月～2016 年 10 月两次被核准为改造积极分子。

该犯在服刑期间，无违反监规纪律记录。2017 年 3 月 22 日经监狱减刑、假释评审委员会合议，拟对该犯提请减刑。

经驻监检察部门审查，认为该犯情形符合减刑条件，对监狱呈报该犯的减刑无异议。

为此，根据《中华人民共和国刑法》第七十八条、《中华人民共和国刑事诉讼法》第二百六十二条、《中华人民共和国监狱法》第二十九条之规定，监狱对罪犯潘××提请减刑。按成绩该犯可减刑九个月，宽严相济，建议对罪犯潘××减刑九个月，刑期自 2013 年 9 月 7 日起至 2020 年 12 月 6 日止。特提请审核。

此致
贵阳市中级人民法院

（监狱公章）
二〇一七年三月三十一日

附：罪犯潘××改造档案共 2 卷 98 页。

三、基础铺垫

（一）提请减刑建议书制作的法律依据

《刑法》第 79 条规定："对于犯罪分子的减刑，由执行机关向中级以上人民法院提出减刑建议书。人民法院应当组成合议庭进行审理，对确有悔改或者立功事实的，裁定予以减刑。非经法定程序不得减刑。"《刑事诉讼法》《监狱法》《监狱提请减刑假释工作程序规定》，也对罪犯减刑的条件及程序作了相关规定。

（二）提请减刑建议书的结构及其内容

提请减刑建议书属填空式与叙述式结合的文书，其事实及理由部分采用叙述式制作方法。提请减刑建议书由首部、正文、尾部组成。

1. 首部。首部主要内容为填写式，按栏目要求填写即可，包括标题、编号、罪犯基本情况和提请事项等。

2. 正文。

（1）悔改和立功表现的具体事实及证据材料。在叙述悔改表现时，重点写明罪犯怎样遵守监规纪律、认罪服法、加速思想改造、努力学习文化技术、积极参加生产劳动等情况；在叙述立功表现时，重点写明罪犯在劳动生产中的发明创造或重大技术革新及突出贡献，是否揭发了某个案件或检举了其他犯罪行为，是否抢救了国家财产或消除了灾害事故，是否制止了监内的犯罪活动或其他破坏活动，以及在其他方面做出的有益于人民和社会的事情等。叙述重大立功表现时，应写明该罪犯是否符合《刑法》第 78 条规定的减刑条件。叙述时要实事求是、准确可靠、清楚明白、证据充分。

（2）减刑的理由和法律根据。理由是对悔改和立功表现的具体事实进行高度概括后所作的结论，因此，叙述用语要精辟、明白，要能表明监狱对减刑罪犯改造表现的具体看法和结论。法律依据主要包括《刑法》第78条、第79条，《刑事诉讼法》第273条和《监狱法》第29条。

3. 尾部。

（1）主送机关。提请减刑建议书应提交有权审核裁定的人民法院。被判处有期徒刑和被减刑为有期徒刑的罪犯的减刑，应提请罪犯服刑地的中级人民法院裁定。被判处死刑缓期二年执行的罪犯的减刑，被判处无期徒刑的罪犯的减刑，应提请罪犯服刑地的高级人民法院裁定。

（2）制作文书的执行机关名称，并加盖公章。

（3）制作文书的时间。

（4）附项。用条款写明随建议书所移送的罪犯改造档案及其卷数、页数，有关证据材料及其份数、件数等。

（三）提请减刑建议书样式

提请减刑建议书

（　　）　监减字第　号

　　罪犯_____，男（女），_____年___月___日出生，___族，原户籍所在地_____，因_____罪经_____人民法院于_____年___月___日以_____（　　）_____号刑事判决书判处_____，附加_____，刑期自_____年___月___日起至_____年___月___日止，于_____年___月___日送_____监狱服刑改造。服刑期间刑期变动情况：_____。

　　该犯在服刑期间，确有悔改（立功）表现，具体事实如下：

_____

_____

_____。

　　为此，根据《中华人民共和国监狱法》第____条、《中华人民共和国刑法》第____条____款、《中华人民共和国刑事诉讼法》第____条第____款的规定，建议对罪犯_____予以减刑_____，特提请裁定。

此致

_____人民法院

（公章）

年　　月　　日

附：罪犯_____档案共____卷____册____页。

四、学生实训

根据以下案情，制作一份提请减刑建议书。

【案情】

罪犯陈×，女，1966 年 5 月 5 日生，汉族，贵州省遵义市人，村委委员、报账员。贵州省遵义市汇川区人民法院于 2012 年 11 月 28 日作出（2012）汇刑初字 380 号刑事判决，认定该犯犯贪污罪，判处有期徒刑 6 年。被告人陈×退交的赃款 2 877 000 元，依法没收，由收缴机关上缴国库。于 2012 年 12 月 18 日投入贵州省第一女子监狱服刑改造。刑期自 2012 年 7 月 10 日起至 2018 年 7 月 9 日止。截至分监区合议时间 2017 年 1 月 18 日，陈×已实际服刑 4 年 1 个月，剩余刑期 1 年 6 个月。

陈×从 2013 年 3 月至今在七监区三分监区从事电子元件加工工种，自服刑改造以来，认罪服法，遵守监规，服从管理，"三课"学习成绩良好，积极完成生产任务。"三课"学习及立功或奖励的具体情况如下："三课"学习：思想教育 100 分；文化教育 96 分；技术教育 99 分。立功或奖励：2013 年 3 月~2014 年 5 月、2014 年 6 月~2015 年 6 月两次被核准为改造积极分子。综合记功：无。监狱表扬：无。

2017 年 3 月 20 日监狱建议对罪犯陈×提请减刑。按成绩陈×可减刑 9 个月，因其系职务犯从严掌握扣减 1 个月。建议对罪犯陈×减刑 8 个月，刑期自 2012 年 7 月 10 日起至 2017 年 11 月 9 日止。

【提示】

（一）制作提请减刑建议书的相关准备工作

1. 了解相关改造事实。

2. 收集相关证据。

3. 查阅有关法律、法规、政策、司法解释等。

（二）制作提请减刑建议书的一般注意事项

1. 首次提请减刑的，"服刑期间执行刑期变动情况"不填写。

2. 填写完"服刑期间执行刑期变动情况"后，应当注明刑期的截止日期。死刑缓期二年执行减为无期徒刑的不填写刑期的截止日期。

3. 死刑缓期二年执行或者无期徒刑罪犯提请减刑时，还应附送经省（自治区、直辖市）监狱管理局签署意见的《罪犯减刑审核表》。

五、任务评估

评估要点：

1. 格式要规范。

2. "悔改（立功）表现的具体事实"要严格按照法定条件进行表述，注重以事实、数据和证据作为支撑材料予以佐证。

3. 致送法院名称要准确。

实训二：制作《监狱起诉意见书》

一、任务描述

监狱起诉意见书是监狱对狱内罪犯又犯罪的案件侦查终结后，认为已经触犯刑法，依法向人民检察院提出追究其刑事责任的执法文书。罪犯在服刑期间又犯罪的，案件的侦查权由监狱行使。监狱对又犯罪案件的侦查，享有与公安机关同等的权力，监狱的起诉意见书与公安机关的起诉意见书有着同等的法律效力。

监狱起诉意见书是启动刑事诉讼，揭露、证实和打击狱内犯罪活动的重要法律文书，是人民检察院、人民法院审理案件的基础材料，也是法律监督机关检验监狱侦查活动是否合法、办案质量是否过硬的重要依据。

通过学习，学生应明确监狱起诉意见书制作的法律依据，掌握监狱起诉意见书的格式和内容要求，并能够根据案件事实制作监狱起诉意见书。

二、实例示范

下面是一份监狱起诉意见书实例。

监狱起诉意见书

（2009）××监起诉字第 1 号

罪犯耿×，男，1980 年 4 月 5 日出生，汉族，原户籍所在地××省××市曙光区南苑街道星光社区，因犯抢劫罪，经××区人民法院于 2007 年 9 月 10 日以（2007）×法刑初字第 52 号刑事判决书判处有期徒刑 15 年，附加刑剥夺政治权利 3 年，于 2007 年 9 月 25 日交付执行。现押××省第×监狱。

现经侦查，罪犯耿×在服刑期间涉嫌脱逃罪、盗窃罪。主要事实如下：

罪犯耿×入狱后一直不安心改造，经常哀叹改造生活生不如死，扬言有机会一定要逃出去。2009 年 2 月 12 日其父来监狱接见。耿×得知其妻打算跟一名男同事去广州打工的消息后，表现得异常激动和愤恨，逃跑念头更加坚定。此后，一直在秘密谋划脱逃计划，伺机逃跑。2009 年 9 月 8 日凌晨 5 时左右，罪犯耿×对同班劳动的罪犯王××谎称检查蒸汽管道溜出工房，迅速奔向附近一个建筑工棚，将事先准备好的 12 根木条用螺栓连接成一把高达 4.5 米的简易梯子，又准备了一根 6 米长、一端连接着一个铁钩的绳索，一根长 50 厘米、直径 5 厘米的木棍和一双乳胶手套。带上这些物品后，耿×直奔监狱北端的围墙。在北围墙界柱 15 号位置，耿×布起梯子，戴上乳胶手套，爬上梯子顶端，用那根长 50 厘米的木棍一端顶住最底下的高压电网线，一端支在围墙顶部，撑开一个口子。耿×爬上围墙后，将连接绳索的铁钩钩在电网支架的端部，顺着绳索从外墙滑下（其实，当时围墙电网处于故障状态，没有高压电产生）。离开围墙后，耿×朝东逃跑，逃到附近新丰村村民章××的院子里，将晾晒的一套外衣偷来穿上，见院子里的车棚里停放着一辆摩托车，耿×为了摆脱监狱的追捕，又起了盗车逃跑的念头。他通过撬锁的手段，将摩托车偷得后迅速逃离现场。当晚 18 时 10 分，当罪犯耿×驾驶着摩托车来到 321 国道龙湾段 K50 公里处，被设卡守候的监狱民警抓获。耿×偷的摩托车为万里牌，失主购买时间不到一个月，价值 18 000 元。

证明上述事实的证据如下：①证人吴×、王××、章××的证言；②现场查获的用于逃跑的自制梯子、绳索、木棍、铁钩、乳胶手套的物证；③收缴的万里牌摩托车的物证；④万里牌摩托车购买发票的书证；⑤现场勘验笔录；⑥罪犯耿×的供述和辩解。

综上所述，罪犯耿×在服刑期间不思悔改，为摆脱改造及对其妻实行控制，预谋脱逃方案，准备脱逃工具，利用监管上的某些漏洞，采取翻墙手段实施脱逃行为，已经涉嫌脱逃罪。同时，在逃跑途中窃得摩托车一辆，盗窃价值达到立案标准，侵犯了所有人的合法利益，已经涉嫌盗窃罪。归案后，罪犯耿×能如实交代自己的犯罪行为，认罪态度较好。

为此，根据《中共人民共和国监狱法》第六十条、《中华人民共和国刑法》第三百一十六条第一款、第二百六十四条和《中华人民共和国刑事诉讼法》第二百二十一条第一款，特提请你院审查处理。

此致
××区人民检察院

（公章）
二〇〇九年十月十日

附：

1. 罪犯耿×档案共 3 卷 5 册；
2. 罪犯耿×涉嫌又犯罪的案卷材料共 2 卷 3 册。

三、基础铺垫

（一）监狱起诉意见书制作的法律依据

《刑事诉讼法》第 273 条第 1 款规定："罪犯在服刑期间又犯罪的，或者发现了判决的时候所没有发现的罪行，由执行机关移送人民检察院处理。"第 308 条第 3 款规定："对罪犯在监狱内犯罪的案件由监狱进行侦查。"《监狱法》第 60 条规定："对罪犯在监狱内犯罪的案件，由监狱进行侦查。侦查终结后，写出起诉意见书，连同案卷材料、证据一并移送人民检察院。"

（二）监狱起诉意见书的结构及其内容

监狱起诉意见书属填空式与叙述式相结合的文书，犯罪事实及起诉的事实理由采用叙述式制作方法。起诉意见书由首部、正文、尾部组成。

1. 首部。

（1）标题。居中写明"监狱起诉意见书"，区别于公安机关的"起诉意见书"。

（2）发文字号。由年份、机关代字、文种代字和序号组成，标注在标题右下方。如"（2018）×监起诉字第 1 号"。

（3）罪犯的相关情况。主要包括罪犯的基本情况、判决情况、交付执行情况。以上情况可以在判决书或罪犯入监登记表中摘录。如系共同犯罪，数名罪犯同时被起诉的，则按其在共同犯罪中所起作用的大小依次排列。

首部中上述内容的填写已格式化，按要求填入相应内容即可。

2. 正文。正文由案由、犯罪事实及起诉理由三部分组成。

（1）案由。案由是指罪犯有犯罪嫌疑的罪名。案由的填写已格式化，只要填入罪犯的姓名及经侦查认定的涉嫌罪名即可。涉嫌罪名必须符合《最高人民法院关于执行〈中华人民共和国刑法〉确定罪名的规定》（法释［1997］9 号）及其后陆续颁布的补充规定。

（2）犯罪事实。该部分是起诉意见书的主干，关系到起诉意见书提起的涉嫌罪名能否成立。犯罪事实包括犯罪时间、犯罪地点、犯罪嫌疑人或受害人、犯罪的主观心理态度、犯罪起因、犯罪手段、犯罪情节、犯罪结果、证据等基本要素。在具体阐述某个犯罪事实时，要把这些基本要素与涉嫌罪名的具体犯罪特征同时展现，这样，所揭示的犯罪才能形成完整的证据链，对犯罪事实的认定才能做到事实清楚，证据确凿，为检察机关审查起诉提供可靠、完整、充分的事实依据。犯罪事实部分一般采用自然叙述法，以时间线索来展现案发过程。对于一人犯数罪的，要根据犯罪的具体情况，选择一并叙述或者分开叙述的方式。数个犯罪行为相互有关联，且是在同一犯罪过程中实施完成的，犯罪事实应一并叙述；数个犯罪行为没有必然的联系，且不是在同一犯罪过程中实施的，犯罪事实应分开叙述，并列明侦查过程中获取的主要证据情况。

（3）起诉理由。该部分包括事实依据和法律依据两部分。事实依据是对前述犯罪事实进行高度概括，并得出结论性意见的内容，通常用"综上所述"来引领。首先应概括指出罪犯出于什么动机、追求什么目的、实施了何种犯罪行为、造成什么样的危害结果，涉嫌构成何种犯罪，与案由相互呼应。其次应写明罪犯的认罪态度、是否有从轻从重处罚的情节。法律依据是具体表明监狱行使侦查权以及将起诉意见书移送检察机关审查起诉的法律依据，该部分已格式化，只要填入相应的法条序号即可。

3. 尾部。尾部包括致送机关、成文日期、附项。

（1）致送机关。致送机关是案件受理的检察机关，根据我国检察机关刑事诉讼审查起诉的管辖分工，对狱内罪犯又犯罪案件由监狱所在地的检察机关受理。

（2）成文日期。即监狱主管领导签发同意将该起诉意见书转送人民检察院的时间。成文日期用汉字。日期上加盖监狱公章。

（3）附项。附项包括罪犯服刑档案以及罪犯涉嫌又犯罪案卷的卷、册、页数的情况，在制作起诉意见书前，应当先整理和装订这些档案卷宗，甄别材料的归属，进档材料必须统一编上页码，以便在文书论述事实时引证。

（三）监狱起诉意见书样式

监狱起诉意见书

（　　）　监起诉字第　　号

罪犯＿＿＿＿＿＿，男（女），＿＿＿＿年＿＿月＿＿日生，＿＿族，原户籍所在地＿＿＿＿＿＿，因＿＿＿＿＿罪经＿＿＿＿＿＿人民法院于＿＿＿＿＿年＿＿月＿＿日以（　　）＿＿＿字第＿＿号刑事判决书判处＿＿＿＿＿＿＿＿＿＿＿＿，附加＿＿＿＿＿＿＿，于＿＿＿＿＿年＿＿月＿＿日交付执行，现押＿＿＿＿＿＿＿＿＿＿＿＿＿。

现经侦查，罪犯＿＿＿＿＿＿＿＿在服刑期间涉嫌＿＿＿＿＿＿＿＿＿＿＿＿。

主要事实如下：

＿＿＿＿＿＿＿＿＿＿＿＿＿＿＿＿＿＿＿＿＿＿＿＿＿＿＿＿＿＿＿。

为此，根据《中华人民共和国监狱法》第_____条、《中华人民共和国刑法》第_____条第_____款、《中华人民共和国刑事诉讼法》第_____条第_____款的规定，特提请你院审查处理。

　　此致

_____人民检察院

（公章）

____年____月____日

　　附：

　　1. 罪犯____档案共____卷____册；

　　2. 罪犯_____涉嫌又犯罪的案卷材料共____卷____册。

四、学生实训

　　根据以下案情，请制作一份监狱起诉意见书。

【案情】

　　2017年3月28日7时许，三监区出工后，罪犯谷×庆因为生产问题与罪犯班长吴×洋发生争执，谷×庆朝吴×洋脸上打了一耳光，并用头顶吴×洋肚子。民警张×亮、薛×平阻止后将谷×庆叫至车间门口询问原因，谷×庆不听批评教育，击打薛×平胸部两拳，并将薛×平扑倒在地，致使薛×平右手腕、右脸颊擦伤，民警张×亮、罪犯肖×权等阻拦时，谷×庆咬伤二人手背。张×亮呼叫特警队，特警队员赶到给谷×庆加戴手铐时，谷×庆极力抗拒，撕咬民警任×智手背。在特警队员使用催泪瓦斯后，该犯才被带至禁闭室控管。

　　2017年4月2日监狱成立了以副监狱长孙×刚同志为组长、狱内侦查科民警许×军、黄×兵、三监区狱侦民警马×忠同志为成员的专案组。专案组首先对现场进行了勘查，之后对嫌疑人进行了讯问，对罪犯吴×洋、肖×权、左×金、尚×华等证人进行了询问，向民警张×亮、薛×平、任×智等收集了证言材料。经过侦查，专案民警认定谷×庆已涉嫌破坏监管秩序，构成了重新犯罪。专案组于2017年4月26日提出结案，并于5月18日制作了《监狱起诉意见书》。

　　谷×庆，男，1970年2月5日出生，汉族，家住××市××县××镇××村2组，2014年12月17日因故意伤害罪被××市中级人民法院以（2014）×中法刑一字第154号刑事判决书判处无期徒刑，剥夺政治权利终身，于2015年1月10日被送至××省××监狱服刑至今。

【提示】

（一）制作监狱起诉意见书的相关准备工作

1. 了解罪犯相关信息及改造事实。

2. 收集案件相关证据。

3. 查阅有关法律、法规、政策、司法解释等。

（二）制作监狱起诉意见书的一般注意事项

1. 要全面准确反映犯罪事实。

2. 要分清罪与非罪的界限。

3. 叙述犯罪事实时，要列举证据。

五、任务评估

评估要点：

1. 格式要规范。

2. 严格按照法定条件进行表述，注重以事实、数据和证据作为支撑材料予以佐证。

3. 致送机关名称要准确。

 **第三节　技能拓展**

技能拓展一：熟识《罪犯入监通知书》

一、基础知识

（一）概念

罪犯入监通知书是罪犯收监后，监狱在法定期限内将罪犯的入监时间、关押场所、通信地址等事项通知罪犯家属的执法文书。及时制作和寄发罪犯入监通知书，是监狱收押工作的一个重要的组成部分，是罪犯及家属的知情权和会见通讯权得以有效实现的具体保障，也是展示监狱严格执法形象的一个重要窗口。

（二）制作依据

《刑事诉讼法》第 264 条第 4 款规定："执行机关应当将罪犯及时收押，并且通知罪犯家属。"《监狱法》第 20 条规定："罪犯收监后，监狱应当通知罪犯家属。通知书应当自罪犯收监之日起 5 日内发出。"

二、文书实例

《罪犯入监通知书》实例（见下页）[1]

---

〔1〕 根据教学需要进行了必要改编。

罪犯入监通知书

（2015）浙×监入通字第 105 号

刘×花：

马×强因犯故意伤害罪，经人民法院判处有期徒刑 10 年，于 2015 年 8 月 15 日送浙江省第×监狱服刑。

地　址：杭州市××区××镇平安路 111 号

乘车路线：到杭州换乘 K309、K338、K509 路公交车到西阳桥站下车

信箱代号：505 信箱 01 分箱

邮政编号：3111××

咨询电话：0571－862499××

特此通知。

（公章）

二○一五年八月十八日

罪犯入监通知书

（回执）

（2015）浙×监入通字第 105 号通知书我已收到。

家属：刘×花

（签名或盖章）

2015 年 8 月 25 日

注：接到通知书后，请将此回执寄回发函单位

罪犯入监通知书

（存根）

（2015）浙×监入通字第 105 号

罪犯姓名　马×强

罪　名　故意伤害罪

刑　种　有期徒刑

刑　期　10 年

判决机关　温州市××区人民法院

入监时间　2015 年 8 月 15 日

家属姓名　刘×花

与罪犯家属的关系　夫妻

家庭住址　温州市鹿城区××街道××社区××××幢×单元×室

填发人：李×刚

填发日期：2015 年 8 月 18 日

三、制作要点

罪犯入监通知书属于填写式文书，一纸三联，正本联寄发给罪犯家属，回执联由罪犯家属签收后寄回，存根联由监狱留存。

该通知书中的罪名、刑种、刑期、判决法院等信息，可以从判决书或者罪犯入监登记表中摘录，收监时间从罪犯入监登记表或专门的收押登记本中摘录。其他还需注意的是：

1. 该文书的寄发有法定期限的规定，监狱自收押罪犯之日起的 5 日内必须将该通知书寄出，5 日是个不变的期限，不因节假日顺延。

2. 通知书的送达人应当是与罪犯有血缘或婚姻关系的直系亲属。通常而言，罪犯未婚的，应通知其父母或监护人；已婚的，应通知其配偶或成年子女；没有上述成员的，应通知关系密切的其他亲属。必要时，可以征求罪犯本人的意见来确定通知对象。通知对象确定后，在正本联抬头栏顶格写上被通知人姓名，一般无须加称谓，这样既能够体现执法文书的严肃性，又可以避免因关系的不清或填写错误闹出笑话。

3. 文书中告知的监狱地址、信箱代号、邮政编号必须准确无误，字迹工整清楚。正本联中收押监狱的名称须填写监狱全称。信封上收信人的地址、邮政编号要认真核对，以免因填写错误造成无法投递。通知书应当用挂号信的方式寄发，严格禁止将通知书交由罪犯本人寄发的不合法行为。

4. 家属寄回的回执可以与存根粘贴在一起保管，以备查。

5. 文书经核对无误后签注日期，正本联及各中缝处加盖监狱公章。

技能拓展二：熟识《罪犯离监探亲证明书》

一、基础知识

（一）概念

罪犯离监探亲证明书是罪犯被依法批准离监探亲时，监狱发给探亲罪犯证明其离监原因及身份的文书。罪犯离监探亲证明书，是罪犯临时离监的身份证明，同时也有利于公安机关落实对离监探亲罪犯的监督管理。该文书注明了罪犯探亲的期限，能起到督促罪犯按时回监的作用。

（二）制作依据

《监狱法》第 57 条第 2 款规定："被判处有期徒刑的罪犯有前款所列情形之一，执行原判刑期 1/2 以上，在服刑期间一贯表现好，离开监狱不致再危害社会的，监狱可以根据情况准其离监探亲。"《司法部关于印发〈罪犯离监探亲和特许离监规定〉的通知》（司发通〔2001〕094 号）第 8 条规定，罪犯回到探亲地后，必须持《罪犯离监探亲证明》及时向当地公安派出所报到，主动接受公安机关的监督。

二、文书实例

《罪犯离监探亲证明书》实例。[1]

罪犯离监探亲证明书

(2015) ×监探证字第 28 号

罪犯茹×江，男（女），39 岁，因服刑期间遵守监规纪律，积极劳动，表现较好，根据《中华人民共和国监狱法》第五十七条之规定，经监狱决定临时离监探亲，时间自2015 年11 月20 日8 时起至2015 年11 月24 日17 时止。

特此证明。

（公章）

二〇一五年十一月二十日

探亲对象　陶×红　关系　妻子

家庭住址　浙江省金华市××区×××× 5 栋 2 单元 403 室

（贰零壹伍）×监探证字第贰拾捌号

罪犯离监探亲证明书

（存根）

(2015) ×监探证字第 28 号

罪犯　茹×江

性别　男

罪名　受贿罪

家庭住址　浙江省金华市婺城区

家属姓名　陶×红

与罪犯关系　妻子

批准期限　2015 年11 月20 日至 2015 年11 月24 日

批准人　郑×东

填发时间　2015 年10 月10 日

填发人　朱×

---

[1] 根据教学需要进行了必要改编。

三、制作要点

罪犯离监探亲证明书属填写式文书，分为正本和存根两部分，正本交由罪犯本人，存根由监狱留存。制作及使用该文书应当注意以下几点：

1. 文书填写的依据是经监狱主管领导审批同意的《罪犯离监探亲审批表》。

2. 文书正本中的探亲期限要求填写到小时，在批准的期限内以监狱正常的工作时间作为离监探亲的起始和终止时间，不以足日计算。例如，监狱批准某罪犯离监探亲 5 天，期间自 4 月 10 日至 4 月 14 日，该监狱正常的工作时间为上午 8 时至下午 5 时。那么，《罪犯离监探亲证明书》填写的该罪犯实际探亲期间应为 4 月 10 日的上午 8 时至 4 月 14 日的下午 5 时，而不是 4 月 15 日的 8 时，这点要特别注意。

3. 正本中的成文时间应填写罪犯离监探亲之日，与上面填写的离监探亲的起始日保持一致，加盖监狱印章。

4. 罪犯离监探亲证明书正本应在罪犯离监时交给罪犯，要求罪犯到达探亲地后持该证明及时到当地公安派出所报到，归监时收回。

技能拓展三：熟识《罪犯禁闭审批表》

一、基础知识

（一）概念

罪犯禁闭审批表是监狱对于有法定破坏监管秩序情形的罪犯，依据一定的程序，给予其禁闭处罚的审批文书。依法制作和使用罪犯禁闭审批表，是现代法治精神对监狱执法活动的基本要求。规范禁闭处罚程序，可以有效地利用法律手段打击狱内少数罪犯的抗改行为，维护监管改造场所秩序的稳定，还可以防止和避免个别少数干警在对罪犯违规行为的处理过程中以罚代教、滥用禁闭、超期关押等违法现象，确保刑罚的正确实施。

（二）制作依据

《监狱法》第 58 条第 1 款、第 2 款对禁闭的情形、禁闭的期限作了明确的规定："罪犯有下列破坏监管秩序情形之一的，监狱可以给予警告、记过或者禁闭：①聚众哄闹监狱，扰乱正常秩序的；②辱骂或者殴打人民警察的；③欺压其他罪犯的；④偷窃、赌博、打架斗殴、寻衅滋事的；⑤有劳动能力拒不参加劳动或者消极怠工，经教育不改的；⑥以自伤、自残手段逃避劳动的；⑦在生产劳动中故意违反操作规程，或者有意损坏生产工具的；⑧有违反监规纪律的其他行为的。依照前款规定对罪犯实行禁闭的期限为 7 天至 15 天。"

二、文书实例

罪犯禁闭审批表

单位：三监区一分监区 编号：201605

姓名	马×强	性别	男	出生日期	1980 年 5 月 16 日
罪名	抢劫罪	刑种	原：无期徒刑 现：有期徒刑	刑期 20 年	健康状况 良好

申请依据	2016 年 8 月 10 日上午 9 时在工场劳动期间，罪犯质量员柴×木在对马×强制作的产品进行检验时发现不合质量要求，要求其重新返工。马×强认为是柴×木在有意与他过不去，刁难他，拒绝返工。柴×木对马×强说："你不愿意返工，我只有汇报警官了。"马×强一听要汇报警官，顿时恼羞成怒，随手抡起拳头朝柴×木的头部击去，柴×木避让不及，脸部左颧骨被击中，造成 3cm 见方的肿块，并伴有皮下淤血。后被现场巡查的民警及时制止。马×强无视监规，公然打架的行为在罪犯中造成极其恶劣的影响。 综上所述，罪犯马×强的行为已经符合《中华人民共和国监狱法》第五十八条第一款第（四）项禁闭的情形。
申请期限	经 2016 年 8 月 10 日分监区民警会议讨论，提请对罪犯马×强禁闭 7 天，自 2016 年 8 月 10 日起至 2016 年 8 月 16 日止。 分监区长：成× 2016 年 8 月 10 日
监区意见	情况属实，同意禁闭 7 天。 教导员：张× 2016 年 8 月 10 日
主管科室意见	经审核，同意禁闭 7 天，自 2016 年 8 月 10 日起至 8 月 16 日止。 科长：王× 2016 年 8 月 10 日
监狱意见	同意禁闭 7 天，自 2016 年 8 月 10 日起至 2016 年 8 月 16 日止。 监狱长：赵× 2016 年 8 月 10 日

罪犯禁闭期间表现	该罪犯禁闭期间经过自我反思及民警谈话教育，能够认识到打架的危害性，认识到在监内打架是一种扰乱监管改造秩序的行为，分监区对其采取禁闭处罚是其咎由自取的结果，表示要认真地吸取教训，踏踏实实地改造。综上，该罪犯在禁闭期间能服从管教，遵守管理制度，已基本达到禁闭处罚的目的，可以按期解除禁闭。 指导员：沈× 2016 年 8 月 16 日
解除禁闭情况	对罪犯马×强已于 2016 年 8 月 16 日解除禁闭。 批准人：赵×　　　　　　　　　　　　执行人：沈× 2016 年 8 月 16 日　　　　　　　　　　2016 年 8 月 16 日

三、制作要点

1. 禁闭不仅是行政处罚，而且还可以作为监管安全的防范措施和刑事诉讼活动的强制措施。如：监狱对那些加戴戒具仍不能消除危险性的罪犯，可以采取禁闭来防范危险性，关押期限适用禁闭处罚的规定；监狱对狱内重新犯罪正在审理的罪犯、处于死刑待批的罪犯，可以采取禁闭来实现刑事强制措施，关押期限适用《刑事诉讼法》对禁闭的有关规定。

2. 对罪犯禁闭，应经逐级审批后执行。但遇到特殊情况，如发生罪犯行凶、脱逃等危及监管安全的突发行为，有必要先行采取关押措施的，可以先行关押，再补办审批手续。

监狱法律文书样式　《监狱提请减刑假释工作　《中华人民共和国监狱　《中华人民共和国刑事
　　　　　　　　　　程序规定》（2014 年）　法》（2012 年）　　　诉讼法》（2018 年）

参考文献

1. 刘明辉编著：《法律文书范例及应试技巧》，人民法院出版社 2010 年版。

2. 马宏俊主编：《法律文书写作与训练》，中国人民大学出版社 2009 年版。

3. 陈卫东、刘计划编著：《法律文书写作》，中国人民大学出版社 2009 年版。

4. 安秀萍主编：《法律文书理论与实务》，清华大学出版社 2009 年版。

5. 王全兴主编：《劳动法学》，高等教育出版社 2008 年版。

6. 《法律法规案例注释版系列》编写组编著：《中华人民共和国劳动合同法：案例注释版》，中国法制出版社 2009 年版。

7. 《法律法规案例注释版系列》编写组编著：《中华人民共和国劳动法：案例注释版》，中国法制出版社 2009 年版。

8. 北京市劳动和社会保障法学会编：《劳动合同、社会保险与人事争议疑难案例解析》，法律出版社 2009 年版。

9. 刘振军主编：《劳动争议仲裁实用手册》，中国劳动社会保障出版社 2009 年版。

10. 《中国指导案例与审判依据》编写组编：《劳动争议指导案例与审判依据》，法律出版社 2008 年版。

11. 马宏俊主编：《法律文书学》，中国人民大学出版社 2008 年版。

12. 马宏俊：《法律文书制作》，北京大学出版社 2008 年版。

13. 广东省司法厅、广东省社会治安综合治理办公室编：《人民调解教程》，广东人民出版社 2008 年版。

14. 刘树桥、马辉主编：《人民调解实务》，暨南大学出版社 2008 年版。

15. 陈宜、王进喜主编：《律师公证制度与实务》，中国政法大学出版社 2008 年版。

16. 彭丹云主编：《法律文书学》，厦门大学出版社 2007 年版。

17. 潘庆云主编：《法律文书》，中国政法大学出版社 2007 年版。

18. 胡科峰：《企业合同管理实务指南》，法律出版社 2007 年版。

19. 孙红新编著：《公司合同管理》，法律出版社 2007 年版。

20. 孙林、关立力编著：《律师与企业法律顾问常用文书范本》，法律出版社 2006 年版。

21. 王红梅编著：《新编人民调解工作技巧》，中国政法大学出版社 2006 年版。

22. 潘庆云主编：《法律文书学教程》，复旦大学出版社 2005 年版。

23. 刘国涛、范海玉主编：《法律文书学》，重庆大学出版社 2005 年版。

24. 吴玉华主编：《人民调解案例》，中国检察出版社 2006 年版。

25. 肖方编著：《如何当好人民调解员》，中国社会出版社 2005 年版。

26. 全国人大常委会法制工作委员会行政法室编著：《〈中华人民共和国劳动争议调解仲裁法〉条文释义与案例精解》，中国民主法制出版社 2008 年版。

27. 陈建民编著：《常用法律文书教程》，清华大学出版社 2004 年版。

28. 李刚主编：《人民调解概论》，中国检察出版社 2004 年版。

29. 周道鸾主编：《法律文书教程》，法律出版社 2003 年版。

30. 崔欣：《公安机关新版刑事法律文书制作精解》，法律出版社 2003 年版。

31. 孙林编著：《企业常用规章法律文书范本》，法律出版社 2003 年版。

32. 最高人民检察院法律政策研究室编：《人民检察院法律文书格式（样本）》，中国法制出版社 2002 年版。

33. 最高人民法院办公厅编：《法院刑事诉讼文书样式（样本）》，人民法院出版社 2003 年版。

34. 法律应用研究中心编：《最高人民法院民事诉讼文书样式：制作规范与法律依据．人民法院卷》，中国法制出版社 2016 年版。

35. 法律应用研究中心编：《最高人民法院民事诉讼文书样式：制作规范与法律依据．律师与当事人卷》，中国法制出版社 2016 年版。

36. 陈国庆主编：《人民检察院刑事诉讼法律文书适用指南（2013 年版）》，中国检察出版社 2013 年版。

37. 杨学武、李文静编著：《监狱执法文书实用写作》，中国政法大学出版社 2015 年版。

38. 胡晓军主编：《基层常用法律文书制作》，中国政法大学出版社 2014 年版。